Die deutschen Doppelbesteuerungsverträge

mit Erläuterungen und einer Übersicht über die Rechtsprechung zur beschränkten Steuerpflicht

Herausgegeben von

Ernst Rennebaum
Rechtsanwalt, Fachanwalt für Steuerrecht in München

und

Franz Zitzlaff
Reichsrichter am Reichsfinanzhof München

1938
München und Berlin
J. Schweitzer Verlag (Arthur Sellier)

Druck von Dr. F. P. Datterer & Cie., Freising-München.

Vorwort.

Auf dem Gebiete des internationalen Steuerrechts, das insbesondere durch die Abkommen zur Vermeidung der Doppelbesteuerung der europäischen Staatenwelt eine erfreuliche Weiterentwicklung erfahren hat, hat sich das deutsche Schrifttum bislang nur wenig betätigt.

Abgesehen von zwei Monographien über das deutsch-italienische Abkommen und das deutsch-schweizerische Abkommen zur Vermeidung der Doppelbesteuerung auf dem Gebiete der direkten Steuern waren es nur wenige Aufsätze und Vorträge, die sich gelegentlich mit gewissen damals aktuell erscheinenden Fragen des Doppelbesteuerungsrechtes beschäftigten. Insbesondere fehlte es an jeder zusammenfassenden Darstellung des geltenden deutschen Doppelbesteuerungsrechtes, so daß insbesondere der Wirtschaft die Orientierung auf diesem oft recht schwierigen Gebiete der Besteuerung recht schwer gemacht war.

Um so mehr ist daher das vorliegende Handbuch des Doppelbesteuerungsrechtes zu begrüßen, das zum ersten Male den Versuch einer systematischen Darstellung dieses, man darf wohl sagen, notwendigerweise unsystematischen Steuerrechtsgebietes unternimmt. Die Verfasser haben sich mit Erfolg bemüht, durch Aufteilung der bei der Behandlung des gesamten Stoffes auftretenden Fragen eine gewisse Systematik in das scheinbar oft so wirre Geflecht der verschiedenen Abkommen, Anordnungen und Verfügungen, die das Recht der Doppelbesteuerung zum Gegenstande haben, zu bringen.

Das ist ihnen insbesondere dadurch gelungen, daß sie die großen grundsätzlichen Fragen des Doppelbesteuerungsrechtes, die bei der Beurteilung und Auslegung jedes Abkommens auftreten oder auftreten können, sowie die Rechtsprechung des Reichsfinanzhofs zum Doppelbesteuerungsrecht der Darstellung der einzelnen Abkommen vorangesetzt haben. Hierdurch ist der Gefahr langatmiger Wiederholungen bei der Kommentierung der Einzelabkommen ausgewichen, der Zusammenhang mit diesen selbst aber durch Verweisungen sichergestellt worden.

Die grundsätzlichen Fragen der Doppelbesteuerung sind in vorsichtiger, den Schwierigkeiten der jungen Materie angepaßten Weise und mit einem Blick für praktisch brauchbare Resultate behandelt. Die Rechtsprechung des Reichsfinanzhofes ist wohl ziemlich vollständig wiedergegeben. Ihre Auswertung unterstreicht in großen Zügen die Behandlung der grundsätzlichen Fragen.

Erfreulich ist an der ganzen Darstellung des Werkes, daß sie sich nicht in theoretische Untersuchungen verliert, sondern an die auftauchenden Fragen herangeht und sie einer praktischen Lösung entgegenführt.

In diesem Sinne ist das Werk für die Praxis geschrieben und deshalb nicht nur für den weiten Bereich der deutschen Wirtschaft, die im Auslande Niederlassungen oder wirtschaftliche Beziehungen unterhält, sondern auch für die wirtschaftlichen Interessentenkreise derjenigen Auslandsstaaten, mit denen Deutschland in wirtschaftlichen Beziehungen steht, ein willkommener Orientierungsbehelf, der gelegentlich unentbehrlich sein wird.

Aber auch für die deutschen Finanzbehörden sowie für die Behörden der in Frage kommenden Auslandsstaaten wird es ein Hilfsmittel bei der Entscheidung über die Fragen der beschränkten Steuerpflicht, insbesondere aber der Doppelbesteuerung, sein.

München, den 25. Mai 1938.

Ludwig Mirre,
Präsident des Reichsfinanzhofs.

Inhaltsübersicht.

Seite

Abschnitt A.

Grundsätzliche Fragen des Doppelbesteuerungsrechts.

Abschnitt B.

Die Rechtsprechung des Reichsfinanzhofs zum Rechte der beschränkten Steuerpflicht und der Doppelbesteuerungsverträge.

Abschnitt C.

Die einzelnen Doppelbesteuerungsverträge.

Verzeichnis der wichtigsten Abkürzungen.

a. a. O.	= am angeführten Ort.
Abs.	= Absatz.
AB.	= Ausführungsbestimmungen.
AG.	= Aktiengesellschaft.
AO.	= Reichsabgabenordnung.
AufbrG.	= Aufbringungsgesetz.
BGB.	= Bürgerliches Gesetzbuch.
Bd.	= Band.
BStG.	= Bürgersteuergesetz.
DVO.	= Durchführungsverordnung.
ErbStG.	= Erbschaftsteuergesetz.
EStG.	= Einkommensteuergesetz.
ff.	= und folgende.
GmbH.	= Gesellschaft mit beschränkter Haftung.
GewStG.	= Gewerbesteuergesetz.
GrStG.	= Grundsteuergesetz.
HGB.	= Handelsgesetzbuch.
KapErtrStDVO.	= Kapitalertragsteuerdurchführungsverordnung.
KG.	= Kommanditgesellschaft.
KStG.	= Körperschaftsteuergesetz.
I. KStDVO.	= Erste Körperschaftsteuerdurchführungsverordnung.
KVStG.	= Kapitalverkehrsteuergesetz
LStDVO.	= Lohnsteuerdurchführungsverordnung.
oHG.	= Offene Handelsgesellschaft.
Pr.OVG.	= Preußisches Oberverwaltungsgericht.
RBG.	= Reichsbewertungsgesetz.
RFM.	= Reichsfinanzminister.
RFH.	= Reichsfinanzhof.
RFlStVO.	= Reichsfluchtsteuerverordnung.
RGBl.	= Reichsgesetzblatt.
RMBl.	= Reichsministerialblatt.
RStBl.	= Reichssteuerblatt.
S.	= Sammlung der veröffentlichten Entscheidungen des RFH.
StAnpG.	= Steueranpassungsgesetz.
StA.	= Steuerarchiv.
StW.	= Steuer und Wirtschaft (Steuerzeitschrift).
VO.	= Verordnung.
VStG.	= Vermögensteuergesetz.
UStG.	= Umsatzsteuergesetz.
Ziff.	= Ziffer.

Abschnitt A.

Grundsätzliche Fragen des Doppelbesteuerungsrechtes.

I.

Einleitung.

Je vielgestaltiger und enger die Beziehungen der einzelnen Völker auf politischem, wirtschaftlichem und kulturellem Gebiete zueinander im Laufe der Zeiten wurden, um so größer wurde das Bedürfnis nach der Ordnung eines zwischenstaatlichen Fremdenrechts. Wir sehen daher mit dem Fortschritte der Zivilisation und Kultur im Kreislaufe der Zeiten die einzelnen Völker sich immer mehr von der eigenstaatlichen Willkür gegenüber anderen Völkern und deren Angehörigen loslösen und, wenn auch zunächst zögernd, so doch unaufhaltsam sich entwickelnd durch zwischenstaatliche Zugeständnisse und Vereinbarungen die Beziehungen regeln, die sie selbst und ihre Angehörigen zu benachbarten oder befreundeten anderen Völkern unterhalten oder wünschen.

Wenn auch die einzelnen Länder zunächst wohl dabei an ihren eigenen Vorteil dachten, so wuchs mit den hierbei gemachten Erfahrungen doch zusehends die Erkenntnis, daß die wechselseitige Ordnung und Regelung all dieser Beziehungen jedem Teile zum Nutzen gereiche und daß die Größe des Vorteils auf der einen eine entsprechende Wechselwirkung auf der anderen Seite bedinge. So führt die Entwicklungslinie von der ungeschriebenen Gewohnheit über kasuistische Sonderregelungen allmählich zum Staatsvertrag.

Das Deutsche Reich hatte bereits vor dem Weltkriege mit vielen Staaten Abkommen zur Regelung der verschiedensten Fragen zwischenstaatlicher Beziehungen abgeschlossen. Durch die Bestimmungen des Versailler Diktates wurde jedoch ein großer Teil dieses internationalen Vertragsrechtes, an dessen Schöpfung Deutschland hervorragend beteiligt war, aufgehoben. Im

Art. 282 ff. des Versailler Vertrages wurde den alliierten Ländern das Recht zugesprochen, einseitig die Verträge zu benennen, deren Wiederaufleben sie wünschten. Die weltwirtschaftlichen Wirkungen des Versailler Vertrages, der zu einer für ganz Europa katastrophalen Verelendung führte, sind zu bekannt, als daß sie an dieser Stelle noch einmal dargelegt werden müßten.

Trotzdem hat Deutschland sofort nach dem Diktat, ungeachtet der hierdurch herbeigeführten Knebelung auf dem eigenen Gebiete, das ihm verblieb, mit allen ihm zu Gebote stehenden Mitteln versucht, auch auf dem Felde des internationalen Vertragsrechts Aufbauarbeit zu leisten. Davon zeugen außer einer Reihe von Wirtschaftsabkommen insbesondere die Staatsverträge, die es mit benachbarten oder befreundeten Staaten auf dem Gebiete des internationalen Steuerausgleichs abgeschlossen und mit dem Fortschreiten der steuertechnischen Erfahrungen und Erkenntnisse zu immer größerer Vollendung entwickelt hat.

Nach deutschem Staats- und Steuerrecht ergaben und ergeben sich auch heute noch zwei Möglichkeiten für die Herbeiführung eines solchen zwischenstaatlichen Steuerausgleichs:

1. Der förmliche Staatsvertrag. Er stellt die normale steuerrechtliche Form für die Regelung eines internationalen Steuerausgleichs dar.

2. Die einseitige Anordnung der Staatsgewalt, deren Grundlage früher § 7 der alten AO. bildete. An Stelle dieses § 7 ist in der neuen AO. § 15 getreten, der die Reichsregierung ermächtigt, abweichend von den gesetzlichen Bestimmungen die Steuerpflicht anderweit zu regeln, insbesondere zum Ausgleich der Doppelbesteuerung Vereinbarungen mit anderen Staaten zu treffen. Demgemäß bestimmt nunmehr § 9 StAnpG., daß von den Steuern vom Einkommen und Vermögen Personen, Personenvereinigungen, Körperschaften und Vermögensmassen befreit sind, wenn ihnen ein Anspruch auf Befreiung von diesen Steuern zusteht:

a) nach allgemeinen völkerrechtlichen Grundsätzen unter Wahrung der Gegenseitigkeit,

b) nach besonderer Vereinbarung mit anderen Staaten.

Außer diesen unter Nr. 1 und 2 erwähnten Formen des Steuerausgleichs bleibt jedoch noch zu beachten, daß, abgesehen von den allgemein anerkannten Grundsätzen des Völkerrechts

(§ 9 StAnpG.), die mit vielen Staaten geschlossenen Wirtschaftsabkommen Fragen des internationalen Steuerrechts regeln können. Daß auch solche Regelungen eine Ergänzung des zwischenstaatlichen Steuerrechts bedeuten, ist klar. In einzelnen Steuerabkommen ist hierauf besonders hingewiesen (vgl. z. B. Art. IV des deutsch-ungarischen Abkommens). Im übrigen siehe II Nr. 15 dieses Abschnittes.

Die umfassendere Regelung des zwischenstaatlichen Steuerrechts bringen jedenfalls die Doppelbesteuerungsverträge. Solche Staatsverträge zur Vermeidung der Doppelbesteuerung, von denen hier die Rede sein soll, hat Deutschland im Laufe der Nachkriegsjahre mit zahlreichen Staaten abgeschlossen, mit denen dies nach dem Maße der gegenseitigen Handels-, Verkehrs- und sonstigen Beziehungen angezeigt erschien. Überall da, wo für die Angehörigen eines bestimmten Staates, ihren wirtschaftlichen Wirkungskreis und ihre Habe die Berührung mit fremden Staaten, sei es durch Staatsangehörigkeit, Wohnsitz oder Aufenthalt, durch Wirtschaftsbeteiligungen, durch die Belegenheit eines Verkehrsgutes oder durch Vornahme eines Rechtsgeschäftes stattfindet, eröffnet sich die Möglichkeit, daß Personen oder Sachen mehrfach von verschiedenen Staatsgewalten zu gleichen oder gleichartigen Steuern herangezogen werden. Hier ist es die Aufgabe des Doppelbesteuerungsvertrages, zu entscheiden, ob es bei der mehrfachen Besteuerung der Steuerpflichtigen nach Maßgabe des innerstaatlichen Steuerrechts der Vertragsstaaten sein Bewenden haben, ob die eine Finanzgewalt die andere verdrängen oder ob die Finanzgewalten sich in der Ausübung ihrer Rechte teilen sollen. (Doppelbesteuerung, Freilassung der in- oder ausländischen Steuerquelle, Anrechnung oder Teilung der Steuer.)

Es ist ohne weiteres klar, daß bei der Regelung all dieser Fragen in dem einen oder anderen Sinne nicht nur die Struktur und Bedeutung der einzelnen Staats- und Volkswirtschaften und deren Steuerrechte, sondern auch das Ausmaß der Verbindungen und Beziehungen der Angehörigen des einen Staates zu denen des anderen mitbestimmend sind. Daß dabei letzten Endes auch die allgemeinen politischen Verhältnisse und Bindungen beider Staaten eine gewisse Rolle spielen, liegt auf der Hand.

Hält man sich nun einmal all diese Vorbedingungen und Grundlagen einer zwischenstaatlichen Steuer- und Finanzregelung vor Augen, so ist es mehr als interessant, die Entwicklungslinie zu verfolgen, die die deutschen Staatsverträge im Laufe der Nachkriegsjahre hinaufgeschritten ist. Während die unmittelbar nach dem Versailler Friedensschluß abgeschlossenen Verträge (der deutsch-tschechische, deutsch-österreichische, deutsch-ungarische) noch starke Spuren tastender Orientierung verraten, die insbesondere in der mangelnden durchgreifenden Bestimmung der Steuerarten und den dadurch bedingten Lücken zum Ausdruck kommt, zeugen die späteren Abkommen über den deutsch-italienischen und deutsch-schwedischen Vertrag hinaus bis zum deutsch-schweizerischen Abkommen 1934 und deutsch-finnischen Abkommen 1936 eine immer klarer werdende organische Weiterentwicklung der leitenden Gesichtspunkte internationalen Doppelbesteuerungsrechtes überhaupt, ohne dabei der Eigenart des einzelnen Vertrages, die der Gestaltung der innerstaatlichen Steuerrechte ja anzupassen war, Abbruch zu tun.

Trotzdem bleiben aber noch viele Zweifelsfragen übrig, die weniger in Mängeln der einzelnen Vertragsbestimmungen, als vielmehr in dem Auseinanderklaffen der verschiedenartigen Steuersysteme der Staaten ihren zureichenden Grund finden. Ihre Lösung bleibt der Wissenschaft und Rechtsprechung vorbehalten. Unter II soll zu den wichtigsten dieser Fragen kurz Stellung genommen werden.

II.

Grundsätzliche Fragen der Doppelbesteuerung:

1. Auf welche Personen finden die Doppelbesteuerungsverträge Anwendung?

Von einer eigentlichen Zweifelsfrage kann hier insofern nicht die Rede sein, als sich entweder unmittelbar oder mittelbar aus den Bestimmungen aller Verträge der Grundsatz ableiten läßt, daß sich, soweit nicht Sondervereinbarungen eingreifen, die Wohltaten der einzelnen Abkommen nur auf die Staatsangehörigen der vertragschließenden Staaten und die entsprechenden juristischen Personen erstrecken. Die herrschende Auffassung, wonach die Abwehr der Doppelbesteuerung eine Schutzaufgabe des Einzelstaates gegenüber seinen Staatsangehörigen ist, muß wohl als der zureichende Grund dieser Einschränkung angesprochen werden.

a) Was die Staatsangehörigkeit anlangt, so ergibt sich z. B.

aus dem deutsch-tschechischen, deutsch-österreichischen und deutsch-ungarischen Abkommen unmittelbar, daß die Voraussetzung der Anwendung der Vertragsbestimmungen die Zugehörigkeit zu einem der Vertragsstaaten ist, während beispielsweise beim deutsch-italienischen und deutsch-schweizerischen Abkommen erst aus dem Zusammenhange der Bestimmungen diese Vorbedingung herausgelesen werden muß. Abweichend anscheinend soweit Italien in Betracht kommt RFH. v. 8. 8. 1928, S. 24, 69. — Über die Zweckmäßigkeit der Bindung der Doppelbesteuerungsverträge an die Staatsangehörigkeit vom Standpunkte der Weiterentwicklung eines einheitlichen internationalen Steuerrechts vgl. die Ausführungen in StW. 1925 S. 1038. Wie problematisch aber die in dieser Abhandlung angeschnittenen Fragen sind, geht schon daraus hervor, daß die vom Steuerrechtsausschuß des Völkerbundes ausgearbeitete Mustersatzung für einen allgemeinen internationalen Steuerausgleich in den Sielen stecken geblieben ist. Vgl. hierzu die Darlegungen unter III. Im übrigen haben viele Doppelbesteuerungsverträge die Zweckmäßigkeit der Hereinbeziehung auch solcher Personen, die der Staatsangehörigkeit der Vertragsstaaten ermangeln, dadurch in vorsichtiger Weise anerkannt, daß sie in diesen Fällen eine Vereinbarung von Fall zu Fall vorbehalten haben. Teilweise sollen dabei Angehörige dritter Staaten, mit denen die Vertragsstaaten bereits ein Doppelbesteuerungsabkommen geschlossen haben, bevorzugt behandelt werden. Vgl. z. B. Art. I Abs. 2 des deutsch-tschechischen, Art. VII Abs. 2 des deutsch-ungarischen und Ziff. 15 des Schlußprotokolls zum deutsch-schwedischen Abkommen.

b) Viel schwieriger ist die Frage zu beurteilen, wie die gesellschaftsrechtlichen Gebilde, insbesondere auf der einen Seite die Personalgesellschaften, auf der anderen Seite die Kapitalgesellschaften nach Doppelbesteuerungsrecht zu behandeln sind. Die meisten Verträge enthalten eine ausdrückliche Bestimmung, wonach die Abkommen auch auf juristische Personen Anwendung zu finden haben, wobei dann oft noch gesagt wird, daß als Wohnsitz dieser Körperschaften ihr Sitz oder der Ort der Leistung zu gelten hat. Die Schwierigkeiten, die sich hier eröffnen können, sind in der Anm. Nr. 2 zu Art. III des deutsch-tschechischen Abkommens dargelegt worden. Es wird an dieser Stelle darauf Bezug genommen. An Hand dieser Erörterungen wird leicht auch ein Weg zur Lösung ähnlicher bei anderen Staatsverträgen wiederkehrenden Fragen gefunden werden können.

2. Wie sind die in den einzelnen Verträgen begründeten Rechtsverhältnisse nach der subjektiven Seite hin zu beurteilen?

Zunächst kann es keinem Zweifel unterliegen, daß die Abkommen zur Vermeidung der Doppelbesteuerung eine doppelte Funktion haben. Sie schaffen auf der einen Seite eine völkerrechtliche Bindung von Staat zu Staat. Darüber hinaus wirken sie aber für den einzelnen Staatsangehörigen als verpflichtendes oder berechtigendes Gesetz so zwar, daß diesen Staatsangehörigen auch auf Grund innerstaatlichen materiellen Steuerrechts Rechte und Pflichten erwachsen. Diese Folgerung ergibt sich aus Sinn und Zweck der Abkommen unmittelbar. Sie ist aber, was Deutschland anbetrifft, in § 9 des StAnpG. auch noch ausdrücklich anerkannt.

Zweifelhaft kann das Verhältnis sein, in dem die einzelnen Vertragsstaaten zueinander im Hinblick auf den Schutz ihrer eigenen und der Angehörigen des anderen Staates stehen. In der Literatur ist verschiedentlich die Ansicht vertreten worden, daß der einzelne Vertragsstaat im Verhältnis zum anderen auf die vertragswidrige Behandlung auch eines Angehörigen des anderen Staates hinweisen und demgemäß eine vertragsgerechte Behandlung verlangen könne. An einem praktischen Beispiel gesehen: daß also beispielsweise die Schweiz gegen die Heranziehung eines Deutschen zu einer Steuer in Deutschland, die gegen das deutsch-schweizerische Abkommen verstoßen würde, Verwahrung einlegen könnte. Es mag dahingestellt sein, ob diese Ansicht richtig ist. Immerhin muß damit gerechnet werden, daß der einzelne Staat, soweit seine Interessen unmittelbar dabei in Frage kommen, seinen Standpunkt durch ihm geeignet erscheinende Vorstellungen beim anderen Vertragspartner zur Geltung bringen wird. Vgl. hierzu auch die Darlegungen unter C Nr. 3 des Abschnittes B.

3. Ist Doppelbesteuerung wesentliche Voraussetzung für die Anwendung der Abkommen?

Die Doppelbesteuerungsabkommen haben den Zweck, Doppelbesteuerungen, die stets eine unerquickliche Belastung der privaten Wirtschaft darstellen, nach Möglichkeit auszuschließen. Der Fall einer effektiven Doppelbesteuerung ist gegeben, wenn ein Steuerpflichtiger nach dem innerstaatlichen Steuerrecht der beiden an einem Abkommen beteiligten Vertragsstaaten auf Grund desselben steuerrechtlichen Tatbestandes und für den gleichen Steuerabschnitt in beiden Ländern einer bestimmten gleichen oder gleichartigen Steuer unterworfen ist. Diese echte Doppelbesteuerung ist von der wirtschaftlichen oder unechten scharf zu scheiden. Die letztere liegt dann vor, wenn auch nur eines der vorher genannten Begriffsmerkmale fehlt, mag die Steuer auch im Endeffekt wirtschaftlich dieselben Personen treffen wie Aktiengesellschaften und Aktionäre, Stiftungen und Bedachte. Es kann keinem Zweifel unterliegen, daß gerade der Fall der effektiven Doppelbesteuerung in erster Linie von den Abkommen zur Vermeidung der Doppelbesteuerung getroffen werden soll.

Wie ist nun aber die Rechtslage, wenn in einem Abkommen dem einen Staate ein bestimmtes Steuergut oder eine bestimmte Steuerquelle zugewiesen ist (virtuelles Besteuerungsrecht), dieser Staat aber weder steuerrechtlich noch tatsächlich diese Möglichkeit ausnutzt? Von einer effektiven Doppelbesteuerung des Steuerpflichtigen kann hier natürlich auch dann nicht die Rede sein, wenn nun der andere Staat unter Berufung auf die Nichtausnützung der Steuerquelle durch den ersten Staat den Steuerpflichtigen zu der Steuer heranziehen würde, auf die er vertraglich verzichtet hat. — Eine einheitliche Stellungnahme gegenüber dieser grundsätzlichen und bedeutsamen Frage ist weder im Schrifttum noch in der Rechtsprechung zu finden. Die einen Autoren wollen bei jedem Abkommen untersucht wissen, ob angesichts des Wortlautes der Abkommen und der beiden in Betracht kommenden Steuersysteme auch das von einem Staate nicht genutzte virtuelle Besteuerungsrecht von dem anderen Staate zu beachten sei. Wieder andere, so insbesondere Spitaler in seinem Doppelbesteuerungsproblem, sind der Ansicht, daß der Steuerpflichtige gegen eine Überschreitung der Grenzen eines Abkommens bei einer nur von einem Staate eingeführten Steuer Einwendungen erheben könne, wenn sich diese Einwendungen gegen den Staat richten würden, dem er nicht angehört, und daß eben dieser Steuerpflichtige Einwendungen gegen den Staat, dem er angehört nur dann richten könne, wenn der Anspruch des Staates auf ein Gesetz gegründet sei, das unabhängig von dem Abkommen in Kraft getreten ist.

Alle diese Unterscheidungen führen insbesondere auch für die Rechtsprechung zu unüberwindlichen Schwierigkeiten, die sowohl im Verhältnis von Staat zu Staat als auch für die Steuerpflichtigen selbst unerträglich wären. Der Staat, dem ein Besteuerungsrecht in den Abkommen zugewiesen ist, wird seine Gründe haben, warum er diese Steuerquelle nicht ausnützt. Es eröffnet sich ihm insbesondere die Möglichkeit, gegenüber der Steuerschonung der ihm überlassenen Steuerquelle andere Quellen stärker auszuschöpfen und dadurch sein Steuerbouquet auszugleichen. Auch hat er ein nicht zu unterschätzendes Interesse an der Stärkung der Steuerkraft seiner Steuerpflichtigen, die geschwächt würde, wenn in solchen Fällen dem anderen Staate der Steuerzugriff vorbehalten wäre. Überdies kann der Mangel seiner Aktivität gegenüber einer ihm zugewiesenen Steuerquelle auch in der Verschiedenheit der Steuersysteme schon bei Abschluß des Steuervertrages begründet sein. Die Prüfung aller dieser schwierigen Fragen dem verzichtenden Staate und seinen Steuerverwaltungs- und Rechtsmittelbehörden zu überlassen, würde auf dem ganzen Felde des internationalen Steuerrechts zu einer Rechtsunsicherheit führen, die praktisch unannehmbar ist. Vgl. im übrigen hierzu die Ausführungen unter C Nr. 1 und 2 des Abschnittes B.

Grundsätzlich ist also davon auszugehen, daß die Zuweisung eines Besteuerungsrechtes an einen Staat dem anderen Staate auch dann nicht das Recht verleiht, diese Steuerquelle für sich in Anspruch zu nehmen, wenn der erste Staat diese für sich nicht ausnützt. Nur da, wo in einem solchen Falle dem anderen Staate ausdrücklich oder nach dem Zusammenhange der Bestimmungen eines Abkommens das Besteuerungsrecht wieder eingeräumt wird (vgl. z. B. Nr. 14 Abs. 2 des deutsch-finnischen und Nr. 20 des Schlußprotokolls des deutsch-schwedischen Abkommens), ist er befugt, nach seinem Steuerrecht auch diesen Steuerpflichtigen heranzuziehen.

Im übrigen sind Doppelbesteuerungsverträge nur dazu da, eine auf Grund des Steuerrechts zweier Staaten möglicherweise eintretende Doppelbesteuerung zu verhüten. Nie vermögen sie aber das Steuerrecht eines Staates zu erweitern. (RFH. vom 3. 10. 1935 = RStBl. 1935 S. 1399.)

Zweifel können auch entstehen bei Überschneidungen gewisser Steuerarten. Die meisten Abkommen lassen den Steuerabzug vom Kapitalertrage unberührt, so daß dadurch die Wirkung einer effektiven Doppelbesteuerung eintreten kann. Nach dem deutsch-italienischen Vertrage steht die Steuer vom Kapitalertrage dem Staate zu, in dem der Steuerabzug stattfindet. Gesetzt den Fall, daß der Steuerabzug in Deutschland stattfindet, der Steuerpflichtige aber in Italien noch zur allgemeinen Personalsteuer herangezogen wird, so erhebt sich die Frage, ob die in Deutschland einbehaltene Steuer in Italien auf die Personalsteuer anzurechnen ist. Eine Verpflichtung zu einer solchen Anrechnung würde nur bestehen, wenn das italienische Steuerrecht eine solche Anrechnung ausdrücklich verordnet. Für Deutschland besteht eine solche Anrechnungspflicht jedenfalls nicht. Die in gewissem Umfange hier innerstaatlich verordnete Anrechnung läßt sich nicht auf das Doppelbesteuerungsrecht ausdehnen, da der gesetzgeberische Grund dieser Anrechnungspflicht — nämlich der tatsächliche Vorempfang dieser Steuer — fehlen würde. Vgl. hierzu aber Nr. 19 des Schlußprotokolls zum deutsch-schwedischen Abkommen. Im übrigen kann nach innerdeutschem Steuerrecht die im Auslande gezahlte Kapitalertragssteuer vom steuerpflichtigen Einkommen abgezogen werden. RFH. vom 23. 3. 1932 VI A 1298/31 = StW. 32, 622. Vgl. auch die Darlegungen unter Abschnitt B V I.

Der Zweck der Abkommen ist die Vermeidung der Doppelbesteuerung. In den Fällen, in denen das innerstaatliche Steuerrecht oder das Privatrecht eines Vertragsstaates überhaupt die Überwälzung einer direkten Steuer auf dritte Personen gestattet und der Steuerpflichtige dies durch vertragliche Bindung des Gegners erreicht, handelt es sich bei diesem Dritten überhaupt nicht um Besteuerung. Ein Angehöriger eines Auslandsstaates, mit dem Deutschland ein Doppelbesteuerungsabkommen geschlossen hat, würde also z. B. im Inlande nicht mit der Einwendung gehört werden können, in seiner deutschen Miete sei ein Teil der Hauszinssteuer enthalten.

Im übrigen gilt die Regelung des Doppelbesteuerungsrechtes in den Abkommen nur von Staat zu Staat, soweit das innerstaatliche Steuerrecht eben dieser Staaten wirksam wird. Hieraus ergibt sich, daß ein Angehöriger (Unternehmer) eines Vertragsstaates, der seinen Wohnsitz (Sitz oder Ort der Leitung) in einem dritten Staate hat und dort zu einer direkten Steuer herangezogen wird, sich gegenüber dem anderen Vertragsstaate nicht auf ein Abkommen berufen kann, das zwischen den beiden Vertragsstaaten geschlossen ist. Es fehlt am Tatbestande der Doppelbesteuerung in den Vertragsstaaten. Daß in einem solchen Falle eine Verständigung von Staat zu Staat gesucht werden könnte, falls Billigkeitserwägungen einen solchen Ausgleich für erwünscht erscheinen lassen, ist etwas anderes.

4. Auf welche Steuern erstrecken sich die Abkommen?

Die meisten Abkommen beschränken ihren Wirkungsbereich ausdrücklich auf die direkten Steuern. Während das Kennzeichen einer direkten Steuer von den einen darin erblickt wird, daß der Steuerpflichtige die Steuer nicht abwälzen kann, bezeichnen andere als direkte Steuern solche, die nach dauernden Verhältnissen oder Zuständen erhoben werden. Demgegenüber sollen als indirekte Steuern solche gelten, denen nur einzelne wirtschaftliche Vorgänge zugrunde liegen.

Eine einheitliche Erfassung und Begrenzung des Begriffs ist weder im Deutschen Reiche, geschweige denn im Auslande gelungen. Wiewohl also der Begriff der direkten Steuern von der Wissenschaft fast einhellig abgelehnt wird und in der deutschen Gesetzessprache überhaupt nicht mehr erscheint, war seine Verwendung mit Rücksicht auf die ausländischen Steuersysteme doch nicht zu umgehen. Unter Umständen ergibt sich hier also die Notwendigkeit, durch Auslegung festzustellen, was unter diesem Begriff zu verstehen ist. Um Meinungsverschiedenheiten über die Zugehörigkeit der einzelnen Steuerarten nach Möglichkeit von vornherein auszuschließen, sind in den einzelnen Abkommen die Steuern, die zu den direkten Steuern zu rechnen sind, meistens ausdrücklich bezeichnet. Nicht zu den direkten Steuern gehören die Steuern vom Verbrauch und Verkehr sowie die Zollabgaben. Auch die Erbschaftsteuern gehören nicht hierhin, wiewohl sie in einzelnen Abkommen in die Vertragsregelung einbezogen oder zum Gegenstande von Sonderabkommen gemacht worden sind. Weiter scheiden Gebühren und Beiträge aus, da sie nicht zu den Steuern gerechnet werden. Wenn in Einzelfällen einmal Gebühren miterfaßt sind, wie z. B. in Art. V des Erbschaftsteuerabkommens mit Ungarn, so handelt es sich meistens um getarnte Steuern. Maßgeblich für die Annahme einer Steuer ist nämlich nicht immer deren Bezeichnung, sondern die Beantwortung der Frage, ob der Inhalt der Abgabe die charakteristischen Merkmale einer Steuer aufweist. Häufig tritt auch in den einzelnen Abkommen die Frage auf, ob eine Steuer einer anderen entsprechend ist. Bei der Prüfung dieser Frage ist nicht außer acht zu lassen, daß die rechtliche Natur eines Rechtsgebildes nicht schon klargestellt ist, wenn man Form und Inhalt dieses Gebildes isoliert für sich betrachtet und feststellt. Vielmehr ist darüber hinaus stets nach seiner Stellung im System der einzelnen Rechtsordnung insbesondere danach zu fragen, welche Ersatz- oder Ergänzungsfunktion eine Steuer hat.

Im einzelnen gehören auf deutscher Seite zu den direkten Steuern:

1. Die Einkommensteuer, Körperschaftsteuer und Bürgersteuer. Wenn die Bürgersteuer auch ursprünglich mehr den Charakter einer Kopfsteuer hatte, so ist sie nunmehr durch das Gesetz vom 15. 9. 1933 (RGBl. I S. 629) in starkem Maße der Einkommensteuer angepaßt worden. (Vgl. hierzu RFH. vom 19. 11. 1936 IV A 204/35 = StW. 1937 Nr. 9.) Auch die Wehrsteuer nach Maßgabe des Wehrsteuergesetzes vom 20. 7. 1937 (RStBl. 1937, 889) ist eine direkte Steuer.
2. Die Vermögensteuern: die allgemeine Vermögensteuer, die Aufbringungsumlage, die richtiger Ansicht nach eine an die Vermögensteuer anknüpfende Steuer mit realsteuerartigem Einschlag ist. Die Wertzuwachssteuer bei Grundstücken ist eine Verkehrssteuer. Wegen der Reichsfluchtsteuer siehe Anm. 1 zu Art. 12 des deutsch-italienischen Abkommens und die eingehenden Darlegungen zu Ziff. 1 des Zusatzprotokolls zum deutsch-schweizerischen Abkommen, ferner C Nr. 8 des Abschnittes B.
3. Die Realsteuern: die Grund- und Gebäudesteuer, die Gewerbesteuer sowie die Hauszinssteuern. Wenn die Hauszinssteuer nach der Abgabenordnung für das innerdeutsche Recht auch nicht unter die Realsteuern gerechnet wird, so muß sie doch nach Inhalt und Aufbau für das Gebiet der Doppelbesteuerung als eine Realsteuer bezeichnet werden.

Nicht zu den direkten Steuern gehören in Deutschland die Kirchensteuern, da diese materiell keine Staatssteuern sind, die Form ihrer Erhebung aber belanglos ist.

Im übrigen erstrecken sich die Abkommen, soweit nicht Ausnahmen ausdrücklich zugestanden sind, nicht nur auf die direkten Steuern der vertragschließenden Staaten selbst, sondern auch auf die entsprechenden Steuern ihrer öffentlich-rechtlichen Unterverbände wie Länder, Provinzen und Gemeinden.

5. Wie gestaltet sich praktisch die Durchführung der den Vertragsstaaten und deren Staatsangehörigen zustehenden Rechte?

Es kann zunächst keinem Zweifel unterliegen, daß der Vertragsinhalt der Abkommen eine Bindung von Staat zu Staat begründet. Sie verpflichten also die Vertragspartner zur Vertragstreue. Da aber, wie bei allen Staatsverträgen, eine Gewaltunterordnung fehlt, kann die Vertragstreue auch nicht erzwungen werden. Bei Übergriffen des einen oder anderen Staates kann daher lediglich mit den allgemeinen Mitteln der Politik ein Druck ausgeübt werden, wobei auch die Formen des Retorsionsrechtes eine gewisse Rolle spielen können. Abgesehen von der Problematik dieser Behelfe bleibt also, falls das in den meisten Abkommen vorgesehene Verständigungsverfahren nicht zum Ziele führen sollte, bei hartnäckiger Vertragswidrigkeit eines Teiles nur das Kündigungs- oder Rücktrittsrecht übrig.

Die durch die Abkommen berührten Staatsangehörigen der Vertragsstaaten können die ihnen zustehenden Rechte (vgl. Nr. 2) in einem doppelten Verfahren geltend machen und zwar sowohl in den Formen des steuergerichtlichen Verfahrens (Rechtsmittelverfahren) als auch im Wege von Vorstellungen bei dem Staate, dem sie angehören. In dem Abkommen ist dieser Behelf als Einspruch bezeichnet. Siehe hierzu Art. 15 des deutsch-italienischen Abkommens nebst Anmerkungen.

6. Wie wirkt sich eine Änderung der innerstaatlichen Gesetzgebung auf die Steuerabkommen aus?

Hier ist zunächst von dem festen Grundsatze auszugehen, daß erschöpfende Tatbestandsregelungen in den Abkommen durch Änderungen der innerstaatlichen Steuergesetzgebung nicht beeinflußt werden. Beispiel: In den meisten Abkommen ist der Begriff des Wohnsitzes und dauernden Aufenthalts fest umrissen worden. Nun hat das deutsche StAnpG. von 1934 in den §§ 13 und 14 diesen Begriffen einen Inhalt gegeben, der in gewissen Schattierungen von den entsprechenden Begriffen der Abkommen abweicht. Hier ist es selbstverständlich, daß für die Anwendung der Abkommen nur die hierin festgelegten Begriffsbestimmungen maßgebend sein können. — Der Begriff der Betriebsstätte in den einzelnen Abkommen setzt eine feste Geschäftseinrichtung voraus. Sollte die innerstaatliche Steuergesetzgebung oder Rechtsprechung späterhin unter die Betriebsstätte etwa auch bloße Vertretungen fallen lassen, so wäre eine solche Auslegung für das Anwendungsgebiet der Verträge belanglos.

Aus diesen Gedankengängen ergibt sich auch weiter, daß überall da, wo in den Abkommen zur Kennzeichnung von Tatbeständen auf bestimmte Gesetze der Vertragsstaaten Bezug genommen wird, auch die Abkommen auf den Inhalt eben dieser Gesetze abgestimmt sind. Spätere Einschränkungen oder Ergänzungen dieser Gesetze durch die Gesetzgebung des betreffenden Einzelstaates sind für die Steuerabkommen also insoweit bedeutungslos, als sie den Tatbestandsmerkmalen widersprechen, die die beiden Staaten bewogen, die Regelung zu treffen (RFH. vom 19. 12. 1929 = StW. 30/264 = S. 26, 163). So ist beispielsweise in Art. VIII des deutsch-tschechischen Abkommens das deutsche Kapitalertragssteuergesetz vom 29. 3. 1920 in Bezug genommen worden. Gesetzt den Fall, der Kreis der in diesem Gesetze genannten abzugspflichtigen Kapitalerträge würde durch die spätere deutsche Steuergesetzgebung weitergezogen werden, so würde diese Änderung ohne Wirkung für das Anwendungsgebiet des Steuerabkommens sein.

Dagegen muß man die in den einzelnen Abkommen bedingungslos einem Staate überwiesenen Steuerarten auch dem Wechsel der innerstaatlichen Gesetzgebung dieses Staates unterstellen. Das gilt insbesondere auch für die Steigerung des Höhensatzes einer Steuer ja selbst für die Anordnung der Rückwirkung eines Steuertatbestandes. Vgl. hierzu RFH. vom 12. 7. 1933, VI A 2050/32, wo für den Bereich des deutsch-tschechischen Abkommens die nachträgliche Erhöhung der Einkommensteuersätze eines Vertragsstaates als nicht im Widerspruch mit dem Inhalte des Abkommens stehend hingestellt wird. Der Begriff der direkten Steuern ist in keinem Steuerabkommen erschöpfend festgelegt worden. Neue durch die innerstaatliche Steuergesetzgebung eingeführte direkte Steuern werden dadurch also automatisch auch Gegenstände der zwischenstaatlichen Vertragsregelung. Dasselbe gilt von all den Fällen, in denen die Abkommen die Zugehörigkeit eines Gutes oder eines sonstigen Interesses zu einem bestimmten Güterkomplex der innerstaatlichen Gesetzgebung ausdrücklich oder stillschweigend überlassen hat.

7. Wie ist die Aufteilung des Besteuerungsrechtes bei Vorhandensein mehrerer Betriebsstätten in beiden Vertragsstaaten geregelt?

Ein recht schwieriges Problem der Doppelbesteuerung bildet auch die in den meisten Abkommen verordnete Aufteilung der Steuern bei Vorhandensein mehrerer Betriebsstätten in beiden Staaten.

In vielen Verträgen findet sich allerdings ein Hinweis, wonach die Vereinbarung über eine billige und sinnvolle Aufteilung der gewerblichen Einkünfte aus verschiedenen in beiden Staaten belegenen Betriebsstätten ausdrücklich der Sondervereinbarung der obersten Finanzverwaltungsbehörden der Vertragsstaaten vorbehalten ist. Es kann keinem Zweifel unterliegen, daß sich gerade hier noch ein ergiebiges Feld planmäßiger internationaler Zusammenarbeit eröffnet. Eine solche Sondervereinbarung hätte vor allem den über die beiden Vertragsstaaten mit mehreren Betriebsstätten verteilten Gewerbebetrieb auch steuerlich als Einheit zu betrachten und wirksame Vorkehrungen zu treffen, daß eine willkürliche Verschiebung von Vermögen und Einkünften unmöglich wäre. Bislang ist aber, wie ersichtlich, noch mit keinem Staate eine solche Vereinbarung zustande gekommen. Eine bemerkenswerte Behandlung der gewerblichen Einkünfte aus beweglichem Kapital bringt lediglich das deutsch-französische Steuerabkommen in seinem Art. 4. (Vgl. dazu S. 290.)

Die Besteuerung hat sich in jedem Betriebsstättengebiete zunächst auf Vermögen und Einkünfte gerade dieser Betriebsstätte zu beschränken. Hieraus ergibt sich zwangsläufig, daß eine Besteuerung dieses Teilbetriebes nach dem für das Gesamtvermögen und Gesamteinkommen des Unternehmens errechneten Steuersatze unstatthaft ist, wenn es nicht ausdrücklich zugelassen ist. Daß natürlich Vermögen und Einkommen verschiedener in demselben Staate liegender Betriebsstätten zusammen zu versteuern sind, bedarf keiner besonderen Hervorhebung.

Die Besteuerung hat sich also auf das in den einzelnen Betriebsstätten arbeitende Vermögen und die Einkünfte daraus mit den hierfür maßgebenden Steuersätzen zu beschränken. Um aber zu diesem Teilvermögen und zu diesen Teileinkünften vordringen zu können, können bei ihrer Ermittlung das Gesamteinkommen und die Gesamteinkünfte des Unternehmens oft nicht außer Betracht gelassen werden. Das kann im Einzelfalle, insbesondere bei Großbetrieben, zu erheblichen Schwierigkeiten führen, da die wirtschaftliche Zugehörigkeit einzelner Vermögensgegenstände oder Einkünfte mangels genauer Kenntnis der Finanzbehörden von den im Gesamtbetriebe sich abwickelnden Betriebsvorgängen oft problematisch bleiben muß. Daß bei einer solchen Sachlage und bei Verschiedenheit der Steuersätze in beiden Staaten leicht dem steuerlich günstiger liegenden Staate Vermögenswerte und Gewinne zugeschoben werden können, ist klar. Hier muß es Aufgabe der Steueraufsicht sein, Verschiebungen entgegenzutreten. Dabei ist darauf zu achten, daß Einkünfte in einem Lande nicht immer schon dann erzielt sind, wenn sie durch die in seinem Gebiete liegende Betriebsstätte erzielt werden. Der Gewinn muß vielmehr auf die beiden Vertragsstaaten in dem Verhältnis aufgeteilt werden, als er unterzuverteilen wäre, wenn beide Betriebsstätten selbständig wären. Das kann unter Umständen dazu führen, daß ein Teil des im Auslande liegenden Zentralvermögens eines Unternehmens dann bei der inländischen Besteuerung der Betriebsstätte mitberücksichtigt werden muß, wenn die inländische Betriebsstätte nach der Eigenart ihrer Geschäfte zwar eines Kapitalstockes bedarf, diesen aber nicht zugewiesen erhalten hat (RFH. 33, 91). Vgl. auch RFH. vom 29. 10. 1935 I A 76/35, S. 38, 305. Hier ist dargelegt, daß auch eine inländische Betriebsstätte, insbesondere eine reine Produktionsstätte, die nur Ausgaben habe, im Sinne eines Doppelbesteuerungsvertrages dennoch Einkünfte haben könne. Der Gewinn eines Unternehmens komme durch die Gesamtheit seiner Betriebshandlungen zustande. Deshalb sei als Einkommen einer solchen Betriebsstätte zumindesten ein entsprechender Anteil an den Gesamteinkünften des Unternehmens zu betrachten und eventuell zu schätzen. Im übrigen scheint es ein gemeinsamer Grundsatz der internationalen Rechtsprechung zum Doppelbesteuerungsrecht zu sein, daß Verluste der Betriebsstätte in einem Staate das Aufkommen der Betriebsstätte im anderen Staate nicht schmälern dürfen. Dasselbe gilt entsprechend vom unbeweglichen Vermögen (vgl. RFH. S. 38/64). Siehe hierzu A Nr. 2 des Abschnittes B.

Das deutsch-italienische Abkommen verordnet in seinem Art. 3 Abs. 4 und Nr. 8 des Schlußprotokolls zum Zwecke der Erfassung der Betriebsvorgänge die Vorlegungspflicht hinsichtlich allgemeiner und spezieller Bilanzen, sowie von solchen Dokumenten, die die Verwaltung der Betriebsstätte betreffen. Man kann ohne weiteres diese Aufklärungsmethoden als allgemeines Folgerecht der Staatsaufsicht betrachten und auf andere Verträge sinngemäß zur Anwendung bringen. Sollten auch diese Behelfe die Undurchsichtigkeit der Verhältnisse der Betriebsstätte noch nicht beheben, so bliebe mangels weiterer Aufklärung immer noch der Weg der Schätzung übrig. (Vgl. hierzu RFH. 37, 320.) Siehe auch §§ 30 EStG. und 6 KStG.

Im übrigen unterliegen ausländische Gesellschaften nach der AO. hinsichtlich ihrer deutschen Anlagen der Buchführungspflicht. Das FA. kann grundsätzlich auch die Vorlage der Bücher verlangen. Dagegen ist die Anwendung der Buch- und Betriebsprüfung bei Betrieben, die ihren Sitz im Auslande haben, ausgeschlossen (RFH. vom 27. 9. 1933, S. 34, 210; StW. 1934, Nr. 5).

Eine etwa in den Vertragsstaaten vorgesehene Mindestbesteuerung vom Unternehmen (vgl. § 17 des deutschen KStG.) kann, soweit keine anderweite Regelung im Abkommen getroffen ist, nur im Betriebsstättenbereiche der Ausschüttung oder Vergütung erfolgen. Dabei ist zu beachten, daß die sachliche Steuerbefreiung bestimmter Einkünfte auf Grund von Doppelbesteuerungsverträgen die Mindestbesteuerung einer aus solchen Einkünften stammenden Ausschüttung nicht ausschließt, da es gleichgültig ist, woher diese Mittel stammen. Vgl. im übrigen zu Nr. 7 die Darlegungen unter B Nr. 2 des Abschnittes B sowie Anm. Nr. 2 zu Art. 3 des deutsch-französischen Abkommens.

8. Wo ist die Betriebsstätte eines Einzelgewerbetreibenden, der neben seiner Wohnung keine besondere Geschäftseinrichtung hat?

Es kann keinem Zweifel unterliegen, daß jede selbständige Arbeit stets da eine Stätte haben muß, wo sich in der Hauptsache die technische Abwicklung der Geschäftsvorgänge vollzieht. Das kann in dem Falle, in dem neben der Wohnung keine besondere Geschäftseinrichtung vorhanden ist, nur der Wohnort sein. Der RFH. hat deshalb in seiner Entsch. vom 5. 5. 1937, S. 41, 239 ausgesprochen, daß ein selbständiger Kaufmann und Gewerbetreibender, der neben der Wohnung keine eigenen Geschäftsräume besitzt, seine Betriebsstätte im Sinne der Doppelbesteuerungsverträge an seinem Wohnsitze habe, auch wenn er, wie z. B. bei Reisevertretern, seine Haupttätigkeit auf Reisen entwickelt.

8 a) Wie sind die Einkünfte aus der Beteiligung an Schiffahrtsbetrieben zu behandeln?

In den meisten Doppelbesteuerungsabkommen ist das Besteuerungsrecht gegenüber den Einkünften aus Unternehmungen der Seeschiffahrt oder der Schiffahrt überhaupt insoweit von der allgemeinen Einkommenbesteuerung gewerblicher Betriebe abweichend geregelt, als hier nicht der Betriebsstätten- sondern der Staat des Sitzes oder der Geschäftsleitung besteuerungsberechtigt sein soll.

Da der Gewerbebetrieb in den Doppelbesteuerungsverträgen eine Einheit bildet, sind auch auf diese Sonderregelung bei den Schiffahrtsbetrieben die für die allgemeine Besteuerung der gewerblichen Einkünfte geltenden Bestimmungen entsprechend anzuwenden, soweit nicht die Sonderregelung reicht. Das bedeutet also, daß an Stelle der Betriebsstättenbesteuerung die Geschäftsleitung- oder Sitzbesteuerung auch dann eintritt, wenn es sich um Beteiligungen an solchen Schiffahrtsunternehmen handelt und Beteiligungen bei der allgemeinen Einkommenbesteuerung der gewerblichen Betriebe diesen gleichgestellt sind. Ist bei der allgemeinen Einkommenbesteuerung der gewerblichen Betriebe — wie üblich — hinsichtlich gewisser Beteiligungen (Aktien, Kuxen usw.) eine Ausnahme vorgesehen, so gilt diese auch für die entsprechenden Beteiligungen an Schiffahrtsunternehmen.

Fehlt es in den Abkommen an einer ausdrücklichen Bestimmung über die Behandlung der Beteiligungen überhaupt, so ist die Frage, ob es sich um gewerbliche Einkünfte handelt, ob also die Betriebsstätten- oder Geschäftsleitungsbesteuerung eintritt, nach innerstaatlichem Steuerrecht zu beurteilen. Das bedeutet also, daß es nach deutschem Steuerrecht auf die Form des Unternehmens ankommt. Nach deutschem Steuerrecht sind hiernach Einkünfte aus der Beteiligung an einer oHG., KG. oder Gesellschaft des bürgerlichen Rechtes — d. h. also bei den sog. Mitunternehmergesellschaften — als gewerbliche, die Einkünfte aus Beteiligungen an einer AG. oder GmbH. dagegen als Kapitaleinkünfte zu betrachten.

Vgl. im übrigen hierzu II Nr. 8b dieses Abschnittes sowie B II Nr. 2 des Abschnittes B.

8b) Wie sind die Einkünfte des § 49 EStG. im Verhältnis zu den gewerblichen Einkünften überhaupt zu behandeln?

Nach deutschem Steuerrecht sind grundsätzlich alle Einkünfte buchführungspflichtiger gewerblicher Unternehmen auch als gewerbliche Einkünfte zu behandeln, mögen sie für sich betrachtet, auch anderen Einkunftsarten zugerechnet werden können. Das deutsche Steuerrecht hat jedoch für die beschränkte Steuerpflicht des Einkommen- und Körperschaftsteuergesetzes eine Ausnahme insofern angenommen, als inländische gewerbliche Einkünfte beim Fehlen der Voraussetzung des § 49 Ziff. 2 nicht etwa überhaupt der beschränkten Steuerpflicht entzogen sind. Vielmehr ist, wenn die Voraussetzung des § 49 Ziff. 2 fehlt, anzunehmen, daß für die deutsche steuerliche Behandlung das Vorhandensein des ausländischen Gewerbebetriebes unbeachtet bleiben soll, daß also die Einkünfte des § 49 Ziff. 3—8 EStG. so zu besteuern sind, wie es der Fall wäre, wenn sie außerhalb eines gewerblichen Betriebes angefallen wären. Vgl. hierzu die eingehenden Darlegungen unter B II Nr. 2 des Abschnittes B S. 47 und 102.

Die Frage, ob und inwieweit dieser Grundsatz auch für das Recht der Doppelbesteuerungsverträge Bedeutung hat, ist, soweit übersehen werden kann, bislang nicht Gegenstand einer steuergerichtlichen Entscheidung gewesen. Man wird anzunehmen haben, daß die positive Vertragsregelung grundsätzlich dem innerstaatlichen Steuerrecht sowie der darauf fußenden Rechtsprechung vorzugehen hat. Wenn daher nach Maßgabe der Bestimmungen eines Abkommens gewisse Einkünfte (z. B. aus Hypotheken usw.) als solche aus Kapital- oder unbeweglichem Vermögen zu gelten haben, so werden diese Einkünfte auch dann dem Wohnsitz- oder Belegenheitsstatut unterworfen sein, wenn sie nach dem innerstaatlichen Steuerrecht oder der Rechtsprechung dazu als gewerbliche anzusehen wären. Im übrigen wird man nicht fehlgehen, Einkünfte, die nach dem Steuerrecht beider Vertragsstaaten als gewerbliche zu gelten haben, der Betriebsstättenbesteuerung zu unterstellen, soweit sich nicht aus den Bestimmungen des Abkommens selbst etwas anderes ergeben sollte. Vgl. hierzu auch RFH. I 355/37 vom 26. 10. 1937 = StW. 1937 Nr. 614 sowie C Nr. 5 des Abschnittes B.

9. Was ist bei der Besteuerung der Kapitaleinkünfte insbesondere der Einkünfte aus Beteiligungen zu beachten?

Ein wichtiges Kapitel auf dem Gebiete der Doppelbesteuerung bildet die Besteuerung der Kapitaleinkünfte, insbesondere die Behandlung der Beteiligung an gesellschaftlichen Unternehmen.

Soweit die Besteuerung des Kapitalertrags an der Quelle in Frage kommt, kann, wie bereits unter Nr. 3 dargelegt ist, eine Doppelbesteuerung eintreten. Über die Frage der Anrechnung des Kapitalertrags siehe ebendort.

In Deutschland unterliegen dem Steuerabzug vom Kapitalertrag die in § 43 EStG. und § 1 der VO. zur Durchführung des Steuerabzugs vom 22. 12. 1934 (RMBl. 1935 S. 18) bezeichneten Kapitalerträge. Der darüber hinaus im deutschen Steuerrecht z. B. in der VO. vom 6. 2. 1935 (RGBl. I S. 160 ff.) verordnete Steuerabzug bei den dort genannten Bezügen gehört hierhin ebensowenig wie der Steuerabzug vom Arbeitslohn § 38 EStG., denn hier handelt es sich nicht um Kapitalerträge. Im übrigen beschränkt sich die Sonderregelung der Besteuerung des Kapitalertrages nur auf den Steuerabzug als solchen, eine förmliche Veranlagung dieser Kapitalertragsteuerbeträge ist nicht statthaft. Dabei ist bei jedem Steuerabkommen zu prüfen, welche Kapitalerträge im einzelnen zum Steuerabzuge zugelassen sind. Ist der Steuerabzug vom Kapitalertrag generell nach der Steuergesetzgebung des einzelnen Staates gemeint, so ergeben sich keine

Schwierigkeiten. Wohl aber, wenn ein bestimmtes Gesetz ausdrücklich in Bezug genommen ist, wie z. B. in Art. VIII des deutsch-tschechischen Vertrages. In einem solchen Falle ist also zu prüfen, ob der in Frage stehende Steuerabzug unter das Abkommen fällt oder nicht (vgl. Nr. 6). Fällt er nicht darunter, so entfällt die Sonderregelung mit der Maßgabe, daß dann die allgemeinen Normen für die Verteilung des Besteuerungsrechtes in Wirksamkeit treten. Der vom RFH. in seiner Entscheidung vom 31. 3. 1933 I A 253/31 = StW. 1933 Nr. 520 vertretenen allgemeinen Auffassung, daß der Steuerabzug vom Kapitalertrag nach völkerrechtlichen Gründen als Sachsteuer anzusprechen und deshalb auch bei Fehlen einer Sonderbestimmung in den Steuerabkommen stets dem einzelstaatlichen Steuerabzuge unterliegt, kann heute nicht mehr gefolgt werden. Die Unterscheidung von Sach- und Personalsteuern, die dem deutsch-italienischen Abkommen eigen ist, ist durchaus nicht Gemeingut aller Abkommen geworden. Auch der Steuerabzug vom Kapitalertrag, der nach geltendem Recht lediglich eine Erhebungsform ist, kann nicht darüber hinwegtäuschen, daß es sich hier um eine direkte Steuer handelt, die mangels einer Ausnahmebestimmung den allgemeinen Vorschriften der Abkommen unterliegt. Vgl. auch § 12 VO. vom 6. 2. 1935 (RGBl. 1935 S. 160, sowie C Nr. 12 des Abschn. B). Aufsichtsratsvergütungen fallen nicht unter den Begriff des Kapitalertrags. Zu beachten bleibt hier aber unter Umständen die Sonderregelung der Tantiemenbesteuerung, die in manchen Verträgen der Sonderbesteuerung jedes Vertragsstaates überlassen ist. Vgl. RFH. S. 34, 132.

Was die Einkünfte aus Kapitalvermögen im übrigen anlangt, so ist noch folgendes hervorzuheben:

Wiewohl die Regelung der Besteuerung in den einzelnen Doppelbesteuerungsverträgen nicht einheitlich ist, so unterliegen diese Einkünfte doch meistens dem Wohnsitzstatut. Beteiligungen an gesellschaftlichen Unternehmungen werden aber oft wie Gewerbebetriebe behandelt, so daß dann die Betriebsstättenbesteuerung eingreift. Ausgenommen sind aber in den meisten Verträgen Kuxe, Aktien und sonstige Wertpapiere, d. h. Urkunden, bei denen der Besitz erforderlich ist, um die in ihnen verbrieften Rechte ausüben zu können. Abgesehen von Spezialregelungen, z. B. im deutsch-schweizerischen Abkommen Schlußprotokoll zu Art. 3 Abs. 3, entscheidet auch hier meistens der Wohnsitz des Berechtigten. Nach deutschem Steuerrecht können sich auch Darlehen oder sonstige Forderungen eines Gesellschafters an die Gesellschaft selbst als sachliche Beteiligung an eben dieser Gesellschaft darstellen. Diese Folgerung hat aber, wie RFH. vom 23. 11. 1933 S. 34, 331 zum Vermögenssteuerrecht ausführt, nur Bedeutung für das innerstaatliche Steuerrecht. Siehe hierzu aber auch RFH. vom 28. 7. 1937 VI A 432/37, wo der RFH. für das Einkommensteuerrecht die Zinsen aus solchen Krediten als gewerbliche Einkünfte betrachtet. Im übrigen tritt gerade bei diesen Einkünften aus Kapitalvermögen die für das ganze Doppelbesteuerungsrecht auch bei anderen Einkommensarten typische Erscheinung auf, daß das Recht der Doppelbesteuerung gewisse Einkunftsarten der innerstaatlichen Regelung entrückt und wie Einkommen anderer Art behandelt.

10. Wie sind Vermögen und Einkünfte daraus zu behandeln, wenn die Steuerabkommen diese Materien verschiedenen Heranziehungsstatuten zugewiesen haben?

Beispiel: Ein italienisches Unternehmen mit Sitz in Mailand besitzt in Deutschland ein Landgut oder ein Grundstück; Landgut und Grundstück gehören zum Betriebsvermögen des Unternehmens. Nach Art. 2 und 11 des deutsch-italienischen Abkommens soll für die Besteuerung die Belegenheit, nach Art. 3 und 11 aber die Betriebstätte entscheiden. Welcher Gesichtspunkt geht vor, zieht etwa die Betriebsstätte — eine solche ist in dem Beispiel nur in Italien gegeben — das Landgut und das Grundstück nach sich? Man wird hier, wie das auch die herrschende Meinung unter Hinweis auf die Sachgebundenheit der Liegenschaft und auf Art. II des deutsch-österreichischen Abkommens tut, die lex rei sitae den Ausschlag geben lassen müssen insbesondere auf Grund der Erwägung, daß die Belegenheit die stärkere Gebundenheit bedeutet. Immerhin ist nicht zu verkennen, daß dieser Schluß ein Auslegungsbehelf ist. Daß von einer analogen Anwendung von Sonderbestimmungen in den einzelnen Verträgen auf andere Verträge nur mit Vorsicht Gebrauch gemacht werden kann, liegt in der Tatsache begründet, daß es an einer geschlossenen Systematik der Abkommen fehlt.

Die Besteuerung der Hypothekenforderungen ist in den einzelnen Abkommen verschieden geregelt. Nach dem deutsch-tschechischen Abkommen Art. II Abs. 2 gelten Hypothekenforderungen als Kapitalvermögen, folgen also der Wohnsitzbesteuerung. Wie ist aber zu entscheiden, wenn die Hypotheken Bestandteile eines Betriebsvermögens sind? Bei der durchaus verschiedenen Behandlung der Hypotheken in den einzelnen Verträgen läßt sich die Begründung wie vorher bei den Grundstücken nicht heranziehen. Auch der Hinweis auf Art. 2 des deutsch-schweizerischen Abkommens kann nicht verfangen, da hier die Betriebsstätte als zureichender Grund für den Vorrang vor der Belegenheit als Ausnahme genannt wird. Man wird also wohl die Hypothekenforderungen, soweit sie zu einem Betriebsvermögen gehören, mangels einer Ausnahmebestimmung dem Betriebsvermögen zurechnen müssen. Gehören nach einem Abkommen Hypotheken zum unbeweglichen Vermögen, so gilt stets die lex rei sitae. Die vorstehenden Grundsätze gelten auch für andere eigentumbegrenzende Grundstücksrechte, soweit sie nicht als Bestandteile von Grundstücken oder grundstücksgleichen Rechten anzusehen sind und dann das Schicksal der Unbeweglichkeit teilen.

Da in vielen Abkommen die Hypothekenforderungen dem unbeweglichen Vermögen gleichgestellt sind, kann die Frage auftauchen, ob in diesen Fällen auch Grund- und Rentenschulden das Schicksal der Hypotheken teilen. Es sprechen überwiegende Gründe dafür, diese Rechte dann in gleicher Weise wie die Hypotheken zu behandeln. Maßgebend für die Gleichstellung der Hypotheken mit dem unbeweglichen Vermögen in vielen Abkommen war doch stets die Erwägung, daß diese Rechte rechtlich und wirtschaftlich so innig mit dem unbeweglichen Vermögen verbunden sind, daß sie als zur Wirtschaftssphäre des Belegenheitsstaates gehörend betrachtet worden sind. Dieser Gesichtspunkt gilt in noch erhöhtem Maße für die Grund- und Rentenschulden, bei denen die Radizierung auf das Grundstück soweit geht, daß sie unabhängig von einer Forderung sind. Daß nach § 1192 BGB. die Vorschriften über die Hypothek auf Grund- und Rentenschulden entsprechende Anwendung zu finden haben, soweit sich nicht etwas anderes daraus ergibt, daß die Grundschulden keine Forderungen voraussetzen, ist ein weiterer Beleg für die Richtigkeit dieser Auffassung. Für die ausdrückliche Gleichstellung der Grund- und Rentenschulden mit den Hypotheken in den in Betracht kommenden Abkommen fehlte es formell an einem Anlaß insofern, als diese abstrakten Grundstücksbelastungen ein typisch deutsches Rechtsinstitut darstellen, das den meisten Staaten unbekannt ist. Überall da freilich, wo die Hypotheken nicht Gegenstand dieser Sonderregelung geworden sind, sind sie entsprechend innerstaatlichem Steuerrecht, in Deutschland also als Kapitalvermögen und die Einkünfte daraus als Einkommen aus solchem Vermögen zu behandeln.

Nun hat die Entscheidung RFH. S. 40, 147 **allerdings** für den Bereich des deutsch-schweizerischen Abkommens in einem bestimmten Falle die Grundschulden den Hypotheken **nicht** gleichgestellt. Die Entscheidung darf jedoch nicht verallgemeinert werden. Vgl. Anm. 2 zu Art. 2 des deutsch-schweizerischen Abkommens und die Ausführungen unter C Nr. 6 des Abschnittes B.

11. Wie wirken sich Organtheorie und Schachtelprivileg auf dem Gebiete des Doppelbesteuerungsrechts aus?

Die deutsche Rechtsprechung hat für das Körperschaftsteuerrecht den Grundsatz entwickelt, daß ein rechtlich selbständiges Unternehmen dann der steuerrechtlichen Selbständigkeit ermangele, wenn es organisatorisch, wirtschaftlich und finanziell derart in den Organismus eines anderen übergeordneten Unternehmens eingegliedert ist, daß es den Weisungen dieses Unternehmens zu folgen verpflichtet ist (Organtheorie). Die Steuerrechtsfolge davon ist, daß zwar die Untergesellschaft dadurch ihre subjektive Steuerpflicht nicht einbüßt, daß aber die an die Obergesellschaft kraft ausdrücklicher Verpflichtung abzuführenden Gewinne der Untergesellschaft bei der ersteren zu erfassen sind. Es fragt sich, ob diese Rechtsprechung auch für das Gebiet der Doppelbesteuerung Platz greift.

Die Zurechnung des Vermögens und Einkommens einer inländischen Organgesellschaft an die ausländische Obergesellschaft kann unter Umständen die Besteuerung mit einem höheren Steuersatze rechtfertigen. Vor allem aber könnten Gewinne inländischer Unternehmen, die im Auslande gemacht sind, und sonst dort bei einer dort errichteten Organgesellschaft verbleiben würden, der inländischen Besteuerung unterworfen werden.

Die Organtheorie ist eine Schöpfung der innerstaatlichen Rechtsprechung Deutschlands und läßt sich daher nicht generell auf das internationale Steuerrecht ausdehnen. Gleichwohl kann sie für den Bereich der Doppelbesteuerungsverträge nicht gänzlich ausgeschaltet werden.

Im deutsch-italienischen Abkommen Nr. 7 des Schlußprotokolls ist die Frage der Anwendung der Organtheorie auf das Abkommen mit der Maßgabe bejaht worden, daß die Untergesellschaft, falls sie nach der Gesetzgebung eines Staates als Betriebsstätte der Obergesellschaft anzusprechen ist, der Betriebstättenbesteuerung des Abkommens unterliegt. Diese Regelung enthält einen für das übrige Doppelbesteuerungsrecht beachtenswerten Fingerzeig. An und für sich sind äußerlich selbständige Unternehmen zwar auch steuerlich als selbständig zu behandeln. Eine Ausnahme muß aber in solchen Fällen gelten, in denen das Organ einer Obergesellschaft derartig in den Organismus dieser Obergesellschaft verflochten ist, daß das Organ einen Teil der Aufgaben der Obergesellschaft nach deren Weisungen zu erfüllen hat und mit der Obergesellschaft eine wirtschaftliche Einheit bildet. Vgl. RFH. vom 21. 6. 1935 I A 203/34. Hier kann sich das Organ als eine Betriebsstätte der Obergesellschaft darstellen. Aus der seitens der deutschen Delegation bei den Verhandlungen um das deutsch-schweizerische Abkommen zugestandenen Erklärung, daß selbst die Innehabung sämtlicher Aktien eines Unternehmens noch nicht ausreiche, eine Betriebsstätte anzunehmen, ist zu entnehmen, daß auch bei der Besteuerung eines Organes stets eine Betriebsstätte, d. h. also eine Geschäftseinrichtung vorausgesetzt werden muß. Unterhält daher z. B. das in Deutschland wirkende unselbständige Organ einer ausländischen Obergesellschaft im Inlande eine Betriebsstätte, so hat die Betriebsstättenbesteuerung darauf Anwendung zu finden. Mangels einer solchen Geschäftseinrichtung hat nach Doppelbesteuerungsrecht lediglich der Staat der Obergesellschaft das Besteuerungsrecht.

Das Schachtelprivileg des § 9 KSG. kann heute nur noch wirksam werden für unbeschränkt steuerpflichtige Kapitalgesellschaften, die mit mindestens 1/4 an dem Grund- oder Stammkapital einer anderen ebenfalls unbeschränkt steuerpflichtigen gleichartigen Gesellschaft beteiligt sind. Aus den bislang vom Deutschen Reiche mit anderen Staaten geschlossenen Doppelbesteuerungsverträgen läßt sich ein allgemeiner Grundsatz, wonach das innerstaatliche Schachtelprivileg international auszudehnen sei, nicht herleiten. Demgemäß hat der RFH. in der Entscheidung vom 27. 5. 30, I A 145/29 = RStBl. 1930 S. 439 dargelegt, daß eine deutsche Gesellschaft das Schachtelprivileg nicht geltend machen könne für Gewinnanteile, die ihr von einer Danziger Gesellschaft zufließen.

Zu beachten bleibt hier aber die Organtheorie, vermöge deren, wie vorher ausgeführt worden ist, die ausländische Gesellschaft als Betriebsstätte des inländischen Unternehmens erscheinen kann. In einem solchen Falle stände nach Doppelbesteuerungsrecht die Besteuerung der Gewinnanteile dem ausländischen Betriebsstättenstaat allein zu.

Siehe im übrigen hierzu die Darlegungen unter B V Nr. 6 des Abschnittes B und C Nr. 14 daselbst.

11 a) Wie sind die Realsteuern nach Doppelbesteuerungsrecht zu behandeln?

Angesichts der unterschiedlichen Fassung der einzelnen Doppelbesteuerungsabkommen können auch hinsichtlich der Behandlung der Realsteuern gewisse Zweifel entstehen. Daß auch die Realsteuern zu den direkten Steuern zu rechnen sind, ist in den meisten Abkommen noch ausdrücklich festgestellt worden. Im Gegensatze zu den Personalsteuern, bei denen die Leistungsfähigkeit oder sonstige persönliche Eigenschaften des Steuerschuldners mitbestimmend sind, bilden bei den Realsteuern (Objektsteuern) objektive Merkmale des Steuergegenstandes die Besteuerungsgrundlage (Gewerbeertrag, Gewerbekapital, Grundbesitz). Steuerschuldner ist aber auch bei den Realsteuern nicht etwa der Betrieb oder das Grundstück, sondern der Unternehmer oder derjenige, dem das Grundstück gehört oder zuzurechnen ist.

Alle Abkommen stimmen auch äußerlich in der Fassung darin überein, daß sie die Einkünfte aus Gewerbebetrieb und Grundbesitz der Einkommen- und Körperschaftbesteuerung des Staates überweisen, in dem sich eine Betriebsstätte befindet oder das unbewegliche Vermögen belegen ist. Wie steht es nun aber mit der Realbesteuerung des gewerblichen Unternehmens und des Grundbesitzes?

In denjenigen Abkommen, in denen gesagt wird, daß der Gewerbebetrieb sowie das Einkommen daraus oder der Grundbesitz oder die Einkünfte daraus nur in dem Staate zu den direkten Steuern herangezogen werden sollen, in dem eine Betriebsstätte unterhalten wird oder der Grundbesitz belegen ist, ist klargestellt, daß auch die Realbesteuerung diesen Bedingungen unterliegt. Vgl. z. B. Art. II und III des deutsch-tschechischen und deutsch-österreichischen, § 1 der VO. zur Beseitigung der Doppelbesteuerung im Verhältnis zur freien Stadt Danzig, Art. 2 und 3 des deutsch-schweizerischen, sowie Art. I und II des deutsch-ungarischen Vertrages.

In vielen Abkommen ist aber in den entsprechenden Bestimmungen nur von E i n k ü n f t e n aus Gewerbebetrieb und unbeweglichem Vermögen schlechthin die Rede. Vgl. Art. 2 u. 3 des deutsch-italienischen, deutsch-schwedischen und deutsch-finnischen Abkommens. Der Begriff der Einkünfte ist ein Fachausdruck, der im deutschen Steuerrecht der Personalbesteuerung eigentümlich ist. Da die Begriffe der Abkommen losgelöst von der eigenstaatlichen Betrachtungsweise zu beurteilen sind, die Realbesteuerung aber auch international gerade auf die Gebundenheit durch Betriebsstätte und Belegenheit abgestellt ist, dürfte es wohl keinem Zweifel unterliegen, daß auch bei den letzteren Abkommen die Grund- und Gewerbesteuer als Ganzes dem Prinzip der Betriebsstätte und Belegenheit unterliegen sollte, zumal die Ertragsbesteuerung bei der Realbesteueurng des Auslandes die Regel bildet. Der Begriff der Einkünfte hat also in diesen Abkommen eine andere Bedeutung erhalten als im innerstaatlichem deutschen Steuerrecht. Die entgegengesetzte Auffassung würde zu der für das ganze Doppelbesteuerungsrecht unannehmbaren Folgerung der Zuständigkeit des Wohnsitzstaates für die Erhebung der Realsteuern führen, soweit nicht das Immobiliarstatut eingreifen sollte.

Große praktische Bedeutung kommt diesen Erwägungen deshalb nicht zu, weil die Betriebsstätte und die Belegenheit die Bedingung für die Realbesteuerung wohl in allen Staaten bildet (vgl. in Deutschland §§ 2 und 9 Ziff. 3 des GewStG. und § 1 des GrStG. 1936).

Im übrigen erfassen fast alle Abkommen auch die Realsteuern. Nur die deutschen Schiffahrtsabkommen mit Großbritannien, Japan, Kanada und den Vereinigten Staaten sowie das vorläufige Abkommen mit Dänemark, erstrecken sich nicht auf die Realsteuern. — Wenn auch einzelne Abkommen ihr Anwendungsgebiet teilweise abstellen auf die von den Ländern erhobenen gegenwärtigen und zukünftigen Steuern vom Gewerbebetrieb usw., so kann es doch keinem Zweifel unterliegen, daß man dem Sinne auch dieser Abkommen nur gerecht wird, wenn man die Realsteuern, auch wenn sie wie jetzt in Deutschland nur Gemeindesteuern sind, der Wirkung der Abkommen unterstellt. Die Lohnsummensteuer ist in keinem Abkommen besonders genannt. Es ist aber nicht angängig, sie anders zu behandeln als die Steuer vom Gewerbeertrag und Gewerbekapital. Vgl. Abraham im Deutschen Steuerblatt 1937 S. 513. Über die Heranziehung von Beteiligungen an ausländischen Unternehmen zur Gewerbesteuer s. Pr. OVG. vom 5. 11. 1937 VIII G. St. 253/36, Reichsverwaltungsbl. Bd. 59 S. 170.

12. Wie regeln die Abkommen die Besteuerung der Erbschaften dem Umfange nach?

Das deutsche Erbschaftsteuergesetz vom 16. 10. 1934 (RGBl. I, 1056) unterwirft dieser Steuer in § 1 nicht nur den Erwerb von Todes wegen als solchen, sondern auch Schenkungen und

Zweckzuwendungen unter Lebenden. Die Unterfälle der drei Kategorien sind dabei in den §§ 2—4 entwickelt. Es dürfte ohne weiteres einleuchten, daß zu den eigentlichen Erbschaftssteuern im technischen Sinne nur die in § 2 des Gesetzes genannten Anfälle rechnen. Die Schenkungen und Zweckzuwendungen unter Lebenden sind nur im Wege besonderer steuerlicher Anordnung der Erbschaftsteuer unterworfen worden. Bei Anwendung der einzelnen Doppelbesteuerungsverträge kann, soweit die Erbschaftsteuern in Frage kommen, die Frage akut werden, was der einzelne Steuervertrag unter Erbschaftsteuer versteht. Fallen darunter also im Einzelfall auch Schenkungen sowie Zweckzuwendungen unter Lebenden?

Nach § 7 der deutsch-danziger Erbschaftsteuerregelung finden die Bestimmungen der beiderseitigen Verordnungen auch auf Schenkungen, also auch auf Zuwendungen unter Lebenden entsprechende Anwendung. Dagegen bezieht sich die Erbschaftsteuerregelung des deutsch-schweizerischen Abkommens kraft ausdrücklicher Vorschrift des § 9 Abs. 2 nicht auf Schenkungen und Zweckzuwendungen, wiewohl der Vertrag von Erbschaftsteuern spricht. Bei den mit Österreich und der Tschechoslowakei geschlossenen Erbschaftsabkommen ergibt sich dieselbe Schlußfolgerung schon aus der Beschränkung des Abkommens auf Abgaben von Todes wegen. Man sieht also aus diesen verschiedenen Regelungen der Abkommen, daß sich für die Frage der Abgrenzung der Erbschaftsteuer allgemein gültige Abmarkungen nicht herleiten lassen.

13. Wie wirkt sich das Verständigungsverfahren aus?

Trotz der begrifflichen und kasuistischen Regelung der Tatbestände in den einzelnen Abkommen können sich bei der Durchführung des Vertragsinhaltes doch nach der einen oder anderen Seite Zweifel oder Meinungsverschiedenheiten unter den Vertragspartnern ergeben. Es können bei der Kompliziertheit der heutigen Wirtschaftsvorgänge und der Verschiedenheit der Steuersysteme oder einzelner Begriffe der Steuerrechtsordnungen in den Vertragsstaaten Fragen auftauchen, an die bei Abschluß der Verträge nicht gedacht werden konnte. Insbesondere kann dadurch, daß das Steuerrecht eines Staates die Einkünfte aus einer bestimmten Quelle einer anderen Einkunftsart zurechnet, als es der andere Staat tut, die Möglichkeit einer Doppelbesteuerung selbst auf Grund des Abkommens heraufbeschworen werden, die das ganze Vertragswerk zu gefährden imstande ist und die nicht der Absicht der Vertragsstaaten entspricht. Wenn das Steuerrecht des einen Staates, z. B. gewisse Einkünfte zu den gewerblichen, der andere Staat diese aber zu den Kapitaleinkünften rechnet, so könnte sich nach Maßgabe des Abkommens für den einen Staat auf Grund des Betriebstätten-, für den anderen Staat auf Grund des Wohnsitzstatutes die Möglichkeit des Steuerzugriffes eröffnen. In den meisten Verträgen ist deshalb das Verständigungsverfahren von Regierung zu Regierung zum Teil auf gewisse Fragen beschränkt, zum Teil aber auch im weitesten Umfange zugelassen und als erwünscht bezeichnet worden. Man kann hier ohne weiteres annehmen, daß ein solches Verständigungsverfahren generell für alle Zweifelsfragen, die sich bei der Anwendung und Auslegung der einzelnen Staatsverträge erheben, grundsätzlich überhaupt möglich ist. Die Grenze muß natürlich stets die positive Regelung im Vertrage selbst bilden, da sie die gesetzliche Grundlage für das Rechtsverhältnis zwischen den Staaten einerseits und den Staatsangehörigen andererseits ist. Ihr materieller Inhalt ist daher unverrückbar und könnte höchstens wieder in der Form des Vertrages abgeändert werden. Ergeben sich aber unerwünschte Folgerungen auch aus der gesetzlichen Regelung, so könnte auch dann immer noch im Wege der Verständigung vereinbart werden, daß auf Anordnung der einzelnen Steuerverwaltungen von der Erhebung einer bestimmten Steuer Abstand genommen, oder daß eine erhobene Steuer billigkeitshalber erstattet würde. Auf diese Weise kann das gesamte Doppelbesteuerungsrecht elastisch gehalten werden.

Eine Verständigung, deren Rechtsgrundlage das Abkommen selbst bildet, schafft auch innerstaatliches materielles Steuerrecht.

14. Wie wirkt sich die in den Wirtschafts- und Handelsverträgen des Reiches zugestandene Meistbegünstigungsklausel auf das Doppelbesteuerungsrecht aus?

Die Meistbegünstigungsklausel wirkt als Regulativ der internationalen Wirtschafts- und Handelsbeziehungen der Völker in der Weise, daß die zwischen zwei Staaten vereinbarte Meistbegünstigung die jeweils günstigste Behandlung, den jeweils größten Vorteil, wie er auch dritten Staaten zugestanden wird, gewährleistet. Der Grundgedanke einer solchen Meistbegünstigung beruht auf der Erwägung, daß ein Staat in seinen Handelsbeziehungen Gleichberechtigung mit einem anderen Staate besitzen und seinerseits dieselbe Gleichberechtigung zugestehen soll. Die Klausel findet also grundsätzlich Anwendung für alle Rechte, Vorteile und Befreiungen, die ein Staat in seiner öffentlich-rechtlichen Eigenschaft gewährt, so daß es nahe läge, auch die Vorteile der Doppelbesteuerungsverträge ihr zu unterwerfen. Soweit es sich um die direkten Steuern, den Gegenstand der meisten Doppelbesteuerungsabkommen handelt, kann hiervon jedoch keine Rede sein. Der Meistbegünstigung unterliegen anerkanntermaßen nicht Zugeständnisse, die der Privatrechtssphäre angehören sowie Vereinbarungen, die bewußtbetonte Sonderregelungen zum Gegenstande haben. Wenn also Staaten solche besondere Vereinbarungen hinsichtlich der Ausdehnung einer Begünstigung auf ein anspruchberechtigtes Land treffen, so liegt eine unabhängige Zusage vor, wodurch das Recht des anspruchberechtigten Staates begründet wird. Eine solche Zusage ist aber der Wirkung der Meistbegünstigungsklausel entrückt. Hinzu kommt noch, daß der Inhalt der Doppelversteuerungsverträge gerade den Wirtschafts- und vor allem den Steuersystemen der Vertragsstaaten angepaßt ist und daß diese Sonderregelung eine sinngemäße Übertragung auf andere Verhältnisse nicht zuläßt. Weiter haben die Doppelbesteuerungsverträge eine Beschränkung der Abgabegewalten auf beiden Seiten zum Gegenstande, die eine korrespektive Vor- und Nachteilsausgleichung zur Folge haben. Es ist ohne weiteres klar, daß durch die einseitige Berufung auf die Meistbegünstigungsklausel diese Wirkung nicht erzielt werden kann.

Selbst wenn man also den Doppelbesteuerungsverträgen neben der rechtlichen auch eine wirtschaftliche Funktion zuschreiben will, muß man grundsätzlich die Anwendung der Meistbegünstigungsklausel auf die Doppelbesteuerungsverträge verneinen. Siehe auch Lippert, Rechtsbuch des internationalen Finanzrechts S. 112. Sollten allerdings in diesen Verträgen einmal Abmachungen enthalten sein, die auch Gegenstand der allgemeinen Regelung von Wirtschaftsabkommen sein könnten, so wäre in jedem Einzelfalle zu prüfen, ob es sich um eine oben erörterte Sonderregelung, oder um eine ausdehnungsfähige Maßnahme handelt. Ja, man muß sogar soweit gehen, Bestimmungen in Wirtschafts- oder Handelsverträgen, die Doppelbesteuerungsfragen zum Gegenstande haben, von der Wirkung der Meistbegünstigungsklausel auszuschließen. So war z. B. im Art. 2 Abs. 9 des Handelsabkommens mit Frankreich aus 1934 eine dem Doppelbesteuerungsgebiete angehörende Verteilung von Steueraufkommen bei gewerblichen Betrieben geregelt. Auf diese Bestimmung könnte sich also ein dritter Staat unter Hinweis auf die Meistbegünstigungsklausel nicht berufen.

15. Welchen Einfluß haben die allgemeinen Wirtschafts- und Handelsverträge sowie die Abkommen über den kleinen Grenzverkehr auf das Recht der Doppelbesteuerung?

a) Wie bereits unter I dieses Aufsatzes kurz gestreift ist, bilden auch die allgemeinen internationalen Wirtschafts- und Handelsabkommen, die Deutschland mit anderen Staaten geschlossen hat, nicht selten eine Quelle des Doppelbesteuerungsrechtes. Streng genommen bilden diese sporadisch verstreuten Bestimmungen zur Vermeidung der Doppelbesteuerung in diesen Wirtschafts- und Handelsabkommen eigentlich Fremdkörper, die formell besser zum Gegenstande eines besonderen Steuerabkommens gemacht worden wären. Die besondere Gelegenheit und die mit einem besonderen Staatsvertrage verbundenen Förmlichkeiten haben es aber mitunter angezeigt erscheinen lassen, bei der vertraglichen Regelung von Wirtschafts- und Handelsfragen diese doppelbesteuerungsrechtlichen Abmachungen gleich mitzuerfassen. Wie bereits unter II Nr. 14 dargelegt ist, bezieht sich die Meistbegünstigungsklausel nicht auf diese Doppelbesteuerungsbestimmungen.

Bestimmungen zur Vermeidung der Doppelbesteuerung oder Vereinbarungen, die zumindesten eine solche Doppelbesteuerung verhüten sollen, befinden sich z. B. in der VO. über die vorläufige Anwendung eines Handels-, Niederlassungs- und Schiffahrtsvertrages zwischen Deutschland und Frankreich, die S. 283 wörtlich mitgeteilt und erörtert worden ist. Es wird darauf Bezug genommen.

In manchen Wirtschafts- oder Handelsabkommen, die ja ihrem Sinne und Zwecke nach vor allem die Meistbegünstigung und zollrechtliche Vergünstigungen zum Gegenstande haben, findet sich weiter eine Bestimmung, die Kaufleuten, Fabrikanten und anderen Gewerbetreibenden, die sich im Besitze einer Gewerbelegitimationskarte ihres Heimatlandes befinden, verstattet, im anderen Staate Wareneinkäufe zu machen und Bestellungen entgegenzunehmen. Diese Personenkreise sollen aus diesen Geschäften keinerlei Steuern und Abgaben im anderen Staate unterworfen sein. Es handelt sich hier also um Bestimmungen, die zweifellos dem Doppelbesteuerungsrechte angehören. Solche Bestimmungen enthalten beibeispielsweise der deutsch-österreichische Handelsvertrag vom 29. 7. 1930, Art. 6 (RGBl. II S. 1080), der deutsch-polnische Wirtschaftsvertrag vom 11. 11. 1935, Art. 8 (RGBl. II S. 768), der deutsch-jugoslawische Handelsvertrag vom 17. 4. 1934, Art. 6 (RGBl. II S. 301), der deutsch-türkische Handelsvertrag vom

26. 7. 1930, Art. 8 (RGBl. II S. 1026), der deutsch-ungarische Handelsvertrag vom 18. 7. 1931, Art. 6, das vorläufige Handelsabkommen zwischen Deutschland und der belgisch-luxemburgischen Wirtschaftsunion vom 3. 9. 1925, Art. 8 (RGBl. II S. 883) usw.

b) Abgesehen von diesen unter a genannten Bestimmungen in den allgemeinen Wirtschafts- und Handelsabkommen, sind auch noch beachtlich die Sonderabkommen oder Bestimmungen, die den sog. kleinen Grenzverkehr zweier Länder zum Gegenstande haben. Die ideelle Grenzlinie zweier Länder bildet nicht immer auch die Abschlußschranke eines natürlichen Wirtschaftsgebietes. Für die beiderseitigen Grenzbewohner zweier benachbarter Staaten ist das Überschreiten dieser Linie mit zollpflichtigen Gegenständen eine so häufig eintretende Notwendigkeit, daß diese Grenzbewohner im Vergleich zu den von der Grenze entfernten Bewohnern ganz unverhältnismäßig härter von Grenzabgaben und anderen an der Grenze oder im anderen Staate üblichen Verkehrsabgaben getroffen werden müßten. Um diesen Mißstand zu beseitigen, hat das Deutsche Reich mit anderen benachbarten Staaten Abkommen über den kleinen Grenzverkehr getroffen. Unter Grenzverkehr wird dabei jener tägliche Verkehr verstanden, der wechselseitig die Grenze, aber diesseits nicht die Binnenlinie und jenseits nicht weiter entfernte Grenzorte überschreitet. In den Abkommen sind die Grenzbezirke meistens näher umschrieben. Die in einem solchen Grenzbezirke wohnhaften Personen sind mit gewissen Sachgütern, die sie über die Grenze bringen zum Zwecke des vorübergehenden Gebrauchs oder zum Verbrauch nach Maßgabe der Abkommen von Zöllen und sonstigen Abgaben befreit.

Ein im deutsch-österreichischen Grenzbezirke wohnhafter Österreicher, der beispielsweise Preißel- oder Heidelbeeren zum Verbrauch über die deutsche Grenze bringt, ist in Deutschland von Zoll- und sonstigen Abgaben befreit (Art. 8 des deutsch-österreichischen Abkommens über den kleinen Grenzverkehr vom 29. 7. 1930 (RGBl. II S. 1123). Dieser Österreicher ist also in Deutschland für diese Güter nicht nur vom Zoll, sondern auch von anderen Abgaben, so z. B. von der Umsatzsteuer (§ 4 Ziff. 1a UStG.) und von der Einkommensteuer (§ 49 Ziff. 1 und 2 EStG.) befreit.

Abkommen der unter b bezeichneten Art hat Deutschland weiter z. B. geschlossen mit Frankreich, Abkommen vom 7. 8. 1930 (RGBl. II S. 1133), mit Litauen, Abkommen vom 10. 8. 1936

(RGBl. II S. 269), mit Dänemark, Abkommen vom 31. 5. 1935 (RGBl. II S. 439) usw.

Bei der Beurteilung des internationalen Steuerrechts ist also auch den unter a und b genannten Abkommen Rechnung zu tragen.

15a) Wie ist das Besteuerungsrecht gegenüber den Exterritorialen zu handhaben?

In den meisten Verträgen zur Vermeidung der Doppelbesteuerung haben die diplomatischen und konsularischen Vertreter sowie deren Personal eine Sonderstellung eingeräumt erhalten, oft mit der ausdrücklichen Erklärung, daß weitergehende Befreiungen nach den anerkannten Regeln des Völkerrechts durch das Abkommen nicht berührt werden.

Unter Exterritorialen sind solche Personen zu verstehen, die von der inländischen Zivil- und Strafgerichtsbarkeit sowie von persönlichen Steuern und Abgaben befreit sind.

Nach allgemein völkerrechtlicher Übung sind als Exterritoriale zu behandeln:

a) Der fremde Staat selbst.
b) Das Staatsoberhaupt des fremden Staates, dessen Familienmitglieder sowie die Personen, die im Gefolge ihn begleiten.
c) Die Gesandten der fremden Staaten mit den sie begleitenden Familienmitgliedern, das Personal der Gesandtschaft sowie deren Familienmitglieder, soweit sie nicht Angehörige des Empfangsstaates sind.
d) Die Konsuln der Fremdstaaten wie zu c, soweit ihnen in Konsularverträgen die Rechte Exterritorialer verliehen sind.

Alle zu diesen Kategorien gehörenden Personen sind grundsätzlich von den Personalabgaben des Inlandstaates befreit. Eine Ausnahme gilt nur, soweit die beschränkte Steuerpflicht in Frage kommt (z. B. Besteuerung des im Inlande belegenen Grundvermögens und des Gewerbebetriebes sowie der Einkünfte daraus). Hieraus ergibt sich weiter, daß diese Personen von der inländischen Erbschaftsteuer selbst dann befreit sind, wenn der Nachlaß aus unbeweglichem, im Inlande gelegenen Vermögen besteht.

Auch hier können die Doppelbesteuerungsverträge wirksam sein. Soweit diese Abkommen nicht die Erklärung enthalten, daß die etwa weitergehenden Befreiungen dieser Personen nach anerkannten Regeln des Völkerrechts unberührt bleiben (vgl. deutschtschechisches Abkommen), geht die Bestimmung des Abkommens bezüglich der steuerlichen Behandlung dieser Personen dem Völkerrecht vor. Ist die genannte salvatorische Klausel aber Bestandteil des Abkommens, so kann im Einzelfalle das Vertragsrecht hierdurch hinfällig werden.

Im übrigen kann das Recht der Exterritorialen, mag es nun auf Vertrag oder Völkerrecht beruhen, solange nicht in Anspruch genommen werden, als die Ernennung dieser Personen dem Inlandsstaate nicht mitgeteilt und von diesem nicht als genehm erklärt ist (RFH. VI A 638/25).

16. Das steuerrechtliche Verhältnis zum Saarland.

Nachdem das Saarland nunmehr durch die überwältigende Volksabstimmung seiner Bewohner dem Mutterlande wieder eingegliedert ist, erscheint eine kurze Darstellung des früheren und jetzigen Rechtszustandes dieses treudeutschen Landes in steuerlicher Hinsicht auch im Rahmen dieser Darstellung geboten.

Es kann keinem Zweifel unterliegen, daß das Saarland auch schon vor der Volksabstimmung und Rückgliederung staatsrechtlich einen wesentlichen Bestandteil des Deutschen Reiches bildete. Da aber das Deutsche Reich im Versailler Vertrag für die Zeit bis zur Volksabstimmung auf die Ausübung seiner Hoheitsrechte verzichtet hatte, so mußte das Saargebiet steuerrechtlich bis zur Rückgliederung als Ausland behandelt werden (RFH. 12, S. 222).

Saarländer waren also bis zur Rückgliederung lediglich beschränkt einkommen- und körperschaftsteuerpflichtig, und zwar auch noch nach Inkrafttreten der neuen deutschen Einkommen- und Körperschaftsteuergesetze 1934 bis zur endgültigen Rückgliederung des Saarlandes in das Reich. Bis zu diesem Zeitpunkte spielte auch das Doppelbesteuerungsrecht zwischen dem Reich und dem Saargebiet eine große Rolle. Vgl. dazu die deutsche Anordnung an die Landesfinanzämter zur Beseitigung der Doppelbesteuerung im Verhältnis zum Saargebiet vom 11. 10. 1921 (RStBl. 1921 S. 378).

Vom Zeitpunkte der Rückgliederung an, d. h. also gemäß § 10 des Gesetzes vom 30. 1. 1935 (RGBl. I S. 66), vom 1. 3. 1935 ab ist das Saarland auch steuerrechtlich wieder als Inland zu behandeln und damit gehört auch das frühere Doppelbesteuerungsrecht der Vergangenheit an. Gleichwohl konnten die deutschen Steuergesetze nicht schlagartig auch für das Saargebiet für anwendbar erklärt werden, es konnten vielmehr im Interesse einer reibungslosen Überleitung an das frühere saarländische Steuerrecht anknüpfend die deutschen Steuergesetze nur allmählich oder doch mit gewissen Vorbehalten auf das Saarland erstreckt werden. So ist es zu erklären, daß durch die Verordnung über die Einkommenbesteuerung im Verhältnis zwischen dem Saarland und dem übrigen Deutschland vom 6. 8. 1935 (RGBl. I S. 1086) für das Gebiet der Einkommen- und Körperschaftbesteuerung auf Einkünfte, die in der Zeit nach dem 28. 2. 1935 und vor dem 1. 1. 1936 bezogen wurden, teilweise deutsches, teilweise saarländisches Steuerrecht für anwendbar erklärt werden mußte. Dasselbe gilt von den Besitz- und Verkehrssteuern, für die nach der Verordnung vom 16. 2. 1935 (RGBl. I S. 298) bis auf gewisse Ausnahmen (Umsatzsteuer, Kraftfahrzeugsteuer, Beförderungssteuer, Reichsfluchtsteuer) das saarländische Recht vorläufig in Kraft bleiben sollte.

Für das Steuerjahr 1936 gilt aber auch für das Saargebiet bereits das deutsche Einkommen- und Körperschaftsteuergesetz, weiter das Erbschaftsteuergesetz, Reichsbewertungsgesetz, Aufbringungsgesetz, Grunderwerbsteuergesetz und vom 1. 4. 1936 ab das Vermögensteuergesetz. Vgl. die VO. über die Einführung von Reichssteuern im Saarlande vom 12. 12. 1935 (RGBl. I S. 1517). Vgl. ferner die Bürgersteuerverordnung vom 28. 10. 1935 (RGBl. I S. 1259), VO. über die Filial- und Warenhaussteuer vom 28. 6. 1935 (RGBl. I S. 1017), die VO. über die Änderung des Verbrauchsteuerrechts und über Inkrafttreten des Umsatzsteuergesetzes vom 16. 10. 1934 im Saarland (RGBl. 1935, I S. 763) sowie endlich die VO. über die Einführung der Bestimmungen über die Vergnügungssteuer vom 24. 7. 1935 (RGBl. I S. 1044).

So wird bald auch der letzte Überrest früheren saarländischen Steuerrechts dem Reichssteuerrecht gegenüber gefallen sein und das Saarland als völlig gleichberechtigtes und gleichbehandeltes Glied des Mutterlandes in die Erscheinung treten.

III.
Ausblick.

Wie stehen die Aussichten für eine allgemeine Staatenkonvention zur Vermeidung der Doppelbesteuerung?

Es ist schon gelegentlich der Darlegungen unter II kurz auf die Schwierigkeiten hingewiesen worden, die einer großzügigen Lösung des Doppelbesteuerungsproblems durch ein breiteres oder gar allgemeines Kollektivvertragssystem entgegenstehen. Sicherlich ist es vielleicht ein Verdienst des Völkerbundes auf diesem Gebiete einen beachtlichen Schritt zum Ziel der formalen Vereinheitlichung des Doppelbesteuerungsrechtes und damit einen wesentlichen Beitrag zur Erkenntnis der Grundlagen und Grundfragen der Doppelbesteuerung überhaupt gemacht zu haben.

Die Sachverständigenkommission des Völkerbundes hatte s. Zt. einen eingehend ausgearbeiteten Musterentwurf eines Doppelbesteuerungsvertrages der Regierungskonferenz des Völkerbundes vorgelegt. Die Regierungskonferenz hat diesen Entwurf, dem die Unterscheidung der Steuern in Sach- und Personalsteuern eigen ist, nicht nur angenommen, sondern darüber hinaus dieser Ausarbeitung zwei weitere ergänzende Entwürfe für zweiseitige Abkommen beigefügt, die nicht zwischen Sach- und Personalsteuern unterscheiden. Der eine dieser Entwürfe ist für die Staaten bestimmt, in denen die Wohnsitzbesteuerung vorherrscht, während der andere die Beziehungen zwischen solchen Staaten treffen soll, deren Steuerspannen erheblich voneinander abweichen. Endlich hat die Konferenz diesen Arbeiten noch Entwürfe zur Regelung der Doppelbesteuerung auf dem Gebiete der Erbschaftsteuern sowie zur Frage der internationalen Rechtshilfe bei der Steuerveranlagung und Steuerbeitreibung hinzugefügt.

Zur weiteren Ausarbeitung von Spezialfragen hat die Konferenz sodann einen Steuerausschuß (Comité Fiscal) eingesetzt, der in reger Zusammenarbeit mit der Internationalen Handelskammer einer Reihe von besonders wichtigen und dringlichen Problemen der Doppelbesteuerung nachgegangen ist. Hier sind, wie ersichtlich, zum Abschluß gebracht die Arbeiten:

1. über die Besteuerung des Urheber- und Erfinderrechts,
2. über die Verteilung der Einkünfte aus Unternehmen, die sich über mehrere Staaten erstrecken,
3. über die Besteuerung eines Unternehmens wegen eines ständigen Vertreters.

Es muß anerkannt werden, daß auch aus der Zusammenarbeit des Steuerausschusses des Völkerbundes mit der Internationalen Handelskammer und die dadurch bedingte Parallelschaltung der Bestrebungen des Völkerbundes mit den Interessenkomplexen der Steuerpflichtigen eine Bereicherung der Erkenntnisgrundlagen des Problems erzielt wurde.

Ob aber all diese Bemühungen, deren Wert für die Durchdringung der recht schwierigen Materie anzuerkennen ist, den Erfolg haben werden, den man von ihnen erwartet, muß recht zweifelhaft erscheinen. Hat schon das Institut des Völkerbundes im Laufe der Jahre, insbesondere durch das Ausscheiden größter Staaten, ganz entschieden an seiner Bedeutung für die Befriedung der Welt gelitten, so muß sich dies auch zwangsläufig auf die Erfolgsaussichten von Arbeiten auswirken, die besonders delikate Finanzfragen zum Gegenstande haben. Dies um so mehr, als sich der Völkerbund allmählich zu einem reinen Machtinstrument einzelner Staaten auf Kosten anderer, insbesondere Deutschlands, entwickelt hat. Die Wirtschaft läßt sich von der allgemeinen Politik nicht trennen.

Abgesehen von diesen politischen Erwägungen sprechen aber auch viele innerlich-sachliche Momente gegen die Hochzüchtung eines kosmopolitischen Doppelbesteuerungsrechtes. Nicht nur die Steuersysteme der verschiedenen Staaten sind verschieden, sondern auch die Struktur der Wirtschaft der Staaten kann in wesentlichen Punkten voneinander abweichen. Hierzu kommt noch, daß die Wirtschafts- und Handelsbeziehungen gegenüber einem Staate eine ganz andere Bedeutung haben oder haben können wie dieselben Beziehungen zu dritten Staaten. Gewiß kann man, wie das auch vom Völkerbund aus geschehen ist, auf der Suche nach gemeinsamen Nennern oder Anpassungen divergenter Begriffe einen Ausgleich herbeiführen. Ein solcher Ausgleich muß aber stets den einzelstaatlichen Verhältnissen gerecht werden und ist daher einer einheitlichen Staatenkonvention unzugänglich. Der Gedanke, alle Steuerbürger mit in die Abkommenregelung einzubeziehen, wie er z. B. in Art. 1 des italienisch-französischen Vertrages Ausdruck gefunden hat, geht noch an im Verhältnis zwischen zwei Staaten, für seine allgemeine Erstreckung auf die Steuerbürger dritter Staaten fehlt aber jeder Anlaß. Auch der Forderung der Besteuerung nach der wirtschaftlichen Zugehörigkeit von Personen und Gütern kann nur relative Berechtigung zugestanden werden, denn die daraus für jeden einzelnen Staat entspringenden wirtschaftlichen und finanziellen Wirkungen werden und müssen in erster Linie für die Anerkennung einer solchen Forderung maßgebend sein. Das Doppelbesteuerungsrecht ist nicht der Form oder Bequemlichkeit halber da, sondern es hat die Aufgabe, den wirklichen und lebendigen Beziehungen der Völker zu dienen.

Nach alledem haben die Arbeiten des Völkerbundes und seiner Einrichtungen vom Standpunkte der Weiterbildung und Durchdringung des Doppelbesteuerungsrechtes aus gesehen, einen gewissen idealen Wert. Vom Blickpunkte einer Vereinheitlichung oder Schematisierung der Materie aber müssen sie zum mindesten als höchst problematisch bezeichnet werden.

Abschnitt B.

Die Rechtsprechung des Reichsfinanzhofes zum Rechte der beschränkten Steuerpflicht und der Doppelbesteuerungsverträge.

A. 1. Die beschränkte Steuerpflicht in ihrem Verhältnis zum Rechte der Doppelbesteuerungsverträge.

Der Überblick über die Rechtsprechung des Reichsfinanzhofs zum Rechte der Doppelbesteuerungsverträge, der hier gegeben werden soll, erfordert, daß auch die Rechtsprechung über die beschränkte Steuerpflicht dargestellt wird. Die Besteuerung richtet sich in erster Linie nach den innerstaatlichen Vorschriften über die unbeschränkte und beschränkte Steuerpflicht. Es ist zunächst zu prüfen, ob nach diesen Vorschriften eine Besteuerung eintritt. Tritt nach den innerstaatlichen Vorschriften eine Besteuerung nicht ein, so kommen die Vorschriften über die Doppelbesteuerung überhaupt nicht zur Anwendung. Wenn unbeschränkte oder beschränkte Steuerpflicht nach innerdeutschem Recht vorliegt, so ist aber zu prüfen, ob nach dem maßgebenden Doppelbesteuerungsvertrage davon Abstand zu nehmen ist, die nach innerdeutschem Recht vorgeschriebene Besteuerung durchzuführen. In diesem Sinne hat der Reichsfinanzhof in einer Reihe von Entscheidungen im Einvernehmen mit dem Reichsfinanzminister klargestellt, daß die Doppelbesteuerungsabkommen neue Steueransprüche für keinen der beiden beteiligten Staaten schaffen. Durch die Doppelbesteuerungsverträge werden nach innerem Recht der beiden Staaten bestehende Steueransprüche zwischen beiden Staaten aufgeteilt, aber nicht neue Steueransprüche geschaffen. In VI A 988/31 und 1252/31 vom 25. 4. 1933, S. Bd. 35 S. 114ff. ist ausgeführt, daß der Doppelbesteuerungsvertrag einem Staate den Steueranspruch zuteilt, daß aber dieser Staat durch seine Gesetzgebung entscheidet, ob er davon Gebrauch machen will. So auch

III A 267/34 vom 3. 10. 1935, StW. 1935 Nr. 681. Der hier zugezogene Reichsminister der Finanzen hat das dahin zusammengefaßt: „In jedem Fall ist daher zunächst das Bestehen eines Steueranspruchs nach den deutschen Steuergesetzen zu prüfen. Ergibt diese Prüfung, daß ein solcher Steueranspruch nicht besteht, so kann insoweit eine Besteuerung in Deutschland auch dann nicht erfolgen, wenn das Besteuerungsrecht für diesen Fall nach einem Doppelbesteuerungsabkommen Deutschland zustehen sollte. Denn durch ein Doppelbesteuerungsabkommen, das der Aufteilung der nach innerem Recht bestehenden Steueransprüche dient, kann nicht ohne weiteres ein neuer, nach innerem Steuerrecht bisher nicht bestehender Steueranspruch begründet werden. Ergibt die Prüfung dagegen, daß ein deutscher Steueranspruch besteht, so ist weiter zu prüfen, ob und inwieweit dieser Steueranspruch durch ein Doppelbesteuerungsabkommen eingeschränkt wird."

Besonders bezeichnend ist das Urteil III A 398/34 vom 1. 10. 1936, StW. 1936 Nr. 517 = S. Bd. 40 S. 92. Anteile an einer GmbH. sind nach Art. 3 Abs. 4 des deutsch-schweizerischen Doppelbesteuerungsabkommens vom 15. 7. 1931 wie Betriebe von Handel, Industrie und Gewerbe zu behandeln, die Beteiligungen und die Einkünfte daraus sind also hiernach nur in dem Staate zur Vermögen- und Einkommensteuer heranzuziehen, in dem der Ort der Leitung der GmbH. liegt. Nach deutschem Steuerrecht — Reichsbewertungsgesetz § 77 — gehören aber Anteile an einer inländischen GmbH., nicht zum Inlandsvermögen eines beschränkt Steuerpflichtigen. Anteile eines Schweizers an einer deutschen GmbH. unterliegen deshalb in Deutschland nicht der beschränkten Vermögensteuerpflicht, obwohl der Doppelbesteuerungsvertrag diese Anteile der deutschen Besteuerung zuweist. (Bei der Einkommensteuer werden die Einkünfte aus den Anteilen nach § 49 Ziff. 5 EStG. 1934 anders behandelt.)

Hier ist nach VI A 988/31 und 1252/31 vom 25. April 1933, S. Bd. 35 S. 114 noch folgendes zu beachten. Wenn der Doppelbesteuerungsvertrag gewisse Einkünfte dem einen Staate zuweist, so ist es gleichgültig, ob nach dem innerstaatlichen Recht die Einkünfte als Einkünfte der gleichen Art behandelt werden wie im Doppelbesteuerungsabkommen.

Nach zahlreichen Doppelbesteuerungsverträgen sind die Einkünfte aus Anteilen an einer GmbH. als gewerbliche Einkünfte zu behandeln. Nach deutschem Steuerrecht handelt es sich hierbei aber um Kapitaleinkünfte. Der deutsche Staat ist berechtigt, diese Einkünfte als Kapitaleinkünfte heranzuziehen, auch wenn sie bei der Zuteilung durch den Doppelbesteuerungsvertrag als gewerbliche Einkünfte behandelt werden.

2. Aufteilung der Steuerquellen auf die vertragschließenden Staaten, so daß Verluste, die bei der einen Steuerquelle entstehen, in dem anderen Staate nicht geltend gemacht werden können.

Es ist aber hier eine Einschränkung zu machen. Die Fälle sind nicht selten, daß in Deutschland unbeschränkt steuerpflichtige Personen geltend machen, sie würden im einzelnen Fall steuerlich besser wegkommen, wenn sie in der Art veranlagt würden, als ob überhaupt kein Doppelbesteuerungsvertrag bestünde, indem sie dann Verluste aus ausländischem Gewerbebetrieb oder ausländischem Grundbesitz abziehen könnten. Das hat die Rechtsprechung ständig zurückgewiesen. Sie geht davon aus, daß die einzelnen Steuerquellen zwischen den vertragschließenden Staaten aufgeteilt sind und daß aus den Steuerquellen, die auf den anderen Staat entfallen, der in Deutschland wohnende Steuerpflichtige einen Verlust nicht geltend machen kann. So VI A 414/35 vom 26. 6. 1935, S. Bd. 38 S. 64 = StW. 1935 Nr. 460. Ein in Deutschland wohnender Steuerpflichtiger kann von seinem inländischen Einkommen Einkommensverluste aus in Österreich liegendem Grundbesitz nicht abziehen. So auch VI A 1796/31 vom $\frac{30.\ 5.\ 1933}{11.\ 10.\ 1933}$, StW. 1934 Nr. 92. Einkünfte oder Verluste aus Beteiligungen an einer österreichischen GmbH. sind nach Art. III Abs. 4 des deutsch-österreichischen Doppelbesteuerungsvertrags bei der Einkommensbesteuerung eines Deutschen in Deutschland nicht zu berücksichtigen. I A 135/34 vom 12. 11. 1934, StW. 1935 Nr. 698: Auf Grund des Abkommens V Art. 2 b des deutsch-russischen Doppelbesteuerungsvertrages dürfen bei Berechnung des Gewinnes einer deutschen Gesellschaft, die russische Betriebsstätten besitzt, weder die Gewinne noch die Verluste der russischen Betriebsstätten berücksichtigt werden. VI A 473/25 vom 21. 10. 1936, StW. 1936 Nr. 541: Verluste aus tschechischen Betriebstätten eines deutschen Unternehmens können bei der Besteuerung in Deutschland nicht berücksichtigt werden; vgl. auch I A 476/27 vom 11. 11. 1928, StW. 1929 Nr. 466.

B. Die Rechtsprechung zum Rechte der beschränkten Steuerpflicht.

I. Allgemeines.

Die Ergebnisse der Rechtsprechung über die beschränkte Steuerpflicht können bei der Auslegung der Doppelbesteuerungsverträge wesentliche Dienste leisten; in zahlreichen Fällen können sie ohne weiteres hierbei angewandt werden. Die Vorschriften über die beschränkte und unbeschränkte Steuerpflicht ergeben sich in erster Linie aus dem Einkommensteuergesetz 1938, dem Reichsbewertungsgesetz und Vermögensteuergesetz 1934, dem Körperschaftssteuergesetz 1934, sowie dem Steueranpassungsgesetz 1934. Die älteren gesetzlichen Vorschriften und die dazu ergangene Rechtsprechung sind in wesentlichen Teilen durch die neue Gesetzgebung überholt, da die neue Gesetzgebung die beschränkte Steuerpflicht zum Teil in Anlehnung an die Rechtsprechung weiter gefaßt hat, als es dem Wortlaut der älteren Gesetze entsprechen würde. Entscheidungen des RFH., die durch die neue Gesetzgebung überholt sind, werden im allgemeinen nicht angeführt. Im übrigen kann auch sonst die Rechtsprechung nicht vollständig wiedergegeben werden. Es können nur die wichtigsten Gesichtspunkte hier herausgestellt werden, die für die grundsätzliche Behandlung durch den RFH. von Bedeutung sind.

Begriff der unbeschränkten Steuerpflicht.

Das Einkommensteuergesetz erklärt in § 1 alle natürlichen Personen, die im Inland einen Wohnsitz oder ihren gewöhnlichen Aufenthalt haben, für unbeschränkt einkommensteuerpflichtig. Über die Begriffe Wohnsitz und Aufenthalt wird S. 65 ff. im Zusammenhange gesprochen werden. Man sollte annehmen, daß über die Frage, wer nun unbeschränkt einkommensteuerpflichtig ist, ein Streit überhaupt nicht bestehen könnte. Gleichwohl haben sich auch hier gewisse Zweifel eingestellt. Nach dem Doppelbesteuerungsvertrag mit der Tschechoslowakei werden Steuerpflichtige, die in Deutschland und in der Tschechoslowakei einen Wohnsitz haben, aber nur in einem Staate die Staatsangehörigkeit besitzen, in dem anderen Staate nur mit dem Realvermögen (besonders Gewerbe und Grundbesitz) zur Einkommensteuer und Vermögensteuer herangezogen. Obwohl Tschechoslowaken also in Deutschland einen

Wohnsitz haben, können sie u. U. steuerlich ungefähr so zu behandeln sein, als ob sie nur beschränkt steuerpflichtig wären. Hieraus hat VI A 431/28 vom 3. 10. 1928, StW. 1929 Nr. 60 die Folge gezogen, daß Staatsangehörige der Tschechoslowakei, die in Deutschland und in der Tschechoslowakei einen Wohnsitz haben, in Deutschland als beschränkt steuerpflichtig im Sinne von § 60 EStG. 1925 anzusehen sind. Das gleiche wird auch für § 50 Abs. 1 EStG. 1934 gelten müssen.

VI A 199/32 vom 25. 1. 1933, StW. 1933 Nr. 340 spricht auf der anderen Seite aus, daß ein Deutscher, der in Deutschland und in der Tschechoslowakei Wohnsitz hat und mit dem Einkommen aus seinem Gut in der Tschechoslowakei von der Tschechoslowakei zur Einkommensteuer herangezogen wird, in Deutschland unbeschränkt steuerpflichtig ist und die entsprechenden Abzüge nach § 60 EStG. 1925 usw. vornehmen kann. Vgl. auch I A 127/36 vom 22. 9. 1936, StW. 1936 Nr. 511 = S. Bd. 40, 37. Hier ist in ähnlicher Weise für § 9 KStG. 1934 angenommen worden, daß eine in Deutschland befindliche GmbH. in Deutschland unbeschränkt steuerpflichtig ist, obwohl der Hauptteil ihres Gewinnes nicht in Deutschland, sondern in Österreich der Einkommensteuer unterliegt; s. unten S. 109. VI A 71/37 vom 30. März 1937, StW. 1937 Nr. 194 behandelt den Fall, daß der Teilhaber einer deutschen oHG. in der Schweiz wohnt. Das Urteil spricht aus, daß der Teilhaber der oHG. als beschränkt Steuerpflichtiger in Deutschland zu behandeln ist, weil die Anwendung des § 14 Abs. 3 des StAnpG. durch das Doppelbesteuerungsabkommen ausgeschaltet ist, der Teilhaber der oHG., der in Deutschland keinen Wohnsitz hat, also nur mit seinem deutschen Gewerbeeinkommen steuerlich heranzuziehen ist.

Nach VI 1298/31 vom 2. 3. 1932, StW. 1932 Nr. 612 war die Verordnung vom 30. 3. 1921, RStBl. 1921 S. 185, noch in Kraft, wonach unbeschränkt steuerpflichtige Personen, die im Auslande zu einer der Einkommensteuer entsprechenden Steuer herangezogen werden, berechtigt sind, die Steuer in Höhe des nachweislich gezahlten Betrages bei Berechnung des Einkommens abzuziehen, soweit diese Steuer auf Einkommen entfällt, das der inländischen Einkommensteuer unterworfen ist.

Nach § 15 der Ersten Einkommensteuerdurchführungsverordnung gilt diese Vorschrift auch für das EStG. 1938, jedoch nicht, soweit die ausländische Steuer auf inländische Einkünfte im Sinne des § 49 EStG. entfällt.

In VI A 2050/32 vom 12. 7. 1933 ist ausgesprochen worden, daß der Doppelbesteuerungsvertrag mit der Tschechoslowakei nicht entgegenstand, den Zuschlag zur Einkommensteuer 1931 in einem Falle zu erheben, wo ein Steuerpflichtiger, der nach dem Wirtschaftsjahr 1. 7. bis 30. 6. veranlagt war, am 1. 10. 1930 seinen Wohnsitz nach der Tschechei verlegt hatte. Es handele sich bei der Zuschlagserhebung in der Sache um eine Erhöhung der Einkommensteuer 1930; für diese sei aber der Steuerpflichtige unbeschränkt steuerpflichtig gewesen.

II.
Beschränkte Einkommensteuerpflicht nach § 49 EStG.

Beschränkt steuerpflichtig sind nach § 1 Abs. 2 EStG. natürliche Personen, die im Inland weder Wohnsitz noch gewöhnlichen Aufenthalt haben, mit den inländischen Einkünften im Sinne des § 49 EStG. 1934. Derartige natürliche Personen, vor allem Ausländer, sind also lediglich mit den in § 49 EStG. aufgeführten Einkünften in Deutschland zur Einkommensteuer heranzuziehen.

Von Bedeutung ist die Art der Berechnung der inländischen Einkünfte beschränkt Steuerpflichtiger. Nach VI A 440/36 vom 12. 5. 1937, StW. 1937 Nr. 423 = S. Bd. 41 S. 266 ist der Gewinnanteil des ausländischen Mitunternehmers eines inländischen Gewerbebetriebes nach Maßgabe des vollen Reichsmarkbetrages zu versteuern, auch wenn der Mitunternehmer bei der Überweisung ins Ausland wegen der Devisenbeschränkungen Verluste erleidet. Nach IV A 111/37 vom 20. 5. 1937, StW. 1937 Nr. 509 = S. Bd. 41 S. 245 sind Einkünfte eines beschränkt Steuerpflichtigen aus Vermietung und Verpachtung, die mit Zustimmung der Devisenstelle von einem inländischen Bevollmächtigten des Steuerpflichtigen verwaltet werden, in Deutschland mit dem vollen Reichsmarkbetrage zur Einkommensteuer heranzuziehen, obwohl Überschüsse der Einnahmen über die Ausgaben nach devisenrechtlichen Vorschriften an die Konversionskasse für Auslandsschulden abzuliefern sind.

Für die Auslegung der Vorschriften des § 49 usw. — im Gegensatz zur Auslegung der Doppelbesteuerungsverträge — ist ausschließlich das innerstaatliche Recht maßgebend, also sind alle in § 49 aufgeführten Begriffe usw. wie Gewerbebetrieb, Land- und Forstwirtschaft usw. lediglich nach den Vorschriften des EStG.

und überhaupt des deutschen Steuerrechts auszulegen. Beim Übergang von der unbeschränkten zur beschränkten Steuerpflicht, der bei Auswandernden häufig eintritt, z. B. wenn sie ein Grundstück oder ein Gewerbe usw. im Inlande beibehalten, ist das Einkommen des Zeitraums vor der Auswanderung und das des Zeitraums nach der Auswanderung getrennt zu veranlagen. Man muß unterstellen, daß bei Aufgabe des inländischen Wohnsitzes die unbeschränkte Steuerpflicht erlischt und die beschränkte Steuerpflicht neu begründet wird. VI A 337/37 vom 21. 7. 1937, StW. 1937 Nr. 469 = S. Bd. 42 S. 18; vgl. auch Blümich, Steuerwarte 1937 S. 222.

Zu den Einkünften des § 49 EStG. gehören:

1. Einkünfte aus einer im Inland betriebenen Land- und Forstwirtschaft.

Hierzu sind, soviel zu ersehen, Entscheidungen von besonderer Bedeutung nicht ergangen.

2. Einkünfte aus Gewerbebetrieb, für den im Inland eine Betriebstätte unterhalten wird oder ein ständiger Vertreter bestellt ist, und Einkünfte aus der Veräußerung eines Anteils an einer inländischen Kapitalgesellschaft.

Die Begriffe „Betriebstätte" und „ständiger Vertreter" im Sinne der Vorschriften über die beschränkte Steuerpflicht und im Sinne der Doppelbesteuerungsverträge werden unten besonders behandelt (vgl. S. 78 ff. und 85 ff.).

Abgrenzung der inländischen gewerblichen Einkünfte von den ausländischen Einkünften.

Die Abgrenzung der Einkünfte der inländischen Betriebstätte eines ausländischen Unternehmens bereitet oft erhebliche Schwierigkeiten. Schon im Inlande ist die Verteilung des Einkommens auf die einzelnen Betriebsstätten oft umständlich und gibt vielfach Anlaß zu Rechtsstreitigkeiten. Diese Schwierigkeiten erhöhen sich noch, wenn ein ausländisches Unternehmen in Betracht kommt.

In den Doppelbesteuerungsverträgen ist häufig bestimmt, daß, wenn in beiden vertragschließenden Staaten Betriebstätten eines Unternehmens sind, jeder der beiden Staaten die Steuer von dem Teil der Einkünfte erheben wird, der durch die Tätigkeit der in seinem Gebiete befindlichen Betriebstätten erzielt wird. Auch hier entsteht die Frage, wie dieser Teil der Einkünfte bestimmt werden soll, die vor allem dann schwierig zu beantworten sein wird, wenn z. B. das im Auslande befindliche Hauptunternehmen insgesamt Verluste hat, oder wenn die inländische Betriebstätte entweder nur einkauft oder verkauft, so daß bei ihr eine Berechnung der Einkünfte kaum möglich ist. Nicht selten hat auch das ausländische Hauptunternehmen für den inländischen Betrieb allgemeine Leistungen mit aufzuwenden[1]). Hierzu hat VI A 1956/32 vom 8. 11. 1933, StW. 1934 Nr. 14 ausgesprochen, daß grundsätzlich nur das aus dem Inlande gezogene Einkommen zu besteuern ist. Nach Möglichkeit muß gesonderte Berechnung, u. U. Schätzung stattfinden; vgl. auch I A 177/27 vom 21. 12. 1927, StW. 1928 Nr. 166 = S. Bd. 22 S. 331 und I A 123/31 vom 10. 1. 1933, S. Bd. 33 S. 91. Ob demgegenüber die frühere Entscheidung VI A 201/26 vom 3. 11. 1926, StW. 1926 Nr. 607 zu Art. III Abs. 3 des deutsch-österreichischen Doppelbesteuerungsabkommens: „so soll die Heranziehung zu den direkten Steuern in jedem Gebiete nur nach Maßgabe des von den inländischen Betriebstätten aus stattfindenden Betriebes erfolgen" noch Bedeutung hat, könnte zweifelhaft erscheinen. VI A 201/26 hatte diese Bestimmung so ausgelegt: „so läßt sich der auf Deutschland entfallende Anteil an den Einkünften aus dem Unternehmen nur feststellen, nachdem die Einkünfte aus dem Unternehmen im ganzen — sei es auch im Wege der Schätzung — festgestellt worden sind. Es ist daher nicht möglich, die Einkünfte der deutschen Betriebstätte für sich, ohne Berücksichtigung der Einkünfte aus der in Österreich liegenden Betriebstätte zu schätzen." Vielleicht könnte aber der besondere Inhalt des deutsch-österreichischen Doppelbesteuerungsabkommens diese Auslegung rechtfertigen, indem hiernach davon auszugehen wäre, daß der gewerbliche Gesamtgewinn nach Maßgabe der Ergebnisse der einzelnen Betriebstätten aufzuteilen ist.

Nach I A 129/30 vom 16. 9. 1930, StW. 1930 Nr. 1224 muß aber das Einkommen der inländischen Tochtergesellschaft in Teilen vom Einkommen des Gesamtunternehmens geschätzt werden, wenn bei eng verflochtenen in- und ausländischen Unternehmungen die Ermittlung des im Inlande wirklich erzielten Einkommens nicht möglich ist; vgl. auch I A 344/33 vom 9. 1. 1934, StW. 1934 Nr. 235. I A 76/35 vom 29. 10. 1935, StW. 1935 Nr. 723 spricht dann aus, daß als steuerpflichtiges Einkommen aus einer inländischen Betriebstätte, die selbst nur Ausgaben, aber keine Einnahmen hat, der Anteil an dem Gesamteinkommen des

[1]) Vgl. hier auch Anm. Nr. 2 zu Art. 3 des deutsch-franz. Abkommens.

ausländischen Unternehmens anzusehen ist, der durch die Tätigkeit der inländischen Betriebstätte erzielt wird, ohne daß die Entscheidung allerdings angibt, wie dieser Anteil ermittelt werden soll.

In I 9/37 vom 26. 10. 1937, StW. 1937 Nr. 637 ist der Fall behandelt, daß eine ausländische Gesellschaft einer deutschen AG., ihrer Organgesellschaft, verzinsliche Kredite gewährt hatte und von ihr Lizenzgebühren erhielt. Der RFH. sah bei dieser Sachlage die ausländische Gesellschaft als steuerpflichtig an und nahm im Inlande eine Betriebstätte an. Dem inländischen Bilanzgewinn rechnete der RFH. die Kreditzinsen und die gezahlten Lizenzgebühren hinzu, indem er davon ausging, daß der inländische Betriebsgewinn nicht durch den Abzug dieser Zinsen und Lizenzgebühren gekürzt werden dürfe.

In VI A 1338/33 vom 23. 10. 1935, StW. 1935 Nr. 711 ist dargetan, daß, wenn ein ausländisches Unternehmen an die Angestellten eines Zweigbetriebes in Deutschland hohe Gehälter zahlt, die sich nur aus den Verhältnissen des Gesamtunternehmens erklären lassen, trotzdem Betriebsausgaben des deutschen Zweigbetriebes vorliegen. Gegebenenfalls könnte § 34 EStG. 1925 eingreifen. Hier wird ergänzend einzufügen sein, daß nach dem vorher angeführten I A 76/35, StW. 1935 Nr. 723 u. U. in Frage kommen könnte, das Einkommen der inländischen Betriebstätte unter angemessener Berücksichtigung des Gesamteinkommens des Unternehmens zu schätzen. I A 236/35 vom 19. 12. 1935, StW. 1936 Nr. 88 behandelt den Fall, daß eine ausländische AG., die in Deutschland eine Zweigniederlassung hatte, zur Bekämpfung von Konkurrenz Beteiligungen erworben hat. Das Urteil nimmt an, daß es vom Willen der Geschäftsleitung, der besonders in der Buchführung seinen Ausdruck finde, abhängt, ob diese Beteiligungen der Zentrale oder der Zweigniederlassung zuzurechnen sind. Hierzu wäre zu bemerken, daß der Wille der Geschäftsleitung insoweit nicht maßgebend sein wird, daß, wenn nach wirtschaftlicher Auffassung die Beteiligungen zu der inländischen Niederlassung gehören, ein abweichender Wille demgegenüber nicht in Betracht kommt. Also z. B., wenn die Beteiligungen erworben sind, um der Zweigniederlassung die Konkurrenz fernzuhalten.

Abgrenzung des Inlandsbetriebsvermögens.

Für die Abgrenzung des Inlandsbetriebsvermögens hat der Reichsfinanzhof ständig angenommen, daß u. U. auch im Ausland befindliches Vermögen zum inländischen Betriebsvermögen gehören kann. Das kann z. B. zutreffen, wenn ein ausländisches Fabrikationsunternehmen in Deutschland eine Zweigniederlassung für den Verkauf oder den Einkauf unterhält. Das inländische Vermögen wird den Anteil am Gesamtvermögen des Unternehmens darstellen, der dem inländischen Gewerbebetriebe gewidmet ist. Das kann mit dem Anteil zusammenfallen, der der wirtschaftlichen Bedeutung des deutschen Betriebes im Verhältnis zum Gesamtbetrieb entspricht. Vgl. I A 49/25 vom 29. 9. 1925, StW. 1925 Nr. 749; III A 146/30 vom 16. Oktober 1930, StW. 1931 Nr. 225 = S. Bd. 28 S. 165, III A 113/30 vom 4. 12. 1930, StW. 1931 Nr. 534; I A a 648/29 vom 5. 11. 1929, StW. 1930 Nr. 407, besonders aber III A 140/30 vom 19. April 1934, StW. 1934 Nr. 403.

Wenn das im Inland angelegte Betriebsvermögen mit dem bei der Bewertung zu erfassenden Inlandsbetriebsvermögen zusammenfällt, so können Dauerschulden des inländischen Betriebs an das ausländische Hauptunternehmen nicht abgezogen werden, da die Gewährung von Mitteln an den inländischen Betrieb als Ausstattung mit Betriebsvermögen anzusehen ist; III A 390/33 vom 30. 5. 1934, StW. 1934 Nr. 458.

Abgrenzung bei Versicherungsunternehmen.

Zur Frage der Berechnung des inländischen Einkommens beschränkt steuerpflichtiger ausländischer Versicherungsunternehmer hat der Reichsfinanzhof in I A 123/31 vom 25. 4. 1933, StW. 1934 Nr. 136 = S. Bd. 33 S. 91 ausgesprochen, daß ein Teil des im Auslande liegenden Zentralvermögens zum mindesten dann mitberücksichtigt werden kann, wenn die inländische Betriebstätte nach der Eigenart ihres Geschäfts einen Kapitalstock gebraucht, aber nicht zugewiesen erhalten hat. Auf der anderen Seite müßte auch ein Teil der im Ausland entstandenen Generalunkosten schätzungsweise bei Berechnung des Gewinnes der inländischen Betriebstätte berücksichtigt werden. Die ausländischen Personalsteuern seien aber nicht als solche Generalunkosten aufzufassen, da die Besteuerung nach deutschem Recht zu erfolgen habe, hiernach aber die Personalsteuern, Körperschaftsteuer usw. nicht abzuziehen sind. In I A 13/35 vom 30. 4. 1935, StW. 1935 Nr. 327 hat der Reichsfinanzhof diese Auffassung auch für den Bereich des deutsch-schweizerischen Doppelbesteuerungsabkommen vom 15. 7. 1931 aufrechterhalten. In III A 59/32 vom 25. 5. 1932, StW. 1934 Nr. 932 ist als gangbarer Weg zur Feststellung des Inlandsvermögens angesehen worden, daß man vom Betriebsvermögen des Gesamtunternehmens ausgeht und das Verhältnis der deutschen Prämieneinnahme zur Gesamtprämieneinnahme als Maßstab nimmt; vgl. auch I. KStDVO. § 28, der im wesentlichen die Ergebnisse der Rechtsprechung wiedergibt. Vgl. auch VI A 49/25 vom 28. 9. 1925, StW. 1925 Nr. 749, I A 82/27 vom $\frac{28.\ 1.\ 1928}{30.\ 3.\ 1928}$, S. Bd. 23 S. 149 = StW. 1928 Nr. 720. Vgl. hierzu auch II Nr. 7 des Abschnittes A.

Behandlung gewerblicher Einkünfte gegebenenfalls als Einkünfte des § 49 EStG. Ziff. 3—8.

Nach deutschem Steuerrecht sind alle Einkünfte, die zu einem gewerblichen Betriebe gehören, als gewerbliche Einkünfte zu behandeln. Das gilt an sich auch für ausländische Betriebe, die aus dem Inlande irgendwelche Einkünfte haben. Die Einkünfte sind nach deutschem Steuerrecht als Einkünfte aus Gewerbetrieb anzusprechen, auch wenn die ausländische Firma im Inlande keine Betriebstätte oder keinen ständigen Vertreter hat, so daß eine steuerliche Heranziehung nach § 49 Ziff. 2 EStG. nicht stattfinden kann.

Nun ist schon bald die Frage aufgetaucht, wie es für den Fall zu halten sei, daß ausländische gewerbliche Unternehmungen, die im Inland keine Betriebstätte oder keinen ständigen Vertreter haben, Einkünfte aus Hypothekenzinsen, aus Vermietung oder Verpachtung oder auch aus selbständiger Arbeit, die im Inland ausgeübt oder verwertet wird, haben, sie also, wenn ein Gewerbebetrieb nicht in Frage käme, aus anderem Grunde beschränkt steuerpflichtige Einkünfte hätten. Sind diese Einkünfte als Einkünfte aus Gewerbebetrieb im Sinne der Vorschriften des § 49 Ziff. 2 EStG. 1938 anzusehen und steuerfrei zu lassen, weil eine inländische Betriebstätte nicht vorliegt und kein ständiger Vertreter bestellt ist? Das hat der Reichsfinanzhof in ständiger Rechtsprechung verneint. Er hat ausgeführt, daß, wenn § 49 Ziff. 2 nicht Platz greift, zu prüfen wäre, ob nicht aus den anderen Vorschriften des § 49 eine beschränkte Steuerpflicht herzuleiten wäre.

Dem wird beizutreten sein. Man wird das Gesetz, wenn auch der Wortlaut vielleicht in diesem Sinne nicht ganz eindeutig ist, nach seiner Zweckbestimmung nur so auslegen können. Das Gesetz will die einzelnen im § 49 aufgeführten inländischen Einkunftsarten der beschränkten Einkommensteuerpflicht unterwerfen.

Für den Fall, daß eine Betriebstätte vorliegt usw., sollen die gewerblichen Einkünfte als solche erfaßt werden. So hat I A 377/28 vom 7. 2. 1929, StW. 1929 Nr. 359 ausgesprochen, daß, wenn Einkünfte der in § 3 Abs. 2 Nr. 3—11 EStG. 1925 aufgeführten Gruppen innerhalb eines ausländischen Gewerbebetriebs anfallen, ohne daß eine inländische Betriebstätte vorliegt usw., diese Einkünfte wie nichtgewerbliche Einkünfte steuerlich zu behandeln seien. Ähnlich auch I A 176/33 vom 19. 9. 1933, StW. 1934 Nr. 134 = S. Bd. 34 S. 110; I A 123/31 vom 25. 4. 1933, StW. 1934 Nr. 136 = S. Bd. 33 S. 91 und I A 456/31 vom 28. 11. 1933, StW. 1934 Nr. 393 = S. Bd. 34 S. 326; I A 234/32 vom 29. 1. 1935, StW. 1935 Nr. 230; I A 55/36 vom 12. 5. 1936, StW. 1936 Nr. 293 = S. Bd. 39 S. 245.

I A 176/33, StW. 1934 Nr. 134 nimmt an, daß im Falle eines Zusammentreffens von § 3 Ziff. 1 und 2 KStG. 1925 in erster Linie die Steuerpflicht nach § 3 Ziff. 2 in Anspruch zu nehmen sei. Deshalb sei bei der Veranlagung einer ausländischen Erwerbsgesellschaft ohne Betriebstätte usw., die Gesellschafterin einer inländischen GmbH. ist, der Abzug von Werbungskosten usw. von den inländischen Kapitalerträgen unzulässig. Vgl. auch § 50 Abs. 2 EStG. 1938. I A 456/31, StW. 1934 Nr. 393 unterscheidet bei einer ausländischen Versicherungsgesellschaft mit Betriebstätte im Inlande, die im Inlande erhebliche Hypothekenausleihungen vorgenommen hatte, ob das gesamte inländische Zinseinkommen mit dem inländischen Gewerbebetriebe in wirtschaftlichem Zusammenhang steht. Der inländischen Betriebstätte dienten die in Deutschland befindlichen Vermögenswerte nur bis zur Höhe eines Kapitalstocks, wie er notwendig und üblich sei. Die darüber hinausgehenden Vermögenswerte stellten eine Kapitalanlage der ausländischen Betriebstätte dar. Ihre Erträgnisse seien daher Kapitaleinkünfte und als solche steuerlich zu behandeln, vgl. auch I A 214/34 vom 18. 12. 1934, StW. 1935 Nr. 229.

So auch VI A 208/36 vom 5. 8. 1936, StW. 1936 Nr. 412. Hier hatte ein im Auslande wohnender Chemiker, der im Inlande keine Betriebstätte hatte usw., ein chemisch-technisches Rezept an eine deutsche Firma gegen Gewährung laufender Vergütungen übertragen. Daß der Chemiker, wenn er kein Gewerbe betrieb, mit den Vergütungen nach § 3 Abs. 2 Ziff. 4 EStG. 1925 in der Fassung der Verordnung vom 8. 12. 1931 = § 49 Ziff. 3 EStG. 1938 in Deutschland steuerpflichtig war, war von vornherein klar. Der Reichsfinanzhof hat aber auch für den Fall, daß der Chemiker im Ausland Gewerbetreibender war, angenommen, daß er mit den Lizenzgebühren beschränkt steuerpflichtig wäre. Siehe im übrigen hierzu auch II Nr. 8 b des Abschnittes A.

Daß zu den beschränkt steuerpflichtigen Einkünften aus Gewerbebetrieb auch a die aus der Veräußerung des Betriebs und b die aus der Veräußerung eines Anteils an einer inländischen Kapitalgesellschaft gehören, ergibt sich jetzt ohne weiteres aus § 49 Ziff. 2 EStG. 1938. Der Reichsfinanzhof hatte das schon für das frühere Recht angenommen. Ob das zu b auch für die **Doppelbesteuerungsverträge**, vor allem für die vor 1925 abgeschlossenen zu gelten hat, erscheint zum mindesten zweifelhaft[1]).

Nachträglich eingehende Außenstände als gewerbliche Einkünfte.

VI A 1848/31 vom 9. 3. 1932, StW. 1932 Nr. 410 behandelt die Abführung nachträglich eingehender Außenstände an einen im Ausland lebenden ausgeschiedenen Teilhaber als Einkommen aus früherer gewerblicher Tätigkeit, und deshalb als beschränkt steuerpflichtig.

Im Falle VI 25/38 vom 26. 1. 1938, StW. 1938 Nr. 69 hatte ein Danziger Gewerbetreibender seinen Danziger Betrieb aufgegeben und seinen Wohnsitz nach dem deutschen Inlande verlegt. Der RFH. läßt es dahingestellt, ob in diesem Falle nachträgliche gewerbliche Einkünfte aus dem nicht mehr bestehenden Danziger Betrieb in Deutschland steuerpflichtig sind. Der Unterschied zu VI A 1848/31 könnte darin liegen, daß dort noch ein Betrieb bestand. In dem Danziger Falle würde eine Heranziehung durch Danzig wohl auch kaum in Betracht kommen.

Das gleiche müßte auch wohl für den umgekehrten Fall gelten, daß ein Betrieb in Deutschland aufgegeben wird und sein Inhaber ins Ausland verzieht.

3. Einkünfte aus selbständiger Arbeit, die im Inland ausgeübt oder verwertet wird oder verwertet worden ist.

Der Reichsfinanzhof hat den Begriff Ausübung der Arbeit im Inlande weit gefaßt, indem er z. B. angenommen hat, daß die Tätigkeit eines ausländischen Aufsichtsratsmitglieds eines inländischen Unternehmens im Sinne des ähnlichlautenden § 3 Abs. 2 Ziff. 4 EStG. 1925 stets als im Inland ausgeübt anzusehen ist,

[1]) Anm. VI A 512/35 StW. 1937 Nr. 320 hat das für den deutsch-schweiz. Doppelbest.-Vertrag angenommen. Der RFH. wird dazu nochmals Stellung nehmen müssen. Für den tschechoslow. Vertrag hat es VI 332/37 vom 27. 4. 1938, das demnächst amtlich veröffentlicht werden wird, verneint.

gleichgültig, ob das Aufsichtsratsmitglied an einer Generalversammlung im Inlande teilnimmt oder nicht. Der RFH. hat nur für den Fall eine Ausnahme für möglich erklärt, daß etwa die Tätigkeit eines Aufsichtsratsmitgliedes sich lediglich auf die Überwachung ausländischer Zweigstellen usw. des Unternehmens beschränken sollte. VI A 828/32 vom 1. 2. 1933, StW. 1933 Nr. 336 = S. Bd. 32 S. 294. Jedenfalls wäre jetzt anzunehmen, daß die Arbeit des Aufsichtsratsmitglieds im Inlande „verwertet" wird. Im übrigen unterliegen nach der VO. vom 6. 2. 1935 (RGBl. 1935 I S. 161) Aufsichtsratsvergütungen dem Steuerabzug.

Durch die durch die Verordnung vom 8. 12. 1931 durchgeführte Einbeziehung der Verwertung der selbständigen Berufstätigkeit im Inlande sind zahlreiche Zweifel des früheren Steuerrechts erledigt worden. Verwertet wird die Arbeit im Inlande, wenn der Steuerpflichtige sie zwar nicht persönlich im Inlande geleistet hat, aber der wirtschaftliche Erfolg der Arbeit unmittelbar dem Inlande zugute kommen soll. Dieser Gesichtspunkt spielt eine entscheidende Rolle bei den Fragen des literarischen, künstlerischen und gewerblichen Urheberrechts. Alle ausländischen Schriftsteller usw., deren Werke im Inland veröffentlicht oder aufgeführt werden, und die dafür Honorar aus dem Inlande beziehen, verwerten insoweit ihre selbständige Arbeit im Inlande. Das gleiche gilt von Lizenzeinnahmen aus der Verwertung gewerblicher Urheberrechte usw. Sie sind mit diesen Einkünften beschränkt steuerpflichtig; vgl. hierzu auch § 49 Ziff. 6 a. E. Beide Vorschriften gehen ineinander über.

Durch die Verordnung vom 6. 2. 1935 (RGBl. 1935 I S. 160) ist für Einkünfte beschränkt Steuerpflichtiger aus selbständiger literarischer (schriftstellerischer) oder künstlerischer Tätigkeit, die im Inland ausgeübt oder verwertet worden ist, und bei Einkünften aus zeitlich begrenzter Überlassung von literarischen oder künstlerischen Urheberrechten der Steuerabzug neu geregelt worden.

4. Einkünfte aus nicht selbständiger Arbeit, die im Inlande ausgeübt oder verwertet wird oder worden ist und Einkünfte, die aus inländischen öffentlichen Kassen mit Rücksicht auf ein gegenwärtiges oder früheres Dienstverhältnis gewährt werden.

Hierzu ist zu vergleichen Balzer, „Beschränkte Lohnsteuerpflicht", Deutsche Steuerztg. 1938 S. 81 ff.

Die Arbeit ist im Inlande ausgeübt, wenn der Arbeitnehmer im Inlande persönlich tätig geworden ist. Zu den Einkünften aus nicht selbständiger Arbeit, die im Inlande ausgeübt wird oder worden ist, gehört nach der Rechtsprechung auch der Lohn für die Arbeit auf deutschen Handelsschiffen, auch wenn sie sich nicht in den deutschen Hoheitsgewässern befinden; VI A 274/30 vom 26. 2. 1930, StW. 1930 Nr. 772. Ebenso VI A 657/36 vom 24. 2. 1937, StW. 1937 Nr. 304, wo für chinesische Bordwäscher auf deutschen Handelsschiffen Lohnsteuerpflicht angenommen worden ist.

Nach § 40 Abs. 6 der Zweiten LStDVO. unterliegt der an ausländische Arbeitnehmer gezahlte Arbeitslohn nicht der Lohnsteuer, wenn es sich um eine Arbeitsleistung von nur vorübergehender Dauer während des Aufenthalts eines deutschen Schiffes in einem ausländischen Hafen handelt.

Gegenüber dem EStG. 1925 ist eine wesentliche Erweiterung der beschränkten Steuerpflicht dadurch eingetreten, daß auch die Einkünfte aus unselbständiger Arbeit, die im Inlande verwertet wird oder worden ist, der beschränkten Steuerpflicht unterworfen worden sind. Die amtliche Begründung (RStBl. 1935 S. 59) sagt hierzu: Es hätten sich Unzuträglichkeiten dadurch ergeben, daß nach dem früheren Recht Einkünfte aus literarischer Arbeit, die in Deutschland lediglich verwertet wurde, steuerpflichtig waren, wenn der Betreffende freier Schriftsteller war, aber frei blieben, wenn er Angestellter war. Jetzt sei auch in diesen Fällen eine gleichmäßige Behandlung gewährleistet.

Die Fälle, wo die nicht selbständige Arbeit im Inland verwertet wird oder verwertet worden ist, sind nicht leicht abzugrenzen. Die Zweite LStDVO. vom 6. 2. 1938 § 40 Abs. 2 erklärt, daß die Arbeit im Inland verwertet ist, wenn sie zwar nicht im Inland persönlich ausgeübt wird, aber ihr wirtschaftlicher Erfolg der inländischen Volkswirtschaft unmittelbar zu dienen bestimmt ist. Ähnlich die amtliche Begründung RStBl. 1935 S. 59. Wann ist aber der wirtschaftliche Erfolg der Arbeit der inländischen Volkswirtschaft unmittelbar zu dienen bestimmt? Nach den Lohnsteuerrichtlinien VII 1 Abs. 1 wird eine Verwertung von nicht selbständiger Arbeit im Inlande angenommen werden können, wenn ein Dienstverhältnis besteht und der Arbeitslohn vom Arbeitgeber im Inlande oder aus dem Inlande bezahlt wird. „Denn die Zahlung des Arbeitslohnes zu Lasten der deutschen Volkswirtschaft läßt regelmäßig den Schluß zu, daß auch die als Gegenleistung zur Verfügung gestellte Arbeit unmittelbar der deutschen Volkswirtschaft dienen soll und dient.... Den Steuerpflichtigen bleibt es vorbehalten, darzulegen, daß trotz der Zahlung des Arbeitslohnes in oder aus dem Inlande keine Verwertung ihrer Arbeit im Inlande und damit keine beschränkte Steuerpflicht gegeben ist.“ In VII 1 Abs. 2 der Lohnsteuerrichtlinien hat der Reichsminister der Finanzen aber anerkannt, daß diese Regelung oftmals zu einer Doppelbesteuerung der Arbeitnehmer führen kann. Es liege im Interesse der deutschen Ausfuhr, diese doppelte steuerliche Belastung zu beseitigen. Aus Billigkeitsgründen könne daher bei Arbeitnehmern in industriellen und verkehrswirtschaftlichen Unternehmen und in Handelsbetrieben von der Vornahme des Steuerabzugs im Fall beschränkter Lohnsteuerpflicht abgesehen werden, wenn es sich um beschränkte Lohnsteuerpflicht wegen Verwertung nicht selbständiger Arbeit im Inlande handelt und die Steuerpflichtigen nachweisen, daß sie mit ihren aus dem Inland bezogenen Einkünften im Ausland zu einer Steuer herangezogen werden, die der deutschen Einkommensteuer entspricht.

Wegen der Auslandskorrespondenten deutscher Zeitungen, die im Inland weder Wohnsitz noch gewöhnlichen Aufenthalt haben vgl. Lohnsteuerrichtlinien VII, 3.

Diese Bestimmungen werden entsprechend auch auf die Einkommensteuerveranlagung anzuwenden sein. Von Bedeutung wird es dabei in erster Linie sein, ob der Arbeitslohn vom Arbeitgeber im Inlande oder aus dem Inlande bezahlt wird. Bezahlung aus dem Inlande wird jedenfalls vorliegen, wenn der Arbeitslohn unmittelbar als solcher aus dem Inlande gezahlt wird, indem der inländische Arbeitgeber den Arbeitslohn direkt dem ausländischen Arbeitnehmer zahlt oder zahlen läßt. Zahlung aus dem Inlande wird nicht vorliegen, wenn die ausländische Zweigniederlassung einer deutschen Firma ihre Arbeitnehmer mit ihren Mitteln bezahlt, die im Auslande verdient worden sind, weil dann der Arbeitslohn nicht unmittelbar zu Lasten der deutschen Volkswirtschaft gezahlt wird; vgl. Balzer a. a. O. S. 84.

Nach VI A 1614/28 vom 13. 2. 1929, StW. 1929 Nr. 334 ist die Entschädigung, die ein früherer Arbeitnehmer dafür bekommt, daß er sich für einige Zeit nach seinem Ausscheiden des Wettbewerbs enthält, auch wenn die Entschädigung fortlaufend gezahlt wird, Einnahme aus nichtselbständiger Arbeit, die im Inlande ausgeübt oder verwertet worden ist.

Durch zwischenstaatliche Verträge, insbesondere die **Doppelbesteuerungsverträge**, ist diese Frage vielfach abweichend geregelt worden.

5. a) Gewinnanteile (Dividenden), Zinsen, Ausbeuten und sonstige Bezüge aus Aktien, Kuxen, Genußscheinen, Anteilen an Gesellschaften m. b. H., an Erwerbs- und Wirtschaftsgenossenschaften, an Kolonialgesellschaften, aus Anteilen an der Reichsbank und an bergbautreibenden Vereinigungen, die die Rechte der juristischen Personen haben, und Einkünfte aus der Beteiligung an einem Handelsgewerbe als stiller Gesellschafter. Die beschränkte Steuerpflicht dieser Einkünfte besteht aber nur, wenn der Schuldner Wohnsitz, Geschäftsleitung oder Sitz im Inlande hat.

Zu den Gewinnanteilen und sonstigen Bezügen gehören auch verdeckte Gewinnausschüttungen. I A 37/34 vom 9. 7. 1935, StW. 1935 Nr. 483.

Bei den Einkünften aus der Beteiligung an einem Handelsgewerbe als stiller Gesellschafter ist nach VI A 798/27 vom 11. 7. 1928, StW. 1928 Nr. 507 der Begriff „stiller Gesellschafter" nicht allein nach dem § 335 HGB. zu bestimmen. Der Reichsfinanzhof hat angenommen, daß unter Einkünften aus der Beteiligung als stiller Gesellschafter an einem inländischen Handelsgewerbe auch Einkünfte eines Darlehensgebers zu verstehen sind, dem als Gegenleistung Beträge entsprechend den Erträgen des inländischen Handelsgewerbes gewährt werden. Als stille Beteiligung ist hiernach auch das partiarische Darlehen aufzufassen. VI A 477/36 vom 10. März 1937, StW. 1937 Nr. 253 hat auch im folgenden Fall Einkünfte als stiller Gesellschafter angenommen. Ein Ausländer hatte durch Bürgschaft für einen inländischen Handelsbetrieb einen Devisenkredit bei einer ausländischen Bank beschafft und dem Inländer zur Verfügung gestellt. Dafür erhielt der Ausländer 1/3 des Gewinnes. Auch die Abfindung eines stillen Gesellschafters für die vorzeitige Beendigung einer stillen Gesellschaft gilt gemäß § 44 Abs. 2 EStG. 1925 — jetzt § 24 Abs. 2 EStG. 1938 — nach VI A 1163/31 vom 14. Oktober 1931, StW. 1932 Nr. 240 als Einkommen aus der Beteiligung als stiller Gesellschafter. Wird die Abfindung in Raten gewährt, so wird die einzelne Rate mit ihrem Zufließen nach § 11 EStG. steuerpflichtig, wenn die stille Beteiligung nicht zu einem gewerblichen Betriebsvermögen gehört.

Eine Beteiligung als stiller Gesellschafter liegt aber nicht schon dann vor, wenn ein Ausländer einem Inländer vertraglich die Herstellung und den Absatz gewisser Gegenstände überläßt und Hilfe für die Herstellung der Gegenstände gewährt, wofür dem

Ausländer gewisse Vergütungen gezahlt werden. I A 328/30 vom 9. 12. 1930, StW. 1931 Nr. 368. Hier kann jetzt unter Umständen § 49 Ziff. 3 EStG. 1938 (Verwertung selbständiger Arbeit im Inlande) Platz greifen.

Nach VI A 1024/33 vom 16. 8. 1934, StW. 1934 Nr. 665 liegt eine stille Gesellschaft bei bloßer Umsatzbeteiligung nicht vor.

I A 264/31 vom 12. 1. 1932, StW. 1932 S. 520 hat in nachstehendem Fall stille Beteiligung nicht angenommen. Eine GmbH. hatte an Franzosen eine Gewinnbeteiligung von 50% gegeben, um durch den Einfluß dieser Franzosen Rechte von einer kraft des Versailler Vertrages liquidierten Firma zu erlangen (Namen, Mietverträge und Überlassung des liquidierten Unternehmens in einer deutschen Stadt des besetzten Gebietes). Es erscheint fraglich, ob diese Entscheidung heute noch aufrecht zu erhalten wäre, da die Franzosen ihre Gewinnbeteiligung für das Einbringen erheblicher Wirtschaftsgüter erhalten haben.

5. b) Zinsen aus Hypotheken und Grundschulden und Renten aus Rentenschulden. Ferner Zinsen aus sonstigen Kapitalforderungen jeder Art, z. B. aus Darlehen, Anleihen, Einlagen und Guthaben bei Sparkassen, Banken und anderen Kreditanstalten, wenn das Kapitalvermögen durch inländischen Grundbesitz, durch grundbesitzgleiche Rechte oder durch Schiffe, die in ein inländisches Schiffsregister eingetragen sind, unmittelbar oder mittelbar gesichert ist.

Durch die neue Fassung des Gesetzes „wenn das Kapitalvermögen gesichert ist" hat VI A 33/34 vom 19. 12. 1934, StW. 1935 Nr. 201 seine Bedeutung verloren. Nach dieser Entscheidung sollten Einkünfte aus Rechten, die durch Grundbesitz gesichert sind, nur insoweit der beschränkten Steuerpflicht unterliegen, als sich die Sicherung auf die Einkünfte erstreckte. Es war schon fraglich, ob die Entscheidung nach bisherigem Recht zutraf. Nach VI A 670/31 vom 14. April 1931, StW. 1932 Nr. 123 sind Abfindungsrenten, die ein Anerbe ins Ausland zu zahlen hat, nur dann beschränkt steuerpflichtig, wenn sie grundbuchlich gesichert sind. Nach VI A 401/34 vom 17. 4. 1935, StW. 1935 Nr. 338 sind Apanagen, die aus einem inländischen Fideikommiß an einen im Ausland wohnhaften Agnaten gezahlt werden, nicht als durch Grundbesitz gesichert anzusehen, wenn sie nicht durch grundbuchliche Eintragung besonders sichergestellt sind. Es ist ohne Bedeutung, ob der Schuldner der Kapitalerträge unbeschränkt steuerpflichtig ist. Beschränkte Steuerpflicht liegt bei einer durch Schiffspfandrecht gesicherten Forderung vor, auch wenn der Schuldner und Eigentümer des in einem inländischen Schiffsregister eingetragenen Schiffs ein Ausländer ist und im Ausland wohnt; VI A 2143/31 vom 19. 12. 1931, StW. 1932 Nr. 239.

Gefordert ist im Gesetz unmittelbare oder mittelbare Sicherung durch inländischen Grundbesitz usw. Nach I A 116/34 vom 31. Juli 1934, StW. 1934 Nr. 680 liegt Sicherung durch inländischen Grundbesitz vor, wenn eine ausländische Bank einer inländischen Bank Darlehen unter der Bedingung gewährt, daß die inländische Bank das Geld auf Hypotheken ausgibt und dann die Hypothekenbriefe für Rechnung beider treuhänderisch verwaltet werden. Nach I A 117/34 vom 31. 7. 1934, StW. 1934 Nr. 681 liegt aber keine Sicherung durch Grundbesitz vor, wenn die ausländische Bank der inländischen Bank Kredit gewährt, damit diese das Geld auf Hypotheken ausgibt, irgendeine Sicherung für die Forderung der ausländischen Bank aber nicht bestellt wird. Nach III A 317/34 vom 8. 11. 1934, StW. 1935 Nr. 61 liegt mittelbare Sicherung durch inländischen Grundbesitz auch vor, wenn die ausländische Bank der inländischen Bank Darlehen unter der Bedingung gewährt hat, daß die Briefe über die von der inländischen Bank auszugebenden Hypotheken treuhänderisch verwahrt werden, die Hypothekenbriefe aber abweichend von dieser Vereinbarung im Besitz der inländischen Bank verblieben. (Bei der gegebenen Sachlage konnte sich die ausländische Bank darauf verlassen, daß ein Schuldner, wie diese ausländische Bank im Augenblick, wo die Sicherheit der ausländischen Forderung gefährdet werden sollte, die Hypothekenbriefe in die treuhänderische Verwahrung gab.) Nach I A 134/34 vom 4. 9. 1934, StW. 1934 Nr. 667 gelten als inländisches Einkommen auch Zinsen, die einer ausländischen Bank von einem Ausländer gezahlt werden, wenn nur die Darlehensforderung durch inländischen Grundbesitz gesichert ist; vgl. auch I A 12/32 vom 12. 5. 1932, StW. 1932 Nr. 850.

Ausgenommen sind nach § 49 Ziff. 5 letzter Satz EStG. 1938 von der beschränkten Steuerpflicht die Dividenden aus Reichsbahnvorzugsaktien und Zinsen aus Anleihen und Forderungen, die in ein öffentliches Schuldbuch eingetragen sind oder über die Teilschuldverschreibungen ausgegeben sind. III A 246/35 vom 9. 1. 1936, StW. 1936 Nr. 98 = S. Bd. 38 S. 352 hat für das frühere Recht ausgeführt, daß Pfandbriefe deutscher Hypothekenbanken keine durch inländischen Grundbesitz mittelbar gesicherten Forderungen seien, da zwischen dem Pfandbriefgläubiger und dem Eigentümer eines bestimmten inländischen Grundstücks keine irgendwie geartete Rechtsbeziehung besteht. Die Forderung des Pfandbriefgläubigers sei gesichert durch das eigene Vermögen der Bank und durch den Schutz, den die Gesetze den Inhabern von Pfandbriefen durch Einführung der Staatsaufsicht, durch Strafvorschriften usw. gewähren. Jetzt werden die Pfandbriefe als Forderungen zu behandeln sein, über die Teilschuldverschreibungen ausgegeben sind. Nach § 45 Abs. 3 des Bankgesetzes vom 30. 8. 1924 wird, wenn Anteilscheine der Reichsbank im Eigentum von Ausländern ohne Wohnsitz in Deutschland sind, Einkommensteuer und Kapitalertragsteuer von den Einkünften daraus nicht erhoben. Diese Bestimmung besteht neben § 49 EStG. fort.

6. Einkünfte aus Vermietung und Verpachtung, wenn das unbewegliche Vermögen, die Sachinbegriffe oder Rechte im Inland belegen oder in ein inländisches öffentliches Buch oder Register eingetragen sind oder in einer inländischen Betriebstätte verwertet werden.

VI A 1815/31 vom 27. 9. 1932, StW. 1933 Nr. 335 behandelt ein im Ausland registriertes Schiff zwar als unbewegliches Vermögen im Sinne der §§ 49 Ziff. 6 und 21 Ziff. 1, nimmt aber steuerpflichtige inländische Einkünfte aus der Vermietung eines solchen Schiffes an eine inländische Firma nicht an, da das Schiff im Ausland registriert ist.

Zu diesen Einkünften wird auch die Jagdpacht für die Jagdausübung auf einem inländischen Grundstück gehören (VI A 124/35 vom 22. 5. 1935, StW. 1935 Nr. 398). Als öffentliches Buch oder Register kommt das Grundbuch, Schiffsregister, Patentregister usw. in Frage. Diese Einkünfte werden zu einem erheblichen Teil bereits nach § 49 Ziff. 3 erfaßt.

Zur Frage der Verwertung in einer inländischen Betriebstätte ist I A 309/36 vom 13. 7. 1937, StW. 1937 Nr. 478 von Bedeutung. Eine ausländische Firma hatte von einer deutschen Firma Lizenzgebühren dafür erhalten, daß in einer japanischen Zweigbetriebstätte der deutschen Firma Rechte der ausländischen Firma verwertet wurden. Der RFH. hat diese Lizenzgebühren nicht der Besteuerung aus § 49 Ziff. 6 unterworfen, indem er davon ausgeht, daß eine im Ausland gelegene Betriebstätte nicht deshalb zu einer inländischen Betriebstätte wird, weil sie rechtlich und wirtschaftlich einen unselbständigen Teil eines inländischen Unternehmens darstellt. Mit der Frage, ob etwa § 49 Ziff. 3 eingreifen könnte, hat sich das Urteil nicht befaßt. Wenn, wie anzunehmen, der Absatz der japanischen Betriebstätte nur im Auslande stattfindet, wird auch § 49 Ziff. 3 wohl nicht anzuwenden sein. I A 242/35 vom 13. 10. 1936, StW. 1937 Nr. 46 behandelt den Fall, daß ein Ausländer das Recht zur Herstellung einer in Deutschland patentamtlich geschützten Maschine erworben und die Maschine wieder an einen deutschen Unternehmer zur Ausnutzung gegen Gebühren überlassen hatte, als Vermietung eines Rechts zur Verwertung in einer inländischen Betriebstätte. Mit Recht nimmt es eine inländische Betriebstätte an, obwohl nicht etwa die inländische Betriebstätte eines ausländischen Unternehmens vorlag. Die „inländische Betriebstätte" des § 49 Ziff. 6 kann auch die Betriebstätte eines Inländers sein.

7. Wiederkehrende Bezüge im Sinne des § 22 Ziff. 1 EStG., soweit sie dem Steuerabzug unterworfen werden.

Wiederkehrende Bezüge sind der beschränkten Steuerpflicht im allgemeinen nicht unterworfen, offenbar weil ihre Erfassung mit besonderen Schwierigkeiten verbunden ist. Soweit der Steuerabzug eingreift, ist die Besteuerung erleichtert. Deshalb ist für solche Fälle die beschränkte Steuerpflicht vorgesehen. Amtl. Begründung RStBl. 1935 S. 59.

8. Einkünfte aus Spekulationsgeschäften (§ 22 Ziff. 2), soweit es sich um Spekulationsgeschäfte mit inländischen Grundstücken oder mit inländischen Rechten handelt, die den Vorschriften des bürgerlichen Rechts über Grundstücke unterliegen.

9. Sondervorschriften für beschränkt steuerpflichtige Personen.

§ 50 EStG. regelt die Art der Heranziehung der beschränkt steuerpflichtigen Einkünfte. Naturgemäß dürfen beschränkt steuerpflichtige Personen bei ihrer Veranlagung nicht Ausgaben abziehen oder Gesichtspunkte geltend machen, die nur beim Gesamteinkommen in Betracht kommen können. Deshalb bestimmt § 50 Abs. 1 Satz 2, daß die Vorschriften des § 10 über Sonderausgaben und des § 33 über besondere wirtschaftliche Verhältnisse nicht anwendbar sind. § 34 über Steuersätze bei außerordentlichen Einkünften ist gleichfalls nicht anwendbar. Vgl. auch § 50 Abs. 3.

Abzug von Werbungskosten.

Werbungskosten dürfen beschränkt Steuerpflichtige nur insoweit abziehen, als sie mit inländischen Einkünften in wirtschaftlichem Zusammenhang stehen.

Wirtschaftlicher Zusammenhang ist bei den Werbungskosten gegeben, wenn die Werbungskosten aufgewandt werden, um gerade die inländischen Einkünfte zu erzielen. Es genügt nicht, daß die Werbungskosten mit dazu dienen, die inländischen Einkünfte zu erzielen, wenn sie auch noch für andere Einkünfte Bedeutung haben. I A 230/34 vom 15. 10. 1935, StW. 1935 Nr. 724: Abzug von allgemeinen Werbungskosten bei einer ausländischen Hypothekenbank vom inländischen Einkommen aus Hypotheken ist nicht zulässig. Der Grund für diese Beschränkung ist, daß, wenn nur die inländischen Einkünfte steuerlich herangezogen werden können, nicht auch Werbungskosten abgezogen werden dürfen, die auch für andere Einkünfte von Bedeutung sind, da sich sonst ein geringeres inländisches Reineinkommen ergeben würde als tatsächlich vorhanden. Das Gesetz hat bei dieser Regelung in Kauf genommen, daß von den allgemeinen Unkosten eines ausländischen Betriebes usw. ein Teil auf das inländische Einkommen entfallen könnte; es hat davon abgesehen, hierfür einen Abzug zuzulassen. Nur die besonderen Werbungskosten, die das inländische Einkommen bedingt, sind abzuziehen. VI A 821/35 vom 13. 5. 1936, StW. 1936 Nr. 320 erkennt die Reisekosten eines beschränkt steuerpflichtigen Ausländers, der zwecks Verwaltung seines deutschen Hausbesitzes (Vermietung und Verpachtung) mehrere Male im Jahr nach Deutschland reisen muß, als Werbungskosten an, soweit sie nicht in der Hauptsache der Verwaltung des gesamten Vermögens dienen, d. h. also, wenn die Reisen nicht in der Hauptsache zu anderen Zwecken als zur Verwaltung des Grundbesitzes unternommen werden. I A 19/35 vom 16. 8. 1935, StW. 1935 Nr. 617 gestattet dem Lizenzgeber, der die Lizenz von dem Pachtinhaber erworben hat, die an diesen gezahlten Gebühren als Werbungskosten abzuziehen.

Nach VI A 1888/29 vom 10. 9. 1930, StW. 1930 Nr. 991 kann eine in Österreich wohnende tschechoslowakische Sängerin von ihrem Gastspielhonorar in Deutschland nicht die Kosten eines wegen eines vorjährigen Gastspieles geführten Prozesses abziehen, da diese Kosten nicht denselben Steuerfall beträfen. Es erscheint fraglich, ob auf Grund des § 50 Abs. 1 EStG. 1938 in gleicher Weise zu entscheiden wäre.

Insbesondere Abzug von Schuldzinsen.

Viel umstritten ist die Frage des Abzugs von Schuldzinsen bei beschränkt steuerpflichtigen Einkünften. Da Sonderausgaben nach § 50 Abs. 1 Satz 2 hier nicht in Frage kommen, können Schuldzinsen nur insoweit abgezogen werden, als sie Werbungskosten darstellen und mit inländischen Einkünften in wirtschaftlichem Zusammenhang stehen. Zur Frage des Abzugs der Schuldzinsen liegen eine Anzahl Entscheidungen des RFH. vor. Zunächst war streitig, ob die Zinsen einer Hypothek auf dem einem Ausländer gehörenden Grundstück ohne weiteres als in wirtschaflichem Zusammenhang mit den Einkünften aus dem Grundstück stehend angesehen werden könnten. Das hat der Reichsfinanzhof in ständiger Rechtsprechung verneint. Es muß bei jeder Hypothek, ebenso bei Grundschulden, untersucht werden, ob die Schuld mit den Grundstückseinnahmen in wirtschaftlichem Zusammenhang steht. Das ist nur dann der Fall, wenn die Schulden aufgenommen sind zum Erwerb oder zur Erhaltung der inländischen Einkommensquelle, beim Grundstück also zum Erwerb, zur Instandsetzung oder zur Instandhaltung des Grundstücks. Es scheiden aus Zinsen für Hypotheken, die der Grundstückseigentümer lediglich aufnimmt, um Geldmittel in die Hand zu bekommen, z. B. um seine Tochter auszustatten, um im Ausland ein Geschäft zu gründen usw. VI A 1638/31 vom 22. 10. 1931, StW. 1932 Nr. 251 = S. Bd. 30 S. 29. Es kommt auch nicht darauf an, ob das Grundstück für die Schuld haftet. Auch Zinsen für persönliche Schulden, die der beschränkt Steuerpflichtige zwecks Erwerbs oder Instandhaltung usw. des Grundstücks aufgenommen hat, sind abzugsfähig.

Für die Frage, wann Schuldzinsen mit inländischen Einkünften in wirtschaftlichem Zusammenhang stehen, ist noch auf folgende Entscheidungen zu verweisen. I A 31/35 vom 29. 4. 1935, StW. 1935 Nr. 368. Eine ausländische Schiffshypothekenbank kann von den in Deutschland erwachsenen Einnahmen aus Hypothekenzinsen nur Zinsen für solche Schulden abziehen, die nachweisbar gerade für die Gewährung der deutschen Hypotheken aufgenommen worden sind, da die Möglichkeit besteht, daß die Mittel zur Darlehensgewährung aus dem Eigenkapital der Hypothekenbank stammen. VI A 1408/33 vom 26. 6. 1935, StW. 1935 Nr. 476 stellt der Darlehensaufnahme die langfristige Stundung kurzfristiger, zwecks Hauserwerbs aufgenommener ausländischer Warenschulden gleich. Nach VI A 1811/30 vom 22. 4. 1931,

StW. 1931 Nr. 718 kann der beschränkt Steuerpflichtige die Hypothekenzinsen erst dann abziehen, wenn das Geld für das Grundstück verwendet worden ist, nicht schon bei Aufnahme der Schuld oder Zahlung der Hypothekenzinsen. VI A 244/31 vom 5. 7. 1933, StW. 1933 Nr. 779 behandelt den Fall, daß ein beschränkt Steuerpflichtiger ein inländisches Grundstück unter Zuhilfenahme eines Darlehens erworben und sich die Mittel zur Zurückzahlung des Darlehens durch Aufnahme einer Hypothek auf dem Grundstück beschafft hat. Hier ist ein wirtschaftlicher Zusammenhang zwischen Grundstück und Hypothek anerkannt worden. So auch III A 45/31 vom 12. 10. 1933, StW. 1934 Nr. 52. Im allgemeinen sind nach der Rechtsprechung an den Nachweis des wirtschaftlichen Zusammenhanges strenge Anforderungen zu stellen. I A 114/32 vom 27. 6. 1933, StW. 1934 Nr. 135.

Sonstiges.

Nach § 50 Abs. 2 ist bei Einkünften, die dem Steuerabzug unterliegen und bei Einkünften im Sinne des § 20 Abs. 1 Ziff. 3 und 4 für beschränkt Steuerpflichtige ein Ausgleich mit Einkünften aus anderen Einkunftsarten im Sinne von § 2 Abs. 2 EStG. nicht zulässig, so daß Verluste bei diesen Einkünften nicht gegen Gewinn oder Überschüsse bei anderen Einkunftsarten aufgerechnet werden können und umgekehrt.

Nach § 50 Abs. 3 bestimmt sich die Einkommensteuer bei beschränkt Steuerpflichtigen, soweit sie veranlagt werden, nach der Steuer für verheiratete Steuerpflichtige ohne Kinder. Sie beträgt aber mindestens 10 v. H. der Einkünfte.

Nach Abs. 4 gilt die Einkommensteuer für Einkünfte, die dem Steuerabzug vom Arbeitslohn oder vom Kapitalertrag unterliegen, bei beschränkt Steuerpflichtigen durch den Steuerabzug als abgegolten, wenn die Einkünfte nicht Betriebseinnahmen eines inländischen Betriebs sind. Die Höhe der Lohnsteuer bestimmt der Reichsminister der Finanzen.

Nach Abs. 5 kann das Finanzamt die Einkommensteuer bei beschränkt Steuerpflichtigen ganz oder zum Teil erlassen oder einen Pauschbetrag festsetzen, wenn es aus volkswirtschaftlichen Gründen zweckmäßig ist oder eine gesonderte Berechnung der Einkünfte besonders schwierig ist. Hierzu bestimmen die Veranlagungsrichtlinien 1934 D 4, daß in Fällen von größerer Bedeutung die Zustimmung des Oberfinanzpräsidenten, und in besonderen Fällen des RFM. einzuholen ist.

Nach Abs. 6 kann das Finanzamt die Einkommensteuer von beschränkt steuerpflichtigen Einkünften, soweit sie nicht bereits nach den sonstigen Vorschriften des Gesetzes dem Steuerabzug unterliegen, im Wege des Steuerabzugs erheben, wenn dies zur Sicherstellung des Steueranspruchs zweckmäßig ist. Das Finanzamt bestimmt hierbei die Höhe des Steuerabzugs. Hierzu haben die Veranlagungsrichtlinien 1934 D 5 klargestellt, daß diese Vorschrift lediglich der Sicherstellung des Steueranspruchs dienen soll. Es muß in diesen Fällen eine Veranlagung stattfinden, wobei die im Wege des Steuerabzugs erhobenen Beträge auf die veranlagte Steuerschuld anzurechnen, zuviel erhobene Beträge aber zu erstatten sind. Die Vorschrift des § 47 Abs. 3 Satz 2 EStG. 1938 findet auf diesen Steuerabzug keine Anwendung. Dieser Steuerabzug ist also erstattungsfähig wie die Vorauszahlungen.

III.
Beschränkte Körperschaftsteuerpflicht.

Nach dem KStG. 1934 sind unbeschränkt körperschaftsteuerpflichtig Körperschaften, Personenvereinigungen und Vermögensmassen, die ihre Geschäftsleitung oder ihren Sitz im Inlande haben. Über „Geschäftsleitung" und „Sitz" vgl. S. 88 ff. Nach § 2 des Gesetzes sind beschränkt körperschaftsteuerpflichtig Körperschaften usw., die weder ihre Geschäftsleitung noch ihren Sitz im Inlande haben, mit den inländischen Einkünften und ferner Körperschaften usw., die nicht unbeschränkt steuerpflichtig sind, mit den inländischen Einkünften, von denen ein Steuerabzug zu erheben ist. Hier ist zu bemerken, daß während § 1 nur bestimmte Arten von Körperschaften für körperschaftsteuerpflichtig erklärt, § 2 alle Körperschaften, Personenvereinigungen und Vermögensmassen, die weder ihre Geschäftsleitung noch ihren Sitz im Inlande haben, mit ihren inländischen Einkünften heranzieht, soweit nicht die Heranziehung durch § 3 KStG. ausgeschlossen wird, wie z. B. bei den ausländischen offenen Handelsgesellschaften. Nach § 6 des KStG. gelten für die Frage, was als inländische Einkünfte anzusehen und wie das Einkommen zu ermitteln ist, die Vorschriften des EStG.; vgl. hierzu die vorstehenden Ausführungen.

IV.
Beschränkte Vermögensteuerpflicht.

Nach dem VStG. 1934 § 1 sind unbeschränkt vermögensteuerpflichtig natürliche Personen, die im Inland einen Wohnsitz oder ihren gewöhnlichen Aufenthalt haben, und im Gesetz aufgeführte Körperschaften, Personenvereinigungen und Vermögensmassen, die ihre Geschäftsleitung oder ihren Sitz im Inland haben. Über „Geschäftsleitung" und „Sitz" vgl. S. 88 ff. Beschränkt steuerpflichtig nach § 2 VStG. 1934 sind natürliche Personen und Körperschaften, Personenvereinigungen und Vermögensmassen, die nicht unbeschränkt steuerpflichtig sind, mit ihrem Inlandsvermögen. Unter die beschränkte Vermögensteuerpflicht fallen alle Körperschaften, Personenvereinigungen und Vermögensmassen, während unbeschränkt steuerpflichtig nur die in § 1 besonders aufgeführten sind. Hiernach kann z. B. eine ausländische oHG. in Deutschland beschränkt vermögensteuerpflichtig sein; vgl. hierzu Kraft, „Die beschränkte Steuerpflicht bei Betriebsvermögen". StW. 1937 Sp. 1109 ff.

Zum Inlandsvermögen rechnen nach § 77 Abs. 2 RBG. 1934:

1. das inländische land- und forstwirtschaftliche Vermögen;
2. das inländische Grundvermögen;
3. das inländische Betriebsvermögen. Als solches gilt das Vermögen, das einem im Inland betriebenen Gewerbe dient, wenn hierfür im Inlande eine Betriebstätte unterhalten wird oder ein ständiger Vertreter bestellt ist;
4. nicht unter Ziff. 3 fallende, gewerblich genutzte Urheberrechte, die in ein inländisches Buch oder Register eingetragen sind, mit Ausnahme von Urheberrechten an Werken der bildenden Kunst, des Schrifttums und der Tonkunst;
5. Wirtschaftsgüter, die nicht unter die Ziffern 1, 2 und 4 fallen und einem inländischen gewerblichen Betrieb überlassen, insbesondere an diesen vermietet oder verpachtet sind;
6. Hypotheken, Grundschulden, Rentenschulden und andere Forderungen oder Rechte, wenn sie durch inländischen Grundbesitz, durch inländische grundstücksgleiche Rechte oder durch Schiffe, die in ein inländisches Schiffsregister eingetragen sind, unmittelbar oder mittelbar gesichert sind. Ausgenommen sind Anleihen und Forderungen, über die Teilschuldverschreibungen ausgegeben sind;
7. Forderungen aus der Beteiligung an einem Handelsgewerbe als stiller Gesellschafter, wenn der Schuldner Wohnsitz, Geschäftsleitung oder Sitz im Inland hat.

Zur Erläuterung dieser Vorschriften können zum Teil die zur beschränkten Einkommensteuerpflicht gemachten Ausführungen dienen. Im einzelnen noch folgendes:

Zu Ziff. 2. III A 61/36 vom 26. 8. 1936 Nr. 472 = S. Bd. 40 S. 1. Wenn ein ausländischer Gesellschafter einer inländischen GmbH. dieser GmbH. Grundstücke zur Verwaltung und Verwertung übereignet und die GmbH. ausschließlich zur Verwaltung und Verwertung der Grundstücke gegründet ist, so stellt die Übereignung eine Erhöhung der Stammeinlage des Gesellschafters dar. Diese erhöhte Stammeinlage rechnet nicht zum Inlandsvermögen. I e A 129/31 vom 1. 10. 1931, StW. 1932 Nr. 29. GmbH.-Anteile an einer Grundstücksgesellschaft m.b.H. gehören nicht zum Inlandsvermögen, auch wenn sämtliche Anteile in einer Hand sind. III A 398/34 vom 1. 10. 1936, StW. 1936 Nr. 517 = S. Bd. 40 S. 92. Anteile an einer inländischen GmbH. gehören auch dann nicht zum Inlandsvermögen, wenn das Vermögen der GmbH. ganz aus inländischem Grundbesitz besteht. Nach III A 153/33 vom 7. 9. 1933, StW. 1933 Nr. 805 hat eine ausländische Gesellschaft noch nicht deshalb inländisches Betriebsvermögen, weil sie eine Forderung gegen eine inländische Firma besitzt.

Zu Ziff. 4. Diese Bestimmung schließt sich im wesentlichen dem § 49 Ziff. 6 EStG. an mit dem Unterschied, daß Urheberrechte an Werken der bildenden Kunst, des Schrifttums und der Tonkunst nicht zum beschränkt vermögensteuerpflichtigen Vermögen gehören, während die Einkünfte daraus beschränkt steuerpflichtig sein können.

Zu Ziff. 5. Hierzu sagt die amtliche Begründung (RStBl. 1935 S. 181): „Es gibt auch Ausländer, die im Inlande selbst kein Gewerbe betreiben, aber gewerbliche Anlagen, z. B. Maschinen, an inländische gewerbliche Betriebe verpachtet oder vermietet haben. Es erscheint gerechtfertigt, auch solches Vermögen als Inlandsvermögen zu behandeln." In diesem Punkt geht die Vermögensteuer weiter als die Einkommensteuer, da aus der Verpachtung von einzelnen Maschinen und anderen beweglichen Gegenständen nach § 49 Ziff. 6 im allgemeinen beschränkte Einkommensteuerpflicht nicht erwächst.

Zu Ziff. 6 u. 7. Diese Bestimmungen entsprechen der Ziff. 5 § 49 EStG. 1938. III A 51/36 vom 23. April 1936, StW. 1936 Nr. 303. Die zum Inlandsvermögen gehörenden Forderungen brauchen nicht Kapitalforderungen zu sein. Hierher können auch gesicherte Forderungen aus Lieferungsverträgen gehören.

§ 77 Abs. 3 bestimmt, daß von dem Inlandsvermögen nur die Schulden und Lasten abzuziehen sind, die in wirtschaftlichem Zusammenhang mit dem Inlandsvermögen stehen. Zur Erläuterung wird auf die Ausführungen oben S. 57 ff. verwiesen.

Besondere Beispiele für die Reichsbewertung: III A 322/35 vom 2. 4. 1936, StW. 1936 Nr. 251: ein ausländischer Erbe kann vom ererbten inländischen Vermögen bei der Vermögensteuer die vom Erben geschuldeten deutschen Steuern (Erbschaftsteuer und Einkommensteuer) abziehen. III A 65/37 vom 8. 7. 1937, StW. 1937 Nr. 441: Die Reichsfluchtsteuerschuld kann nicht vom Inlandsvermögen des durch Auswanderung beschränkt steuerpflichtig gewordenen Steuerpflichtigen abgezogen werden, da sie nicht in wirtschaftlichem Zusammenhang mit dem Inlandsvermögen steht, weil sie nach dem Gesamtvermögen bemessen wird und dieses belastet. I A 250/28 vom 30. Mai 1928, StW. 1928 Nr. 696: Ein inländischer Gewerbetreibender, der auf seinem tschechoslowakischen Betrieb eine Schuld aufgenommen hatte, kann die Schuld nach Untergang des ausländischen Betriebes vom inländischen Betriebsvermögen abziehen. Durch III A 312/35 vom 9. 1. 1936, StW. 1936 Nr. 99 ist für eine Grundschuld der wirtschaftliche Zusammenhang mit dem Grundstück verneint worden, da der Schuldbetrag zwar zum Erwerb des Grundstücks aufgenommen, aber später hierzu nicht verwendet worden war. Die Darlehensvaluta war vor Erwerb des Grundstücks der Geldentwertung zum Opfer gefallen.[1])

V.

Wohnsitz, gewöhnlicher Aufenthalt, Sitz, Geschäftsleitung, Betriebsstätte, ständiger Vertreter, Organgesellschaft.

Der Wohnsitz, der gewöhnliche Aufenthalt, die Betriebstätte, der ständige Vertreter, die Geschäftsleitung, der Sitz und die Organgesellschaft spielen sowohl bei den innerdeutschen Vorschriften wie in den Doppelbesteuerungsverträgen eine Rolle. Wie S. 98 ff. ausgeführt ist, sind diese Begriffe in den Doppelbesteuerungsverträgen in erster Linie nach dem gesamten Inhalt des Doppelbesteuerungsvertrages zu verstehen, so daß innerdeutsche Vorschriften, die nach dem Abschluß des betreffenden Doppelbesteuerungsvertrages erlassen worden sind, für die Auslegung

[1]) Nach III 224/37 vom 17. 2. 1938 ist die Vorschrift über die Mindestbesteuerung des § 6 VermStG. 1934 auch auf solche ausl. Kapitalgesellschaften anzuwenden, die deshalb unbeschränkt steuerpflichtig sind, weil sie ihre Geschäftsleitung im Inland haben, oder weil sie sich wirtschaftlich als ein in der Gliederung eines inl. Unternehmens gesondert geführter Betrieb darstellen (StAnpG. § 15 Abs. 2).

oftmals keine entscheidende Bedeutung haben werden. Aus diesem Grunde werden die Vorschriften des StAnpG. 1934 über Wohnsitz, gewöhnlichen Aufenthalt, Geschäftsleitung, Sitz usw. (§§ 13—16 StAnpG.) nicht ohne weiteres für die Doppelbesteuerungsverträge, insbesondere die früher abgeschlossenen, maßgebend sein; für die beschränkte Steuerpflicht gelten sie natürlich unmittelbar. Man wird aber berücksichtigen müssen, daß diese Vorschriften in vielen Punkten nur eine Wiedergabe der früheren Gesetzesvorschriften sind, wobei die Rechtsentwicklung und die Ergebnisse der Rechtsprechung Berücksichtigung gefunden haben. Man wird deshalb in vielen Fällen die neuen Vorschriften auch bei den Doppelbesteuerungsverträgen anwenden können, wird aber im einzelnen prüfen müssen, welche Vorschriften hierfür etwa nicht in Betracht kommen.

1. Wohnsitz.

Der Wohnsitz ist in den Doppelbesteuerungsverträgen in der Regel so bestimmt worden: Einen Wohnsitz hat jemand dort, wo er eine Wohnung unter Umständen innehat, die auf die Absicht der Beibehaltung einer solchen schließen lassen. Das entspricht im wesentlichen dem § 62 Abs. 1 AO. 1919. Nach § 13 des StAnpG. hat einen Wohnsitz im Sinne der Steuergesetze jemand dort, wo er eine Wohnung innehat unter Umständen, die darauf schließen lassen, daß er die Wohnung beibehalten und benutzen wird. Wenn auch der Wortlaut dieser Bestimmung von dem der AO. 1919 und der Doppelbesteuerungsverträge abweicht, so wird sachlich hierin eine wesentliche Änderung nicht liegen. Der Zusatz „und benutzen", bedeutet eine Einschränkung des Wortlauts des § 62 AO. 1919, die auch für die deutsche Behandlung der Doppelbesteuerungssachen in der Regel eingreifen wird, weil sich danach die beschränkte Besteuerung richtet. Wenn die beschränkte Besteuerung durch innerstaatliche Norm enger gefaßt wird, als es nach dem Doppelbesteuerungsvertrag der Fall ist, geht für die innerstaatliche Besteuerung diese Vorschrift vor (vgl. S. 36 ff.). Der Reichsfinanzhof hat in VI A 714/35 vom 12. 12. 1935, StW. 1936 Nr. 61 auch für das frühere Recht ausgesprochen, daß nicht schon die Innehabung einer bewohnbaren Wohnung zur Annahme eines Wohnsitzes genügt, sondern es muß weiter die Absicht hinzukommen, die Wohnung zur eigenen Benutzung beizubehalten. In früheren Entscheidungen des Reichsfinanzhofs war gelegentlich eine gegenteilige Auffassung vertreten worden. Diese ist für die Zukunft jedenfalls ohne Bedeutung.

Im übrigen betont die Änderung die objektive Gestaltung. Es kommt danach nicht auf die Absicht der Beibehaltung an, sondern es kommt darauf an, ob der Steuerpflichtige die Wohnung unter Umständen innehat, die darauf schließen lassen, daß er die Wohnung beibehalten und benutzen wird. Der Unterschied ist aber wohl nicht so wesentlich, da die eigentliche Absicht, die Wohnung beizubehalten, im finanzgerichtlichen Verfahren wohl nur selten eine besondere Rolle gespielt hat. Die steuerrechtliche Praxis hat auch früher in der Regel den Hauptwert auf die Umstände, d. h. auf den objektiven Tatbestand, gelegt. Es handelt sich bei der durch § 13 StAnpG. herbeigeführten Änderung in der Hauptsache wohl um eine Klarstellung.

Die unbeschränkte Steuerpflicht der natürlichen Personen ist von der Innehabung einer Wohnung abhängig, weil das Innehaben einer Wohnung in Deutschland unter Umständen, die auf die Beibehaltung schließen lassen, dartut, daß der Wohnungsinhaber mit dem deutschen Boden und der deutschen Wirtschaft besonders eng verbunden ist. Hieraus wird man aber im Umkehrschluß auch folgern können, daß in Fällen, wo eine Verbundenheit mit der deutschen Wirtschaft und dem deutschen Boden offenbar nicht vorliegt, man mit der Annahme eines Wohnsitzes mehr zurückhalten muß.

Einfluß des Wohnsitzbegriffs des bürgerlichen Rechtes[1]).

Etwas wird hier auch der Standpunkt des bürgerlichen Rechts hineinspielen. Nach § 7 BGB. begründet, wer sich an einem Ort ständig niederläßt, an diesem Ort seinen Wohnsitz. Durch die Niederlassung tritt der Wille in Erscheinung, diesen Ort bleibend zum Mittelpunkt der Lebensverhältnisse zu machen. Diese Gesichtspunkte des bürgerlichen Rechts gelten zwar für das Steuerrecht nicht, aber man findet in zahlreichen Entscheidungen gewisse Anklänge hieran. So hat VI A 500/31 vom 25. 11. 1931, StW. 1932 Nr. 223 den Fall behandelt, daß ein Gutsbesitzer Deutschland verlassen hat, weil er der Gesundheit seiner Familie wegen einen ausländischen Höhenort aufsuchen mußte. Er ließ sein Gut durch Angestellte weiter bewirtschaften, verpachtete aber das bisher von ihm bewohnte Herrenhaus eingerichtet auf 3 Jahre. Der Reichsfinanzhof hat Fortdauer des Wohnsitzes angenommen, weil ein bloß vorübergehendes, wenn auch vielleicht länger dauern-

[1]) Vgl. auch die Regelung im deutsch-schweiz. Abkommen Art. 8 Abs. 2 S. 236.

des Nichtbenutzen der Wohnung nicht zum Wegfall des Wohnsitzes genüge. Hierbei war wohl auch von Bedeutung, daß der Steuerpflichtige das Gut selber weiter bewirtschaftet. Es wird hier Wert darauf gelegt sein, daß der wirtschaftliche Mittelpunkt der Lebensverhältnisse des Steuerpflichtigen nach wie vor auf seinem Gute lag, so daß man annehmen konnte, er hatte die Wohnung noch unter Umständen inne, die darauf schließen ließen, daß er die Wohnung weiter benutzen wollte.

Ähnlich wird auch zu entscheiden sein, wenn jemand seine eingerichtete Villa auf einige Zeit vermietet, weil er für die Zeit der Vermietung ins Ausland geht. Demgegenüber steht VI A 714/35 vom 12. 12. 1935, StW. 1936 Nr. 61, wo eine im Ausland tätige Deutsche, die dort sich eine Lebensstellung geschaffen hatte, von der Mutter ein eingerichtetes Landhaus im Inlande geerbt hatte und dies jetzt vermietete. Hier hat der Reichsfinanzhof einen Wohnsitz nicht angenommen, indem er davon ausging, daß nichts dafür spräche, daß die Steuerpflichtige in absehbarer Zeit ins Inland zurückkehren wollte, daß sie vielmehr nur das Haus nutzen wollte. VI A 186, 187/31 vom 18. 3. 1931, StW. 1931 Nr. 395 nimmt an, daß volljährige Kinder, die für das elterliche Geschäft, das der Vater leitet, Weltreisen machen und ins Elternhaus wieder zurückkehren, ihren Wohnsitz im Elternhause beibehalten, weil dort der Mittelpunkt ihrer Tätigkeit ist. Ähnlich VI A 1610/31 vom 28. 4. 1932, StW. 1932 Nr. 609. Demgegenüber ist VI A 971/34, StW. 1936 Nr. 60 zu erwähnen. Hier kamen unverheiratete Söhne, die im Auslande für eine deutsche Firma ständig tätig waren und dort möbliert wohnten, von Zeit zu Zeit zum Besuch in das Haus der Eltern, die am Sitze der deutschen Firma wohnten. Der Reichsfinanzhof hat Wohnsitz der Söhne verneint, weil die Wohnung der Eltern nicht, wie in StW. 1931 Nr. 395 angenommen, auch der wirtschaftliche Mittelpunkt der Söhne gewesen sei. Wie man sieht, ist die Rechtsprechung geneigt, das Vorhandensein eines wirtschaftlichen Mittelpunktes bei dieser Frage in gewissem Umfange mit zu berücksichtigen.

Die Rechtsprechung des Reichsfinanzhofs in diesen Fragen ist nicht ganz einheitlich. Drei Senate haben an dieser Rechtsprechung mitgewirkt, die die Frage des Wohnsitzes durchgängig unter anderen Gesichtspunkten auffassen mußten. Es ist nicht verwunderlich, daß die Rechtsprechung des IV. Senats, der im wesentlichen nur den innerdeutschen Finanzausgleich und die Bürgersteuer zu behandeln hatte, sich von der des VI. Senats unterschied, der in der Hauptsache die Frage der beschränkten Steuerpflicht und der Doppelbesteuerung in Einkommensteuersachen zu behandeln hatte. Auch die Rechtsprechung des III. Senats in Reichsfluchtsteuersachen mußte die Frage von einem anderen Gesichtspunkt aus behandeln, so daß auch hier leicht gewisse Unterschiede zur Rechtsprechung der anderen Senate auftreten konnten. Man wird annehmen können, daß die Rechtsprechung aus früherer Zeit zu einem Teil ihre Bedeutung verloren hat und daß nunmehr, nachdem geschäftsordnungsmäßig auch die Rechtsprechung über den Finanzausgleich auf den VI. Senat übergegangen ist, in diesen Fragen eine größere Gleichmäßigkeit sich ergeben wird.

Welche Anforderungen sind an eine Wohnung zu stellen? Die Wohnung muß ein Heim bieten.

In der Rechtsprechung ist ziemlich häufig die Frage behandelt worden, welche Anforderungen an eine Wohnung im Sinne des § 13 StAnpG. zu stellen sind. Genügt ein möbliertes Zimmer zur Annahme einer Wohnung? Genügt eine notdürftige Unterkunft während des Sommerurlaubs in einem Seebad, in einer Fischerwohnung usw.? Der Reichsfinanzhof setzt im allgemeinen eine den Verhältnissen des Steuerpflichtigen entsprechende Wohnung voraus, die im allgemeinen auch zur Unterbringung der Familie geeignet sein müßte; vgl. z. B. III A 218/36 vom 8. 1. 1937, StW. 1937 Nr. 103. Er hat aber mit Rücksicht auf die Veränderung der Verhältnisse gegenüber der Zeit vor dem Kriege ausgesprochen, daß in Fällen, wo eine standesmäßige Wohnung aus Wohnungsmangel oder wegen der bedrängten Verhältnisse der Steuerpflichtigen nicht erlangt werden kann, auch eine Notwohnung genügen muß. Da nach Steuerrecht grundsätzlich nicht entscheidend ist, ob an dem Wohnsitz der Mittelpunkt der gesamten Lebenshaltung ist, hat die Rechtsprechung auch angenommen, daß eine nur zu bestimmten Zwecken dienende Wohnung genüge. IV B 32/31 vom 25. 6. 1931, StW. 1931 Nr. 759 nimmt deshalb an, daß eine in Berlin im wesentlichen zur Erfüllung gesellschaftlicher Verpflichtungen und gelegentlicher Aufnahme von Gästen eingerichtete und dienende Wohnung einen Wohnsitz begründet. Deshalb kann auch eine Sommerwohnung usw. ausreichen. Für die Annahme eines Wohnsitzes ist es also nicht erforderlich, daß die Wohnräume mit Heizanlagen versehen sind. Die Sommerwohnung muß aber den Verhältnissen des Steuerpflichtigen noch entsprechen. VI e B 229, 241/24 vom 18. 7. 1924, StW. 1924

Nr. 253, S. Bd. 14 S. 125: „Auch wenn man die Erfordernisse für die Begründung eines Wohnsitzes hinsichtlich der Beschaffenheit der Wohnung auf ein geringes Maß einschränkt, so wird doch verlangt werden müssen, daß die Wohnung nach ihrer Größe und Einrichtung dem Pflichtigen und seiner Familie ein ihren wirtschaftlichen Verhältnissen entsprechendes Heim bietet." Vgl. auch V B 10, 24 vom 28. 11. 1924, StW. 1925 Nr. 10. Überhaupt wird der Gesichtspunkt, ob die Wohnung dem Steuerpflichtigen ein Heim bietet, bei Entscheidung dieser Frage einen gewissen Anhalt bieten können. Die Wohnung gilt in der Regel nur dann als Wohnung im Sinne des § 13, wenn man davon sprechen kann, daß sie dem Bewohner ein Heim bietet. VI A 843/34 vom 19. 6. 1935, StW. 1935 Nr. 583 hat deshalb mit Recht angenommen, daß ein Generaldirektor, der seinen Wohnsitz in der Tschechei hat, aber im Allgäu ein Sommerhaus besitzt, das ihm und seiner Familie zum Sommeraufenthalt dient, im Allgäu einen Wohnsitz hat. Zu beachten ist, daß die Sommerwohnungen, die die Rechtsprechung als zur Begründung eines Wohnsitzes geeignet angesehen hat, in der Regel in eigenen Sommerwohnhäusern oder zum mindesten in Wohnungen waren, die der Steuerpflichtige selbst möbliert hatte. Man wird Bedenken tragen, diese Rechtsprechung ohne weiteres auf möblierte Sommerzimmer oder Sommerwohnungen auszudehnen. Hier wird man wohl etwas höhere Anforderungen stellen müssen.

Die in IV B 16/31 vom 15. April 1931, StW. 1931 Nr. 619 vertretene Auffassung ist wohl zu eng. Zwei Familien bewohnten abwechselnd — anscheinend nur während der Sommerzeit — ein Landhaus, dessen Räume im übrigen für die gleichzeitige Benutzung beider Familien ausreichten, das aber nur eine Küche hatte. Hier hat der RFH. angenommen, da das Fehlen einer Küche die gleichzeitige Benutzung der Wohnung durch beide Familien ausschlösse und nicht beide Haushaltungsvorstände das Hausrecht ausüben könnten, sei Wohnsitz nicht anzunehmen. Dem könnte vielleicht entgegengehalten werden, daß jedem Haushaltungsvorstand in den gesonderten Wohnräumen das Hausrecht zusteht und daß das Vorhandensein nur einer Küche nicht ins Gewicht fallen kann, da beide Familien sich zur Zeit so behelfen, und wenn nötig, noch eine Küche eingerichtet werden könnte.

Grundsätzlich Wohnung für den Steuerpflichtigen und seine Familie.

Im allgemeinen ist davon ausgegangen, daß die Wohnung dem Steuerpflichtigen und seiner Familie ein Heim bieten muß.

Gleichwohl ist der Gedanke für gewisse Fälle nicht durchgeführt worden, insonderheit in Fällen, wo die Familiengemeinschaft aus wirtschaftlichen Gründen nicht aufrechterhalten werden konnte. So hat VI A 438/27 vom 12. 10. 1927, StW. 1927 Nr. 512 S. Bd. 22 S. 95 bei einem Fabrikdirektor, der in Danzig angestellt war, aber dort nur ein möbliertes Zimmer bewohnte, weil er keine Familienwohnung bekam, so daß die Familie an einem anderen Orte Deutschlands zurückbleiben mußte, Wohnsitz auch in Danzig angenommen, weil hier getrenntes Wohnen der Familie notwendig war. Der Reichsfinanzhof hat in dieser Entscheidung dahingestellt sein lassen, ob der Fabrikdirektor auch an dem Orte, wo seine Familie zurückgeblieben war, noch Wohnsitz hatte oder ob nur die Familie dort den Wohnsitz hatte. Die Rechtsprechung neigt dazu, wenn der Mann im Deutschen Reiche getrennt von seiner Familie lebt, um den Lebensunterhalt zu verdienen, keinen besonderen Wohnsitz des Mannes anzunehmen. II A 1191/24 vom 13. 1. 1925, StW. 1925 Nr. 90.

Anders kann es liegen, wenn der Ehemann im Auslande getrennt von seiner Familie lebt. VI A 308—310/35 vom 3. 7. 1935, StW. 1935 Nr. 629 hat aber Wohnsitz in Deutschland bei einem polnischen Staatsangehörigen angenommen, der regelmäßig seine in Deutschland verbliebene Familie besuchte und dabei auch berufliche Angelegenheiten in Deutschland abwickelte. Hier spielt in der Rechtsprechung wohl auch der oben erwähnte bürgerlich-rechtliche Gedanke „des Mittelpunktes der Tätigkeit des Steuerpflichtigen" eine gewisse Rolle. VI B 43/25 vom 11. März 1925, StW. 1925 Nr. 170, S. Bd. 16 S. 20 behandelt einen reichsdeutschen Bankdirektor in Holland, dessen Familie in einem Vorort Berlins in eigener Villa wohnte, die der Bankdirektor selbst hatte bauen lassen. Hier hat der Reichsfinanzhof Wohnsitz des Bankdirektors in Deutschland für möglich gehalten, indem er Wert darauf legte, ob die geschäftlichen Beziehungen zu Deutschland so erheblich wären, daß sie seine häufige Anwesenheit in Deutschland erforderlich machten. Hier sind noch zwei Entscheidungen zu erwähnen. Auf der einen Seite VI B 39/25 vom 18. 2. 1925, StW. 1925 Nr. 169, S. Bd. 15 S. 303. Hier hatte ein in Spanien angesessener Großindustrieller für seine Familie in einem Vorort von Berlin eine Villa erworben, damit die Kinder in Deutschland deutsche Erziehung haben könnten. Der Ehemann hatte seine eigene Wohnung in Spanien und konnte seine Familie nur selten besuchen. Unter den hier vorliegenden

Verhältnissen, wo der Mittelpunkt der wirtschaftlichen Beziehungen des Ehemannes in Spanien lag, hat der Reichsfinanzhof Wohnsitz des Ehemannes in Deutschland verneint, und nur Wohnsitz der Ehefrau in Deutschland angenommen. Anders wieder VI A 631/36 vom 13. 4. 1937, StW. 1937 Nr. 242. Hier hat der Reichsfinanzhof die unbeschränkte Steuerpflicht eines Ingenieurs, der für ausländische Firmen im Ausland arbeitete, aber zur Erholung oder auf der Durchreise regelmäßig in die Familienwohnung zurückkehrte, durch eigenen Wohnsitz angenommen. Hier sprach auch wohl der Gesichtspunkt mit, daß der Lebensmittelpunkt des Steuerpflichtigen noch die Wohnung seiner Familie wäre, da er im Ausland einen solchen festen Mittelpunkt nicht hatte.

Abgeleiteteter Wohnsitz.

Für Frau, Kinder usw. kommt der abgeleitete Wohnsitz in Betracht. Das Gesetz selbst enthält über diesen Punkt nichts, man muß aber davon ausgehen, daß Frau und Kinder, die bei dem Ehemann wohnen, auch dort einen Wohnsitz haben. Bei der Frau ist es wohl selbstverständlich, da man zwanglos annehmen kann, daß sie selbst die Wohnung mit innehat. Für die Kinder wird man annehmen müssen, daß der Haushaltungsvorstand für sie die Wohnung innehat. Vgl. hierzu III A 560/22 vom 12. 4. 1923, StW. 1923 Nr. 598. Ein Holländer, dessen Geschäfte ihn in der Regel von Berlin fernhielten, weil er in Holland und Dänemark Vieh aufkaufte, kam in der Regel ein bis zwei Tage der Woche nach Berlin, wo er bei seinen Eltern in der Wohnung in einem bereitgehaltenen Zimmer wohnte. Hier hat der Reichsfinanzhof Wohnsitz angenommen. Vgl. auch VI A 186, 187/31 vom 18. 3. 1931, StW. 1931 Nr. 395 und VI A 1610/31 vom 28. 4. 1932, StW. 1932 Nr. 609. Hier ist angenommen, daß auch volljährige Kinder im Hause der Eltern ihre Wohnung haben, auch wenn ihnen ein Mietrecht nicht zusteht. Ebenso VI A 963/36 vom 10. 2. 1937, StW. 1937 Nr. 183. Hier hat der RFH. bei einem ledigen Seemann, der jahrelang auf ausländischen Schiffen tätig ist, Wohnsitz bei seinen Eltern angenommen, weil er bei den Eltern sein Heim hatte, da er immer dorthin zurückkehrte. Für das Urteil ist wohl auch die wirtschaftliche Verbundenheit mit dem deutschen Boden und der Familie von Einfluß gewesen.

Aufgabe des Wohnsitzes.

Wie schon oben dargelegt, hat die Rechtsprechung den Begriff des Innehabens einer Wohnung nicht ganz wörtlich aufgefaßt (vgl. z. B. VI A 500/31 vom 25. 11. 1931, StW. 1932 Nr. 233). Auch in dem Falle ist Innehaben angenommen worden, wo jemand die Wohnung zum 1. April aufgegeben hatte und zunächst die Möbel auf den Speicher stellte, weil er nicht sofort eine neue Wohnung fand, aber schon bei der Aufgabe der Wohnung oder unmittelbar nachher Auftrag gegeben hatte, am gleichen Orte eine neue Wohnung zu mieten, was auch zum 1. Juli gelang. III A 283/34 vom 13. 9. 1934, StW. 1934 Nr. 700. Ähnlich auch III A 272/35 vom 14. 11. 1935, StW. 1935 Nr. 734. Nach VI A 1576/32 vom 25. 4. 1933, StW. 1933 Nr. 467 hat jemand, der aus dem Ausland heimkehrt und zunächst vom 7. Nov. ab bei seinem Bruder zu Gast weilt, aber in Deutschland bleiben will und vom 1. Jan. ab eine eigene Wohnung hat, einem Wohnsitz schon vom 7. Nov. ab.

Diese Fragen haben ihre Bedeutung besonders dann, wenn es sich darum handelt, ob der Wohnsitz aufgegeben ist. Da, um Wohnsitz anzunehmen, sowohl ein Innehaben der Wohnung wie Umstände vorliegen müssen, die auf die Beibehaltung usw. schließen lassen, muß man den Schluß ziehen, daß ein Wohnsitz nicht mehr vorhanden ist, wenn eines dieser beiden Merkmale wegfällt. Fraglich ist in der Regel, ob Umstände vorliegen, die darauf schließen lassen usw. Hier hat III A 346/34 vom 7. 2. 1935, StW. 1935 Nr. 179 in einer Reichsfluchtsteuersache angenommen, daß ein Geisteskranker, der von seiner Ehefrau, der die persönliche Fürsorge für den Geisteskranken obliegt, in ausländische Heilanstalten verbracht wurde, den Wohnsitz in Deutschland damit aufgegeben hat, wenn anzunehmen ist, daß die Eheleute nicht nach Deutschland zurückkehren wollten. Hier ist es unerheblich, ob sie noch eine Wohnung in Deutschland haben. Der III. Senat des Reichsfinanzhofs hat angenommen, daß in der Regel bei einer Abwesenheit von 1 Jahr davon auszugehen ist, daß die Beteiligten nicht nach Deutschland zurückkommen. Anders nach III A 241/37 vom 7. 10. 1937, StW. 1937 Nr. 573, wenn es sich nur um eine Ausreise zur Erfüllung eines begrenzten, in absehbarer Zeit ausführbaren Auftrages handelt. Der Steuerpflichtige hatte im Auftrage einer ausländischen Regierung die Einrichtung gewisser Anstalten nach deutschem Vorbild im Auslande übernommen. Der Vertrag war unter Vorbehalt der Verlängerung auf 1 Jahr geschlossen worden. Die Einrichtung seiner Villa in Deutschland blieb unberührt. Das Haus wurde nach der Abreise des Steuerpflichtigen und seiner Frau von den beiden ältesten Söhnen des Steuerpflichtigen und seiner Mutter bewohnt.

Die Umstände brauchen nicht auf die dauernde Beibehaltung und Benutzung schließen lassen. Schon die AO. 1919 hat gegenüber dem früheren Recht das „dauernd" gestrichen. Es kommt darauf an, daß man einstweilen die Wohnung beibehalten wird. Ein Wohnsitz wird nicht mehr angenommen werden können, wenn jemand die Wohnung, die er gekündigt hat, um an einem anderen Ort eine neue Wohnung zu beziehen, verlassen hat, während seine Möbel bis zum Abtransport noch in der Wohnung verblieben sind. Hier will der Steuerpflichtige die Wohnung für die Restzeit nicht mehr zum Wohnen, sondern nur noch als eine Art Möbelspeicher benutzen. Im Falle IV A 122/37 vom 22. 7. 1937, StW. 1937 Nr. 458 = S. Bd. 42 S. 48 hatte ein Beamter, der zum 1. Oktober in eine andere Stadt versetzt worden war, seine Wohnung zum 1. Oktober gekündigt. Da er aber am neuen Wohnort nicht sofort eine Familienwohnung fand und seine Wohnung am alten Orte noch nicht wieder vermietet war, blieb seine Familie noch einige Zeit wohnen. Der Beamte mietete sich am neuen Ort ein möbliertes Zimmer. Hier hat der Reichsfinanzhof in einer Bürgersteuersache sowohl für den alten wie für den neuen Ort Wohnsitz des Beamten anerkannt.

2. Gewöhnlicher Aufenthalt.

Wohnsitz und gewöhnlicher Aufenthalt können ineinander übergehen, wenn der Wohnsitz durch Wegfall einer Wohnung aufgegeben, der Aufenthalt aber in Deutschland beibehalten wird. Dann ändert sich an der unbeschränkten Steuerpflicht nichts. Der gewöhnliche Aufenthalt, der schon im Wohnsitz enthalten war, wird fortgesetzt. III A 302/32 vom 15. 12. 1932, StW. 1933 Nr. 163 = S. Bd. 32 S. 130. Nach den Doppelbesteuerungsverträgen hat seinen dauernden oder gewöhnlichen Aufenthalt oder Aufenthalt im Sinne der Verträge jemand da, wo er sich unter Umständen aufhält, die auf die Absicht schließen lassen, an diesem Ort oder in diesem Lande nicht nur vorübergehend zu verweilen. Diese Begriffsbestimmung entspricht im wesentlichen dem § 63 AO. 1919. Das StAnpG. hat in § 14 Abs. 1 den gewöhnlichen Aufenthalt im Sinne der Steuergesetze dahin bestimmt: „Den gewöhnlichen Aufenthalt im Sinne der Steuergesetze hat jemand dort, wo er sich unter Umständen aufhält, die erkennen lassen, daß er an diesem Orte oder in diesem Lande nicht nur vorübergehend verweilt. Unbeschränkte Steuerpflicht tritt jedoch stets dann ein, wenn der Aufenthalt im Inlande länger als 6 Monate dauert. In diesem Falle erstreckt sich die Steuerpflicht auch auf die ersten 6 Monate." Es leuchtet ein, daß der § 14 Abs. 1 des StAnpG. nicht ohne weiteres für die früher abgeschlossenen Doppelbesteuerungsverträge Geltung haben kann. Immerhin wird man auch hier annehmen müssen, daß, abgesehen von Satz 2 und 3, der § 14 im wesentlichen doch das gleiche besagt wie die früheren Bestimmungen und die Doppelbesteuerungsverträge. Nach der amtlichen Begründung zu § 14 Abs. 1 Satz 1 StAnpG. = RStBl. 1934 S. 1407 bezweckt die Änderung eine Anpassung an das Fürsorgerecht, in dem der Begriff gewöhnlicher Aufenthalt so geregelt ist, daß auch willensunfähige Personen einen gewöhnlichen Aufenthalt nehmen können. Dementsprechend kommt es auf die Absicht nach § 14 Abs. 1 des StAnpG. nicht an. Die Willensfähigkeit hat keine Bedeutung mehr, entscheidend ist vielmehr ausschließlich der äußere Tatbestand. Es kommt darauf an, ob Umstände vorliegen, die erkennen lassen, daß die betreffende Person an dem Aufenthaltsort oder in dem Aufenthaltslande nicht nur vorübergehend verweilt.

Wie schon oben S. 65 beim Wohnsitz ausgeführt, werden die deutschen Steuerbehörden und die deutschen Steuergerichte schon früher in der Regel auf den objektiven Tatbestand das größere Gewicht gelegt haben, weil die innere Absicht sich im allgemeinen nur aus den äußeren Umständen herleiten läßt. Deshalb wird die Änderung des § 14 Abs. 1 Satz 1 StAnpG. im allgemeinen nicht so erheblich sein, so daß man davon wird ausgehen können, daß im großen und ganzen die Anwendung des § 14 Abs. 1 Satz 1 zu dem gleichen Ergebnis führt wie die entsprechenden Bestimmungen der Doppelbesteuerungsverträge.

Der Aufenthalt ist ein Verhältnis des tatsächlichen Zustandes. Man hält sich dort auf, wo man ist. Schwierigkeiten könnte die Frage gelegentlich machen, wann der Aufenthalt als vorübergehend aufzufassen ist und wann nicht. Ein Ausländer kommt für höchstens 3 Monate nach Deutschland, um Land und Leute kennen zu lernen und vielleicht auch eine Sommerfrische zu besuchen. Verweilt dieser Ausländer nicht nur vorübergehend in Deutschland? Wie ist es mit einem Ausländer, der nach Deutschland in der Absicht kommt, mindestens 6 Monate, vielleicht aber länger, zu bleiben, um billig zu leben, um Land und Leute und die landschaftlichen und städtebaulichen Schönheiten Deutschlands und seine Kunstschätze usw. kennen zu lernen. Er verbleibt dann hier 9 Monate. Man wird den § 14 Abs. 1 Satz 1 nicht ganz ohne Zusammenhang mit Satz 2 verstehen können. Wenn unbeschränkte Steuerpflicht stets dann eintritt, wenn der tatsächliche Aufenthalt mindestens 6 Monate dauert, wenn also der Betreffende 6 Monate in Deutschland ist, so wird man hieraus wohl herleiten können, daß ein Aufenthalt, der von vornherein auf weniger als 6 Monate festgelegt ist, in der Regel als vorübergehender Aufenthalt gelten kann, während ein Aufenthalt, der von vornherein so angesetzt ist, daß mit der Möglichkeit, länger wie 6 Monate zu verbleiben, gerechnet wird, als nicht nur vorübergehend aufzufassen ist.

Auch für das Recht der Doppelbesteuerungsverträge werden die deutschen Behörden vielfach von gleichen Erwägungen ausgehen, da auch schon im Reichssteuerrecht von 1920 der sechsmonatige gewöhnliche Aufenthalt eine gewisse Rolle spielte (s. EStG. 1920 §§ 2, I, 2).

Für einen Ausländer, der nach Deutschland nur eine kürzere Besuchsreise von etwa 2—3 Monaten macht, kommt ein gewöhnlicher Aufenthalt nicht in Frage. Der Hauptfall des gewöhnlichen Aufenthalts wird der sein, daß jemand in Deutschland unter Umständen sich aufhält, die nicht erkennen lassen, daß er in kürzerer Zeit wieder Deutschland verlassen wird, also z. B. ein Deutschböhme kommt nach Deutschland und nimmt hier eine Stellung mit 14tägiger Kündigung an, wobei von keiner Seite geäußert wird, daß innerhalb von 6 Monaten die Beschäftigung aufhören solle, weil der Deutschböhme in seine Heimat zurückkehren wolle. Im übrigen wird es sich hier im wesentlichen um eine Würdigung des einzelnen Tatbestandes handeln; allgemeine Sätze, wann ein gewöhnlicher Aufenthalt vorliegt, werden sich schwerlich aufstellen lassen. Ist von vornherein nach Lage der Umstände gewöhnlicher Aufenthalt anzunehmen, so fällt dieser nicht deshalb von Anfang an wieder weg, weil der Betreffende etwa nach 2 Monaten, z. B. infolge plötzlich eintretender schwerer Erkrankung usw. oder aus anderen Gründen den Aufenthalt in Deutschland wieder aufgibt. In solchen Fällen bleibt unbeschränkte Steuerpflicht für die Zeit des Aufenthalts bestehen.

Unterbrechung und Beendigung des gewöhnlichen Aufenthalts.

Zu nicht geringen Zweifeln hat die Frage der Unterbrechung oder Beendigung des gewöhnlichen Aufenthalts Anlaß gegeben. Man wird annehmen müssen, daß kurze Unterbrechungen des tatsächlichen Aufenthalts, die üblicherweise wirtschaftlich und rechtlich ohne Bedeutung sind, den Aufenthalt nicht unterbrechen. Ein

Ausländer, der in Deutschland seinen Aufenthalt hat, fährt innerhalb der ersten 6 Monate seines Aufenthalts jeden Monat einmal Sonnabend—Sonntag ins Ausland, um seine Familie zu besuchen. Hierin kann eine Unterbrechung des Aufenthalts nicht liegen. Würde man annehmen, daß ein solch kurzer Besuch im Auslande den Aufenthalt unterbräche, so hätten es die Steuerpflichtigen ohne weiteres in der Hand, die Entstehung eines sechsmonatigen Aufenthalts zu verhindern, z. B. indem sie alle Monate einmal über die Grenze führen. Eine solche Handhabung würde aber dem Zweck des § 14 Abs. 1 Satz 2 widersprechen. VI A 757/35 vom 30. 12. 1935, StW. 1935 Nr. 739 hat angenommen, daß ein Ausländer, der in Deutschland sich bis auf weiteres ohne feste Begrenzung aufhält, den Aufenthalt nicht dadurch unterbricht, daß er etwa auf 3 Wochen zum Wintersport in die Schweiz fährt oder zu einem kurzen Besuche nach Kopenhagen. Hier lag der Fall so, daß es sich um einen Ausländer deutschen Blutes handelte, der zu Besuch bei Verwandten in Deutschland weilte und von dort aus Besichtigungsreisen nach ausländischen Städten usw. machte. Der Reichsfinanzhof hat hier angenommen, daß, soweit die Sechsmonatsfrist des § 14 Abs. 1 Satz 2 in Betracht kommt, derartige längere Besuchsreisen nach dem Auslande in die Sechsmonatsfrist nicht einzurechnen sind. Anders wird es wohl liegen bei kurzdauernden Besuchen, die etwa zum Wochenende über die Grenze gemacht werden. Hier wird man die Zeit des Besuchs von der Aufenthaltszeit nicht absetzen dürfen.

Der gewöhnliche Aufenthalt wird dadurch beendet, daß das Aufenthaltsverhältnis aufhört, z. B. wenn ein Ausländer ins Ausland zurückgeht. In diesen Fällen werden keine Schwierigkeiten bestehen, wenn durch das Verziehen ins Ausland der deutsche Aufenthalt endgültig beendet wird. Anders wird es liegen, wenn ein Deutscher, dessen gesamte wirtschaftliche Interessen in Deutschland liegen, für einige Zeit von Deutschland vergnügungs- oder erholungshalber weggeht, wobei von vornherein feststeht, daß er nach Deutschland zurückkehrt. Wenn der Betreffende nicht im Auslande einen neuen wirtschaftlichen Mittelpunkt für seine Existenz begründet, er vielmehr den Willen hat, nach verhältnismäßig kurzer Zeit des Herumreisens nach Deutschland zurückzukehren, wird man annehmen können, daß der gewöhnliche Aufenthalt in Deutschland durch die Reise nicht beendet oder unterbrochen wird. So hat VI A 396/35 vom 17. 10. 1935, StW. 1935 Nr. 737 bei einem ledigen deutschen Staatsangehörigen, der in Deutschland ein größeres Vermögen ererbt hatte und alle Jahre etwa ein halbes Jahr im Auslande reiste — er hatte keine feste Wohnung in Deutschland mehr —, angenommen, daß er seinen gewöhnlichen Aufenthalt in Deutschland beibehielte. Würde man das nicht annehmen, so käme man leicht zu dem seltsamen Ergebnis, daß dieser Staatsangehörige, obwohl er in Deutschland noch seine eigentliche Existenz hat und sich hier, wenn man will, auf die Dauer — mit Unterbrechungen — aufhält, trotzdem nicht unbeschränkt steuerpflichtig wäre. Dieses Ergebnis erscheint unannehmbar. Auch hier ist Wert darauf gelegt worden, ob es sich um Leute handelt, die in Deutschland den wirtschaftlichen Mittelpunkt haben; vgl. hierzu auch VI 350/37 vom 24. 11. 1937 und III 120/37 vom 25. 11. 1937, StW. 1938 Nr. 50 = S. 42, 338 und 348.

Zu § 14 Abs. 1 Satz 2 u. 3 ist zu bemerken, daß sie für den Bereich der Doppelbesteuerungsverträge nicht ohne weiteres gelten.

§ 14 Abs. 2 und 3 des Steueranpassungsgesetzes.

In § 14 Abs. 2 sind Bestimmungen über die Auslandsbeamten getroffen, die hier übergangen werden können.

§ 14 Abs. 3 bestimmt, daß die Inhaber und leitenden Angestellten (insbesondere Vorstandsmitglieder und Prokuristen) eines inländischen Unternehmens (das seine Geschäftsleitung oder seinen Sitz im Inlande hat), auch wenn sie sich nicht im Inland aufhalten, im Sinne der Steuergesetze (mit Ausnahme der Erbschafts- und des Reichsfluchtsteuergesetzes) wie Personen behandelt werden, die ihren gewöhnlichen Aufenthalt an dem Ort haben, an dem sich die Geschäftsleitung oder der Sitz des inländischen Unternehmens befindet. Das gleiche gilt für Mitglieder des Aufsichtsrats oder Verwaltungsrats eines inländischen Unternehmens, wenn sie sich an der Geschäftsführung des inländischen Unternehmens wesentlich beteiligen, z. B. dadurch, daß sie die Geschäfte eines Vorstandsmitglieds (sei es auch nur vertretungsweise, vorübergehend oder einmalig) führen. Vgl. hierzu die Ausführungen von Staatssekretär Reinhardt in der Deutschen Steuerzeitung 1936 S. 220 (180ff.). Reinhardt führt unter Berufung auf die amtliche Begründung RStBl. 1934 S. 1409 und verschiedene Ministerialerlasse aus, daß als Inhaber im Sinne dieser Bestimmung nur der zu gelten hat, der nach betriebswirtschaftlicher Anschauung als Inhaber anzusehen ist. Die betriebswirtschaftliche

Inhaberschaft hänge davon ab, ob die im Ausland wohnenden Personen sich für das inländische Unternehmen betätigen. Sei dies nicht der Fall, so liege betriebswirtschaftlich keine Inhaberschaft, sondern nur eine kapitalmäßige Beteiligung vor. Bei jedem Unternehmen müsse es aber wenigstens einen betriebswirtschaftlichen Inhaber geben; der Alleininhaber eines Unternehmens sei deshalb stets Inhaber im Sinne des § 14 Abs. 3. Hingegen sei der Kommanditist, obwohl er als Mitunternehmer im Sinne des Einkommensteuerrechts anzusehen sei, nicht Inhaber im Sinne des § 14 Abs. 3; vgl. auch das zum amtlichen Abdruck bestimmte Urteil VI A 537/37 vom 13. 10. 1937, StW. 1937 Nr. 611 = S. 42, 199.

Zur Auslegung dieser Vorschriften sei auf das Gutachten vom 25. April 1936 Gr. S. D 2/36, StW. 1936 Nr. 304, S. Bd. 39 S. 193 verwiesen, worin der Große Senat des Reichsfinanzhofs ausgesprochen hat, daß es nicht darauf ankommt, ob die leitenden Angestellten sich in der Geschäftsführung betätigen, sondern nur darauf, ob sie leitende Angestellte sind. Der Reichsfinanzhof hat aber hervorgehoben, daß es auch hier wie sonst im Steuerrecht auf das ankommt, was ist und nicht auf das, was scheint, so daß Personen, die nur zum Schein als leitende Angestellte auftreten, nicht als Angestellte im Sinne des § 14 Abs. 3 StAnpG. anzusehen sind. III A 33/36 vom 16. Juli 1936, StW. 1936 Nr. 435 hat ebenfalls angenommen, daß eine noch im Handelsregister als Prokurist eingetragene Person, die seit längerer Zeit kein Gehalt mehr bezieht, nur noch formell Prokurist ist und danach nicht zu den leitenden Angestellten gehört. VI A 841/36 vom 4. 11. 1936, StW. 1937 Nr. 1 wendet den § 14 Abs. 3 auf den Prokuristen eines inländischen Unternehmens an, der vorübergehend zur Leitung einer ausländischen Tochtergesellschaft abgeordnet ist. Dieser bleibt also unbeschränkt steuerpflichtig.

Diese Vorschriften gelten für den Bereich der **Doppelbesteuerungsverträge** nur nach Maßgabe des Doppelbesteuerungsvertrages, zumal wenn dieser den Begriff „gewöhnlicher Aufenthalt" näher bestimmt (vgl. z. B. Schweizer Doppelbesteuerungsvertrag vom 15. 7. 1931 Zusatzprotokoll Ziff. 1).

3. Betriebstätte.

Der Begriff Betriebstätte im Sinne der deutschen Steuergesetze ist im § 16 StAnpG. näher umschrieben.

§ 16

(1) Betriebstätte im Sinn der Steuergesetze ist jede feste örtliche Anlage oder Einrichtung, die der Ausübung des Betriebs eines stehenden Gewerbes dient.

(2) Als Betriebstätten gelten:

1. die Stätte, an der sich die Geschäftsleitung befindet;
2. Zweigniederlassungen, Fabrikationsstätten, Warenlager, Ein- und Verkaufsstellen, Landungsbrücken (Anlegestellen von Schiffahrtsgesellschaften), Kontore und sonstige Geschäftseinrichtungen, die dem Unternehmer (Mitunternehmer) oder seinem ständigen Vertreter (zum Beispiel einem Prokuristen) zur Ausübung des Gewerbe dienen;
3. Bauausführungen, deren Dauer zwölf Monate überstiegen hat oder voraussichtlich übersteigen wird.

(3) Ein Eisenbahnunternehmen hat eine Betriebstätte nur in den Gemeinden, in denen sich der Sitz der Verwaltung, eine Station oder eine für sich bestehende Betrieb- oder Werkstätte oder eine sonstige gewerbliche Anlage befindet, ein Bergbauunternehmen nur in den Gemeinden, in denen sich oberirdische Anlagen befinden, in welchen eine gewerbliche Tätigkeit entfaltet wird.

(4) Ein Unternehmen, das der Versorgung mit Gas, Wasser, Elektrizität oder Wärme dient, hat keine Betriebstätte in den Gemeinden, durch die nur eine Zuleitung geführt, in denen aber Gas, Wasser, Elektrizität oder Wärme nicht abgegeben wird.

Für das GewStG. vom 1. 12. 1936 wird der Begriff durch § 2 Abs. 1 Satz 3 und die §§ 5 und 13 der Zweiten Gewerbesteuerdurchführungsverordnung vom 20. 2. 1938 erweitert. Danach wird im Inlande ein Gewerbebetrieb unterhalten, soweit für ihn im Inland oder auf einem in einem inländischen Schiffsregister eingetragenen Kauffahrteischiff eine Betriebstätte unterhalten wird. Bei Binnen- und Küstenschiffahrtsbetrieben, die feste örtliche Anlagen oder Einrichtungen zur Ausübung des Gewerbes nicht unterhalten, gilt eine Betriebstätte in dem Ort als vorhanden, der als Heimathafen (Heimatort) im Schiffsregister eingetragen ist.

§ 16 Steueranpassungsgesetzes gilt nicht ohne weiteres für die Auslegung der Doppelbesteuerungsverträge.

§ 16 StAnpG. und die Erweiterung durch das GewStG. gelten im allgemeinen nicht ohne weiteres für das Recht der Doppelbesteuerungsverträge. Da der § 16 aber im wesentlichen an die bisherige Praxis anknüpft und diese Praxis im allgemeinen auch für die Auslegung des Begriffs Betriebstätte in den Doppelbesteuerungsverträgen von Bedeutung ist, wird die Handhabung des § 16 des StAnpG. oft auch für die Auslegung der Doppelbesteuerungsverträge zu beachten sein. Soweit in den Doppelbesteuerungsverträgen nach ihrem Wortlaut oder Sinn Abweichungen hiervon enthalten sind, gehen diese vor (vgl. S. 37 ff., 64 ff. und 98 ff.).

Auslegung des § 16 Steueranpassungsgesetzes.

Hier ist zunächst der § 16 StAnpG. zu behandeln. Zur Betriebstätte eines Gewerbes gehört in erster Linie eine feste örtliche Anlage oder Einrichtung zur Ausübung des Betriebes. Vorausgesetzt ist also, daß örtlich nicht ständig gewechselt wird.

Feste örtliche Anlage.

Weil eine feste örtliche Anlage nicht besteht, hatte die Rechtsprechung es bisher abgelehnt, Kantinen oder Verkaufsläden auf einem Schiff als Betriebsstätte anzusehen. IV A 210/34 vom 6. 3. 1935, StW. 1935 Nr. 295 = S. Bd. 37 S. 205. Das ist für die Gewerbesteuer, wie erwähnt, durch § 2 Abs. 1 Satz 3 des Gewerbesteuergesetzes geändert worden. Weil eine feste örtliche Anlage nicht besteht, sind Bauausführungen grundsätzlich nicht als Betriebstätte anzusehen. Durch § 16 Abs. 2 Ziff. 3 des St.-AnpG. ist das auf Bauausführungen, deren Dauer 12 Monate nicht übersteigt, eingeschränkt worden.

Für das Recht der Doppelbesteuerungsverträge gilt diese Einschränkung nicht, so daß Bauausführungen allgemein nicht als Betriebstätte anzusehen sind, soweit der Doppelbesteuerungsvertrag nichts abweichendes bestimmt. III A 645/31 vom 19. 1. 1934, StW. 1934 Nr. 256 = S. Bd. 35 S. 309.

Nach VI A 303/37 vom 5. 5. 1937, StW. 1937 Nr. 303 = S. Bd. 41 S. 239 hat ein selbständiger Kaufmann, der keine eigenen Geschäftsräume besitzt, seine Betriebstätte an seinem Wohnsitz, auch wenn er, wie z. B. ein Reisevertreter, seine Haupttätigkeit auf der Reise ausübt. Diesen Rechtssatz hat der Reichsfinanzhof auch für das deutsch-schweizerische Doppelbesteuerungsabkommen vom 15. 7. 1931 Art. 3 für anwendbar erklärt.

Nähere Begriffsbestimmung der Betriebstätte.

Die Betriebstätte muß der Ausübung eines stehenden Gewerbes dienen. Hierzu gehört in erster Linie auch, daß die Betriebstätte einem lebenden Betrieb dient. Eine stillgelegte Fabrik ist keine Betriebstätte.

I A a 648/29 vom 5. 11. 1929, StW. 1930 Nr. 407 führt

über den Begriff „Betriebstätte“ folgendes aus: Unter Betriebstätten sind zu verstehen feste Mittelpunkte, an denen sich dauernd Tätigkeiten, wenn auch bloße Hilfshandlungen, vollziehen, die den Inhalt des Gewerbebetriebs oder doch einen Teil desselben bilden. Darunter fallen aber nicht nur die Arbeiten, die unmittelbar auf die Hervorbringung der den Gegenstand des Unternehmens bildenden Waren oder Leistungen gerichtet sind, sondern auch alle Hilfstätigkeiten, die nur mittelbar den Zweck des Unternehmens zu fördern bestimmt sind. Ob die Verrichtungen kaufmännischer, buchhalterischer, technischer oder bloß handwerklicher Art sind, ist unerheblich; erforderlich ist nur, daß es sich um Verrichtungen handelt, die dem Betrieb, der Erreichung des Zwecks des Unternehmens, planmäßig dienen. Nicht ist erforderlich, daß an der Betriebstätte Verhandlungen mit Dritten geführt oder Geschäftsabschlüsse getätigt werden. Auch auf die Wichtigkeit der betreffenden gewerblichen Verrichtungen kommt es nicht an, bloß nebensächliche Betätigungen können die Annahme einer Betriebstätte begründen, wenn sie nur mit dem Gewerbebetrieb verbunden sind, ihm in irgendeiner Weise dienen. Überhaupt ist es unerheblich, welche wirtschaftliche Bedeutung die örtliche Tätigkeit der Betriebstätte im Rahmen des Gesamtbetriebs hat. Insbesondere kommt es nicht darauf an, ob an der Betriebstätte eine gütererzeugende oder — bei Verkaufsunternehmungen — eine güterumsetzende Tätigkeit stattfindet; so ist anerkannten Rechts, daß auch Lagerräume, Speditionskontore und dergleichen Betriebstätten bilden können; dasselbe gilt auch von Räumen, in denen nur Listen geführt und Lohnauszahlungen vorgenommen werden oder in denen technische Verrechnungen oder Konstruktionszeichnungen verfertigt oder andere Hilfstätigkeiten des eigentlichen Gewerbeunternehmens verrichtet werden. Ferner I B 1/27 vom 4. 3. 1927, StW. 1927 Nr. 324 = S. Bd. 20 S. 310: „Zum Begriff der Betriebstätte gehört, daß sie zur Ausübung des Gewerbes unterhalten wird, daß sich also dort eine gewerbliche Tätigkeit abspielt. Diese Tätigkeit braucht nicht eine kaufmännische im engeren Sinne zu sein, insbesondere ist nicht erforderlich, daß in der Betriebstätte irgendwelche Rechtsgeschäfte abgeschlossen oder Bücher geführt werden. Auch die bloße Ablieferung der Ware in Erfüllung eines Kaufvertrags ist ein Teil des Handelsgewerbes. Es genügt jede Tätigkeit, die sich als Ausübung des Gewerbebetriebs des Unternehmens darstellt, selbst wenn es sich nur um nebensächliche, rein technische oder handwerksmäßige Arbeiten handelt, die den Zweck des Unternehmens irgendwie fördern, wie die pflegliche Behandlung und Beaufsichtigung der Vorräte, sowie die Aushändigung der Rechnungen an die Käufer und die Besichtigung der Waren durch Kauflustige."

Die Wohnung, die der Direktor einer AG. in einem der AG. gehörigen Haus in der Stadt inne hat, ist keine Betriebstätte der AG., auch wenn er von dort aus geschäftlich telephoniert usw. V f B 1/27 vom 22. 9. 1927, Mrozeks Kartei, Finanzausgleichsgesetz Nr. 4 zu § 25.

„Betriebstätte" setzt nicht voraus, daß die Betriebstätte nach außen als Betriebstätte des Unternehmens kenntlich ist (I B 1/27 vom 4. 3. 1927, StW. 1927 Nr. 324 = S. Bd. 20 S. 310; ähnlich VI A 231 u. 232/34 vom 19. 12. 1934, StW. 1935 Nr. 329 b). „Betriebstätte" setzt auch nicht voraus, daß im Inland eine nach außenhin unselbständige Geschäftseinrichtung des ausländischen Betriebs vorhanden ist. Es genügt, daß die Geschäfte für Rechnung des ausländischen Betriebs geführt werden, z. B. durch einen Angestellten, der nach außenhin wie ein selbständiger Gewerbetreibender auftritt (I A 13/35 vom 30. 4. 1935, StW. 1935 Nr. 327 = S. Bd. 37 S. 320). Maßgebend nach § 16 StAnpG. ist, daß die Betriebstätte dem Unternehmer oder seinem ständigen Vertreter zur Ausübung des Gewerbes dient. Über den Begriff des ständigen Vertreters s. unten S. 85.

Über die Anlage oder Einrichtung zur Ausübung des Betriebs muß der Unternehmer oder sein ständiger Vertreter die Verfügungsgewalt haben. Sie braucht ihm nicht eigentümlich gehören, auch nicht von ihm gemietet sein, aber der Gewerbetreibende oder sein ständiger Vertreter muß in der Lage sein, über die Einrichtung insoweit zu verfügen, als es zur Ausübung des Gewerbes erforderlich ist (I B 1/27 vom 4. 3. 1927, StW. 1927 Nr. 324= S. Bd. 20 S. 310). Hier hatte eine ausländische Firma in der öffentlichen Niederlage eines deutschen Hauptzollamts ein Lager von Rohtabak. Das Tabaklager wurde im Auftrag der ausländischen Firma verwaltet. Das wurde als Betriebstätte anerkannt. Ähnlich auch V A 805/27 vom 6. 3. 1928 = RStBl. 1928 S. 127. Ein Viehhändler mit Wohnsitz in Österreich stellte Großvieh, das er in Österreich aufkaufte, ständig in einer deutschen Stadt zum Verkauf. Das Vieh wurde von deutschen Agenten in Verkaufsstände gebracht, die den deutschen Agenten zum ständigen Gebrauch zugewiesen waren. Hier hat der Reichsfinanzhof den Markthallenverkaufsstand des deutschen Agenten als Betriebstätte des österreichischen Viehhändlers angesprochen (vgl. auch VI A 230/34 vom 19. 12. 1934 und VI A 231 u. 232/34 vom 19. 12. 1934, StW. 1935 Nr. 329 a u. b). Bezüglich eines Warenlagers als Betriebstätte bemerkt die amtliche Begründung, RStBl. 1934 S. 1411: Fraglich ist dagegen, inwieweit Warenlager, die ein Steuerpflichtiger bei einem Spediteur oder einem Agenten hat, als Betriebstätte des Steuerpflichtigen anzusehen sind. Diese Frage läßt sich weder allgemein bejahen, noch allgemein verneinen. Vielmehr ist aus den besonderen Umständen des einzelnen Falles zu entnehmen, ob der Spediteur oder Agent, bei dem sich das Kommissionslager befindet, als ständiger Vertreter (als Angestellter) des Steuerpflichtigen anzusehen ist. Ist dies der Fall, so stellt sich das bei dem Spediteur oder Agenten unterhaltene Warenlager als Betriebstätte des Steuerpflichtigen dar." Vgl. hierzu auch V f B 7/28 vom 12. 7. 1929, RStBl. 1929 S. 480. „Soweit die Steuerpflichtige in P. ein Lager ihrer Waren unterhält, das für ihre Rechnung von der in P. tätigen GmbH. geführt wird, und soweit von diesem Lager aus die Kunden der Steuerpflichtigen entweder auf Grund vorheriger Abschlüsse unmittelbar beliefert oder auch im Auftrage und Namen der Steuerpflichtigen durch die GmbH. Waren verkauft werden, geht in P. ein Gewerbe der Steuerpflichtigen selbst um und es wird von der GmbH. neben ihrem Vermittlergewerbe als Gewerbe der Steuerpflichtigen in deren ständiger Vertretung, nicht als eigenes betrieben. Daß sie insoweit lediglich Organ der Steuerpflichtigen sei, ist nicht erforderlich. Es genügt, daß sie bei den Lieferungen und Verkäufen vom Lager der Steuerpflichtigen in P. für Rechnung und Gefahr der Steuerpflichtigen als deren ständige Vertreterin handelt."

Landungsbrücken.

Bezüglich der Landungsbrücken usw. hat I B 159/26 vom 12. 10. 1926, StW. 1926 Nr. 650 ausgesprochen: „Bei einer Schiffahrtsgesellschaft gilt als Betriebsstätte jede bestimmte Anlegestelle, an der regelmäßig und fortlaufend Personen oder Güter angenommen werden. Der Umstand, daß die Anlegestelle der Steuerpflichtigen nicht gehört oder ihr nicht ausschließlich zur Verfügung steht, spielt dabei keine Rolle."

Keine Betriebstätte wird jedoch bei ausländischen Schiffahrtsunternehmen oder Reedereien anzunehmen sein, wenn sie ohne Begründung eines eigentlichen Mietverhältnisses die Kaianlagen, Ladeeinrichtungen und Schuppen eines Hafens, eine Landungsstelle oder dergleichen gegen die festgesetzten Gebühren benützen, und zwar auch dann nicht, wenn gewohnheitsmäßig oder infolge der Ordnung im Hafenbetriebe die Schiffe regelmäßig an derselben Stelle anzulegen oder zu löschen pflegen. Entscheidend ist, daß auf die Einräumung eines bestimmten Liegeplatzes, eines bestimmten Schuppens, die Einräumung einer bestimmten Liegezeit usw. kein vertragliches Anrecht besteht.

Über die Frage, ob und wann eine Organgesellschaft im Inlande als Betriebstätte eines ausländischen Unternehmens anzusehen ist, vgl. unten S. 90 ff.

Betriebstätte in den Doppelbesteuerungsverträgen.

Für die Auslegung der „Betriebstätte" in den Doppelbesteuerungsverträgen ist zu beachten, daß diese vielfach den Begriff „Betriebstätte" etwas enger fassen, als das StAnpG.; vgl. z. B. das deutsch-schweizerische Doppelbesteuerungsabkommen vom 15. 7. 1931. Artikel 3 Abs. 2 dieses Abkommens „... Betriebstätte ... ist eine ständige Geschäftseinrichtung des Unternehmens, in welchem die Tätigkeit dieses Unternehmens ganz oder teilweise ausgeübt wird. Als Betriebstätten sind demnach anzusehen: der Sitz des Unternehmens, der Ort der Leitung ... sowie ständige Vertretungen." Das Schlußprotokoll bemerkt zu Artikel 3: „Unter den Begriff der Betriebstätte ... fällt nicht das Unterhalten von Geschäftsbeziehungen lediglich durch einen völlig unabhängigen Vertreter. Das gleiche gilt für das Unterhalten eines Vertreters (Agenten), der ... lediglich Geschäfte vermittelt, ohne zum Abschluß ... bevollmächtigt zu sein." Dann Abs. 4: „Die Lagerung von Waren eines Unternehmens des einen Staates ... zum Zwecke der Verarbeitung und nachherigen Versendung sowie die Verarbeitung selbst und die Versendung durch den Verarbeiter, begründen keine Betriebstätte des auftraggebenden Unternehmens..... Auch in Fällen dieser Art wird jedoch eine Betriebstätte begründet, wenn eine ständige Geschäftseinrichtung dieses Unternehmens hinzutritt." Hierzu hat I A 13/35 vom 30. 4. 1935, StW. 1935 Nr. 327 = S. Bd. 37 S. 320 ausgesprochen, daß eine Betriebstätte im Sinne des deutsch-schweizerischen Abkommens eine betriebseigene Geschäftseinrichtung des Unternehmens voraussetzt, daß also eine dem ständigen Vertreter gehörende Geschäftseinrichtung keine Betriebstätte für den Unternehmer begründet; vgl. auch I A 286/33 vom 24. 4. 1934, StW. 1934 Nr. 486, wo der Fall des Schlußprotokolls zu Art. 3 Abs. 4 des deutsch-schweizerischen

Doppelbesteuerungsvertrags behandelt ist. Ähnlich auch andere Doppelbesteuerungsverträge, z. B. der deutsch-italienische, Art. 3 Abs. 2.

Wie bei Kennerknecht, Erläuterungsbuch zum KStG. 1934 zu § 2 Bemerkung 24 ausgeführt ist, vgl. auch RFH. S. Bd. 37 S. 320, müssen zur Annahme einer Betriebstätte im Sinne der neueren Doppelbesteuerungsverträge — diese beginnen mit dem deutsch-italienischen Doppelbesteuerungsvertrag vom 31. 10. 1925 — folgende Voraussetzungen gegeben sein:

a) Eine Geschäftseinrichtung. Das bedeutet, daß die wirtschaftliche Betätigung des Unternehmens an einen sachlichen Apparat, etwa ein Geschäftslokal mit der für den Geschäftsbetrieb erforderlichen Ausstattung, gebunden sein muß.

b) Die Geschäftseinrichtung muß eine solche des Unternehmens sein. Sie muß also bestandsmäßig und organisatorisch von dem Unternehmen herrühren und beherrscht sein, d. h. unterhalten und geleitet werden. Die Geschäftseinrichtung muß mit anderen Worten betriebseigen sein. Eine betriebseigene Geschäftseinrichtung liegt z. B. dann nicht vor, wenn dritte Personen, Agenten, in ihrem eigenen Betriebe lediglich Geschäftsabschlüsse für das Unternehmen vermitteln.

c) Die Geschäftseinrichtung des Unternehmens muß ferner eine ständige sein. Damit scheidet jede Geschäftseinrichtung aus, die von vornherein für einen nur vorübergehenden Zweck geschaffen ist, insbesondere also in der Regel die Beschickung von Ausstellungen, Messen und Märkten; das gleiche gilt für die Ausführung eines einzelnen Auftrages, mag sie auch, wie etwa eine umfangreiche Montage, die zeitweilige Errichtung von Arbeitstätten erfordern. Ebenso kann hiernach die Inanspruchnahme gelegentlicher Vermittlertätigkeit eines inländischen Agenten die Besteuerung nicht begründen.

d) In der Geschäftseinrichtung muß schließlich die Tätigkeit desselben Unternehmens ganz oder teilweise ausgeübt werden.

4. Ständiger Vertreter.

Für den ständigen Vertreter ist ein bürgerlich-rechtliches Vertretungsverhältnis, das zum Handeln im Namen des Auftraggebers ermächtigt, nicht erforderlich. Es genügt die Befugnis, im eigenen Namen, aber für fremde Rechnung zu handeln. Der ständige Vertreter muß für eine gewisse Dauer bestellt sein. Der ständige Vertreter braucht nicht Angestellter der ausländischen Firma zu sein. Auch selbständige Gewerbetreibende können ständige Vertreter sein. Letzteres dann, wenn sie sich verpflichten, über den Rahmen ihrer eigenen gewerblichen Tätigkeit hinaus Handlungen für Zwecke des fremden Betriebes vorzunehmen. I B 1/27 vom 4. 3. 1927, StW. 1927 Nr. 324 = S. Bd. 20 S. 310. I A a 263/29 vom 13. 9. 1929, StW. 1930 Nr. 87 = S. Bd. 25 S. 252.

In B 1/27 hatte ein Spediteur ein Tabaklager einer ausländischen Firma in Verwahrung und hatte für die ausländische Firma die Beaufsichtigung und pflegliche Behandlung der Tabakvorräte durch einen eigens dafür angestellten Lagermeister vorzunehmen. Der Lagermeister war zwar formell im Dienste des Spediteurs, wurde aber lediglich im Interesse der ausländischen Firma beschäftigt und auf ihre Rechnung entlohnt. Der Reichsfinanzhof hat angenommen, daß diese Tätigkeit über den Rahmen des Speditеurgewerbes hinausgeht.

Das vom Reichsfinanzhof aufgestellte Unterscheidungsmerkmal wird vielleicht nicht in allen Fällen ausreichen, da es oft sehr zweifelhaft sein kann, wie weit das Gewerbe eines selbständigen Gewerbetreibenden reicht und ob nicht im einzelnen Fall derartige Betätigungen auch zur eigengewerblichen Tätigkeit gehören.

Nach I A 648/29 vom 5. 11. 1929, StW. 1930 Nr. 407 braucht der ständige Vertreter nicht zum Abschluß von Geschäften ermächtigt zu sein, auch Vermittlungsagenten können ständige Vertreter sein. Es genügt die Vermittlung, Einholung von Kaufangeboten zwecks Weitergabe an den Geschäftsherrn usw. Nach VI A 2120/29 vom 23. 7. 1930, StW. 1930 Nr. 1054 kann auch ein Metist ständiger Vertreter sein, aber nicht, wenn er zu jedem einzelnen Geschäft die Zustimmung der Auslandsfirma einholen muß. I A 37/25 vom 7. 7. 1925, StW. 1925 Nr. 768 = S. Bd. 17 S. 62. Eine deutsche Firma ist als Agentin für englische Versicherungsgesellschaften tätig. Die deutsche Firma ist ein selbständiges kaufmännisches Unternehmen mit eigenem Büro und Personal. Sie schließt die Versicherungen im Namen der englischen Gesellschaft und zeichnet die Policen in Vollmacht. Die englische Gesellschaft hat in Deutschland weder Vermögen noch Betriebseinrichtungen. Ihr gehören nur die Geschäftsbücher, die ihr jederzeit zur Einsicht offenstehen und zurückgegeben werden müssen, wenn das Agenturverhältnis beendet wird.

Hierzu führt der Reichsfinanzhof aus: „Die Firma B. besitzt

allerdings die Eigenschaft eines selbständigen Kaufmanns, und es kann unter rechtlichen Gesichtspunkten vielleicht die Frage aufgeworfen werden, ob das einzelne Geschäft, das ein Agent abschließt, und das ohne Zweifel seinem Gewerbebetrieb zugehört, außerdem auch dem Gewerbebetrieb der vertretenen Firma zugerechnet werden kann. Unter wirtschaftlichen Gesichtspunkten kann aber nicht gut in Zweifel gezogen werden, daß die einzelnen Versicherungsabschlüsse, die von dem deutschen Agenten für die englische Gesellschaft vorgenommen werden, in die Wirtschaftssphäre dieser Gesellschaft fallen. Die Gesellschaft muß die Geschäfte in ihrer wirtschaftlichen Wirkung für sich gelten lassen, sie erwirbt den Anspruch auf die Versicherungsprämien und sie trägt das Risiko. Auch diese wirtschaftliche Betrachtung führt zu dem Ergebnis, daß die englische Gesellschaft in Deutschland ein Gewerbe betreibt"; vgl. auch I A a 648/29 vom 5. 11. 1929, StW. 1930 Nr. 407. VI A 493 u. 494/25 vom 10. 2. 1926, StW. 1926 Nr. 314: Ständiger Vertreter ist nicht nur der Bevollmächtigte, sondern auch der, der nach außenhin in eigenem Namen auftritt, sofern nur im Innenverhältnis die Geschäfte auf Rechnung des Vertretenen gehen.

Auch eine Kapitalgesellschaft kann ständiger Vertreter sein. S. 18 S. 139, 267; 20 S. 406 und 302; 21 S. 166, vgl. auch RStBl. 1936 S. 837. Ob bei einer Kapitalgesellschaft ein Angestelltenverhältnis vorliegt, wird davon abhängen, ob das inländische Unternehmen derartig in den Geschäftsorganismus des ausländischen eingegliedert ist, daß es wirtschaftlich als dessen Bestandteil erscheint. Es muß ein persönliches Unterordnungsverhältnis gegenüber dem Dienstherrn bestehen, dessen Weisungen die Angestellte zu befolgen hat. Es wird nicht gerade notwendig sein, daß die Angestellte Organgesellschaft der anderen Gesellschaft ist, wenn dies auch in der Regel zutreffen wird.

Einen Wohnsitz oder einen gewöhnlichen Aufenthalt im Inland braucht der ständige Vertreter nicht zu haben. I B 1/27 vom 4. 3. 1927, StW. 1927 Nr. 324 = S. Bd. 20 S. 316: „Die Eigenschaft des Angestellten D. als eines ständigen Vertreters wird dadurch nicht beeinträchtigt, daß er seinen Wohnsitz nicht in Deutschland hat und daß er sich in M. immer nur vorübergehend aufhält. Entscheidend ist nicht, wo der Vertreter wohnt, sondern wo er tätig ist, und seine Tätigkeit hat er, soweit es der Betrieb erfordert, im Inland ausgeübt, wobei es unerheblich ist, daß sie sich über mehrere Orte Deutschlands erstreckt hat und er sich infolgedessen an den einzelnen Orten nicht länger Zeit aufhalten konnte." Jedoch begründet die gelegentliche Entsendung von Reisenden durch eine ausländische Firma ins Inland keine ständige inländische Vertretung der ausländischen Firma; I A 56/33 vom 29. 6. 1934, StW. 1934 Nr. 622.

Milderungsvorschrift des Reichsministers der Finanzen.

Da die Besteuerung infolge Vorhandenseins eines ständigen Vertreters sehr weit greifen kann, hat der Reichsminister der Finanzen durch die Einkommensteuerveranlagungsrichtlinien 1937 G I eine erhebliche Einschränkung bis auf weiteres eintreten lassen. „Einkünfte aus Gewerbebetrieb sind auch dann beschränkt einkommensteuerpflichtig, wenn im Inland keine Betriebstätte unterhalten wird, sondern lediglich ein ständiger Vertreter für den Gewerbebetrieb bestellt ist (§ 49 Ziff. 2 EStG.). Soweit die Besteuerung ausländischer Unternehmen, die im Inland keine Betriebstätte, aber einen ständigen Vertreter unterhalten, nicht durch ein Doppelbesteuerungsabkommen geregelt ist, sind die Einkommensteuerveranlagungen usw. dieser Firmen für das Kalenderjahr 1937 und die folgenden Jahre auf Antrag auszusetzen, wenn der ständige Vertreter als Großhändler, Handelsagent oder Kommissionär im deutschen Handelsregister eingetragen ist. Die Veranlagung ist nicht auszusetzen, wenn der ständige Vertreter Angestellter der ausländischen Firma ist oder wenn die ausländische Firma schon bisher zur Einkommensteuer oder Körperschaftsteuer herangezogen worden ist." Eine ähnliche Bestimmung befand sich bereits in den Veranlagungsrichtlinien 1934 unter D 1.

Doppelbesteuerungsverträge.

Für diese kommt es in der Regel nicht auf das Vorhandensein eines ständigen Vertreters als solchen, sondern auf das Vorliegen einer Betriebstätte an.

5. Sitz und Geschäftsleitung.

Sitz.

Den Sitz im Sinne der Steuergesetze hat nach § 15 Abs. 3 des StAnpG. eine Körperschaft usw. an dem Ort, der durch Gesellschaftsvertrag, Vereinssatzung usw. bestimmt ist. Über diese Bestimmung sind bislang kaum Zweifel entstanden.

Geschäftsleitung.

Nach § 15 Abs. 1 des StAnpG. ist Geschäftsleitung im Sinne der Steuergesetze der Mittelpunkt der geschäftlichen Oberleitung. Diese Gesetzesbestimmung knüpft im wesentlichen an die Rechtsprechung des Reichsfinanzhofs an. Hier ist der früher dem entsprechende „Ort der Leitung" (= Mittelpunkt der geschäftlichen Oberleitung) im Sinne des § 2 KStG. 1925 und des § 32 des VStG. 1931, der dasselbe bedeutet wie „Geschäftsleitung" in § 15 StAnpG., eingehend behandelt worden; vgl. insbesondere I A 462/30 vom 16. 6. 1931, StW. 1931 Nr. 913 = S. Bd. 29 S. 78; I A 133/32 vom 20. 12. 1933, RStBl. 1934 S. 140; I A 344/32 vom 9. 1. 1934, StW. 1934 Nr. 235 = S. Bd. 35 S. 133 und III A 86/36 vom 2. 7. 1936, StW. 1936 Nr. 394 = S. Bd. 39 S. 305. Hiernach ist es Tatfrage, wo sich die Geschäftsleitung befindet. Es kommt nicht unter allen Umständen darauf an, wo die Bücher geführt werden oder die Hauptkasse ist, sondern auf die wirkliche Oberleitung. Regelmäßig wird man allerdings annehmen müssen, daß dort die geschäftliche Oberleitung ist, von wo aus der leitende Geschäftsführer die geschäftliche Tätigkeit erledigt, also wo er seine Büroräume hat. Sind Büroräume zur Ausführung der geschäftlichen Oberleitung nicht erforderlich, so kann der Wohnsitz des leitenden Geschäftsführers als Ort der geschäftlichen Oberleitung des Unternehmens angesehen werden; I A 129/33 vom 3. 7. 1934, StW. 1934 Nr. 620 = S. Bd. 36 S. 244. Die geschäftliche Oberleitung kann auch in den Händen anderer als der gesetzlichen Vertreter liegen, insbesondere in den Händen eines Hauptaktionärs, wenn dieser die Geschäfte der Körperschaft tatsächlich leitet (I A 150/36 vom 3. 7. 1936, StW. 1936 Nr. 377). Nach III A 98/35 vom 25. 7. 1935, StW. 1935 Nr. 570 liegt der Ort der Leitung im Inland, wenn ein Unternehmen mit Sitz im Ausland derart in den Händen eines Inländers ist, daß dieser alle für die Geschäftsführung notwendigen Maßnahmen von einiger Wichtigkeit bestimmt.

III A 161/36 vom 3. 12. 1936, StW. 1937 Nr. 115 hat bei einer AG. mit Sitz in der Schweiz den Ort der Leitung im Inlande angenommen; von der AG. besaßen 2 in Deutschland wohnende Kaufleute die Aktienmehrheit, einer von ihnen, der zum „Geschäftsführer" bestellt war, hatte tatsächlich die Leitung der Gesellschaft, während der gesetzliche Vertreter, ein Schweizer Rechtsanwalt, der nur ein geringes Gehalt bezog, im wesentlichen nur eine formale Rechtsstellung hatte.

Doppelbesteuerungsverträge.

Auch für das Recht der Doppelbesteuerungsverträge wird nach der Rechtsprechung der „Ort der Leitung" oder die „Geschäftsleitung" im wesentlichen in gleicher Weise aufzufassen sein, wie nach den vorstehenden Ausführungen für das inländische Steuerrecht. Das gilt natürlich nicht für die Fälle, wo im Doppelbesteuerungsvertrag etwas anderes bestimmt ist. Vgl. z. B. das Schlußprotokoll zu Art. 3 Ziffer 2 des deutsch-schweizerischen Doppelbesteuerungsvertrags. Hiernach kann der Ort der Leitung nur dort sein, wo *ständige Geschäftseinrichtungen des Unternehmens* sind. I A 13/35 vom 30. 4. 1935, StW. 1935 Nr. 327 (vgl. auch oben S. 84 bei Betriebstätte), vgl. ferner III A 161/36 vom 3. 12. 1936, StW. 1936 Nr. 115. Hier ist die Bestimmung des Schlußprotokolls nicht erwähnt. Diese Bestimmung hatte aber für die Frage, ob der Ort der Leitung in Deutschland ist, Bedeutung.

6. Organgesellschaft.

Die Organgesellschaft, die seit langem im Umsatzsteuerrecht anerkannt ist (vgl. jetzt § 2 Abs. 2 UStG. 1934) ist auch für das Körperschaftsteuerrecht und das Vermögensteuerrecht in wichtigen Beziehungen von Bedeutung. I A 75/27 vom 11. 11. 1927, StW. 1927 Nr. 669 = S. Bd. 22 S. 183. I D 2/31 III D 2/32 vom 26. 7. 1932, StW. 1932 Nr. 1093 = S. Bd. 31 S. 297. I A 391/31 vom $\frac{31.\ 3.\ 1933}{31.\ 10.\ 1933}$ = S. Bd. 34 S. 228. Organgesellschaft ist nach der Rechtsprechung eine Gesellschaft (juristische Person), die wirtschaftlich, finanziell und organisatorisch derart in ein anderes geschäftliches Unternehmen eingegliedert ist, daß sie unter der Leitung des anderen Unternehmens steht und als Organ des anderen Unternehmens erscheint. Nach § 2 Abs. 2 Ziff. 2 UStG. 1934 liegt eine Organgesellschaft vor, „wenn eine juristische Person dem Willen eines Unternehmers derart untergeordnet ist, daß sie keinen eigenen Willen hat." Vgl. die Durchführungsbestimmungen zum UStG. § 2: „Eine juristische Person ist dem Willen eines Unternehmers dann derart untergeordnet, daß sie keinen eigenen Willen hat (Organgesellschaft), wenn sie nach dem Gesamtbild der tatsächlichen Verhältnisse finanziell, wirtschaftlich und organisatorisch in sein Unternehmen eingegliedert ist." Für die Körperschaftsteuer hat die Anerkennung als Organgesellschaft ihre hauptsächliche Bedeutung darin, daß Gewinnabführungs- und Gewinnausschlußvereinbarungen zwischen Mutter- und Tochtergesellschaft zugelassen werden.

Hier interessiert insonderheit die Frage, ob eine im Inland befindliche Körperschaft, die nach deutschem Recht als Organ einer ausländischen Körperschaft aufzufassen ist, im Inland als selbständiges Steuerrechtssubjekt oder ob sie etwa lediglich als Betriebstätte der ausländischen Muttergesellschaft anzusehen ist (vgl. hierzu auch Gewerbesteuergesetz vom 1. 12. 1936 § 2 Abs. 2 Ziff. 2 letzter Satz).

Die Rechtsprechung des Reichsfinanzhofs hierzu, wobei insbesondere der Körperschaftssteuersenat und der Vermögensteuersenat in Betracht kommen, ist bislang nicht ganz einheitlich. Für die Körperschaftsteuer hat der I. Senat des Reichsfinanzhofs in I A 129/30 vom 16. 9. 1930, StW. 1930 Nr. 1224 angenommen, daß bei inländischen Organgesellschaften ausländischer Muttergesellschaften die Organgesellschaft als Betriebstätte der Muttergesellschaft behandelt werden kann. Ähnlich auch I A 226/29 vom 30. 1. 1930, StW. 1930 Nr. 321. I A 51/32 vom 20. 9. 1932, StW. 1932 Nr. 1173. I A 449/32 vom 3. 2. 1934, StW. 1934 Nr. 498, I A 198/36 vom 22. 7. 1936, StW. 1936 Nr. 428 = S. Bd. 39 S. 300. I 9/37 vom 26. 10. 1937, StW. 1937 Nr. 637. In dieser Entscheidung wird dargelegt, daß von den inländischen Einkünften der Muttergesellschaft Lizenzgebühren und Kreditzinsen, die die Organgesellschaft an die Mutter zu zahlen hat, nicht abzuziehen sind.

Diese Frage wird für die Körperschaftsteuer hauptsächlich dann von Bedeutung sein, wenn es nicht möglich ist, das wirkliche Einkommen der inländischen Gesellschaft für sich zu ermitteln, sondern die Ermittlung nur im Zusammenhang mit der Ermittlung des Gesamteinkommens der Muttergesellschaft erfolgen kann, also insbesondere, wenn die inländische Gesellschaft im wesentlichen nur Ausgaben oder Einnahmen hat. In diesen Fällen wird nach dem Zweck des deutschen Steuergesetzes die inländische Organgesellschaft als Betriebstätte der Muttergesellschaft behandelt werden können.

Eine Zweigniederlassung liegt nach I A 449/32 vom 3. 2. 1934, StW. 1934 Nr. 498 dann vor, wenn eine auswärtige Geschäftsstelle den wirtschaftlichen Zwecken der Hauptniederlassung, von der sie ihre finanzielle Kraft empfängt und an die sie ihre Gewinne abzuführen hat, dienstbar gemacht wird. Diesen Satz wendet der Körperschaftsteuersenat auch auf das Verhältnis von Mutter- zur Tochtergesellschaft an.

Wird bei der Organgesellschaft eine Betriebstätte angenommen, so kann daraus herzuleiten sein, daß auch die Geschäftsleitung bei der ausländischen Muttergesellschaft liegt, da man bei der Annahme einer Betriebstätte nicht mehr von der Geschäftsleitung bei der inländischen Betriebstätte wird sprechen können.

Demgegenüber hat der Bewertungssenat in III A 37/32 vom 12. 1. 1933, StW. 1933 Nr. 255 = S. Bd. 32 S. 249 ausgesprochen, daß die Geschäftsleitung von Organgesellschaften sich am Orte ihrer Geschäftsleitung — dem Orte, wo ihre gesetzlichen Vertreter tätig werden —, nicht an dem der übergeordneten Gesellschaft befindet. In III A 206/33 vom 30. 6. 1933, StW. 1933 Nr. 665 hat der Bewertungssenat zwar angenommen, eine inländische Kapitalgesellschaft könne unter Umständen lediglich Betriebstätte oder ständiger Vertreter einer ausländischen Gesellschaft sein und deren beschränkte Vermögensteuerpflicht begründen. Der Senat hat das aber für den vorliegenden Fall verneint, da besonders enge Bindungen und Vereinbarungen, auf Grund deren die inländische Gesellschaft nur als Betriebstätte oder ständiger Vertreter der ausländischen Gesellschaft gelten könnte, nicht vorlägen. Den gleichen Standpunkt hat der Bewertungssenat in III A 390/33 vom 30. 5. 1934, StW. 1934 Nr. 458 eingenommen. Hier fügt er noch hinzu, daß, wenn die Selbständigkeit der Tochtergesellschaft angenommen würde, Dauerkredite, die ihr die Muttergesellschaft gegeben, nicht vom Vermögen abgezogen werden könnten, da sie als Beteiligung der Muttergesellschaft anzusehen wären.

In III A 213/35 vom 10. 9. 1936, StW. 1936 Nr. 477 hat der Bewertungssenat aber nach den besonderen Umständen die inländische Organgesellschaft als Betriebstätte der ausländischen Muttergesellschaft behandelt. Die inländische Gesellschaft war im wesentlichen eine Verkaufsstelle der ausländischen Gesellschaft. Deren Geschäftsführer war zugleich Gesellschafter und Geschäftsführer der inländischen Gesellschaft. Die inländische Gesellschaft war ausschließlich für die ausländische Muttergesellschaft tätig. Bei der inländischen Gesellschaft ergaben sich rechnungsmäßig hohe Verluste, die sie als selbständige Gesellschaft auf die Dauer nicht auf sich nehmen konnte. Die gesamten Unkosten wurden von der ausländischen Gesellschaft getragen. Auf der anderen Seite konnte die inländische Gesellschaft trotz guter Umsätze keinen Gewinn erzielen. Die wirtschaftliche Verflechtung der inländischen Gesellschaft in die ausländische ging so weit, wie es bei einer selbständigen Gesellschaft nicht denkbar gewesen wäre.

Doppelbesteuerungsverträge.

Für das Recht der Doppelbesteuerungsverträge ist im Zusatzprotokoll Nr. 7 zum deutsch-italienischen Doppelbesteuerungsvertrag klargestellt worden, daß, wenn nach den Steuergesetzen des Staates, in dem sich die Organgesellschaft befindet, die Organgesellschaft als Betriebstätte anzusehen ist, sie auch im Sinne des Doppelbesteuerungsvertrages als Betriebstätte zu behandeln ist. Diese Vorschrift wird vielleicht allgemein bei Handhabung der Doppelbesteuerungsverträge, soweit nicht aus den Doppelbesteuerungsverträgen sich etwas Gegenteiliges ergibt, zu beachten sein. In diesem Sinne könnte die Vorschrift des Schlußprotokolls vom 15. Juli 1931 zu Art. 3 Abs. 3 des deutsch-schweizerischen Doppelbesteuerungsvertrags von Bedeutung sein. Vgl. hierzu auch II Nr. 11 des Abschnittes A.

C. Die Rechtsprechung des Reichsfinanzhofes zu Fragen der Doppelbesteuerung von allgemeiner Bedeutung.

Die Rechtsprechung für das Doppelbesteuerungsrecht war in früheren Jahren verhältnismäßig spärlich. Erst etwa nach 1930 ergehen zahlreichere Entscheidungen des Reichsfinanzhofs, so daß jetzt die Rechtsprechung für eine Reihe von Fragen ein klares Bild ergibt. In zahlreichen Fällen hat der Reichsminister der Finanzen eingehende gutachtliche Äußerungen abgegeben, die naturgemäß von besonderer Bedeutung sind. Der Reichsminister der Finanzen, der die Verhandlung mit den anderen Staaten führt, ist nicht nur über das am ehesten unterrichtet, was die deutsche Regierung mit den Abkommen bezweckt hat, sondern kann aus den Verhandlungen mit den anderen Staaten auch reiches Material dafür beibringen, was die anderen Staaten bei den Verhandlungen im Auge hatten.

Im nachstehenden soll ein Überblick über die Rechtsprechung des Reichsfinanzhofs zu den einzelnen mehr grundsätzlichen Fragen und zu den Fragen, die für das Recht der Doppelbesteuerung im allgemeinen von Bedeutung sind, gegeben werden.

1. Wann liegt Doppelbesteuerung vor?

Über die Frage, wann eine Doppelbesteuerung im Sinne der Doppelbesteuerungsabkommen vorliegt, hat der Reichsfinanzhof, soweit zu ersehen, nur wenige Entscheidungen erlassen. Das hängt wohl damit zusammen, daß diese Frage zwar theoretisch nicht ganz einfach liegen mag, daß aber für die praktische steuerliche Handhabung hier im allgemeinen nur wenig Schwierigkeiten auftauchen. Der Reichsfinanzhof hat in VI A 572/28 vom 23. 5. 1928, StW. 1928 Nr. 559 entschieden, daß ein Deutscher, der von seiner in Österreich wohnhaften Schwiegermutter eine Rente erhält, in Deutschland nicht Steuerfreiheit der Rente deshalb verlangen könne, weil seine Schwiegermutter in Österreich den gleichen Betrag der Rente versteuern muß. Ähnlich I A 336/27 vom 8. 5. 1928, StW. 1928 Nr. 672 = S. Bd. 23 S. 202 für die Tschechoslowakei. Nach VI A 898/34 vom 27. 3. 1935, StW. 1935 Nr. 328 hat ein in Deutschland unbeschränkt Steuerpflichtiger eine Rente aus einer Stiftung in der Schweiz in Deutschland zu versteuern und kann nicht einwenden, daß die Stiftung den Betrag in der Schweiz zu versteuern hätte. Nach VI A 1001/32 vom 18. 1. 1933, StW. 1933 Nr. 334 muß ein Deutscher eine Rente, die er von einer in der Tschechei wohnenden Person erhält, versteuern, da diese Person in Deutschland nicht unbeschränkt steuerpflichtig ist (§ 22 Ziff. 1c EStG. 1938). Die Anwendung der Doppelbesteuerungsabkommen setzt also im Regelfall voraus, daß dieselbe Persönlichkeit als Steuerschuldner in beiden Staaten in Frage kommt.

2. Frage der sogenannten effektiven Besteuerung.

Die Frage, ob die Befreiung von einer steuerlichen Heranziehung auf Grund des Doppelbesteuerungsabkommens voraussetzt, daß der Steuerpflichtige in dem andern Staat zu dieser Steuer herangezogen wird — Frage der sog. effektiven Besteuerung — ist vom Reichsfinanzhof ausdrücklich noch nicht entschieden worden. Der Reichsfinanzhof hat auch, soweit zu ersehen, Erwägungen hierüber nicht angestellt. Das wird in erster Linie wohl damit zusammenhängen, daß derartige Erwägungen auch von den Finanzbehörden nicht angestellt worden sind, so daß der Reichsfinanzhof keinerlei Anlaß hatte, diese Frage in Erwägung zu ziehen. In III A 267/34 vom 3. 10. 1935, StW. 1935 Nr. 681 hatte der Reichsminister der Finanzen sich dahin geäußert: „Da die Doppelbesteuerungsverträge durch ihr Inkrafttreten in

Deutschland deutsches Reichsgesetz werden, so ist ihre Auswirkung keineswegs auf den Verwaltungsweg beschränkt. Die Doppelbesteuerungsabkommen sind vielmehr von der Steuerbehörde von Amts wegen zu berücksichtigen und auch der Steuerpflichtige kann sich stets darauf berufen." Dementsprechend hat der Reichsfinanzhof entschieden, daß der Steuerpflichtige sich stets auf als Reichsgesetz verkündete Doppelbesteuerungsverträge berufen könne, also nicht nachzuweisen brauche, daß er wegen des nämlichen Wirtschaftsgutes in beiden Staaten herangezogen worden sei. Seweloh hat in seiner Besprechung, StW. 1935 Sp. 1455, angenommen, daß der Reichsfinanzhof durch diese Entscheidung die Frage in dem Sinne geklärt habe, daß es nicht darauf ankomme, ob der Steuerpflichtige tatsächlich in dem andern Staate zu einer entsprechenden Steuer herangezogen wird. Auch I A 476/27 vom 11. 12. 1928, StW. 1929 Nr. 466 wird in diesem Sinn zu verstehen sein. Der Steuerpflichtige hatte einen gewerblichen Betrieb sowohl in Deutschland wie in der Tschechoslowakei. Er verlangte den Abzug von Schulden, die in dem ausländischen Betriebe entstanden waren, von dem inländischen Vermögen. Das hat der Reichsfinanzhof abgelehnt und in der Begründung u. a. ausgeführt, nach Abs. 3 des Art. III des Doppelbesteuerungsvertrags, der maßgebend sei, ganz unabhängig davon, ob die Verhältnisse des Auslandsunternehmens tatsächlich eine Besteuerung im Auslande rechtfertigten oder ausschlössen, scheide das ausländische gewerbliche Unternehmen für die Feststellung des inländischen steuerbaren Rohvermögens ganz aus.

Überwiegende Gründe sprechen dafür, diese Frage zu verneinen. Wenn der Staatsvertrag zwischen zwei Staaten bestimmt, daß eine Steuer in einem Staate nicht zur Erhebung gelangt, so könnte man ohne triftigste Gründe nicht dazu kommen, anzunehmen, daß die Erhebung der Steuer in dem einen Staate dann zugelassen wäre, wenn der andere Staat, dem die Steuer durch das Abkommen zugewiesen ist, von seinem Besteuerungsrecht keinen Gebrauch macht. Für die praktische Handhabung wird es im wesentlichen gleich sein, ob ein Staat eine Steuer überhaupt nicht oder nur in sehr geringem Maße erhebt, da eine niedrige Steuer unter Umständen wirtschaftlich so wirkt, als ob sie nicht vorhanden ist. Zudem könnte der andere Staat Wert darauf legen, daß die in seinem Staatsgebiet befindlichen Betriebe usw. steuerlich möglichst entlastet werden und sie deshalb nicht zu einer Steuer heranziehen. Es würde gegen den Zweck des Doppelbesteuerungsvertrages verstoßen, wenn dann der andere Staat von dem Betriebe, Grundbesitz usw. seinerseits eine Steuer erhöbe.

Man wird aber auch aus VI A 414/35 vom 26. 6. 1935, S. Bd. 38 S. 64 = StW. 1935 Nr. 460, wonach ein in Deutschland wohnender Steuerpflichtiger von seinem inländischen Einkommen Einkommensverluste aus Grundbesitz in Österreich nicht abziehen kann, gewisse Schlüsse darauf ziehen können, daß es nach der Auffassung des Reichsfinanzhofs auf die effektive Besteuerung in dem andern Staate nicht ankommt. Wenn die Aufteilung der Steuerquellen zwischen den Vertragstaaten sogar für den Fall des Verlustes bei der ausländischen Steuerquelle die Wirkung hat, daß der ausländische Verlust vom inländischen Einkommen nicht abgezogen werden kann, so wird man wohl auch annehmen müssen, daß die Aufteilung der Steuerquellen zwischen den beiden Staaten absolut wirkt, so daß es nicht darauf ankommt, ob der andere Staat von seinen durch das Doppelbesteuerungsabkommen anerkannten Rechten Gebrauch macht. — Siehe hierzu auch II Nr. 3 des Abschnittes A.

3. Wirken die Doppelbesteuerungsverträge nur zugunsten der Staatsangehörigen eines der vertragschließenden Staaten?

In verschiedenen Doppelbesteuerungsverträgen ist ausdrücklich bestimmt worden, daß sie nur zugunsten der Staatsangehörigen eines der beiden vertragschließenden Staaten abgeschlossen sind. Auch der Reichsfinanzhof geht hiervon in einer Reihe von Entscheidungen aus, z. B. VI A 2045/31 vom 2. 6. 1932, StW. 1932 Nr. 983. Ein tschechoslowakischer, in Deutschland wohnender Staatsangehöriger, von dessen Arbeitseinkommen von seiner Arbeitgeberin in Wien der Steuerabzug vorgenommen worden ist, kann dieserhalb nicht verlangen, daß das Arbeitseinkommen in Deutschland einkommensteuerfrei bleibt, da der deutsch-österreichische Doppelbesteuerungsvertrag nur zugunsten der österreichischen und deutschen Staatsangehörigen wirkt, der deutsch-tschechisch-slowakische Vertrag aber für den vorliegenden Fall keine Regelung enthält. Demgegenüber wird I A 614/29 vom 5. 11. 1929, StW. 1930 Nr. 430, wonach von einem in Österreich befindlichen Gewerbebetrieb Vermögensteuer in Deutschland auch dann nicht zu erheben ist, wenn der Inhaber ein in Deutschland wohnender Pole ist, keine Bedeutung haben. Diese Entscheidung ist begründet mit dem Wortlaut des deutsch-österreichischen Doppelbesteuerungsvertrags, nach dessen Artikel II und III es bei Grundstücken, Gebäuden und

Gewerbebetrieben nicht darauf ankäme, ob der Steuerpflichtige deutscher oder österreichischer Staatsangehöriger ist. Diese Entscheidung ist schon nach dem Wortlaut des Vertrages nicht unzweifelhaft, da man den ganz allgemein gehaltenen Artikel I zwanglos dahin auffassen kann, daß in ihm zum Ausdruck gebracht ist, daß nur deutsche oder österreichische Staatsangehörige sich auf diesen Vertrag berufen können. Hierfür spricht auch die Äußerung des damaligen Referenten im Reichsfinanzministerium, in StW. 1925 Sp. 1045 ff.: „Begünstigungen der Doppelbesteuerungsverträge gelten nur für die Angehörigen der vertragschließenden Staaten selbst sowie für die entsprechenden juristischen Personen. Dies tritt nicht stets in der Fassung der Verträge hervor, ist aber zur Zeit allgemein herrschende Auffassung." Vgl. auch seine Äußerung zum deutsch-italienischen Doppelbesteuerungsvertrag, StW. 1926 Sp. 98 ff.: „Der Vertrag schafft grundsätzlich nur Rechte für die Staatsangehörigen der beiden vertragschließenden Staaten" usw. Siehe hierzu auch II Nr. 1 des Abschnittes A.

Vgl. hierzu auch Seuffert „Die Staatsangehörigkeit in den Doppelbesteuerungsverträgen" StW. 1938 Februarheft Sp. 203 ff. Es erscheint fraglich, ob die Ausführungen Seufferts, der das Erfordernis der Staatsangehörigkeit zu einem der vertragschließenden Staaten nur dann gelten lassen will, wenn das in dem Vertrag ausdrücklich ausgesprochen ist, den Vorrang vor den vorstehenden Darlegungen verdienen. Es kommt auf das an, was die vertragschließenden Staaten im Vertrag gewollt haben. Das wird für die einzelnen Verträge u. U. besonders festzustellen sein. Vgl. auch den Entwurf des deutsch-französischen Doppelbesteuerungsabkommens RStBl. 1938 S. 328. Wie aus dem Schlußprotokoll Ziff. 12 hervorgeht, findet das Abkommen nur auf Staatsangehörige Deutschlands und Frankreichs Anwendung. Das Abkommen selbst erwähnt die Staatsangehörigkeit überhaupt nicht[1]).

Nicht zuzustimmen ist I A 472/27 vom 8. 8. 1928, StW. 1928 Nr. 791 = S. Bd. 24 S. 69, wo gesagt ist, daß die Anwendung des deutsch-italienischen Doppelbesteuerungsvertrags von der Staatsangehörigkeit des Steuerpflichtigen überhaupt nicht abhängig gemacht ist. In diesem Urteil ist übrigens mit Recht betont worden, daß der Begriff der Staatsangehörigkeit nur auf natürliche Personen anwendbar ist (vgl. auch S. Bd. 13 S. 366 ff.

[1]) Auch hieraus geht hervor, daß im Zweifel der Doppelbesteuerungsvertrag nur zugunsten der beiderseitigen Staatsangehörigen wirkt.

= StW. 1924 Nr. 173) und daß eine in Deutschland ansässige und im Handelsregister eingetragene Gesellschaft, wenn überhaupt eine, nur die deutsche Staatsangehörigkeit haben könnte, da die Staatsangehörigkeit lediglich durch den Sitz bestimmt werden kann. Die von Seuffert beanstandete Stelle der Veranlagungsrichtlinien 1934 „Die Doppelbesteuerungsabkommen gelten grundsätzlich nur für die beiderseitigen Staatsangehörigen", ist in den Veranlagungsrichtlinien 1937 übrigens nicht mehr enthalten. Siehe hierzu auch II Nr. 1 des Abschnitts A.

4. Wie sind die Rechtsbegriffe in den Doppelbesteuerungsverträgen zu verstehen?

Nicht geringe Schwierigkeiten verursacht die Beantwortung der Frage, wie gewisse Rechtsbegriffe in dem Doppelbesteuerungsvertrag auszulegen sind, z. B. welche Gegenstände zum gewerblichen Betriebsvermögen im Sinne des Doppelbesteuerungsvertrags gehören usw. Der Reichsminister der Finanzen hat in seiner in III A 955/31 vom 23. 11. 1933, StW. 1934 Nr. 166, S. Bd. 34 S. 331 wiedergegebenen Stellungnahme dargelegt, daß eine Entscheidung darüber, ob eine gewerbliche Beteiligung an einem gesellschaftlichen Unternehmen im Sinne des Doppelbesteuerungsabkommens mit Italien oder die Kontokorrentforderung des inländischen Unternehmens an eine italienische Handelsgesellschaft vorläge, grundsätzlich nach den innerstaatlichen Normen des Landes zu treffen sei, in dem das Unternehmen, an dem eine gewerbliche Beteiligung in Frage kommt, seinen Sitz hat. In diesem Falle war eine inländische AG. an einer italienischen Kommanditgesellschaft mit einer Kommanditeinlage von 100 000 Lire beteiligt. Außerdem hatte die AG. eine Kontokorrentforderung an die Kommanditgesellschaft in Höhe von 968 988 *RM*. Der RFM. weist auch darauf hin, daß der strittige Betrag nie als Beteiligung, sondern als Forderung gegen eine Tochtergesellschaft behandelt worden ist und daß andererseits die italienische Steuerbehörde bisher keine Schritte unternommen habe, um auf Grund italienischen Rechts die Forderung als Beteiligung für die Besteuerung in Italien zu beanspruchen. Letzterer Gedanke klingt in etwas an den Gedanken der effektiven Besteuerung (s. oben S. 94) an, ist so aber wohl nicht gemeint. Der RFM. will wohl nur darauf hinweisen, daß sein Standpunkt im vorliegenden Fall auch deshalb unbedenklich sei, weil eine Doppelbesteuerung nicht vorläge, und daß die italienische Steuerbehörde den deutschen Standpunkt teile.

Der Reichsfinanzhof hat hierzu ausgeführt, es käme darauf an, ob nach dem Doppelbesteuerungsabkommen anzunehmen sei, daß die vertragschließenden Staaten den Begriff der gewerblichen Beteiligung etwa in dem aus § 26 Abs. 2 Nr. 3 Satz 2 des RBG. 1925 ersichtlichen Ausmaß verstanden hätten. Das sei nicht anzunehmen. Hiernach könne sich die Steuerbehörde zunächst an die formale Gestaltung halten. Für die Beurteilung der Frage, ob hinsichtlich der 968988 *RM* eine Beteiligung an einer italienischen Kommanditgesellschaft vorliege, seien die italienischen Vorschriften maßgebend.

In VI A 804/32 vom 9. 5. 1934, StW. 1934 Nr. 429, ausführlicher RStBl. 1934 S. 902, handelte es sich um die Frage, ob der Veräußerungsgewinn aus der Veräußerung deutscher GmbH.-Anteile nach § 30 Abs. 3 EStG. 1925 als gewerblicher Gewinn bei einem Italiener der Besteuerung in Deutschland nach dem Doppelbesteuerungsabkommen unterworfen sei. Hierzu äußerte sich der RFM. dahin, daß der Veräußerungsgewinn des § 30 Abs. 3 zu den Einkünften aus Gewerbebetrieb gehöre. Der deutsch-italienische Doppelbesteuerungsvertrag stehe der steuerlichen Heranziehung in Deutschland nicht entgegen. „Welche Einkünfte als Einkünfte aus dem Betrieb von Handel, Industrie und sonstigem Gewerbe jeder Art im Sinne des Art. 3 des Vertrages anzusehen sind, bestimmt sich nach dem inneren Recht jedes Staates." Der Reichsfinanzhof hat dem zugestimmt und hierzu noch folgendes ausgeführt: „Da jene Gewinne nach innerdeutschem Rechte gewerbliche Einkünfte sind, ist die sie nach § 3 Abs. 2 Nr. 2 EStG. 1925 treffende Steuer eine Sachsteuer im Sinne des Artikels 3 des Vertrages.... Ein Grundgedanke des Vertrages ist, daß bei Sachsteuern die wirtschaftliche Zugehörigkeit der Gegenstände der Besteuerung zu dem Gebiet eines Staates über die Steuerpflicht entscheidet." In VI A 512/35 vom 10. 3. 1937, StW. 1937 Nr. 320 hat der RFH. auch für Beteiligungen an Kapitalgesellschaften, die der Doppelbesteuerungsvertrag als Kapitalvermögen betrachtet, den Veräußerungsgewinn nach § 17 EStG. 1938 als gewerbliche Einkünfte behandelt. Die Frage ist wohl noch nicht endgültig geklärt (vgl. S. 49). Wenn die Beteiligung zum Betriebsvermögen gehört, ist der aus ihrer Veräußerung sich nach den §§ 4, 5 ergebende Gewinn gewerblicher Gewinn.

In III A 645/31 vom 19. 1. 1934, S. Bd. 35 S. 309 = StW. 1934 Nr. 256 war streitig, ob Bauausführungen im Auslande, insbesondere wenn sie länger als 12 Monate dauern, als

Betriebstätten im Sinne der Doppelbesteuerungsverträge mit Österreich und Rußland anzusehen sind. In Übereinstimmung mit dem RFM. hat der Reichsfinanzhof die Frage verneint, weil nach dem Sprachgebrauch des internationalen Steuerrechts, wie er sich in den Doppelbesteuerungsverträgen kundtut, Bauausführungen, selbst wenn sie länger als 12 Monate dauern, nicht unter den Begriff „Betriebstätte" fallen.

VI A 432/37 vom 28. 7. 1937, StW. 1937 Nr. 473 = S. Bd. 42 S. 35 hat Zinsen für kapitalähnliche Kredite, die der inländische Gesellschafter einer tschechoslowakischen oder österreichischen oHG. zur Stärkung des Anlage- und Betriebskapitals gegeben hat, auch unter der Herrschaft der Doppelbesteuerungsabkommen zu den Einkünften aus ausländischem Gewerbebetrieb gerechnet, da sowohl nach deutschem wie nach dem ausländischen Steuerrecht derartige Einkünfte zu den gewerblichen Einkünften rechnen.

Man wird davon ausgehen müssen, daß für die Auslegung steuerrechtlicher Begriffe in erster Linie der einzelne Doppelbesteuerungsvertrag maßgebend ist. Wenn hieraus nichts zu entnehmen ist, wird gelegentlich der internationale Rechtssprachgebrauch von Bedeutung sein können, da vielfach anzunehmen sein wird, daß die Doppelbesteuerungsverträge die im internationalen Sprachgebrauch feststehenden Begriffe übernommen haben.

Wenn zwei Staaten sich über einen Doppelbesteuerungsvertrag verständigt haben, muß man im Grundsatz annehmen, daß sie die gleichen Begriffe zugrundegelegt haben, da sonst von einem Vertrag wohl nicht die Rede sein könnte. Wenn auch jeder der beiden Staaten beim Vertragsschluß vielleicht etwas anderes im Auge gehabt haben mag und beiden Staaten die dem eigenen Steuerrecht entnommenen Begriffe vorgeschwebt haben mögen, so zwingt doch die Tatsache, daß die Staaten zum Abschluß des Vertrages gekommen sind, zu der Annahme, daß der Vertrag von einheitlich zu verstehenden Begriffen ausgegangen ist. Es mag allerdings für die Behörden der einzelnen Staaten oftmals nicht möglich sein, diesen einheitlichen Begriff klarzustellen, so wie es etwa der Richter bei Verträgen von Privatpersonen tun muß. Deshalb wird die Rechtsprechung der Steuergerichte der beiden Staaten gelegentlich voneinander abweichen, indem naturgemäß jedes der Steuergerichte die Begriffe in erster Linie nach seinem eigenen innerstaatlichen Steuerrecht anzuwenden geneigt ist, zumal es vielfach kaum möglich ist, den zugrundeliegenden einheitlichen Rechtsbegriff klarzustellen.

Daß die Doppelbesteuerungsverträge von einem solchen idealen einheitlichen Begriff ausgehen, ergibt auch die Vorschrift z. B. in Artikel 16 des deutsch-italienischen Doppelbesteuerungsvertrags, wonach in Fällen von Schwierigkeiten oder Zweifeln bei der Auslegung besondere Vereinbarungen der obersten Finanzbehörden beider Staaten vorgesehen sind. Man geht also von der Notwendigkeit der einheitlichen Auslegung aus und nimmt, da man voraussieht, daß diese in gewissen Fällen nicht zustande kommen wird, statt dessen eine Vereinbarung der obersten Finanzbehörden beider Staaten in Aussicht.

Die Stellung des RFM. und des Reichsfinanzhofs zu diesen Fragen erscheint auf den ersten Blick nicht ganz einheitlich. Beide Behörden haben das Bestreben gehabt, diese Frage einer grundsätzlichen Klärung zuzuführen, haben sich aber der Natur der Sache entsprechend in der Hauptsache darauf beschränkt, die zur Entscheidung stehenden Steuerfälle zur Lösung zu bringen. So erweckt es leicht den Eindruck, als ob die verschiedenen Stellungnahmen und Entscheidungen miteinander in einem gewissen Widerspruch stünden, während sie sich doch in einer gewissen einheitlichen Linie bewegen.

Hier sind auch die beiden Entscheidungen VI A 899/27 vom 12. 2. 1930, StW. 1930 Nr. 593 und VI A 899/30 vom 18. 12. 1930, StW. 1931 Nr. 198 = S. Bd. 27 S. 303 anzuführen. Beide Entscheidungen behandeln zwar nicht das Recht der Doppelbesteuerungsverträge, geben aber ein Bild davon, wie die deutsche Rechtsprechung die deutschen steuerlichen Begriffe auf ausländische Vorgänge anwendet. Nach VI A 899/27 gelten die Gesellschafter einer venezolanischen oHG. oder KG. als Mitunternehmer, obwohl diese Gesellschaften nach venezolanischem Rechte juristische Personen darstellen, so daß die Gewinne als gewerbliche Gewinne in Deutschland heranzuziehen sind. Grundsätzlich ist die steuerliche Behandlung einer ausländischen juristischen Person und ihrer Gesellschafter durch die deutsche Steuerbehörde nach dem leitenden Gedanken des Einkommensteuergesetzes und Körperschaftsteuergesetzes durchzuführen. Demgegenüber erklärt VI A 899/30 die Ausbeuten aus den rumänischen sog. Naphthabruttoanteilen als Einkommen aus Kapitalvermögen. Es kann nicht darauf ankommen, ob nach dem ausländischen Gesetz die Vereinigung eine juristische Person ist oder nicht. Denn es würde der wirtschaftlichen Auffassung widersprechen, die Mitglieder der Vereinigung als eigentliche Mitunternehmer anzusehen. Kennzeichnend für das

Vorliegen einer Kapitalgesellschaft im Sinne des deutschen Rechts war besonders auch der Umstand, daß die Beteiligungsrechte in einem Beteiligungsschein verkörpert waren, der im Verkehr wie ein Wertpapier behandelt wurde.

5. Ist die Rechtsprechung, wonach Kapital- und ähnliche Einkünfte, die ein nach § 49 Ziff. 2 EStG. nicht heranzuziehender ausländischer Gewerbebetrieb aus Deutschland zieht, nach § 49 Ziff. 3 bis 8 in Deutschland der Einkommensbesteuerung unterliegen können, auf das Recht der Doppelbesteuerungsverträge anzuwenden?

Wie die Ausführungen zu § 49 Ziff. 2 EStG. 1934 — oben S. 47 — ergeben, nimmt der RFH. für den Fall, daß zum gewerblichen Betriebsvermögen eines Ausländers, der nach § 49 Ziff. 2 beschränkt steuerpflichtig ist, eine Hypothekenforderung oder eine GmbH.-Beteiligung gehört, an, daß der Ausländer mit den Hypothekenzinsen oder den Gewinnanteilen nach § 49 Ziff. 5 beschränkt steuerpflichtig ist. Es fragt sich, ob diese Rechtsprechung auf das Recht der Doppelbesteuerungsverträge ganz oder teilweise übertragen werden kann.

I A 355/37 vom 26. 10. 1937, StW. 1937 Nr. 614, scheint das anzunehmen. Eine tschechoslowakische Gewerkschaft hatte als Gesellschafterin einer GmbH. in Deutschland Gewinnanteile bezogen. Der RFH. führt aus, für die nichtphysischen Personen fänden nach Artikel VII des Doppelbesteuerungsvertrags nur Artikel II und III des Doppelbesteuerungsvertrags Anwendung, nicht Artikel I. Die Kapitaleinkünfte nichtphysischer Personen seien also durch den Doppelbesteuerungsvertrag nicht geregelt. Deshalb müsse hier das innerstaatliche Recht über die beschränkte Steuerpflicht eingreifen.

Der RFH. geht dabei ohne weiteres davon aus, daß die Kapitaleinkünfte der Kapitalgesellschaft nicht zum gewerblichen Einkommen im Sinn des Artikel III des Doppelbesteuerungsvertrags gehörten. Das ist wohl nicht so ganz selbstverständlich und deshalb hätte es wohl einer Begründung bedurft. Die zwingenden Gründe, die den RFH. dazu geführt haben, den § 49 EStG. 1934 so auszulegen, daß ausländische gewerbliche Einkünfte, wenn sie nicht nach § 49 Ziff. 2 steuerpflichtig sind, zur Besteuerung nach § 49 Ziff. 5 führen können, werden zur Auslegung des Doppelbesteuerungsvertrags nicht ohne weiteres heranzuziehen sein. Dafür scheint gerade das Beispiel des tschechoslowakischen und des österreichischen Doppelbesteuerungsvertrags zu sprechen. Ein tschechischer Gewerbetreibender — Einzelkaufmann —, zu dessen Betriebsvermögen eine Hypothekenforderung in Deutschland gehört, hat die Hypothekenzinsen in Deutschland nicht zu versteuern. Dann könnte es aber seltsam erscheinen, daß der Doppelbesteuerungsvertrag eine Kapitalgesellschaft, die nur Betriebsvermögen hat, im gleichen Fall für steuerpflichtig erklären sollte. Könnte das nicht dafür sprechen, daß in Artikel III der Begriff „Einkommen aus Gewerbebetrieb" so verstanden werden sollte wie im deutschen innerstaatlichen Recht und daß die Vertragschließenden nur deshalb den Artikel I nicht auf die nichtphysischen Personen angewandt haben? Der Umstand, daß man in dem später abgeschlossenen ungarischen Vertrag auch den Artikel VII — der dem Artikel I des tschechoslowakischen Vertrags entspricht — auf nichtphysische Personen angewandt hat, brauchte nicht entgegenzustehen, da der spätere Vertrag nicht ohne weiteres zur Auslegung des früheren dienen kann.

Es könnte hiernach darauf ankommen, ob die vertragschließenden Staaten den Begriff „Einkommen aus Gewerbebetrieb" damals so weit gefaßt haben, wie wir es heute tun. Einige Bestimmungen der Körperschaftsteuergesetze 1920 und 1925 könnten für die Auffassung des RFH.s sprechen, da man damals — wenigstens auf deutscher Seite — mit Kapitaleinkommen auch bei Kapitalgesellschaften gerechnet hat.

6. Anwendung des § 30 EStG. 1934 und § 9 VStG. 1934 beim Eingreifen eines Doppelbesteuerungsvertrags.

Es könnte fraglich sein, ob § 30 EStG. 1934 und entsprechend § 9 des VStG. 1934 auch bei Geltung eines Doppelbesteuerungsvertrages anzuwenden ist. Der RFH. hat in VI A 675/36 und 730/36 vom 20. 1. 1937, StW. 1937 Nr. 199 und S. Bd. 41 S. 37 ausgesprochen, daß bei Anwendung des § 30 im Rechtsbeschwerdeverfahren nur zu prüfen ist, ob besondere Beziehungen des Betriebs zu einer nicht unbeschränkt steuerpflichtigen Person bestehen, die eine Gewinnminderung ermöglichen. Der RFH. ist aber in dieser Entscheidung nicht darauf eingegangen, ob etwa durch den Doppelbesteuerungsvertrag mit der Schweiz vom 15. 7. 1931 die Anwendung des § 30 in Frage gestellt sei.

Man wird annehmen müssen, daß der § 30 im wesentlichen eine Verfahrens- und Beweisvorschrift ist, die auch gegenüber Schweizer Staatsangehörigen anzuwenden ist. Die Vorschrift setzt voraus, daß besondere unmittelbare oder mittelbare wirtschaftliche Beziehungen des Betriebes zu einer Person, die im Inlande nicht oder nur beschränkt steuerpflichtig ist, eine Gewinnminderung ermöglichen; wenn aber das wirkliche Gewinnergebnis sich feststellen läßt, so greift § 30 nicht ein, vgl. auch die amtliche Begründung RStBl. 1935 S. 48. Dann ermöglichen Beziehungen des Betriebes zu einer im Inlande nicht unbeschränkt steuerpflichtigen Person eine Gewinnminderung eben nicht. Aus diesem Grunde wird anzunehmen sein, daß § 30 auch gegenüber den Doppelbesteuerungsverträgen gilt. Sollte hierdurch im einzelnen Falle ein Ergebnis sich herausstellen, das nach Ansicht einer der vertragschließenden Regierungen mit den Zielen des Doppelbesteuerungsvertrages nicht in Übereinstimmung stünde, so wäre nur möglich, das im Wege der Vereinbarung von Staat zu Staat auszugleichen; vgl. hierzu auch StW. 1932 Sp. 1165 ff., wo ein ähnlicher Standpunkt vertreten wird. Jedenfalls kann aber ein deutscher Staatsangehöriger — und das lag in VI A 675/36 und 730/36 vor — sich nicht auf einen Doppelbesteuerungsvertrag berufen, damit ihm gegenüber der § 30 EStG. 1934 nicht zur Anwendung komme.

7. Sind Grundschulden hypothekarisch gesicherte Forderungen im Sinne der Doppelbesteuerungsverträge?

III A 45/36 vom 5. 11. 1936, StW. 1936 Nr. 567 = S. Bd. 40 S. 147 hat ausgesprochen, daß Grundschulden nicht zu den hypothekarisch gesicherten Forderungen im Sinne des Art. 2 Abs. 2, 4 und 5 des deutsch-schweizerischen Doppelbesteuerungsabkommens gehören. Dieser Entscheidung ist zwar für den dort entschiedenen Fall unbedenklich beizutreten, sie wirft aber die Frage auf, wie es denn mit den anderen Doppelbesteuerungsverträgen zu halten ist, ob danach Einkünfte aus Grundschulden durchgängig anders zu behandeln sind wie Einkünfte aus hypothekarisch gesicherten Forderungen. Der deutsch-italienische Doppelbesteuerungsvertrag bestimmt in Art. 8 Ziff. 1: „Die Steuern aus Einkünften aus hypothekarisch gesicherten Forderungen werden nur von dem Staate erhoben, in dem die Liegenschaft sich befindet.“ Ferner der deutsch-ungarische Doppelbesteuerungsvertrag Art. I: „Grundstücke, Gebäude und Hypothekenforderungen sowie das Einkommen (der Ertrag) daraus sollen nur in dem Staat zu direkten Steuern herangezogen werden, in welchem sich die Liegenschaft befindet.“ Das argumentum a fortiori spricht dafür, im Sinne dieser Verträge Grundschulden in gleicher Art zu behandeln wie hypothekarisch gesicherte Forderungen. Wenn schon persönliche Forderungen, die durch ein Pfandrecht am Grundstück gesichert sind, wie unbewegliches Vermögen behandelt werden, so muß das erst recht gelten von lediglich dinglichen Rechten wie Grundschuldrechten, die überhaupt nicht mit einer Forderung verbunden sind. Die Entscheidung III A 45/36 vom 5. 11. 1936 steht dem nicht entgegen. Im Schweizer Doppelbesteuerungsvertrag Art. 2 Abs. 2 ist bestimmt, daß Rechte, die auf unbeweglichem Vermögen sichergestellt sind (insbes. hypothekarisch gesicherte Forderungen) oder darauf lasten, dem unbeweglichen Vermögen gleichzuachten sind. Dann heißt es in Abs. 5: „Hypothekarisch gesicherte Forderungen werden zur Vermögensteuer nur in dem Staate herangezogen, in dem der Gläubiger seinen Wohnsitz hat." Hier hat der RFH. mit Recht angenommen, daß die in Abs. 5 enthaltene Ausnahme von Abs. 2 ebenso wie die Vorschrift des Abs. 4 nur auf Hypotheken anzuwenden ist, so daß Grundschulden im Sinne des deutsch-schweizer. Doppelbesteuerungsvertrages wie unbewegliches Vermögen zu behandeln sind. S. hierzu auch II Nr. 10 des Abschn. A.

8. Beteiligungen an einer GmbH. und Gewinne aus der Veräußerung solcher Beteiligungen.

Anteile an einer GmbH. werden in einer Reihe von Doppelbesteuerungsverträgen als Gewerbebetriebe und die Einkünfte daraus als Einkünfte aus Gewerbetrieb behandelt, so im deutsch-schweizerischen Doppelbesteuerungsvertrag vom 15. 7. 1931 Art. 3 Abs. 4 (vgl. VI A 981/34 vom 17. 4. 1935, StW. 1935 Nr. 423), im deutsch-österreichischen Doppelbesteuerungsabkommen Art. III Abs. 4, im deutsch-ungarischen Doppelbesteuerungsabkommen Art. II Abs. 4, im deutsch-italienischen Doppelbesteuerungsabkommen Art. 3, 5 u. 12 (vgl. VI A 988/31 und 1252/31 vom 25. 4. 1933, RStBl. 1934 S. 417 = S. Bd. 35 S. 114), deutsch-schwedischer Doppelbesteuerungsvertrag vom 25. 4. 1928 Art. 3 Abs. 4. VI A 804/32 vom 9. 5. 1934, StW. 1934 Nr. 429 nimmt deshalb für den Bereich des deutsch-italienischen Doppelbesteuerungsvertrags auch an, daß der Heranziehung des durch Veräußerung einer Beteiligung an einer deutschen GmbH. erzielten Gewinnes nach § 49 Ziff. 2 EStG. 1934 der deutsch-italienische Vertrag nicht entgegensteht. Das gleiche wird für den Bereich des deutsch-österreichischen und deutsch-schweizerischen Vertrages gelten müssen. In Ziff. 5 des Schlußprotokolls zum deutsch-schwedischen Vertrag vom 25. 4. 1928 ist das ausdrücklich klargestellt worden [1]).

9. Die Reichsfluchtsteuer keine Vermögensteuer.

Die Reichsfluchtsteuer ist keine Vermögensteuer im Sinn der Doppelbesteuerungsabkommen, ausgesprochen für den deutsch-italienischen Doppelbesteuerungsvertrag durch III A 24/35 vom 18. 7. 1935, StW. 1935 Nr. 561 = S. Bd. 38 S. 140; vgl. auch III A 116/36 vom 29. 10. 1936, StW. 1936 Nr. 571 = S. Bd. 40 S. 141. Hiernach ist die Reichsfluchtsteuer auch keine Steuer vom Vermögen im Sinn des § 222 Abs. 1 Ziff. 3 AO. Das deutsch-italienische Doppelbesteuerungsabkommen steht der Erhebung einer Reichsfluchtsteuer nicht entgegen. Das wird auch für die anderen Doppelbesteuerungsabkommen zu gelten haben. Vgl. hierzu auch die Darlegungen zu Ziff. 1 des Zusatzprotokolls zum deutsch-schweizerischen Abkommen sowie die Anm. Nr. 1 zu Art. 12 des deutsch-italienischen Vertrages.

10. Deutsch-polnische Doppelbesteuerungsmaßnahmen.

Die Anordnung des RFM. vom 27. 3. 1923 zur vorläufigen Beseitigung der Doppelbesteuerung im Verhältnis zu Polen sollte bis zum Abschluß des Staatsvertrages zur Beseitigung der Doppelbesteuerung als vorläufige Regelung gelten. Hierdurch wurden die Finanzämter angewiesen, unter der Voraussetzung der vollen Gegenseitigkeit die von den beiderseitigen Bevollmächtigten in Aussicht genommenen Grundsätze schon jetzt zu berücksichtigen. Der RFH. hat in verschiedenen Entscheidungen, insbes. VI A 126/27, StW. 1927 Nr. 470; VI A 331/27 vom 3. 10. 1928, StW. 1929 Nr. 32 und VI A 129/34 vom 17. 10. 1934, StW. 1934 Nr. 724 ausgesprochen, daß die Anordnung des RFM. vom 27. 3. 1923 keine rechtsverbindliche Kraft habe, der Steuerpflichtige daher keinen im ordentlichen Rechtsmittelweg verfechtbaren Anspruch auf Befreiung des in Polen erzielten Gewinnes von der deutschen Einkommensteuer habe. Nachdem inzwischen die Anordnung vom 27. 3. 1923 durch Erlaß des Ministers vom 6. 4. 1934, RStBl. 1934 S. 401, außer Kraft getreten war, ist durch den Erlaß des RFM. vom 25. 6. 1935 S. 1301 B Pl — 68 III d auf Grund des § 13 AO. angeordnet worden, daß bei der Heranziehung natürlicher, unbeschränkt steuerpflichtiger Personen zur Einkommensteuer Einkünfte aus in Polen belegenem Grund- und Gebäude-

[1]) Vgl. auch S. 49 und 99.

besitz, Einkünfte aus ständigem Gewerbebetrieb in Polen und Einkünfte aus polnischen öffentlichen Kassen außer Betracht zu lassen sind. Die Steuerbefreiung tritt aber nur ein, wenn diese Einkünfte in Polen der Einkommensteuer unterliegen. Alsdann ist durch Erlaß des RFM. vom 29. 2. 1936 S. 1301 B Pl — 103 III d auf Grund der damals schwebenden Verhandlungen über den Abschluß eines Doppelbesteuerungsabkommens, die zu einer vorläufigen Einigung geführt hatten, eine weitere Anordnung zur vorläufigen Beseitigung der Doppelbesteuerung erlassen worden. In diesem Erlaß ist aber ausdrücklich bestimmt, daß die weitergehenden Anordnungen des Erlasses vom 25. 6. 1935 durch diese Anordnung nicht berührt werden. Der Erlaß vom 25. 6. 1935 ist insofern bemerkenswert, als diese nach § 13 AO. ergangene allgemeine Anordnung auch die ordentlichen Rechtsmittelbehörden zu beachten haben werden (vgl. IV A 204/35 vom 19. 11. 1936, StW. 1937 Nr. 9 = S. Bd. 40 S. 205). Bemerkenswert ist an dem Erlaß vom 25. 6. 1935 auch, daß hier der Vorbehalt der effektiven Besteuerung in dem anderen Staat (vgl. oben S. 94 ff.) ausdrücklich gemacht worden ist. Ob im Interesse der Gleichmäßigkeit der Besteuerung nicht auch die Anordnung vom 29. 2. 1936 im ordentlichen Rechtsmittelverfahren zu beachten wäre, darüber hat der RFH. noch keine Entscheidung gefällt.

11. Zuschläge der Aufsichtsräte.

Die Zuschläge der Aufsichtsräte sind direkte Steuern im Sinn des deutsch-schweizerischen Doppelbesteuerungsvertrags. Sie sind deshalb nur in dem Staat zu besteuern, in dem das Aufsichtsratsmitglied seinen Wohnsitz hat (VI A 930/34 vom 6. 2. 1935 = StW. 1935 Nr. 142)[1].

12. Erstattung auf Grund einer wegen Eingreifens eines Doppelbesteuerungsvertrags erfolgten Berichtigungsveranlagung.

Die Frage, ob und inwieweit die Berichtigung einer Veranlagung auf Grund von Doppelbesteuerungsverträgen zu einer Erstattung führt, ist ausschließlich nach dem inneren Recht des entscheidenden Staates zu beurteilen, wenn der Doppelbesteuerungsvertrag keine Abweichung enthält; I A 323/29 vom 27. 7. 1931, StW. 1931 Nr. 1018. Hier verlangte ein Ungar die Erstattung des Notopfers in aufgewertetem Betrag. Das wurde abgelehnt,

[1]) Deshalb werden die im Steuerabzugsverfahren erhobenen Beträge erstattet.

weil nach dem deutschen Recht der Erstattungsanspruch nicht aufgewertet würde.

13. Behandlung des Steuerabzugs vom Kapitalertrage unter Berücksichtigung der Doppelbesteuerungsverträge.

Für die Behandlung des Steuerabzugs vom Kapitalertrag in den Doppelbesteuerungsverträgen ist von Bedeutung I A a 383/29 vom 19. 12. 1929, StW. 1930 Nr. 264 = S. Bd. 26 S. 163. Artikel VIII des deutsch-österreichischen Doppelbesteuerungsabkommens weist die nach dem deutschen Kapitalertragssteuergesetz vom 29. 3. 1920 aufkommende Steuer, die von Zinsen, Gewinnanteilen (im Abzugsweg) erhoben wird, Deutschland zu. Der RFH. hat angenommen, daß hiernach österreichische Steuerpflichtige auch nicht von dem nach dem EStG. 1925 zu erhebenden Steuerabzug vom Kapitalertrag befreit sind. Er geht davon aus, daß im Wesen beide Gesetze das gleiche bezwecken und daß deshalb anzunehmen wäre, daß Österreich eine Belastung seiner Staatsangehörigen, wie sie der Steuerabzug vom Kapitalertrag nach dem EStG. 1925 darstellt, der Sache nach im Doppelbesteuerungsvertrag von 1922 zugestanden hat. I A 253/31 vom 21. 3. 1933, StW. 1933 Nr. 520 nimmt an, daß eine Danziger Erwerbsgesellschaft auf Grund der Verordnung zur Beseitigung der Doppelbesteuerung vom 19. 11. 1923 (RGBl. II S. 426) nicht vom Steuerabzug vom Kapitalertrag hinsichtlich deutscher Wertpapiere befreit ist, obwohl in der Verordnung vom 19. 11. 1923 ein ähnlicher Vorbehalt zugunsten der Kapitalertragsteuer für Deutschland wie in Art. VIII des deutsch-österreichischen Doppelbesteuerungsvertrags nicht getroffen war. Der RFH. geht davon aus, daß es sich bei der früheren Kapitalertragsteuer um eine reine Objektsteuer gehandelt habe, deren Erhebung durch den Doppelbesteuerungsvertrag nicht verhindert worden sei, und daß, da der Steuerabzug nach dem EStG. 1925 für die Ausländer sich im wesentlichen nicht von der früheren Kapitalertragsteuer unterscheide, kein sachlicher Grund dafür ersichtlich sei, warum sich die Rechtslage gegen früher geändert haben sollte, da es nach wie vor an einer entsprechenden Besteuerung des Kapitalertrags für Danzig fehlte. Siehe hierzu II Nr. 9 des Abschnittes A.

14. Beendigung der Vermögensteuerpflicht.

III A 154/35 vom 23. 4. 1936, StW. 1936 Nr. 309 spricht aus, daß die Bestimmung der Ziffer 14 des Schlußprotokolls zum deutsch-italienischen Doppelbesteuerungsvertrag, wonach die Vermögensteuerpflicht mit Ablauf des Tages, an dem die Wohnsitzverlegung erfolgt, erlischt, auch den abweichenden Bestimmungen des Vermögensteuergesetzes 1934 gegenüber durchzuführen ist. Hiernach ist die Verpflichtung zur Vermögensteuerzahlung mit Ablauf des Tages der Wohnsitzverlegung fortgefallen. Für die Anwendung des § 15 VStG. 1934 ist bei Eingreifen des deutsch-italienischen Doppelbesteuerungsvertrages kein Raum.

15. Schachtelprivileg.

§ 9 KStG. 1934 Abs. 1 Satz 1 bestimmt:

„Ist eine unbeschränkt steuerpflichtige Kapitalgesellschaft nachweislich seit Beginn des Wirtschaftsjahres ununterbrochen an dem Grund- oder Stammkapital einer anderen unbeschränkt steuerpflichtigen Kapitalgesellschaft in Form von Aktien, Kuxen oder Anteilen mindestens zu einem Viertel unmittelbar beteiligt, so bleiben die auf die Beteiligung entfallenden Gewinnanteile jeder Art außer Ansatz."

(Vgl. hierzu für das KStG. 1925 I A 131/27 vom 4. 11. 1927, StW. 1927 Nr. 768 = S. Bd. 22 S. 144 und I A 336/27 vom 8. 5. 1928, StW. 1928 Nr. 672 = S. Bd. 23 S. 202.) Hierzu hat I A 70/34 vom 30. 7. 1935, StW. 1935 Nr. 550 ausgeführt, daß das Schachtelprivileg dann nicht gegeben sei, wenn die Tochtergesellschaft durch gesetzliche Vorschrift von der Körperschaftsteuer befreit ist. I A 127/36 vom 22. 9. 1936, StW. 1936 Nr. 511 = S. Bd. 40 S. 37, behandelt eine deutsche GmbH., die den auf ihre österreichische Zweigniederlassung entfallenden Gewinn, der der Hauptgewinn der GmbH. war, nach dem Doppelbesteuerungsvertrag in Deutschland nicht zu versteuern brauchte. An ihr waren zwei deutsche Aktiengesellschaften wesentlich beteiligt. Die Entscheidung gewährt den beiden Aktiengesellschaften das Schachtelprivileg, obwohl der Gewinn der GmbH. nicht in vollem Umfang der deutschen Besteuerung unterlag (vgl. hierzu auch oben S. 41).

I A a 145/29 vom 27. 5. 1930, StW. 1930 Nr. 1110 führt folgendes aus: Eine deutsche Muttergesellschaft kann das Schachtelprivileg nicht geltend machen für Gewinnanteile, die ihr von einer Gesellschaft in Danzig zufließen. In den Verordnungen zur Vermeidung der Doppelbesteuerung für Deutschland und Danzig ist keine ausdrückliche Bestimmung enthalten, die in diesen Fällen entgegen der innerstaatlichen Regelung das Schachtelprivileg gewährte. Aus den bisher abgeschlossenen Doppelbesteuerungsverträgen läßt sich ein allgemeiner Grundsatz, der das innerstaatliche Schachtelprivileg international ausdehnte, nicht entnehmen, auch in der Richtung nicht, daß Mutter- und Tochtergesellschaft derart als eine wirtschaftliche Einheit angesehen würde, daß steuerlich die Tochtergesellschaften als Gesellschaften des Staates der Muttergesellschaft gälten. Fehlt es an derartigen Grundsätzen, dann ist die Zubilligung des Schachtelprivilegs ausschließlich eine Angelegenheit des Staates, der die Muttergesellschaft besteuert. Im übrigen gewährt das Danziger Gesetz das Schachtelprivileg ausdrücklich nur für solche Körperschaften, die in Danzig unbeschränkt steuerpflichtig sind. Es wäre also auch die Gegenseitigkeit nicht gewahrt. Vgl. hierzu II Nr. 11 des Abschnittes A.

16. Mindestbesteuerung nach dem Körperschaftsteuergesetz.

In I A 314/36 vom 2. 3. 1937, StW. 1937 Nr. 210 = S. Bd. 41 S. 113 ist ausgesprochen, daß die sachliche Steuerbefreiung gewisser Einkünfte auf Grund eines Doppelbesteuerungsvertrages die Mindestbesteuerung einer aus solchen Einkünften stammenden Gewinnausschüttung gemäß § 17 KStG. nicht ausschließt.

In I A 347/36 vom 25. 5. 1937, StW. 1937 Nr. 370 = S. Bd. 41 S. 255 ist ferner ausgesprochen, daß die Bestimmungen des deutsch-schweizerischen Doppelbesteuerungsvertrags vom 15. 7. 1931 der Mindestbesteuerung beschränkt steuerpflichtiger Gesellschaften nicht entgegenstehen. „Wie für die Körperschaften die Einkünfte aus der Tätigkeit einer Betriebstätte im Deutschen Reich zu ermitteln und welche Steuern für diese Einkünfte zu zahlen sind, ist somit ausschließlich Sache der Gesetzgebung des Deutschen Reichs."

17. Die Betriebstätte im Sinne der Doppelbesteuerungsverträge.

Vgl. hierzu S. 78.

18. Geschäftsleitung im Sinne der Doppelbesteuerungsverträge.

Vgl. S. 88 und 90.

19. Organgesellschaft im Rechte der Doppelbesteuerungsverträge.

Vgl. S. 90 und 93.

Abschnitt C.

Die einzelnen Doppelbesteuerungsverträge.

Einleitung.

Wie bereits in den Abschnitten A und B eingehend dargelegt ist, haben die Doppelbesteuerungsverträge den Zweck, das innerstaatliche Steuerrecht der beiden Vertragsstaaten auszugleichen und zu beschränken. Keineswegs aber kommt ihnen die Bedeutung zu, das innerstaatliche Steuerrecht zu begründen oder gar zu erweitern Das muß notwendigerweise zunächst zur Fragestellung führen, ob nach innerstaatlichem Steuerrecht ein Steueranspruch überhaupt besteht. Erst wenn diese Frage bejaht wird, treten die Steuerabkommen in Funktion.

Das deutsche Steuerrecht unterscheidet auf dem Gebiete der Besteuerung der Einkünfte und des Vermögens eine unbeschränkte und beschränkte Steuerpflicht.

1. Nach § 1 Abs. 1 EStG. sind unbeschränkt steuerpflichtig alle natürlichen Personen, die im Inlande ihren Wohnsitz oder gewöhnlichen Aufenthalt haben. Das Körperschaftsteuergesetz erklärt in seinem § 1 für unbeschränkt körperschaftsteuerpflichtig diejenigen Körperschaften, Personenvereinigungen usw., die ihre Geschäftsleitung oder ihren Sitz im Inlande haben. Das Vermögensteuergesetz unterwirft endlich in seinem § 1 Abs. 1 der unbeschränkten Vermögensteuerpflicht a) alle natürlichen Personen, die im Inlande ihren Wohnsitz oder gewöhnlichen Aufenthalt haben; b) die dort genannten Körperschaften, Personenvereinigungen usw., die ihre Geschäftsleitung oder ihren Sitz im Inlande haben.

Die unbeschränkte Steuerpflicht erstreckt sich nach § 1 Abs. 1 EStG. und § 1 Abs. 2 KStG. auf sämtliche Einkünfte, also auch auf diejenigen, die im Auslande erzielt werden. Entsprechendes gilt gemäß § 1 Abs. 2 VStG., wonach das Gesamtvermögen der Vermögensteuer unterworfen ist.

Für das innerdeutsche Steuerrecht ist demnach die Frage der

Staatsangehörigkeit, die bei der Anwendung der Doppelbesteuerungsverträge eine so gewichtige Rolle spielt, ohne jeden Belang. Maßgebend für die Begründung der unbeschränkten Steuerpflicht ist lediglich der Wohnsitz oder gewöhnliche Aufenthalt (vgl. hierzu §§ 13, 14 StAnpG.) und bei juristischen oder wesensgleichen Personen der Ort der Geschäftsleitung oder der Sitz (vgl. hierzu § 15 StAnpG. sowie die Darlegungen unter Abschnitt B B V 1—5).

2. Natürliche oder juristische Personen, die im Inlande weder Wohnsitz, Aufenthalt, Geschäftsleitung oder Sitz haben, sind nun aber nicht etwa überhaupt steuerfrei. Sie unterliegen vielmehr der beschränkten Steuerpflicht. Die beschränkte Steuerpflicht ist im Abschnitt B unter B II eingehend erörtert worden. Es kann daher auf diese Darlegung an dieser Stelle bezug genommen werden.

3. Der deutschen Gewerbesteuer unterliegen nach dem Gewerbesteuergesetz vom 1. 12. 1936 gemäß § 2 alle stehenden Gewerbebetriebe, die im Inlande betrieben werden. Ein Gewerbebetrieb gilt als im Inlande betrieben, soweit für ihn im Inlande oder auf einem in einem inländischen Schiffsregister eingetragenen Kauffahrteischiffe eine Betriebstätte unterhalten wird. Zu beachten ist dabei, daß nach § 9 Ziff. 3 GewStG. der der gewerblichen Besteuerung unterliegende Gewinn eines Unternehmens mit einer ausländischen Betriebsstätte um den Gewerbeertrag gekürzt wird, der auf diese Betriebstätte entfällt.

Nach dem deutschen Grundsteuergesetz vom 1. 12. 1936 unterliegt weiter jeder Grundbesitz, der im Inlande belegen ist, einer Grundsteuer, die den Gemeinden zusteht.

4. Bei den Erörterungen über die praktische Ausgestaltung der unbeschränkten und beschränkten Steuerpflicht auf dem Gebiete der Personalsteuern hat die Frage der Einführung einer Pauschalbesteuerung beim Übergange von der beschränkten zur unbeschränkten Steuerpflicht wegen der im Einzelfalle damit oft verbundenen außerordentlichen Steigerung der Steuersumme eine große Rolle gespielt. Die Möglichkeit einer solchen Pauschalbesteuerung ist sowohl im EStG. (§ 31) und KStG. (§ 20) als auch im VStG. (§ 10 Abs. 1) vorgesehen. Vgl. auch § 39 LStDVO.

Hiernach kann der RFM. bei Personen, die durch Zuzug aus dem Auslande unbeschränkt steuerpflichtig werden, bis zur Dauer von 10 Jahren seit Begründung der unbeschränkten Steuerpflicht die Einkommensteuer in einem Pauschalbetrage festsetzen. Entsprechendes gilt für die Körperschaft- und Vermögensteuer. Daß den natürlichen und juristischen Personen, die aus persönlichen oder geschäftlichen Gründen ihren Wohnsitz oder Sitz ins Inland verlegen oder verlegen müssen, durch eine solche Maßnahme der deutschen Veranlagungsbehörden der Übergang von der beschränkten zur unbeschränkten Steuerpflicht entschieden erleichtert werden kann, liegt auf der Hand. Durch die Möglichkeit einer solchen Pauschalbesteuerung können nicht nur subjektive, sondern auch sachliche Momente, die insbesondere auf dem Gebiete der Doppelbesteuerung gelegen sein können, eine gebührende Berücksichtigung erfahren. Im übrigen ist bei der Festsetzung des Pauschbetrages die Zustimmung des Steuerpflichtigen nicht erforderlich.

Die Möglichkeit einer Pauschalbesteuerung ist schließlich auch noch im deutschen Gewerbesteuergesetz vom 1. 12. 1936 durch § 15 geschaffen und zwar für die Fälle, in denen die Einkommen- oder Körperschaftsteuer bereits durch Pauschalbeträge abgegolten sind. Über die Anwendung des § 30 EStG. 1938 insbesondere beim Eingreifen eines Doppelbesteuerungsvertrages s. C Nr. 6 des Abschnittes B.

5. Wie vorstehend dargelegt, können also auch Ausländer und ausländische Unternehmungen der unbeschränkten oder beschränkten Steuerpflicht unterliegen. Das kann namentlich im Falle der unbeschränkten Steuerpflicht zu außerordentlichen Härten führen, da hier ja auch die ausländischen Einkünfte und das Auslandvermögen mit in die Besteuerung einbezogen werden. Diese Härten billigerweise auszugleichen, dient das Doppelbesteuerungsrecht der Staatsverträge, die Deutschland mit anderen Staaten abgeschlossen hat, genau so, wie es dem Ausgleich von Härten bei Inländern dient. Sind in einem Doppelbesteuerungsvertrag gewisse Einkünfte und Vermögen in einem Vertragsstaate von der unbeschränkten Steuerpflicht befreit, so können sie in diesem Staate auch nicht unter dem Gesichtspunkte der beschränkten Steuerpflicht erfaßt werden. Wo ein Doppelbesteuerungsvertrag zwischen Deutschland und einem anderen Staate fehlt, bleibt es bei den Steuerbestimmungen der deutschen Gesetze.

Andernfalls ist zunächst zu prüfen, ob der Steuerfall nach deutschem innerstaatlichen Steuerrecht überhaupt der Besteuerung unterliegt. Erst wenn dies zu bejahen ist, ist zu untersuchen, ob etwas anderes Rechtens ist. Darüber siehe die folgenden Darlegungen.

1. Vertrag

zwischen dem Deutschen Reiche und der Tschechoslowakischen Republik zur Ausgleichung der in- und ausländischen Besteuerung, insbesondere zur Vermeidung der Doppelbesteuerung auf dem Gebiete der direkten Steuern.

Art. I.

Deutsche Staatsangehörige oder Angehörige der Tschechoslowakischen Republik sollen, soweit nicht in den folgenden Artikeln etwas anderes vereinbart ist, zu den direkten Steuern nur in dem Staate herangezogen werden, in welchem sie ihren Wohnsitz und in Ermangelung eines solchen ihren Aufenthalt haben.

Ist in beiden Staaten ein Wohnsitz begründet, so werden sie nur in dem Staate zu den direkten Steuern herangezogen, dessen Staatsangehörigkeit sie besitzen. Bei Personen, die in beiden oder in keinem der beteiligten Staaten die Staatsangehörigkeit besitzen sollten, bleibt besondere Vereinbarung vorbehalten.

Einen Wohnsitz im Sinne dieses Vertrages hat jemand da, wo er eine Wohnung unter Umständen innehat, die auf die Absicht der Beibehaltung einer solchen schließen lassen.

Einen Aufenthalt im Sinne dieses Vertrages hat jemand da, wo er sich unter Umständen aufhält, die auf die Absicht schließen lassen, an diesem Ort oder in diesem Lande nicht nur vorübergehend zu verweilen.

1. Das Abkommen findet also, soweit physische Personen in Betracht kommen, nur auf deutsche oder tschechoslowakische Staatsangehörige Anwendung. Personen mit einer anderen Staatsangehörigkeit unterliegen demnach der uneingeschränkten Steuerhoheit der Vertragsstaaten, es sei denn, daß auch hier zwischenstaatlich eine abweichende Regelung vereinbart ist.

Hieraus folgt, daß keiner der Vertragsstaaten eine Intervention des anderen für Angehörige eines dritten Staates zu dulden braucht, selbst wenn diese als Schutzunterworfene, d. h. persönlich oder dinglich als der Interessensphäre eines Vertragsstaates angehörend zu gelten haben. Diese Folgerung entspricht dem zwingenden Recht des Abkommens, wiewohl sie wie in StW. 1925 S. 1038 mit Recht ausgeführt wird, weder für das internationale Steuerrecht folgerichtig noch allgemein steuerrechtlich geboten erscheint, denn so wenig man völkerrechtlich die Staatsangehörigkeit als Grundlage des Besteuerungsrechts an sich betrachtet, so wenig ist die Steuerhoheit eines Staates selbst auf die Staatsangehörigkeit beschränkt.

Da die Anwendung des deutsch-tschechischen Abkommens also auf Personen mit deutscher oder tschechischer Staatsangehörigkeit beschränkt ist, scheidet es aus 1. für Personen mit einer anderen Staatsangehörigkeit, 2. für Staatenlose soweit nicht Art. I Abs. 2 des Abkommens eingreift. Das gilt für diese beiden Personenkategorien selbst dann, wenn sie als Schutzunterworfene eines der Vertragsstaaten zu gelten haben. Vgl. hierzu II Nr. 1 des Abschnittes A. Wegen der juristischen Personen s. Art. VII.

2. Der Begriff der direkten Steuern wird von der Wissenschaft fast einmütig abgelehnt. Auch die deutsche Gesetzessprache bedient sich seiner nicht mehr. Da es aber einerseits an international brauchbaren Abmarkungen der einzelnen Steuerarten fehlt, andererseits das ausländische Steuerrecht den Begriff mit Vorliebe verwendet, ist er beibehalten worden. Zur Vermeidung von Mißverständnissen ist aber in den meisten Abkommen, namentlich in den Schlußprotokollen, ausdrücklich festgelegt, was unter direkten Steuern zu verstehen ist (vgl. Anmerkungen Nr. 1 des Schlußprotokolls).

Zu beachten ist aber stets, daß der Inhalt des Abkommens maßgebend ist, daß also wissenschaftliche Erörterungen gegenüber den Festlegungen der Steuerverträge auszuscheiden haben. Vgl. im übrigen zum Begriffe der direkten Steuern II Nr. 4 des Abschnittes A.

3. Wohnsitz. Maßgebend für seine Bestimmung ist Art. I Abs. 3, der sich nicht ganz mit der Begriffsbestimmung des § 13 StAnpG. deckt. Nach § 13 StAnpG. hat jemand einen Wohnsitz im Sinne der Steuergesetze dort, wo er eine Wohnung inne hat, unter Umständen, die darauf schließen lassen, daß er die Wohnung beibehalten und benutzen wird. Die Änderung, welche die Fassung des StAnpG. gegenüber der AO. von 1931 gebracht hat, soll zum Ausdruck bringen, daß es nach dem StAnpG. lediglich auf den äußeren Tatbestand ankommt. Für die Auslegung des Wohnsitzbegriffes des Abkommens ist allein Art. I Abs. 3 des Abkommens maßgebend. Da dieser dem § 62 der früheren AO. entspricht, hat die frühere Rechtsprechung des RFH. zum Wohnsitzbegriff ihre Bedeutung für die Auslegung des Abkommens beibehalten (vgl. RFH. vom 24. 6. 1936 IV A 39/36). Im übrigen s. hierzu die eingehenden Darlegungen zum Wohnsitzbegriffe unter B V Nr. 1 des Abschnittes B, wo nachgewiesen ist, daß sich die praktische Handhabung des Wohnsitzbegriffes nach Doppelbesteuerungsrecht im großen und ganzen doch mit der Rechtsprechung zu § 13 StAnpG. deckt.

4. Aufenthalt. Was unter Anm. Nr. 3 bezüglich des § 13 StAnpG. gesagt ist, gilt auch für § 14 StAnpG. Gemeint ist in Art. I Abs. 4 der dauernde Aufenthalt im Sinne der früheren AO. (§ 63). — Auch hier hat die frühere Rechtsprechung des RFH. zu § 63 der alten AO., soweit sie nicht durch die Entwicklung der Rechtsprechung überholt ist, ihre Bedeutung beibehalten. Vgl. hierzu die eingehenden Darlegungen unter B. V Nr. 2 des Abschnittes B.

5. Bei doppeltem Wohnsitz im Inlande und in der Tschechoslowakei entscheidet die Staatsangehörigkeit. Ist auch doppelte Staatsangehörigkeit vorhanden, oder kommt ein Staatenloser oder Angehöriger eines dritten Staates in Betracht, so soll gegebenen Falles eine Sonderabmachung entscheiden, die auch für die Steuerbehörden der Vertragsstaaten verbindlich ist (Art. I Abs. 2). Zweifel können entstehen: Trifft Wohnsitz mit dauerndem Aufenthalt zusammen, so entscheidet der Wohnsitz. (Wirkung des stärkeren Begriffes.) Bei lediglich dauerndem Aufenthalt in beiden Vertragsstaaten ist die Frage wie bei doppeltem Wohnsitz zu lösen.

6. Es kann bei der Natur des Steuerabkommens keinem Zweifel unterliegen, daß für die Frage der Bestimmung von Staatsangehörigkeit, Wohnsitz und Aufenthalt die innerstaatlichen Behörden zuständig sind. An deren Entscheidungen sind die Vertragsstaaten gebunden, ohne daß es

ihnen rechtlich möglich wäre, die Entscheidung des anderen Staates oder deren Rechtsprechung zu mißachten. Eine Bestimmung, daß im Falle divergenter Auffassungen der Behörden beider Vertragsstaaten eine gegenseitige Verständigung erfolgen soll — wie z. B. im Schlußprotokoll zum Erbschaftssteuerabkommen mit der Tschechoslowakei vorgesehen ist — fehlt zwar, erscheint aber aus dem Geiste des Vertrages entsprechend anwendbar. Vgl. hiezu II Nr. 13 des Abschnittes A.

Art. II.

Grundstücke und Gebäude sowie das Einkommen daraus sollen nur in dem Staate zu den direkten Steuern herangezogen werden, in welchem sie belegen sind.

Hypothekenforderungen und Einkommen daraus fallen nicht unter Abs. 1, sondern werden als Kapitalvermögen und Einkommen daraus angesehen.

1. Das Recht des Wohnsitzstaates auf die allgemeine Einkommens- und Vermögensbesteuerung wird in den zwischenstaatlichen Steuerabkommen zugunsten des anderen Vertragspartners eingeschränkt so zwar, daß das gebundene, d. h. der Wirtschaftssphäre eines Staates angehörende Gut dort besteuert wird, wo es belegen ist oder wirtschaftlich hingehört.

Keine Schwierigkeiten bereiten die Fälle, in denen das in einem der Vertragsstaaten liegende Grundvermögen nicht zum gewerblichen Vermögen ihres Inhabers gehört. Es kann keinem Zweifel unterliegen, daß Grundvermögen, soweit es nicht zum gewerblichen Betriebsvermögen gehört, insbesondere also auch das land- und forstwirtschaftlich genutzte Grundvermögen nur im Belegenheitsstaate erfaßt werden kann.

Wie liegt der Fall aber, wenn das Grundvermögen zum gewerblichen Betriebsvermögen seines Inhabers gehört?

Nach Art. III soll das Einkommen aus Gewerbebetrieb nur dort zu den direkten Steuern herangezogen werden, wo eine Betriebsstätte zur Ausübung eines stehenden Gewerbes unterhalten wird. Es ist aber sehr wohl möglich, daß Grundstücke (etwa als reine Vermögensanlage) zu einem gewerblichen Betriebsvermögen zu rechnen sind, ohne daß für dieses im Belegenheitsstaate eine Betriebsstätte besteht. Für diesen Fall hat das deutsch-österreichische Abkommen Vorsorge getroffen, indem dieses die Belegenheit des Grundstückes selbst dann entscheiden läßt, wenn das Grundstück einem in dem anderen Staate betriebenen Gewerbe dient.

Im deutsch-tschechischen Abkommen fehlt eine solche Bestimmung, so daß leicht angenommen werden könnte, daß solche Grundstücke, die im Inlande belegen, aber dem im anderen Staate ausgeübten Gewerbebetriebe zuzurechnen sind, nicht der inländischen Besteuerung unterliegen. Aus der Absicht der Vertragsstaaten, das radizierte Grundvermögen überhaupt im Belegenheitsstaate zu erfassen, muß jedoch gefolgert werden, daß die Sondervorschrift im deutsch-österreichischen Abkommen einen allgemeinen Rechtsgedanken wiedergibt, so daß solche Grundstücke stets der Besteuerung im Belegenheitsstaate unterliegen, z. B. ein in Deutschland belegenes Landgut eines tschechischen Unternehmens. Ebenso StW. 1925 S. 1038 und StW. 1935 S. 295 ff.

2. Ob es sich um Grundstücke und Gebäude handelt, ist im Zweifel nach innerstaatlichem Recht zu beurteilen. Man wird nicht fehlgehen, darunter auch die grundstücksgleichen Rechte wie Erbbau- und Erbpachtrecht usw. zu verstehen. Daß wesentliche Bestandteile und Zubehör (§§ 93—98 BGB.) hierhin gehören, ist aus der wirtschaftlichen Gebundenheit dieser Gegenstände an das Grundstück zu folgern.

3. Als Einkommen aus Grundstücken und Gebäuden gelten sowohl die Sach- wie Rechtsfrüchte sowie Einkünfte aus Spekulationsgeschäften mit Grundstücken. Vgl. im übrigen hierzu Nr. 2 Schlußprotokoll zum deutsch-italienischen Vertrage.

4. Nach Art. II Abs. 2 fallen Hypothekenforderungen und das Einkommen daraus nicht unter Abs. 1, sondern gelten als Kapitalvermögen und Einkommen daraus. Fallen die Einkünfte daraus innerhalb eines gewerblichen Betriebes an, so gilt Art. III, andernfalls Art. I. Siehe auch Art. VIII Abs. 2.

Auch Grund- und Rentenschulden, Dienstbarkeiten, Reallasten und sonstige eigentumbegrenzenden Grundstücksrechte können nicht zum unbeweglichen Vermögen gerechnet werden. Sind diese Rechte und Einkünfte daraus nach dem innerstaatlichen Steuerrechte der Vertragsstaaten der direkten Besteuerung überhaupt unterworfen, so gelten die allgemeinen Verteilungsgrundsätze des Abkommens.

Eine Ausnahme muß aber wohl für das Nießbrauchrecht an einem Grundstücke zugestanden werden, da dieses Nutzungsrecht kraft seines universellen Charakters der Nutzung auf Grund des Eigentums gleichzustellen ist. Vgl. auch Becker, Einkommensteuergesetz I S. 58.

Art. III.

Der Gewerbebetrieb sowie das Einkommen daraus sollen nur in dem Staate zu den direkten Steuern herangezogen werden, in welchem eine Betriebstätte zur Ausübung eines stehenden Gewerbes unterhalten wird.

Als Betriebstätten gelten: Zweigniederlassungen, Fabrikationsstätten, Ein- und Verkaufsstellen, Niederlagen, Kontore und sonstige zur Ausübung des Gewerbes durch den Unternehmer selbst, dessen Geschäftsteilhaber, Prokuristen oder andere ständige Vertreter unterhaltene Geschäftseinrichtungen.

Befinden sich Betriebstätten desselben gewerblichen Unternehmens in beiden Gebieten, so soll die Heranziehung zu den direkten Steuern in jedem Gebiete nur nach Maßgabe des von den inländischen Betriebstätten aus stattfindenden Betriebs erfolgen.

Die vorstehenden Bestimmungen beziehen sich nicht auf die Besteuerung des Hausier- und Wandergewerbes.

1. Die Fragen, ob überhaupt ein Gewerbebetrieb oder eine gewerbliche Tätigkeit vorliegt, und was als gewerbliches Einkommen zu gelten hat, werden die deutschen Behörden in der Regel nach innerstaatlichem Recht

beurteilen, es sei denn, daß diese Fragen in dem jeweiligen Abkommen selbst ausdrücklich oder stillschweigend geregelt sind. Eine solche Regelung geht dem innerstaatlichen Steuerrecht stets vor. Siehe im übrigen hierzu C Nr. 4 des Abschnittes B.

Unter gewerblicher Tätigkeit ist im Inlande jede berufsmäßige nach einer gewissen Technik sich vollziehende fortgesetzte Tätigkeit zum Zwecke der Gewinnerzielung zu verstehen. (RFH. 14, 144), mit Ausnahme der Land- und Forstwirtschaft sowie der freien Berufe. Eine gewerbliche Tätigkeit wird auch dann im Inlande ausgeübt, wenn sie lediglich vom Auslande aus im Inlande wirksam wird, es sei denn, daß diese Tätigkeit sich nur auf das Ausland beschränkt (RFH. 32, 294).

Der Art. III bezieht sich nur auf das stehende Gewerbe, nicht auf das Hausier- und Wandergewerbe. Für dieses gilt Art. I. Siehe aber auch Art. V und den dort mitgeteilten Art. XVII des Wirtschaftsabkommens mit der Tschechoslowakei.

2. Welcher Gewerbebetrieb fällt nun unter Art. III?

Die Frage, ob es sich um einen deutschen oder tschechischen Gewerbebetrieb handelt, kann zu nicht unerheblichen Schwierigkeiten führen. Diese Schwierigkeiten sind um so größer, als einerseits von einer Systematik in der Fassung der einzelnen Staatsverträge, die Deutschland mit anderen Staaten geschlossen hat, keine Rede sein kann, andererseits die Rechtsprechung bislang kein ergiebiges Feld gefunden hat.

Man wird zunächst alle Einzelgewerbetreibenden deutscher oder tschechischer Staatsangehörigkeit als der Wohltaten des Abkommens teilhaftig ansehen müssen, so zwar, daß als Voraussetzung der Anwendung des Art. III auf diese Personen ihre deutsche oder tschechische Staatsangehörigkeit zu gelten hat. Es kann nach Sinn und Fassung des Abkommens aus den Worten „der Gewerbebetrieb und das Einkommen daraus" nicht etwa geschlossen werden, daß der Gewerbebetrieb in Art. III als sachliches Merkmal verwandt ist. Ein Belgier, der in Deutschland seinen Wohnsitz, in der Tschechoslowakei aber seine gewerbliche Niederlassung hat, unterliegt also auch mit diesem Gewerbebetriebe der unbeschränkten deutschen Steuerpflicht. Wie verhält es sich aber in den Fällen, in denen am Gewerbebetriebe Mehrere beteiligt sind?

Hier ist zu unterscheiden zwischen gewerblichen Unternehmungen ohne und mit Rechtspersönlichkeit. Nach Art. VII gelten die Art. II und III auch für nicht physische, also juristische Personen.

a) Bei gewerblichen Vereinigungen ohne Rechtspersönlichkeit (bürgerlich-rechtlichen oder handelsrechtlichen Gesellschaften) ist zu prüfen, ob die Gesellschaft als solche oder lediglich die Gesellschafter der Steuerpflicht unterliegen. Ist das letztere der Fall, wie z. B. in Deutschland bei den nicht rechtsfähigen Gesellschaften des bürgerlichen oder Handelsrechts, bei denen lediglich eine gemeinschaftliche Feststellung des Gewinnes und Vermögens erfolgt, im übrigen aber die Gesellschafter selbst zur Steuer herangezogen werden, so findet in erster Linie Art. I Anwendung. Das Steuerabkommen bezieht sich hier also nur auf diejenigen Gesellschafter, die die deutsche oder tschechische Staatsangehörigkeit besitzen. Mit ihren gewerblichen Einkünften sind sie zu den direkten Steuern im anderen Staate nur heranzuziehen, wenn das ertragspendende Gewerbe in diesem Staate eine Betriebsstätte unterhält. Die übrigen Gesellschafter unterliegen den allgemeinen Steuernormen, soweit nicht ein anderes Steuerabkommen eingreift. Unterliegt die Gesellschaft als solche der Besteuerung, so sind die Grundsätze unter b anzuwenden.

b) Bei den Unternehmen mit eigener Rechtspersönlichkeit kommt es darauf an, ob sie nach innerstaatlichem Recht als deutsche oder tschechische Unternehmen zu gelten haben. Grundsätzlich ist deutsches Recht zur Anwendung zu bringen. Das schließt aber nicht aus, daß für die Auslegung privat- und öffentlich-rechtlicher Begriffe die ausländischen Rechtssätze mit herangezogen werden. Entspricht es doch einem alten deutschen Gewohnheitsrecht, daß die nach ausländischem Rechte begründete Rechtsfähigkeit von Personenvereinigungen und Vermögensmassen auch im Inlande anzuerkennen ist, soweit dem nicht zwingende deutsche Vorschriften entgegenstehen. Die Staatsangehörigkeit der Gesellschafter ist hier belanglos. Vgl. hierzu Art. VII und StW. 1928 Nr. 791 = S. 24, 69.

Es muß sich zum mindesten um ein wirtschaftlich selbständiges Gebilde handeln, dessen wirtschaftlicher Mittelpunkt in einem der Vertragsstaaten liegt und das betriebswirtschaftlich in der Durchführung der Gesellschaftszwecke unabhängig ist. Unter diesem Gesichtswinkel können auch sog. Repräsentanzen oder Zweigniederlassungen steuerlich selbständig erscheinen, selbst wenn sie als Bestandteile einer juristischen Körperschaft mit Sitz in einem dritten Staate in die Erscheinung treten. Hiernach würde also z. B. die im Handelsregister eingetragene inländische „Zweigniederlassung" einer tschechischen Erwerbsgesellschaft steuerlich rechtsfähig sein können, vorausgesetzt, daß sie unabhängig und wirtschaftlich selbständig ist (vgl. hierzu RFH. vom 10. 12. 1936; III A 157/36 = RStBl. 1937/452). Wegen der Anwendung der Organtheorie und des Schachtelprivileges auf das Abkommen siehe II Nr. 11 des Abschnittes A und C, Nr. 14 und 18 des Abschnittes B.

3. Die Aufzählung der einzelnen Betriebsstätteformen gibt lediglich Beispiele. Wesentlich ist, daß es sich um feste Geschäftseinrichtungen handelt, daß also der Gewerbebetrieb an irgendeine sachliche Unterlage mit der für den Betrieb erforderlichen Ausstattung angeknüpft sein muß. Vgl. hierzu die eingehenden Darlegungen unter B. V Nr. 3 des Abschnittes B.

4. Was im einzelnen zu den Einkünften aus Gewerbebetrieb gehört entscheidet, wie bereits vorher dargelegt, in erster Linie das Vertragsrecht. Es gehören dahin insbesondere die Einkünfte aus der Beteiligung an einer offenen Handelsgesellschaft, Kommanditgesellschaft und jeder anderen Gesellschaft, bei der die Gesellschafter als Unternehmer oder Mitunternehmer anzusehen sind (bürgerliche Gesellschaft, stille Gesellschaft [unter Beteiligung am Gesellschaftsvermögen]). Vgl. hierüber §§ 15—16 EStG. Auch Kredite eines Gesellschafters an seine Gesellschaft können sich als Beteiligungen, die Einkünfte daraus also als solche gewerblicher Natur darstellen (RFH. vom 27. 7. 1937 VI A 432/37 = S. 42, 35. Dagegen unterliegen die Einkünfte aus der Beteiligung an einer Aktiengesellschaft, GmbH. oder typischen stillen Gesellschaft (Beteiligung nur am Geschäftserfolg) als Einkünfte aus Kapitalvermögen (§ 20 EStG.) der Besteuerung des Art. I, soweit sie sich nicht als gewerbliche darstellen. Hierbei ist nämlich zu beachten, daß etwaige Regelungen dieser Materie in Staatsverträgen den Vorrang vor §§ 1 Abs. 2 EStG. und 2 KStG. haben (vgl. RFH. 35, 114 bezüglich des deutsch-italienischen Abkommens). Die in dieser Entscheidung begründete Steuerpflicht eines Italieners aus Beteiligungsgewinn an einer inländischen GmbH. ist dort nur aus den Sonderbestimmungen des Art. 3 in Verbindung mit Art. 5 zu folgern. Eine

Beteiligung eines Tschechen an einer inländischen GmbH. unterliegt mangels dieser Sonderbestimmungen nicht der inländischen Besteuerung, da die Einkünfte aus der Beteiligung an einer GmbH., wie vorher dargelegt, hier als Einkünfte aus Kapitalvermögen gelten und der Besteuerung durch den Wohnsitzstaat unterliegen. Dagegen würden die Einkünfte aus der Beteiligung einer tschechischen Körperschaft an einer deutschen GmbH. der deutschen beschränkten Steuerpflicht unterliegen. Argument aus Art. VII, wonach nur die Bestimmungen der Art. II und III auf juristische Personen Anwendung finden: RFH. vom 26. 10. 1937, I 355/37 = S. 42, 204. Vgl. hierzu aber die Ausführungen unter C Nr. 5 des Abschnittes B. Aus dieser Entscheidung kann aber nicht etwa geschlossen werden, daß der Gewinn einer solchen Körperschaft aus der Veräußerung einer deutschen wesentlichen GmbH.-Beteiligung Kapitaleinkommen darstellt. Er ist vielmehr gewerbliches Einkommen der Körperschaft. Der Gewinn eines tschechischen Einzelgewerbetreibenden aus einer wesentlichen deutschen GmbH.-Beteiligung ist in Deutschland aber steuerfrei zu lassen. S. hierzu auch RFH. vom 28. 4. 1937 VI A 517/37 = StW. 1937 Nr. 320. Dieser Entscheidung kann insoweit nicht gefolgt werden, als sie auch nach Doppelbesteuerungsrecht Einkünfte eines Privatmannes aus einer wesentlichen Aktienbeteiligung als gewerbliche anspricht. Vgl. im übrigen hierzu II Nr. 8 b des Abschnittes A und C Nr. 4 des Abschnittes B.

5. Aus der Rechtsprechung:

Aufsichtsratsvergütungen, die von einer inländischen Gesellschaft aus dem Gewinne ihrer tschechischen Zweigniederlassung gezahlt sind, sind im Inlande der Mindestbesteuerung unterworfen. (RFH. 34, 132), denn nach Ziff. 2 zu A des Schlußprotokolls soll die Sonderbesteuerung der Tantiemen durch dieses Abkommen nicht berührt werden. Das gilt selbst dann, wenn die Tantiemesteuer sich äußerlich als direkte Steuer darstellt. Die Mindestbesteuerung in § 17 KStG. stellt ihrer Entwickelung und Natur nach inhaltlich eine Tantiemebesteuerung dar. Zur Begründung kann auch auf die Mustersatzung der Entwürfe für Doppelbesteuerungsabkommen des Völkerbundes hingewiesen werden (Völkerbundsdrucksachen G 562/M 178 1928 II).

Zu § 17 Abs. 1 Ziff. 1 KStG. 1934: Die sachliche Steuerbefreiung bestimmter Einkünfte auf Grund von Doppelbesteuerungsabkommen schließt die Mindestbesteuerung einer aus solchen Einkünften stammenden Gewinnausschüttung nicht aus (RFH. vom 2. 3. 1937, I A 314/36). Für die Sonderbesteuerung der Tantiemen ist es im übrigen unerheblich, ob die Steuerpflicht den Geber oder Empfänger trifft, denn dieser Umstand liegt im Rahmen der äußeren Gestaltung der Steuer begründet. Auch die im Steuerabzugsverfahren vom Empfänger zu erhebende Tantiemesteuer unterliegt daher der Sonderbesteuerung. Vgl. im übrigen hierzu Anm. 1 zu Nr. 2 des Schlußprotokolls.

Die Verpachtung eines gewerblichen Betriebs oder eines selbständigen Teiles eines solchen stellt nach deutschem Steuerrecht eine gewerbliche Betätigung im Sinne des § 15 EStG. nur dar, wenn die Verpachtung innerhalb eines vom Verpächter selbst noch unterhaltenen Gewerbebetriebes erfolgt, oder die Tätigkeit des Verpächters während der Vertragsdauer über das bloße Verpachten hinausgeht und eine laufende Verwaltungsarbeit von solchem Ausmaße darstellt, daß sie als gewerbliche Tätigkeit erscheint (RFH. vom 24. 3. 1937, VI A 495/36 = RStBl. 1937, 939). Ob nach dem Sinn des Abkommens Einkünfte aus der Verpachtung eines Gewerbebetriebes nicht als gewerbliche Einkünfte nach Doppelbesteuerungsrecht anzusehen sind, kann dahingestellt werden, da es jedenfalls in der Regel an einer Betriebsstätte fehlen würde. Soweit sich diese Einkünfte aber als Einkünfte aus Grundvermögen darstellen, greift Art. II ein.

Verluste aus einer tschechischen Betriebstätte eines deutschen Unternehmens scheiden für die Besteuerung des Einkommens im Deutschen Reiche aus (RFH. vom 21. 10. 1936 VI A 473/35 = RStBl. 1937, 424).

6. Bei mehreren Betriebsstätten in beiden Vertragsstaaten soll die Heranziehung zu den direkten Steuern nur nach Maßgabe des von den einzelnen Betriebstätten aus stattfindenden Betriebs erfolgen. Da Sonderbestimmungen über eine angemessene Aufteilung des Einkommens oder Vermögens fehlen, sind die wirtschaftlichen Vorgänge beider Betriebstätten sorgfältig darauf zu prüfen, ob sie zur inländischen oder ausländischen Betriebstätte zu rechnen sind, damit jede Möglichkeit des Steuerpflichtigen, die Gewinne in jedem Lande je nach der Mehrbelastung zu verschieben, unterbunden wird. Siehe hierzu Abschnitt A: Grundsätzliche Fragen des Doppelbesteuerungsrechtes II Nr. 7 sowie B II Nr. 2 des Abschnittes B[1]).

7. Da das Hausier- und Wandergewerbe nicht den Bestimmungen des Art. III unterliegt, hat seine Besteuerung nach Art. I zu erfolgen.

Art. IV.

Auf den Erwerb aus wissenschaftlicher, künstlerischer, schriftstellerischer, unterrichtender oder erziehender Tätigkeit, aus der Berufstätigkeit der Ärzte, Rechtsanwälte, Architekten, Ingenieure und der Ausübung anderer freier Berufe finden die Bestimmungen des Art. III nur insoweit Anwendung, als die Ausübung der Berufstätigkeit in dem anderen Staate von einem festen Mittelpunkte (Betriebstätte) aus stattfindet.

1. Die in freien Berufen tätigen Staatsangehörigen beider Vertragsstaaten sollen also nur dann zu den direkten Steuern herangezogen werden, wenn auf sie entweder die Voraussetzungen des Art. I zutreffen, oder wenn sie im Auslande eine Betriebstätte unterhalten. Vgl. hierzu die Bemerkungen zu Art. III Nr. 3. Man wird einen festen Mittelpunkt im Sinne des Art. IV nur annehmen können, wenn der Steuerpflichtige in dem betreffenden Vertragsstaate dauernde Einrichtungen hat, die der Durchführung seiner Erwerbstätigkeit dienen. Ein Sprechzimmer genügt. Dagegen lösen nur gelegentliche Prozeßvertretungen deutscher Anwälte oder gelegentliche Konsultationsbesuche deutscher Ärzte in der Tschechoslowakei die Steuerpflicht in dem Besuchstaate noch nicht aus.

Im übrigen unterliegt das Arbeitseinkommen allgemein der Besteuerung des Wohnsitzstaates (Schlußprotokoll Nr. 3). Wegen der Unterhalts- oder Studiengelder der Studenten siehe Schlußprotokoll Nr. 5 Abs. 2.

Art. V.

Die Vorschriften im Art. XVII des Wirtschaftsabkommens vom 29. Juni 1920 bleiben unberührt.

[1]) Vgl. auch Anm. Nr. 2 zu Art. 3 des deutsch-französischen Abkommens.

Der Art. XVII des genannten Abkommens (RGBl. 1920 S. 2227) hat folgenden Wortlaut:

„Kaufleute, Fabrikanten und andere Gewerbetreibende, welche sich darüber ausweisen, daß sie in dem Staate, wo sie ihren Wohnsitz haben, die gesetzlichen Abgaben für das von ihnen betriebene Geschäft entrichten, sollen, wenn sie persönlich oder durch in ihren Diensten stehende Reisende Ankäufe machen oder Bestellungen nur unter Mitführung von Mustern suchen, in dem Gebiete des anderen Teiles keine weitere Abgabe hierfür zu entrichten verpflichtet sein. Auch soll für die Legitimation der Handlungsreisenden im wechselseitigen Verkehr entsprechend dem seinerzeit geltenden Muster die in der Anlage G enthaltene Legitimationskarte beiderseits in dem früher üblichen Umfange anerkannt werden.

Die Angehörigen des einen Teiles, welche das Frachtfuhrgewerbe, die See- oder Flußschiffahrt zwischen Plätzen verschiedener Staaten betreiben, sollen für diesen Gewerbebetrieb in dem Gebiete des anderen Teiles einer Gewerbesteuer nicht unterworfen werden."

1. Abs. 1 und 2 des vorstehenden Art. XVII des Wirtschaftsabkommens stellt wohl lediglich den Grundsatz des Art. I des Doppelbesteuerungsabkommens hervor. Es ist nicht anzunehmen, daß die Befreiungen auch dann gelten sollen, wenn die einzelnen Personenkategorien im anderen Teile Betriebstätten unterhalten.

2. Nach der Wortfassung (Wohnsitz, Angehörige des anderen Teiles) bezieht sich Art. XVII des Wirtschaftsabkommens nicht unmittelbar auf juristische Personen, sinngemäße Anwendung dürfte aber wohl in Frage kommen.

3. Im übrigen ist unter Gewerbesteuer in Art. XVII Abs. 2 jede Abgabe vom Betriebe zu verstehen.

4. Wegen der Holzhändler siehe die Sonderregelung unter Ziff. 4 zu A des Schlußprotokolls.

Im übrigen siehe zu Art. V die Darlegungen zu II Nr. 15 des Abschnittes A.

Art. VI.

Aus öffentlichen Kassen (Reichs-, Staats-, Landes-, Bezirks-, Gemeindekassen usw.) zahlbare, regelmäßig wiederkehrende Bezüge oder Unterstützungen, die mit Rücksicht auf eine gegenwärtige oder frühere Dienstleistung oder Berufstätigkeit gewährt werden (Besoldungen, Ruhegehälter, Wartegelder, Versorgungsbezüge u. dgl.), sollen nur in dem Staate, aus welchem die Zahlung zu erfolgen hat, zu den direkten Steuern herangezogen werden.

1. Es handelt sich hier um Bezüge aus Dienstverhältnissen mit öffentlichen Behörden. Es fallen also darunter sowohl die Bezüge der Beamten als die solcher Angestellten, die in keinem öffentlich-rechtlichen Dienstverhältnis mit der betreffenden Behörde stehen. Ob auch einmalige Abfindungen dahin gehören, ist nicht besonders geregelt. Da diese Abfindungen aber an Stelle der sonst regelmäßigen Bezüge treten, müssen sie wohl auch unter Art. VI fallen.

2. Die Einkünfte der Beamten und Angestellten aus sonstiger Tätigkeit (schriftstellerischer, künstlerischer usw. Arbeit fallen natürlich nicht unter Art. VI, sondern unter Art. I. Für den Lohn der bei öffentlichen Körperschaften beschäftigter Arbeiter gilt ebenfalls Art. VI, da angenommen werden muß, daß alle aus öffentlichen Kassen für Dienstleistungen nicht vorübergehender Art gezahlten Entgelte durch diese Bestimmung getroffen werden sollten. Der deutsch-italienische Vertrag erwähnt in seinem Art. 7 ausdrücklich auch die Arbeitslöhne.

Art. VII.

Die Bestimmungen des Art. II und des Art. III Abs. 1 bis 3 finden auch auf nichtphysische Personen Anwendung.

1. Vgl. hierzu Anmerkung Nr. 2 zu Art. III. Da die Regelung des Besteuerungsrechtes in Art. VII sich lediglich auf die Art. II und III Abs. 1 bis 3 bezieht (unbewegliches Vermögen, Betriebsvermögen und Einkünfte daraus), gelten hinsichtlich der Besteuerung des übrigen Vermögens und der Einkünfte daraus bei juristischen Personen die Bestimmungen des innerstaatlichen Steuerrechts beider Vertragsstaaten uneingeschränkt weiter, so daß also insoweit eine Doppelbesteuerung nicht ausgeschlossen ist. Vgl. hierzu RFH. vom 26. 10. 1937 I 355/37 = 42, 204 sowie RFH. vom 8. 9. 1928 I A 472/27 = StW. 1928 Nr. 791, wo dargelegt ist, daß, soweit überhaupt von einer staatlichen Zugehörigkeit einer juristischen Person die Rede sein könne, diese durch den Sitz bestimmt werde. Siehe aber auch C Nr. 5 des Abschnittes B.

Art. VIII.

Soweit nach dem deutschen Kapitalertragsteuergesetz vom 29. 3. 1920 (RGBl. S. 345), nach dem dritten Hauptstücke des Personalsteuergesetzes vom 25. 10. 1896 (RGBl. Nr. 220) oder nach den ungarischen Gesetzesartikeln XXII: 1875, und VII: 1883 eine Besteuerung von Zinsen, Gewinnanteilen und anderen Kapitalerträgen an der Quelle stattfindet, steht die Steuer nur dem Staate zu, in dessen Gebiet der Abzug nach den bezeichneten Gesetzen zu bewirken ist. Befindet sich in dem einen Staate die Hauptniederlassung und in dem anderen Staate eine Zweigniederlassung, so ist der Abzug der Steuer von den Zinsen, die im Geschäftsbetriebe der Zweigniederlassung erwachsen, nur zugunsten des Staates zulässig, in dem die Zweigniederlassung belegen ist.

Bei den Zinsen aus Hypothekenforderungen ist nur der Staat zur Erhebung der im Abs. 1 genannten Steuern berechtigt, in dessen Gebiet das belastete Grundstück belegen ist.

1. a) Eine Besteuerung von Zinsen, Gewinnanteilen und anderen Kapitalerträgen an der Quelle findet nach deutschem Steuerrecht nur noch im Rahmen der Kapitalertragbesteuerung statt (§§ 43 EStG., 1 der Kap.-ErtrStDVO. vom 22. 12. 1934). Die hier genannten Kapitalerträge decken sich im wesentlichen mit denen des früheren Kapitalertragsteuergesetzes vom 29. 3. 1920. Nach § 43 Abs. 2 EStG. unterliegen allerdings auch die Einkünfte aus einer Beteiligung an einem Handelsgewerbe als stiller Gesellschafter dem Steuerabzug. Im Kapitalertragsteuergesetz 1920 waren diese Einkünfte nicht besonders erwähnt. Nach § 2 I Nr .4 des früheren Kapitalertragsteuergesetzes unterlagen aber Zinsen aus Forderungen, die auf Grund einer Vereinbarung zu entrichten waren, dem Steuerabzug. Die Einkünfte des stillen Gesellschafters, der sich mit einer Einlage (Darlehen, § 335 HGB.) an einem fremden Unternehmen beteiligt, stellen solche Zinsen dar, denn entweder sind sie zu einem festen Zinssatze ausbedungen, dann greift § 2 Abs. 1 Nr. 4 unmittelbar ein, oder sie fallen als Gewinnanteile unter § 2 Abs. 2 des genannten Gesetzes. (Entgelte oder Vorteile, die neben den Kapitalerträgen des Abs. 1 gewährt werden). So überzeugend RFH. S. 7, 159. Auch die Gewinnanteile eines stillen Gesellschafters fallen mithin unter Art. VIII. Aufsichtsratsvergütungen fallen zwar nicht unter Art. VIII, unterliegen aber gleichwohl nach Ziff. 2 des Schlußprotokolls der Mindestbesteuerung (vgl. hierzu Anm. 4 zu Art. III).

Zu den Genußrechten gehören sowohl die aktien- wie obligationsähnlichen.

Ob die Kapitalerträge im land- und forstwirtschaftlichen, gewerblichen Betriebe oder außerhalb anfallen, ist unerheblich.

b) Zum Begriff der Haupt- und Zweigniederlassung:

Der Gewerbe- oder Handelsbetrieb ist der Oberbegriff, die Niederlassung aber seine Beziehung zu einem bestimmten Ort, von dem aus der Inhaber die den Gegenstand seines Unternehmens bildenden Einzelgeschäfte abschließt. Ein zusammenhängendes Unternehmen kann verschiedene Niederlassungen örtlich getrennt betreiben, von denen die eine als Hauptniederlassung die Oberleitung hat, während die andere die sog. Zweigniederlassung als ihr Bestandteil oder Zubehör von ihr abhängig ist. Der Begriff der Zweigniederlassung (Filiale, Kommandite) erfordert demnach:

Einen von der Hauptniederlassung wirtschaftlich abhängigen, aber doch wenigstens so selbständig organisierten Mittelpunkt eines gewerblichen Geschäftsbetriebes, daß die Niederlassung auf Grund dieses Geschäftsbetriebes auch ohne die Hauptniederlassung existenzfähig wäre. Merkmale: eigene Leitung, Tätigkeit nach außen, Betriebsvermögen, eigene Buchführung.

Nicht hierhin gehören daher z. B. Verkaufsstellen, die zu festen von der Hauptniederlassung bestimmten Preisen verkaufen, Agenturen, die nicht selbständig Verträge abschließen und Betriebsmittel zur Vertragserfüllung besitzen. Auch reine Produktionsstätten usw. sind nicht ausreichend, wiewohl alle diese Einrichtungen unter den Begriff der Betriebsstätte fallen können (vgl. Art. III Anm. 3).

c) Es muß eine räumliche Trennung zwischen den Geschäftsräumen der Haupt- und Zweigniederlassung bestehen.

Die Hauptniederlassung muß die Oberleitung haben, die Betriebsmittel der Zweigniederlassung zur Verfügung stellen und die Überschüsse beziehen, wobei unmaßgeblich ist, ob der Betrieb der Zweigniederlassung den der Hauptniederlassung übertrifft.

Die Inhaberschaft muß bei Haupt- und Zweigniederlassung dieselbe sein. Haben beide Niederlassungen verschiedene Rechtspersönlichkeit, so können, falls sie unabhängig sind, nur Hauptniederlassungen in Frage kommen. Das gilt z. B. von Kommissionslagern. Zu beachten ist hierbei aber, daß nach der ständigen Rechtsprechung des RFH. auch im Sinne der Doppelbesteuerungsverträge eine Zweigniederlassung auch dann gegeben ist, wenn das im Inlande ansässige Unternehmen rechtlich selbständig, aber infolge des wirtschaftlichen, finanziellen und organisatorischen Herrschaftsverhältnisses der ausländischen Obergesellschaft als deren Organ anzusehen ist.

2. Wann Zinsen im Gewerbebetrieb erwachsen, ist Tatfrage: Die Zinsen müssen jedenfalls im Betriebe der Zweigniederlassung anfallen, also mit dem Betriebsvermögen im wirtschaftlichen Zusammenhange stehen.

Bei Zinsen aus Hypothekenforderungen ist nur der Staat, in dessen Gebiet das belastete Grundstück belegen ist, zur Erhebung der im Abs. 1 genannten Steuer befugt. Es muß sich also um Hypothekenzinsen handeln, die dem Steuerabzug unterliegen, was in Deutschland nicht der Fall ist. Sonst fallen sie unter Art. II Abs. 2.

Die Art. IX bis XV beziehen sich auf Gesetze, insbesondere Kriegssteuergesetze der Vertragsstaaten, die durch ihre Verwirklichung erledigt sind.

Art. XVI.

Die Vorschriften der tschechoslowakischen Gesetze über die Besteuerung ruhender Erbschaften finden insoweit keine Anwendung, als für das aus der Erbschaft herrührende Einkommen oder Vermögen der Erwerber in Deutschland nach den Bestimmungen dieses Vertrages unmittelbar zur Steuer herangezogen wird.

Die von der ruhenden Erbschaft entrichtete Steuer ist zu erstatten, sobald das Vorliegen der Voraussetzungen des Abs. 1 feststeht und der Erwerber die Erstattung beantragt.

Die ruhende Erbschaft (hereditas iacens) ist ein bereits vom römischen Recht ausgebildetes Rechtsinstitut, das bis zum Antritt der Erbschaft durch den berufenen Erben die Erbschaft als einheitliche Vermögensmasse bestehen läßt. Die Erbschaftsteuer gehört nach A Nr. 1 des Schlußprotokolls nicht zu den direkten Steuern. Da Deutschland die Besteuerung der ruhenden Erbschaft fremd ist, können also nur die Einkommen- oder Vermögensteuer des Erbschaftserwerbers in Frage kommen. Wenn also Deutschland nach den Bestimmungen dieses Vertrages hier eine Steuer vom Einkommen oder Vermögen aus der Erbschaft erheben sollte, wird eine etwa in der Tschechoslowakei entrichtete Steuer für die ruhende Erbschaft, sobald die Voraussetzungen des Abs. 1 feststehen, d. h. die Rechtskraft der Veranlagung in Deutschland eingetreten ist, auf Antrag des Erbschaftserwerbers erstattet.

Art. XVII.

Die diplomatischen, konsularischen und sonstigen Vertreter der beiden Staaten, sofern diese Vertreter Berufsbeamte sind und außerhalb ihres Amtes im Empfangsstaate keine Erwerbstätigkeit ausüben, sowie die ihnen zugewiesenen Beamten und die in ihrem und ihrer Beamten Dienst stehenden Personen sind von den direkten Steuern im Empfangsstaate befreit. Die Befreiung tritt nur ein, soweit die genannten Personen Angehörige des Entsendestaates sind. Sie erstreckt sich nicht auf die nach Art. II, III und VI zu erhebende sowie auf die im Art. VIII bezeichnete, an der Quelle zu erhebende Steuer, soweit nicht die Gesetze der beiden Staaten zugunsten dieser Personen abweichende Vorschriften enthalten.

1. Wer im einzelnen unter die diplomatischen, konsularischen sowie sonstigen Vertreter eines der beiden Staaten fällt, ist nach dem öffentlichen Recht beider Vertragsstaaten zu beurteilen. Jedenfalls muß der in Frage kommende Vertreter nicht nur vorübergehend mit öffentlich-rechtlichen Aufgaben des Entsendestaates im Empfangstaate irgendwie zu tun haben. Die Vertreter müssen Berufsbeamte sein. Ob das im Einzelfalle zutrifft, ist nach dem inneren Staatsrecht beider Vertragsstaaten zu entscheiden. Nach deutschem Staatsrecht sind z. B. alle im Dienste des Reichs stehenden Konsuln (Berufs- und Wahlkonsuln) Reichsbeamte, nicht dagegen die sog. Konsularagenten. Wahlkonsuln sind aber keine Berufsbeamte, so daß Art. XVII auf sie keine Anwendung findet. Auf sie sind daher die allgemeinen Bestimmungen dieses Abkommens anzuwenden. Insbesondere ist hier Art. VI zu beachten. Mit Einkünften aus gewerblicher Betätigung unterliegen die unter Art. XVII fallenden Vertreter, soweit nicht Art. II oder III eingreift, Art. I.

Die Befreiung wird auf die den Vertretern zugewiesenen Beamten sowie ihr Dienstpersonal ausgedehnt, Voraussetzung ist freilich, daß alle diese Personen die Staatsangehörigkeit des Entsendestaates besitzen. So wäre z. B. ein Angestellter eines deutschen Vertreters in der Tschechoslowakei, der die tschechoslowakische Staatsangehörigkeit besitzen würde, nicht befreit.

2. Bei allen durch Art. XVII bezeichneten Personen unterliegen jedoch Vermögen und Einkünfte der in den Art. II, III, VI und VIII bezeichneten Art bei Vorliegen der dort genannten Voraussetzungen der Besteuerung des Empfangsstaates (vgl. dazu die Anm. bei Art. II, III, VI und VIII).

Soweit die Vertragsstaaten etwa zugunsten aller dieser Personen im innerstaatlichen Steuerrecht weitere Befreiungen zugestanden haben (etwa bei Exterritorialen), behält es hierbei sein Bewenden. Vgl. hierzu § 6 DurchfVO. zur Durchführung des Steuerabzuges vom Arbeitslohn vom 29. 11. 1934 § 6 Ziff. 10. Auch soweit anerkannte Grundsätze des Völkerrechts weitergehende Einschränkungen des Besteuerungsrechtes gewährleisten, bleiben diese unberührt. Es wird auf II Nr. 15 a des einleitenden Aufsatzes: Grundsätzliche Fragen des Doppelbesteuerungsrechtes verwiesen.

Art. XVIII.

Die Bestimmung des Art. XVII gilt entsprechend für die im Dienste der Zoll- und Eisenbahnverwaltungen eines der beiden Staaten stehenden Personen, welche bei einer auf dem Gebiete des anderen Teiles belegenen Amtsstelle dieser Verwaltung beschäftigt werden und deshalb dort wohnen, sowie für ihre mit ihnen in häuslicher Gemeinschaft lebenden Angehörigen und Hausbediensteten, soweit die bezeichneten Personen Angehörige des Entsendestaates sind.

Der Inhalt des Art. XVIII ergäbe sich schon aus Art. XVII. Er ist aber hier noch einmal der Deutlichkeit halber wiederholt. Der Art. XVIII geht allerdings insofern weiter als Art. XVII, als hier auch die in häuslicher Gemeinschaft mit diesen Personen lebenden Angehörigen und Hausangestellten befreit sind.

Art. XIX.

Die obersten Finanzverwaltungsbehörden der beiden Staaten können weitere Vereinbarungen im Sinne dieses Vertrages treffen. Sie können insbesondere Bestimmungen über eine angemessene Verteilung des Einkommens im Sinne des Art. III Abs. 3 vereinbaren.

1. Solche Vereinbarungen sind enthalten im Schlußprotokoll zu diesem Vertrage und im Vertrage zwischen dem Deutschen Reiche und der Tschechoslowakei zur Vermeidung der Doppelbesteuerung auf dem Gebiete der Abgaben von Todes wegen (vgl. weiter unten insbesondere auch die Anmerkungen zu A Nr. 1 des Schlußprotokolls).

Der Art. XX Abs. 1. der sich wieder auf Kriegsabgaben bezieht, ist überholt. Der Abs. 2 dieses Artikels bringt zum Ausdruck, daß dem Vertrage keine rückwirkende Bedeutung beizumessen ist, daß abgesehen von den in Abs. 1 genannten aber überholten Steuern auf die Steuern, die aus vergangenen Steuerjahren stammen, vielmehr die zwischenstaatlichen früheren Abmachungen sinngemäß Anwendung zu finden haben. Fälle solcher Art dürften bei der langen Geltungsdauer des Abkommens kaum mehr vorkommen.

Art. XXI.

Dieser Vertrag, welcher in deutscher und tschechoslowakischer Urschrift gefertigt worden ist, soll ratifiziert und die Ratifikationsurkunden sollen baldmöglichst in Berlin ausgetauscht werden. Er tritt mit dem Tage der Ratifikation in Kraft und soll solange in Geltung bleiben, als er nicht von einem der vertragschließenden Teile spätestens 6 Monate vor Ablauf des Kalenderjahres gekündigt wird. Im Falle rechtzeitiger Kündigung verliert der Vertrag mit dem Ablauf dieses Kalenderjahres die Wirksamkeit.

Beide Texte des Vertrages sind authentisch. Der ratifizierte Vertrag wird in jedem der beiden Staaten in der amtlichen Gesetzsammlung in beiden authentischen Texten veröffentlicht werden.

1. Der Austausch der Ratifikationsurkunden des Abkommens hat am 21. 4. 1923 in Berlin stattgefunden. Das Abkommen ist also nebst Schlußprotokoll am 21. 4. 1923 in Kraft getreten (s. Bekanntmachung über die Ratifikation vom 24. 4. 1923 [RGBl. 1923 II S. 224]). Veröffentlichte Texte RGBl. 1923 II S. 69.

Schlußprotokoll.

Bei der Unterzeichnung der am heutigen Tage zwischen dem Deutschen Reiche und der Tschechoslowakischen Republik abgeschlossenen Verträge zur Ausgleichung der in- und ausländischen Besteuerung, insbesondere zur Vermeidung der Doppelbesteuerung auf dem Gebiete der direkten Steuern (A) sowie über Rechtsschutz und Rechtshilfe (B) haben die unterzeichneten Bevollmächtigten folgende übereinstimmende Erklärungen abgegeben, die einen integrierenden Teil der Verträge selbst bilden.

Zu A.

1. Als direkte Steuern im Sinne des Vertrages A gelten auf seiten des Deutschen Reiches die gegenwärtigen und künftigen Steuern des Reiches und der Länder vom Einkommen und Vermögen einschließlich der Kapitalertragsteuer sowie die von den Ländern erhobenen gegenwärtigen und künftigen Steuern vom Grundvermögen und vom Gewerbebetriebe

auf seiten der Tschechoslowakischen Republik die gegenwärtigen und künftigen staatlichen Ertragsteuern samt Zuschlägen, Einkommensteuern und Steuern vom Vermögen.

Beide Teile sind darüber einig, daß die Erbschaftsteuern nicht als direkte Steuern im Sinne dieses Vertrages gelten. Sie behalten sich vor, bezüglich der Erbschaftsteuer besondere Vereinbarungen zu treffen.

Zweifel über die Zugehörigkeit einer Steuer zu den oben bezeichneten Steuerarten werden im Einvernehmen zwischen den obersten Finanzverwaltungsbehörden der beiden Staaten geklärt werden.

a) Wegen des Begriffes der direkten Steuern siehe insbesondere Nr. 4 des einleitenden Aufsatzes: Grundsätzliche Fragen der Doppelbesteuerung.

b) Das Sonderabkommen zwischen dem Deutschen Reiche und der Tschechoslowakei wegen der Erbschaftsteuer siehe weiter hinten.

2. Es besteht Einigkeit darüber, daß durch die Bestimmungen dieses Vertrages die Gesetze der vertragschließenden Staaten über die Sonderbesteuerung der Tantiemen nicht berührt werden.

a) Die Sonderbesteuerung der Tantiemen, d. h. der nach Hundertsätzen des Brutto- oder Nettogewinnes-Umsatzes oder nach festen Sätzen bemessenen freiwilligen Vergütungen an Aufsichtsrats- oder Vorstandsmitglieder und Angestellte unterliegen also dem steuerlichen Zugriffe jeden Staates, so daß hierdurch die gewollte Wirkung einer tatsächlichen Doppelbesteuerung nicht ausgeschlossen ist. Nicht hierhin gehören vertraglich zugesicherte Bezüge an Angestellte, selbst wenn sie in der Form der Tantiemen zugesichert sind. Siehe hierzu auch Anm. 4 zu Art. III des Abkommens.

3. Es besteht Einigkeit darüber, daß Arbeiter, die in dem einen Staate ihren Wohnsitz haben und in dem anderen Staate ihrem Erwerbe nachgehen, hinsichtlich ihres Arbeitseinkommens im Rahmen des Art. I des Vertrages A nur in dem Staate, in dem sie ihren Wohnsitz haben, zu Steuern herangezogen werden sollen.

Es besteht ferner Einigkeit darüber, daß Studenten, die sich nur zu Studienzwecken in einem Vertragsstaate aufhalten, für die Unterhalts- und Studiengelder, die sie von ihren in dem anderen Vertragsstaate wohnhaften Angehörigen erhalten, nicht zu Steuern vom Staate des Studienaufenthaltes herangezogen werden sollen, sofern sie auf diese Bezüge überwiegend angewiesen sind.

4. Es besteht Einigkeit darüber, daß für die Besteuerung der Holzhändler, welche in beiden Staaten Betriebstätten haben, folgende Bestimmungen gelten sollen:

Bei Holzhändlern, welche in beiden Staaten Betriebstätten haben, wird derjenige Teil des Betriebes, welcher in dem Export des unter Verwendung der in dem einen Staate gelegenen Betriebstätte angelieferten Holzes in den andern Staat besteht, den beiderseitigen Betriebstätten nur je zur Hälfte angerechnet.

Sofern ist bei Ermittlung des zu besteuernden Gewinnes der inländischen Betriebstätte in jedem der beiden Staaten der Gewinn bzw. Reinertrag aus diesem Umsatze festzustellen, jedoch nur zur Hälfte als aus der inländischen Betriebstätte herrührend der Besteuerung zu unterziehen; in dem gleichen Sinne sind die für die Ertragsfähigkeit eines solchen Geschäftsverkehrs maßgebenden Merkmale auch nur zur Hälfte in Ansatz zu bringen.

Der erübrigende Teil des Umsatzes jeder Betriebstätte wird derselben ganz zugerechnet. Sofern in einem der beiden Staatsgebiete eine weitere Bearbeitung des Holzes stattfindet, sind die Betriebsmerkmale dieses Produktionsbetriebes und der aus dieser Bearbeitung sich ergebende Gewinn bei der Besteuerung des Holzhandels im anderen Staatsgebiete außer Betracht zu lassen.

Das Verzeichnis Beilage M der Vollzugsvorschrift I zum Personalsteuergesetz vom 25. 10. 1896, RGBl. Nr. 220, wird wie bisher die Holzhändler sowie als festzustellendes Merkmal die Zahl der Festmeter des eingekauften Holzes weiterenthalten.

a) Der offenbar nicht ganz geglückten Fassung dieser Bestimmung ist zu entnehmen, daß eine Trennung derjenigen Betriebsvorgänge, die dem reinen Exporte von Staat zu Staat dienen, von den übrigen Geschäften des Betriebes zu erfolgen hat. Der Ertrag der reinen Exportgeschäfte wird also für beide Staaten zusammengerechnet und zur Hälfte auf beide Vertragsteile unterverteilt. Dasselbe muß hinsichtlich der Vermögensbesteuerung von dem diesem reinen Exportgeschäfte dienenden Betriebsvermögen gelten.

Wird das Holz jedoch in einem Staate bearbeitet oder verarbeitet oder handelt es sich um über das reine Exportgeschäft hinausgehende Geschäfte, so werden diese Umsätze nur dem Staate zugerechnet, dessen Betriebstätte sie zuzurechnen sind. Entsprechendes gilt für die Berechnung des auf diesen Teil der Geschäfte entfallenden Betriebsvermögens.

Im Falle der Bearbeitung des Holzes in beiden Staaten muß mangels einer Sonderbestimmung angenommen werden, daß eine Unterverteilung entsprechend dem Ausmaß der Bearbeitung in jedem Staate zu erfolgen hat.

5. Es besteht auf Grund einer dahingehenden Erklärung der Tschechoslowakischen Regierung Einigung darüber, daß das Nostrifikationsgesetz vom 11. 12. 1919 Nr. 12 der Sammlung der Gesetze und Verordnungen von 1920, gegenüber reichsdeutschen Unternehmungen physischer Personen überhaupt nicht, gegenüber Unternehmungen von Gesellschaften die der öffentlichen Rechnungslegung unterliegen, einschließlich der Gesellschaften mbH. keinesfalls aus steuerlichen Gründen Anwendung finden soll.

Im übrigen wird der Stellungnahme der beiden Staaten zu der Frage des Nostrifikationsgesetzes nicht vorgegriffen.

a) Das Nostrifikationsgesetz hat folgenden Wortlaut:

§ 1.

Unternehmungen, die eine Produktion oder ein Transportunternehmen im Gebiete des tschechoslowakischen Staates betreiben, deren Sitz (Hauptniederlassung) aber außerhalb dieses Gebietes gelegen ist, sind verpflichtet, auf Aufforderung des Ministers, in dessen Wirkungskreis sie nach dem Gegenstande ihres Betriebes fallen, ihren Sitz (Hauptniederlassung) und ihre wirtschaftliche Leitung in das Gebiet des tschechoslowakischen Staates zu verlegen.

Der Minister kann, wenn er es für notwendig erachtet, anordnen, daß die Verlegung des Sitzes (der Hauptniederlassung) und der wirtschaftlichen Leitung innerhalb einer bestimmten Frist oder an einen bestimmten Ort zu erfolgen habe.

Durch die Aufforderung des Ministers wird die nach dem Gesetze für die Statutenänderung hinsichtlich der Übersiedlung der Unternehmung erforderliche Genehmigung des ausländischen Staates ersetzt. Die aufgeforderten Unternehmungen brauchen die nach den gesetzlichen Bestimmungen erforderliche Zulassung zum Geschäftsbetriebe im Inlande nicht einzuholen und sind überhaupt von den Verpflichtungen befreit, die nach dem Gesetze von ausländischen Unternehmungen zu erfüllen sind, um im Inlande Geschäfte betreiben zu können.

Die Vorschriften über Anmeldungen bleiben in Kraft.

§ 2.

Unternehmungen, welche der im § 1 bezeichneten Aufforderung innerhalb der gegebenen Frist nicht nachkommen, kann vom Minister der Betrieb der Produktion, des Transportunternehmens oder der Geschäfte überhaupt im Gebiete des tschechoslowakischen Staates untersagt werden.

b) Nach Ziff. 5 des Schlußprotokolls findet das vorstehend wiedergegebene Gesetz auf das Produktions- und Transportgewerbe, das von deutschen physischen Personen betrieben wird, überhaupt keine Anwendung. Gegenüber Körperschaften soll es jedenfalls nicht aus steuerlichen Gründen angewandt werden.

Daß das Gesetz in erster Linie aus steuerfiskalischen Erwägungen ergangen ist, kann keinem Zweifel unterliegen. Daß daneben auch andere Gesichtspunkte in Betracht kommen können, ist sicher. Um den hieraus möglicherweise entspringenden Meinungsverschiedenheiten gerecht zu werden, scheint allein das Verständigungsverfahren einen gangbaren Weg bieten zu können.

1a. Vertrag

zwischen dem Deutschen Reich und der Tschechoslowakischen Republik zur Vermeidung der Doppelbesteuerung auf dem Gebiete der Abgaben von Todes wegen.

Art. I.

1. Unbewegliches Nachlaßvermögen eines Angehörigen eines der beiden vertragschließenden Staaten einschließlich Zubehör ist den Abgaben von Todes wegen nur in dem Staate unterworfen, in dem es liegt.

2. Berechtigungen, für welche die sich auf Grundstücke beziehenden Vorschriften gelten, Nutzungsrechte an unbeweglichem Vermögen sowie Rechte, die auf unbeweglichem Vermögen sichergestellt sind oder darauf lasten, sind dem unbeweglichen Vermögen gleichzuachten.

3. Für die Frage, ob ein Vermögensgegenstand als unbeweglich anzusehen ist, sind die Gesetze des Staates maßgebend, in dem der Gegenstand liegt. Was als Zubehör anzusehen ist, richtet sich nach dem Rechte des Staates, in dem sich das unbewegliche Vermögen befindet.

Wegen der gleichlautenden Fassung des deutsch-österreichischen Erbschaftsabkommens Art. I kann hier auf die Anmerkungen dazu verwiesen werden.

Art. II.

1. Für das nicht nach Art. I zu behandelnde Nachlaßvermögen eines Angehörigen eines der beiden vertragschließenden Staaten gelten folgende Bestimmungen:

a) dieses Nachlaßvermögen unterliegt grundsätzlich den Angaben von Todes wegen in dem Staate, dem der Erblasser zur Zeit seines Todes angehört hat;

b) hat jedoch der Erblasser zur Zeit seines Todes in dem anderen Staate einen Wohnsitz oder in Ermangelung eines solchen seinen dauernden Aufenthalt gehabt, so ist in diesem Staate das daselbst befindliche Nachlaßvermögen zu den Abgaben von Todes wegen heranzuziehen.

2. Die Behandlung von Nachlaßvermögen solcher Personen, welche beiden Staaten angehört haben, bleibt besonderer Vereinbarung von Fall zu Fall vorbehalten.

3. Einen Wohnsitz im Sinne dieses Vertrages hat jemand da, wo er eine Wohnung unter Umständen innehat, die auf die Absicht der Beibehaltung einer solchen schließen lassen.

4. Einen dauernden Aufenthalt im Sinne dieses Vertrages hat jemand da, wo er sich unter Umständen aufhält, die auf die Absicht schließen lassen, an diesem Orte oder in diesem Lande nicht nur vorübergehend zu verweilen.

1. Für das übrige nicht unter Art. I fallende Nachlaßvermögen ist grundsätzlich der Staat besteuerungsberechtigt, dessen Staatsangehörigkeit der Erblasser zur Zeit seines Todes besaß, jedoch mit der Maßgabe, daß, falls der Erblasser in einem der Vertragsstaaten Wohnsitz oder Aufenthalt hatte, das in diesem Staate befindliche Nachlaßvermögen stets in diesem Staate zur Besteuerung heranzuziehen ist. Bei doppeltem Wohnsitz in jedem der Vertragsstaaten beschränkt sich also das Besteuerungsrecht jedes Staates auf das in seinem Gebiet belegene Vermögen, während das in einem dritten Staate befindliche Vermögen wieder der Staatsangehörigkeit folgt. Bei doppelter Staatsangehörigkeit ist das Verständigungsverfahren vorbehalten, unberührt bleibt hierneben aber wieder die Wohnsitzauswirkung.

2. Wegen der Begriffe Wohnsitz und dauernder Aufenthalt siehe B. V Nr. 1 und 2 des Abschnittes B.

Art. III.

Für die Frage, wo die im Art. II bezeichneten Vermögensgegenstände sich befinden, gelten folgende Grundsätze:

a) Bei Forderungen ist der Wohnsitz, oder in Ermangelung eines solchen der dauernde Aufenthaltsort des forderungsberechtigten Erblassers maßgebend. Der gleiche Grundsatz findet auf Anteile an Gesellschaften, Gemeinschaften oder sonstigen Personenvereinigungen sinngemäße Anwendung, es sei denn, daß die Ausübung der Anteilsrechte an den Besitz einer Urkunde (Lit. b) geknüpft ist.

Wird Gesamthandsvermögen nach den gesetzlichen Vorschriften eines der beiden vertragschließenden Staaten dem Vermögen des Erblassers nach Bruchteilen zugerechnet, so gilt das Gesamthandsvermögen gleichfalls als am Wohnsitz, oder in Ermangelung eines solchen, als am dauernden Aufenthaltsorte des Erblassers gelegen.

b) Bei Wertpapieren entscheidet der Ort der Aufbewahrung zur Zeit des Todes des Erblassers.

c) Bei Gegenständen oder Berechtigungen, über die ein von einer Behörde zur Eintragung des Berechtigten bestimmtes Buch oder Register geführt wird, ist der Ort maßgebend, an dem das Buch oder Register geführt wird.

1. Im Sinne des Art. II b befinden sich:

a) bewegliche Gegenstände, soweit sie nicht unter Art. III a und c fallen, grundsätzlich dort, wo sie zur Zeit des Todes des Erblassers belegen waren. Das gilt insbesondere auch für Wertpapiere, d. h. Urkunden, deren Besitz erforderlich ist, um die in ihnen verbrieften Rechte ausüben zu können (Art. III, b).

b) Forderungen in dem Staate, in dem der Erblasser zur Zeit seines Todes seinen Wohnsitz oder dauernden Aufenthalt gehabt hat. Dasselbe gilt für Anteils- oder Mitgliedschaftsrechte an gesellschaftlichen Unternehmen oder sonstigen Personenvereinigungen, soweit es sich nicht um Wertpapiere handelt.

c) Gegenstände eines Gemeinschaftsvermögens, das nach den gesetzlichen Bestimmungen eines der beiden Staaten dem Vermögen des Erblassers nach Bruchteilen zuzurechnen ist (vgl. § 98 Abs. 2 AO.), am Wohnsitze oder Aufenthalte des Erblassers.

d) Schuldbuchforderungen oder sonstigen registrierte Forderungen an dem Orte, wo Buch oder Register geführt wird.

2. Beziehen sich die Anteilsrechte unter Nr. 1 b und c auf Gegenstände der in Art. I bezeichneten Art, so ist Folgendes zu beachten:

Die unmittelbare Beteiligung an unbeweglichem Vermögen eines Unternehmens (Anteile an bürgerlich-rechtlichen Gesellschaften, Kommanditgesellschaften, offenen Handelsgesellschaften usw.) folgen der Besteuerung aus Art. I. Die Beteiligung eines Tschechen an einer deutschen Kommanditgesellschaft oder offenen Handelsgesellschaft, deren Vermögen aus inländischen Grundstücken besteht, wäre also erbschaftsteuerrechtlich in Deutschland zu erfassen. Beziehen sich die Anteilsrechte aber auf juristische Personen, so folgen sie auch dann der Besteuerung des Art. III a oder b, wenn sie zum Betriebsvermögen dieser Körperschaften gehören. Gesamthandsvermögen unterliegt der Besteuerung des Art. I, soweit es aus den dort genannten Gegenständen besteht.

Art. IV.

Vermächtnisse, die nicht einen bestimmten Gegenstand betreffen, werden zunächst auf das im Art. II bezeichnete Vermögen angerechnet, gegebenenfalls im Verhältnis des Wertes der in den beiden Staaten sich befindenden Vermögensteile dieser Art.

Mit Rücksicht auf dieselbe Fassung des Art. III des deutsch-österreichischen Erbschaftsteuerabkommens vgl. die Anm. hierzu.

Art. V.

Schulden, die auf dem in Art. I bezeichneten Vermögen lasten oder darauf sichergestellt sind, belasten dieses Vermögen. Im übrigen werden Schulden zunächst auf das im Art. II bezeichnete Vermögen angerechnet, gegebenenfalls im Verhältnis des Wertes der in den beiden Staaten sich befindenden Vermögensteile dieser Art.

Erbschaftsschulden werden von dem zu versteuernden Erbschaftsvermögen abgezogen und zwar in der Weise, daß die auf unbeweglichem Vermögen lastenden Schulden zunächst hierauf anzurechnen sind. Ein hierbei nicht gedeckter Rest wird mit den übrigen Schulden auf das in Art. II bezeichnete Vermögen gegebenenfalls im Verhältnis des Wertes der in beiden Staaten zu erfassenden Vermögensteile dieser Art angerechnet. Im übrigen braucht ein wirtschaftlicher Zusammenhang zwischen Schuld und Vermögen nicht vorhanden zu sein.

Art. VI.

Abgaben von Todes wegen im Sinne dieses Vertrages sind:

auf seiten des Deutschen Reiches:
die Nachlaßsteuer, die Erbanfallsteuer und die etwa künftig an deren Stelle tretenden Steuern;

auf seiten der Tschechoslowakischen Republik:
die Abgaben, die für Vermögensübertragung von Todes wegen auf Grund gebührenrechtlicher Bestimmungen oder an deren Stelle getretener oder etwa künftig tretender Vorschriften eingehoben werden.

Vgl. hierzu die Bemerkung zu Art. V des deutsch-österreichischen Abkommens.

Art. VII.

1. Dieser Vertrag, welcher in deutscher und tschechoslowakischer Urschrift ausgefertigt ist, soll ratifiziert und die Ratifikationsurkunden sollen baldmöglichst in Berlin ausgetauscht werden. Er tritt mit dem Tage der Ratifikation in Kraft und findet Anwendung auf alle Fälle, in denen der Erblasser nach diesem Zeitpunkt verstorben ist. Dieser Vertrag soll so lange in Geltung bleiben, als er nicht von einem der vertragschließenden Staaten spätestens 6 Monate vor Ablauf eines Kalenderjahres gekündigt wird. Im Falle rechtzeitiger Kündigung verliert der Vertrag mit dem Ablauf dieses Kalenderjahres seine Wirksamkeit für alle Fälle, in denen der Erblasser nach Ablauf dieses Kalenderjahres verstorben ist.

2. Beide Texte des Vertrages sind authentisch. Der ratifizierte Vertrag wird in jedem der beiden Staaten in der amtlichen Gesetzsammlung in beiden authentischen Texten veröffentlicht werden.

Der Austausch der Urkunden ist am 21. 4. 1923 in Berlin erfolgt. (Vgl. Bekanntmachung vom 24. 4. 1923, RGBl. II S. 224.) Das Abkommen ist also mit diesem Tage in Kraft getreten.

Wegen der erbrechtlichen Gleichbehandlung der Angehörigen beider Staaten vgl. auch das Nachlaßabkommen zwischen Deutschland und Österreich vom 5. 2. 1927 (RGBl. II 506 ff.).

Schlußprotokoll.

Bei der Unterzeichnung des am heutigen Tage zwischen dem Deutschen Reiche und der Tschechoslowakischen Republik abgeschlossenen Vertrages zur Vermeidung der Doppelbesteuerung auf dem Gebiete der Abgaben von Todes wegen haben die unterzeichneten Bevollmächtigten folgende übereinstimmende Erklärungen abgegeben, welche einen intregrierenden Teil des Vertrages selbst bilden sollen:

1. Unberührt bleibt das Recht jedes der beiden vertragschließenden Staaten, solche Vermögensgegenstände, die nach diesem Vertrage den Abgaben von Todes wegen nach seinen gesetzlichen Vorschriften, insbesondere denjenigen heranzuziehen, welche die Abgabepflicht von der Person des Erwerbers abhängig machen.

2. Zweifelsfragen, die sich bei der Anwendung dieses Vertrages im Einzelfalle ergeben, werden im Einvernehmen zwischen den obersten Finanzverwaltungsbehörden der beiden Staaten geklärt werden.

Vgl. hierzu die Bemerkung zum entsprechenden Schlußprotokoll des deutsch-österreichischen Erbschaftsteuerabkommens. Die Ziff. 2 dieses letzteren Schlußprotokolls fehlt hier, so daß angenommen werden muß, daß § 8 Abs. 3 des deutschen Erbschaftsteuergesetzes für den Bereich des deutsch-tschechischen Abkommens Geltung hat.

2. Vertrag

zwischen dem Deutschen Reiche und der Republik Österreich zur Ausgleichung der in- und ausländischen Besteuerung, insbesondere zur Vermeidung der Doppelbesteuerung auf dem Gebiete der direkten Steuern.

Art. I.

(1) Deutsche oder österreichische Staatsangehörige sollen, soweit nicht in den folgenden Artikeln etwas anderes vereinbart ist, zu den direkten Steuern nur in dem Staate herangezogen werden,

in welchem sie ihren Wohnsitz, und in Ermangelung eines solchen, ihren dauernden Aufenthalt haben.

(2) Ist in beiden Staaten ein Wohnsitz begründet, so ist

a) das Einkommen (der Ertrag) in jedem der beiden Staaten nur zu dem Teile zu besteuern, welcher dem Verhältnis der Aufenthaltsdauer während des Steuerjahres entspricht. Dabei ist ein Aufenthalt außerhalb der vertragschließenden Staaten der Aufenthaltsdauer in dem Staate zuzurechnen, dessen Staatsangehörigkeit der Steuerpflichtige besitzt. Die Staatsangehörigkeit ist auch dann entscheidend, wenn der Steuerpflichtige sich in keinem der beiden Staaten aufgehalten hat;

b) bei der Besteuerung des Vermögens die Steuer in dem Staate zu erheben, dessen Staatsangehörigkeit der Steuerpflichtige besitzt;

c) bezieht sich auf Reichsnotopfer und einmalige Vermögensabgabe, ist daher überholt. Nur der 2. Absatz zu 2c hat noch Bedeutung, er lautet: Bei Personen, die in beiden oder in keinem der beteiligten Staaten die Staatsangehörigkeit besitzen, bleibt besondere Vereinbarung der Finanzminister der beiden Staaten von Fall zu Fall vorbehalten.

(3) Einen Wohnsitz im Sinne dieses Vertrages hat jemand dort, wo er eine Wohnung unter Umständen innehat, die auf die Absicht der Beibehaltung einer solchen schließen lassen.

1. Durch das Gesetz über die Wiedervereinigung Österreichs mit dem Deutschen Reiche vom 13. 3. 1938 (RGBl. I S. 237) ist Österreich nunmehr ein Land des Deutschen Reiches geworden. Nach Art. II des genannten Gesetzes bleibt das derzeit in Österreich geltende Recht bis auf weiteres in Kraft. Die deutschen Reichsgesetze gelten in Österreich erst, wenn sie durch den Führer und Reichskanzler oder die von ihm hierzu ermächtigten Reichsminister eingeführt werden. Damit gilt der deutsch-österreichische Doppelbesteuerungsvertrag vorläufig sinngemäß*) weiter. Das Abkommen bezieht sich lediglich auf Staatsangehörige beider Vertragsstaaten und, soweit die Art. II und III in Frage kommen, auch auf die entsprechenden juristischen Personen des Art. VII. Es gilt nur für das Gebiet der direkten Steuern. Hierzu vgl. Ziff. 1 des Schlußprotokolls zum deutsch-österreichischen Abkommen. Die Erbschaftsteuer ist Gegenstand eines besonderen Vertrages geworden (vgl. die Darstellung weiter hinten).

Die Kirchensteuern rechnen in Deutschland nicht zu den direkten Steuern, da sie keine Staatssteuern sind und lediglich mittelbar auf Grund staatlicher Veranlagung erhoben werden. Wegen der Aufbringungsumlage und der Reichsfluchtsteuer siehe Art. 12 Anm. 1 des deutsch-italienischen Abkommens sowie die Darlegungen zu Ziff. 1 des deutsch-schweizerischen Zusatz-

*) Vgl. Juristische Wochenschrift 1938, S. 1442.

protokolls. Da die Reichsfluchtsteuer hiernach nicht zu den Vermögenssteuern zu rechnen ist, steht ihrer Erhebung in Deutschland dieses Abkommen nicht entgegen. Auch die Hauszinssteuer ist als direkte Steuer anzusprechen (vgl. die Abkommen mit Italien und der Schweiz Art. 1). Im übrigen wird auf II Nr. 4 des Abschnittes A: Grundsätzliche Fragen des Doppelbesteuerungsrechtes verwiesen.

2. Der Wohnsitzbegriff des Art. I Ziff. 3 ist der früheren deutschen Reichsabgabenordnung entnommen und deckt sich daher nicht ganz mit der Begriffsbestimmung des § 13 StAnpG. Im einzelnen insbesondere wegen der Rechtsprechung siehe B. V Nr. 1 des Abschnittes B. Dasselbe gilt vom Begriffe des dauernden Aufenthaltes (s. B. V Nr. 2 des Abschnittes B. Trifft Wohnsitz im einen mit dauerndem Aufenthalt im anderen Staate zusammen, so entscheidet der Wohnsitz.

3. Bei doppeltem Wohnsitz in jedem der beiden Vertragsstaaten wird das Einkommen im Verhältnisse der Aufenthaltsdauer in jedem Staate während des Steuerjahres aufgeteilt, so zwar, daß an Stelle dieses Zeitraumes die Zeitspanne tritt, innerhalb deren das steuerpflichtige Einkommen tatsächlich erzielt ist, wenn dieser letztere Zeitraum mit dem Steuerjahre zusammenfällt (Schlußprotokoll Ziff. 3). Im übrigen siehe wegen der Berechnung der Aufenthaltsdauer Ziff. 4 des Schlußprotokolls. Das Vermögen wird bei doppeltem Wohnsitz in dem Staate versteuert, dessen Staatsangehörigkeit der Steuerpflichtige besitzt. Im übrigen gelten die Grundsätze der Doppelwohnsitzbesteuerung auch dann, wenn der Steuerpflichtige sich in einem dritten Staate dauernd aufhält.

4. Nach Schlußprotokoll Ziff. 2 soll endlich die Besteuerung solcher Personen, die ohne Wohnsitz und Aufenthalt sich in einem Staate des Erwerbes wegen aufhalten, nicht ausgeschlossen werden. Dieser Grundsatz ist aber durch die Art. IV und V stark durchlöchert.

Art. II.

(1) Grundstücke und Gebäude sowie das Einkommen (der Ertrag) daraus sollen nur in dem Staate zu den direkten Steuern herangezogen werden, in welchem sie liegen. Dies gilt auch dann, wenn diese Gegenstände einem im anderen Staate betriebenen Gewerbe gewidmet sind.

(2) Hypothekenforderungen und das Einkommen (der Ertrag) daraus fallen nicht unter Abs. 1, sondern werden als Kapitalvermögen und Einkommen (Ertrag) daraus angesehen.

1. Siehe hierzu die Anmerkungen Nr. 1 zu Art. 2 (II) des deutsch-schweizerischen und -tschechischen Abkommens. — Ein im Inlande belegenes Landgut, das zum Betriebsvermögen eines österreichischen Unternehmens gehört, wird also in Deutschland besteuert.

2. Was im einzelnen zum Begriffe der Grundstücke und Gebäude zu rechnen ist, bestimmt sich nach innerstaatlichem Steuerrecht. Auf deutscher Seite gehören hierin auch diejenigen Berechtigungen, auf die die Vorschriften über Grundstücke entsprechende Anwendung finden. Nicht hierhin gehören aber eigentumbegrenzende dingliche Rechte wie Reallasten und

Grunddienstbarkeiten, soweit sie nicht Bestandteile eines anderen im Inlande belegenen Grundstücks sind (§ 96 BGB.). Alle solche begrenzenden dinglichen Rechte, insbesondere auch Hypothekenforderungen und Grundschulden, gelten als Kapitalvermögen oder sonstiges Vermögen und werden daher, wenn überhaupt, im Wohnsitzstaate nach Art. I besteuert. Eine Ausnahme muß wohl für das Nießbrauchrecht an einem Grundstücke gelten. Siehe darüber Anm. 4 zu Art. II des deutsch-tschechischen Abkommens. Fallen die Einkünfte aus den genannten Rechten innerhalb eines gewerblichen Betriebes mit Betriebstätte an, oder gehören diese Rechte zu einem Gewerbebetriebe mit Betriebstätte, so gilt Art. III. Vgl. hierzu II Nr. 8 b des Abschnittes A.

3. Gewinne aus der Veräußerung oder Spekulation mit den in Art. II bezeichneten Vermögensgegenständen bleiben nach Ziff. 7 des Schlußprotokolls der Besteuerung jedes Vertragsstaates überlassen. Fallen sie aber im Rahmen eines gewerblichen Betriebes an, so gilt Art. III. Für das deutsche Steuerrecht kommen hier die Spekulationsgewinne der §§ 23 Abs. 1 Ziff. 1 a und 2, 49 Ziff. 8 EStG. in Betracht.

4. Verluste, die aus Grundstücksbesitz, der in einem Staate belegen ist, herrühren, können vom Einkommen, das im anderen Staate erzielt wird, nicht abgezogen werden (RFH. vom 26. 6. 1935; VI A 414/35 S. 38, 64).

Art. III.

(1) Der Gewerbebetrieb (Betrieb einer Erwerbsunternehmung oder gewinnbringenden Beschäftigung) sowie das Einkommen und die Erträge daraus sollen nur in dem Staate zu den direkten Steuern herangezogen werden, in welchem eine Betriebstätte zur Ausübung des Gewerbes unterhalten wird.

(2) Als Betriebstätten gelten: die Geschäftsleitung, Zweigniederlassungen, Fabrikationsstätten, Ein- und Verkaufsstellen, Niederlagen, Kontore und sonstige zur Ausübung des Gewerbes durch den Unternehmer selbst, dessen Geschäftsteilhaber, Prokuristen oder andere ständige Vertreter unterhaltene Geschäftseinrichtungen.

(3) Befinden sich Betriebstätten desselben gewerblichen Unternehmens in beiden Gebieten, so soll die Heranziehung zu den direkten Steuern in jedem Gebiete nur nach Maßgabe des von den inländischen Betriebstätten aus stattfindenden Betriebs erfolgen. Die Finanzminister beider Staaten werden Bestimmungen über eine angemessene Aufteilung des Einkommens beziehungsweise der Erträge solcher Unternehmungen vereinbaren.

(4) Als Gewerbebetrieb sind auch Beteiligungen an gesellschaftlichen Unternehmungen zu behandeln mit Ausnahme von Kuxen, Aktien und sonstigen Wertpapieren.

(5) Die vorstehenden Bestimmungen beziehen sich nicht auf die Besteuerung des Hausier- und Wandergewerbes.

1. Da der Inhalt dieses Artikels mit dem entsprechenden Art. III des deutsch-tschechischen Abkommens bis auf Abs. 4 übereinstimmt, kann auf die Anmerkungen zu Art. III des deutsch-tschechischen Abkommens verwiesen werden. Zu beachten bleibt aber, daß der Abs. 4, wonach als Gewerbebetrieb auch Beteiligungen an gesellschaftlichen Unternehmungen mit Ausnahme von Kuxen, Aktien und sonstigen Wertpapieren anzusehen sind, im deutsch-tschechischen Vertrage fehlt. Nach deutsch-österreichischem Doppelbesteuerungsrecht sind daher nicht nur Beteiligungen an offenen Handelsgesellschaften, Kommanditgesellschaften, stillen Gesellschaften (sofern der stille Gesellschafter auch am Geschäftsvermögen beteiligt ist) und bürgerlich-rechtlichen Gesellschaften, sondern auch Anteile an einer GmbH. wie Gewerbebetriebe zu behandeln, d. h. sie dürfen nur im Staate der Betriebstätte (Geschäftsleitung) besteuert werden. Nur Kuxen und Aktien sowie sonstige Wertpapiere — das sind Urkunden, deren Besitz erforderlich ist, um die in ihnen verbrieften Rechte ausüben zu können — unterliegen als Kapitalvermögen der Besteuerung aus Art. I, soweit nicht die Besteuerung des Kapitalertrages an der Quelle dem Staate zusteht, in dem der Steuerabzug erfolgt (Art. VIII). Auch der Besitz einer wesentlichen Aktienbeteiligung wird als Besitz von Aktien gelten müssen. S. Art. III Anm. 5 des deutsch-tschechischen Vertrages sowie Art. 3 des deutsch-schweiz. Abkommens S. 233.

2. Wegen der Wirkung der Organtheorie und des Schachtelprivilegs auf dem Gebiete der Doppelbesteuerung vgl. II Nr. 9 des Abschnittes A sowie C Nr. 14 und 18 Abschnitt B und wegen der bei mehreren Betriebstätten in beiden Staaten auftauchenden Fragen II, 7 des Abschnittes A und A Nr. 2 und B II Nr. 2 des Abschnittes B. Hat ein Einzelgewerbetreibender in keinem der beiden Vertragsstaaten eine besondere Betriebstätte, so gelten die unter II Nr. 8 des Abschnittes A gemachten Ausführungen.

3. Da das Hausier- und Wandergewerbe nicht Art. III unterliegt, hat seine Besteuerung nach Art. I zu erfolgen. Die Besteuerung der Eisenbahn- und Schiffahrtsunternehmen hat ebenfalls nach Art. III zu erfolgen, da eine Vereinbarung im Sinne der Ziff. 8 des Schlußprotokolls nicht getroffen ist.

4. Beispiele aus der österreichischen Rechtsprechung zu Art. III:

VGH. 16. 033/33.

Verluste, die die Betriebstätte in einem Staate erlitten hat, sind im anderen Betriebstättenstaate nicht abziehbar. — Derselbe Grundsatz beherrscht auch die deutsche Rechtsprechung, vgl. RFH. vom 26. 6. 1935 VI A 414/35 S. 38, 64.

VGH. 15. 046/29.

Ein vom österreichischen Gesellschafter einer deutschen GmbH. getragener Verlustanteil an eben dieser deutschen GmbH. darf die österreichische Besteuerung nicht schmälern. — Die Entscheidung zieht die Folgerung aus der vorhergehenden Entscheidung.

VGH. 15. 686/32.

Ein österreichischer Agent, über dessen Verwendung und Zeit ein deutscher Kaufmann frei verfügt, begründet in Österreich eine Betriebstätte. — Auch diese Entscheidung entspricht dem Inhalte des Abkommens, da ein solcher Agent ein Werkzeug seines Geschäftsherrn ist.

RFH. 15. 046/29.

Die Erträgnisse, die ein in Deutschland wohnhafter deutscher Gesellschafter einer deutschen GmbH. aus einer österreichischen Betriebstätte zieht, bilden in Österreich die Grundlage der Besteuerung. — Die Entscheidung entspricht dem Grundsatze des Art. III Abs. 4.

RFH. F. 211/33.

Hat eine deutsche AG. in Deutschland eine Betriebschuld aufgenommen und von deren Valuta Beträge einer österreichischen Betriebstätte zugeführt, so sind die von dieser Betriebstätte an die AG. abzuführenden Zinsen bei der Besteuerung der österreichischen Betriebstätte nicht abzugsfähig. —

RFH. 15. 046/29.

Die Beteiligung einer österreichischen GmbH. an einer reichsdeutschen GmbH. ist Gewerbebetrieb der österreichischen GmbH. — Das ist richtig, schließt aber die Besteuerung des Gewinnanteils in Deutschland nicht aus (Art. III Abs. 4).

RFH. F. 391/35.

Die einer im Deutschen Reiche wohnhaften Person auferlegte österreichische Steuerpflicht, die hinsichtlich des Einkommens aus der Beteiligung an einer GmbH. mit Betriebstätte in Österreich und Deutschland nach Maßgabe des von der österreichischen Betriebstätte erzielten Gewinns erfolgt, steht mit dem Abkommen nicht in Widerspruch. —

VGH. 13. 768/26.

Von Unterhalten einer Geschäftseinrichtung kann nicht schon bei der Vornahme vereinzelter geschäftlicher Transaktionen, sondern nur dann die Rede sein, wenn zwecks ihrer Ermöglichung auf eine gewisse Dauer berechnete Veranstaltungen getroffen sind.

Art. IV.

Auf den Erwerb aus wissenschaftlicher, künstlerischer, schriftstellerischer, unterrichtender oder erziehender Tätigkeit, aus der Berufstätigkeit der Ärzte, Rechtsanwälte, Architekten, Ingenieure, und der Ausübung anderer freier Berufe finden die Bestimmungen des Art. III nur insoweit Anwendung, als die Ausübung der Berufstätigkeit in dem anderen Staate von einem festen Mittelpunkte (Betriebstätte) aus stattfindet.

1. Da der Inhalt dieser Bestimmung dem entsprechenden Art. IV des deutsch-tschechischen Vertrages gleichsteht, kann auf die Anmerkung zu Art. IV dieses Abkommens verwiesen werden.

Art. V.

Die Bestimmungen des Art. 6 und des Art. 24 des deutsch-österreichischen Wirtschaftsabkommens vom 1. September 1920 bleiben unberührt.

Auszug aus Art. 6 und 24 des am 1. Sept. 1920 unterzeichneten deutsch-österreichischen Wirtschaftsabkommens (Gesetz vom 22. 12. 1920, RGBl. S. 2227):

Art. 6.

(1) Kaufleute, Fabrikanten und andere Gewerbetreibende, die sich durch den Besitz einer von den zuständigen Behörden des Heimatlandes ausgefertigten Gewerbelegitimationskarte darüber ausweisen, daß sie in dem Staate, wo sie ihren Wohnsitz haben, die gesetzlichen Steuern und Abgaben entrichten, sollen befugt sein, persönlich oder durch in ihren Diensten stehende Reisende in den Gebieten des anderen vertragschließenden Teiles bei Kaufleuten oder in offenen Verkaufsstellen oder bei solchen Personen, die die Ware erzeugen, Warenankäufe zu machen, oder bei Kaufleuten, in deren Geschäftsräumen oder bei solchen Personen, in deren Gewerbebetriebe Waren der angebotenen Art Verwendung finden, Bestellungen zu suchen, ohne aus diesem Anlaß einer weiteren Steuer oder Abgabe unterworfen zu sein.

(2) usw. ....

Art. 24.

(6) Die Angehörigen des einen der vertragschließenden Teile, die das Frachtfuhrgewerbe, die See- oder Flußschiffahrt zwischen Plätzen verschiedener Staaten betreiben, sollen für diesen Gewerbebetrieb in dem Gebiete des anderen Teiles einer Gewerbesteuer nicht unterworfen werden. Unter Frachtfuhrgewerbe ist die gewerbsmäßige Beförderung von Gütern und Personen auf Landwegen mit Ausschluß der Eisenbahnen, zu verstehen. Unter Gewerbesteuer soll jede steuerliche Belastung des Gewerbebetriebes, einschließlich der Besteuerung des Einkommens aus demselben, verstanden werden, gleichviel, ob die Steuer für Rechnung des Staates oder der Gemeinden usw. erhoben wird.

(7) Soweit der Gewerbetreibende Transporte zwischen einzelnen innerhalb des Gebietes des anderen vertragschließenden Teiles gelegenen Orten vermittelt, unterliegt er der Besteuerung nach den Landesgesetzen unter Berücksichtigung der bestehenden Vereinbarungen zur Vermeidung der Doppelbesteuerung. Wenn der Gewerbetreibende in dem Gebiete des anderen vertragschließenden Teiles neben dem Frachtfuhr- oder dem Schiffahrtsgewerbe ein selbständiges, nicht unmittelbar durch die Ausübung dieser Gewerbe bedingtes Nebengewerbe betreibt oder Grundeigentum besitzt, unterliegt er hierfür ebenfalls der Besteuerung nach den Landesgesetzen ohne Einschränkung.

(8) Beim Schiffahrtsgewerbe ist der Betrieb eines selbständigen Nebengewerbes nicht darin zu finden, daß der Gewerbetreibende auf den in den Gebieten des anderen Teiles gelegenen Stationen die aus seinem Heimatlande mit seinen Transportmitteln ankommenden Güter an die am Orte selbst befindlichen Empfänger unmittelbar oder an die außerhalb befindlichen Empfänger durch Vermittelung der Eisenbahnen usw. weiterbefördert und umgekehrt, daß er die zur Beförderung mit seinen Transportmitteln bestimmten Güter am Orte selbst in Empfang nehmen und zur Verladung auf seine Transportmittel bringen läßt; ebensowenig kann ein solcher Betrieb schon darin gefunden werden, daß der Gewerbetreibende mit einem in dem Gebiete des anderen Teiles ansässigen selbständigen Spediteur eine dauernde Geschäftsverbindung unterhält.

1. Siehe hierzu die Anm. 1—3 zu Art. V des deutsch-tschechischen Abkommens.

2. Transportvermittler, die Transporte zwischen verschiedenen aber innerhalb des Gebietes des anderen Staates belegenen Ortschaften vermi-

teln, unterliegen den Landessteuern dieses Gebietes nach Maßgabe der Bestimmungen des Doppelbesteuerungsabkommens. Es gilt also Art. III oder Art. I.

Ohne Einschränkung unterliegt der Gewerbetreibende dem Art. 24 Nr. 6 des Wirtschaftsabkommens, der neben dem Frachtfuhr- oder Schiffahrtsgewerbe ein Nebengewerbe betreibt oder Grundeigentum besitzt, hierfür der Besteuerung des Tätigkeitsgebietes. Gewisse Einschränkungen ergeben sich aus Art. 24 Ziff. 8 des Wirtschaftsabkommens.

Art. VI.

Aus öffentlichen Kassen (Reichs-, Bundes-, Staats-, Landes-, Bezirks-, Gemeindekassen usw.) zahlbare, regelmäßig wiederkehrende Bezüge oder Unterstützungen, die mit Rücksicht auf eine gegenwärtige oder frühere Dienstleistung oder Berufstätigkeit gewährt werden (Besoldungen, Ruhegehälter, Wartegelder, Versorgungsbezüge und dergleichen) sollen nur in dem Staate, aus welchem die Zahlung zu erfolgen hat, zu den direkten Steuern herangezogen werden.

1. Siehe auch hierzu die Bemerkungen zum entsprechenden Art. VI des deutsch-tschechischen Abkommens.

Art. VII.

Die Bestimmungen des Art. II und des Art. III Abs. 1 bis 4 finden auch auf nichtphysische Personen entsprechende Anwendung.

1. Vgl. hierzu die Anm. Nr. 2 zu Art. III des deutsch-tschechischen Abkommens sowie II Nr. 11 des Abschnitts A: Grundsätzliche Fragen des Doppelbesteuerungsrechtes. Da das Abkommen auf Körperschaften nur mit Art. II und III Anwendung findet, der Sitz oder die Geschäftsleitung dieser juristischen Personen aber dem Wohnsitz der natürlichen Personen nicht gleichgestellt ist, richtet sich die Besteuerung dieser Rechtsgebilde im übrigen nach der innerstaatlichen Gesetzgebung jedes Vertragsstaates. Insoweit ist also eine Doppelbesteuerung nicht ausgeschlossen. Vgl. hierzu C Nr. 5 des Abschnittes B.

Art. VIII.

Soweit nach dem deutschen Kapitalertragsteuergesetze vom 29. März 1920 oder den Gesetzen der Republik Österreich, betreffend die Rentensteuer, eine Besteuerung von Zinsen, Gewinnanteilen und anderen Kapitalerträgen an der Quelle (im Abzugswege) stattfindet, steht die Steuer nur dem Staate zu, in dessen Gebiet der Abzug nach diesen Gesetzen zu bewirken ist. Befindet sich in dem einen Staate die Hauptniederlassung, und in dem anderen Staate die Zweigniederlassung, so ist der Abzug der Steuer von den Zinsen, die im Geschäftsbetriebe der Zweigniederlassung erwachsen, nur zugunsten des Staates zulässig, in dem die Zweigniederlassung belegen ist.

1. Siehe hierzu die Anmerkungen 1 und 2 zu Art. VIII des deutsch-tschechischen Abkommens. Vgl. auch Abschnitt A: Grundsätzliche Fragen des Doppelbesteuerungsrechts II Nr. 3. — Auch der österreichisch-deutsche Vertrag befreit österreichische Erwerbsgesellschaften nicht vom Steuerabzuge im Inlande: RFH. 26, 163.

Art. IX.

(1) Der Besteuerung von Vermögenszuwächsen, Mehreinkommen oder Mehrerträgen werden in jedem der beiden Staaten nur die Zuwächse an solchen Vermögen beziehungsweise solchen Einkommen (Erträgen) unterzogen, die nach den Bestimmungen der Art. I bis VII der Besteuerung in diesem Staate unterliegen.

(2) Tritt eine die Abgabepflicht berührende Veränderung in den persönlichen Verhältnissen eines Abgabepflichtigen ein oder werden Vermögensgegenstände, die nach den Bestimmungen der Art. I bis VII in dem einen Staate steuerpflichtig sind, in solche Vermögensgegenstände umgewandelt, die nach diesen Bestimmungen in dem anderen Staate steuerpflichtig sind, so gilt, soweit die Veränderung reicht, für die Feststellung des Zuwachses in diesem anderen Staate als Beginn des Veranlagungszeitraumes der Zeitpunkt, in dem die Veränderung oder Umwandlung stattgefunden hat.

1. Das deutsche Steuerrecht kennt solche Zuwachssteuern nicht. Die Bestimmung will also besagen, daß Österreich solche Zuwachssteuern nur erheben darf, wenn das Vermögen oder die Einkünfte des Steuerpflichtigen nach den Art. I—VII der Besteuerung in Österreich unterliegen. In den Fällen, in denen die Besteuerung des Einkommens und Vermögens in Deutschland erfolgt, ist die Zuwachssteuer in Österreich ausgeschlossen, wiewohl Deutschland keine Zuwachssteuer erhebt. Vgl. hierzu II Nr. 5 des Abschnittes A: Grundsätzliche Fragen des Doppelbesteuerungsrechtes.

2. Abs. 2 will die Fälle regeln, in denen z. B. durch Wohnsitzverlegung, Änderung der Staatsangehörigkeit oder Umwandlung von Kapital- in Grundvermögen eine Änderung der Besteuerungsgrundlagen des Abkommens herbeigeführt wird. In solchen Fällen soll für die Feststellung des Zuwachses im anderen Staate der Zeitpunkt der Veränderung gelten. Vgl. hierzu C Nr. 13 des Abschnittes B.

Die Art. X bis XIII betreffen Kriegssteuern, die überholt sind.

Art. XIV.

(1) Die Vorschriften der österreichischen Gesetze über die Besteuerung ruhender Erbschaften finden soweit keine Anwendung,

als für das aus der Erbschaft herrührende Einkommen oder Vermögen der Erwerber in Deutschland nach den Bestimmungen dieses Vertrages unmittelbar zur Steuer herangezogen wird.

(²) Die von der ruhenden Erbschaft entrichtete Steuer ist zu erstatten, sobald das Vorliegen der Voraussetzungen des Abs. 1 feststeht und der Erwerber die Erstattung beantragt.

1. Vgl. hierzu die Anmerkung zu Art. XVI des deutsch-tschechischen Abkommens.

Art. XV.

Die diplomatischen, konsularischen und sonstigen Vertreter der beiden Staaten, sofern diese Vertreter Berufsbeamte sind, sowie die ihnen zugewiesenen Beamten und die in ihrem und ihrer Beamten Dienste stehenden Personen sind von den direkten Steuern im Empfangsstaate befreit. Die Befreiung tritt nur ein, soweit die genannten Personen Angehörige des Entsendestaates sind und außerhalb ihres Amtes oder Dienstes im Empfangsstaate keine Erwerbstätigkeit ausüben. Sie erstreckt sich nicht auf die nach Art. II, III und VI zu erhebenden sowie auf die im Art. VIII bezeichneten, an der Quelle zu erhebenden Steuern.

1. Vgl. hierzu die Anm. zu Art. XVII des deutsch-tschechischen Abkommens sowie II 15 a des Abschnittes A: Grundsätzliche Fragen des Doppelbesteuerungsrechtes.

Art. XVI.

Die Bestimmung des Art. XV gilt entsprechend für die im Dienste der Zoll- und Eisenbahnverwaltungen eines der beiden Staaten oder ihrer Länder stehenden Personen, welche bei einer auf dem Gebiete des anderen Teiles belegenen Amtsstelle dieser Verwaltung beschäftigt werden und deshalb dort wohnen, sowie für ihre mit ihnen in häuslicher Gemeinschaft lebenden Angehörigen und Hausbediensteten, soweit die bezeichneten Personen Angehörige des Entsendestaates sind.

1. Vgl. hierzu die Anm. zu Art. XVIII des deutsch-tschechischen Abkommens.

Art. XVII.

(¹) Zur Beseitigung von Doppelbesteuerungen in solchen Fällen, welche durch den vorliegenden Vertrag keine ausdrückliche Regelung gefunden haben, sowie von Härten, welche auch bei Anwendung der Vertragsgrundsätze bestehen bleiben, werden die Finanzminister der beiden Staaten besondere Vereinbarungen treffen.

(²) Über die Anwendung der Grundsätze dieses Vertrages auf Geldleistungen, welche einem Angehörigen des anderen Staates nach den Grundsätzen der direkten Besteuerung durch die innere Gesetzgebung auferlegt werden, bleibt besondere Vereinbarung der Finanzminister der beiden Staaten vorbehalten.

1. Vgl. hierzu II Nr. 8 des Abschnittes A: Grundsätzliche Fragen der Doppelbesteuerung.

2. In Abs. 2 muß es sich um Anforderungen handeln, die begrifflich nicht unter die direkten Steuern zu rechnen sind, die aber nach den für diese Steuern geltenden Bestimmungen erhoben werden. Da solche Abgaben nicht unter das Abkommen fallen, ist der Vorbehalt selbstverständlich.

Art. XVIII.

(¹) Dieser Vertrag findet Anwendung:

a) im Deutschen Reiche:
auf — es folgen zunächst Kriegsabgaben, die überholt sind — — im übrigen sowohl hinsichtlich der Reichssteuern wie der von den Ländern erhobenen Steuern vom Grundvermögen und vom Gewerbebetrieb für die Zeit seit dem Beginne des Steuerjahres 1920;

b) in der Republik Österreich:
— es folgen zunächst Kriegsabgaben, die überholt sind —. Auf die übrigen Steuern für die Zeit seit dem Beginne des Steuerjahres 1920.

(²) Soweit nicht in Abs. 1 etwas anderes bestimmt ist, finden für die Steuern, aus vorangegangenen Steuerjahren, die zwischenstaatlichen Vereinbarungen, die aus der früheren Zeit stammen und der Beseitigung von Doppelbesteuerungen dienten, innerhalb ihres räumlichen Geltungsgebietes sinngemäß Anwendung.

1. Vgl. zu den deutschen Steuern die Anm. Nr. 1 zu Art. I.

2. Österreich ist die laufende Besteuerung des Vermögens fremd. Vgl. daher Nr. 5 des Schlußprotokolls.

Art. XIX.

(¹) Dieser Vertrag soll ratifiziert, und die Ratifikationsurkunden sollen baldmöglichst in Wien ausgetauscht werden. Er tritt mit dem Tage des Austausches der Ratifikationsurkunden in Kraft und soll so lange in Geltung bleiben, als er nicht von einem der vertragschließenden Teile spätestens 6 Monate vor Ablauf eines Kalenderjahres gekündigt wird. Im Falle rechtzeitiger Kündigung verliert der Vertrag mit dem Ablauf dieses Kalenderjahres die Wirksamkeit.

(2) Der ratifizierte Vertrag wird in jedem der beiden Staaten in der amtlichen Gesetzsammlung veröffentlicht werden.

1. Die Ratifikationsurkunden des Abkommens sind mit dem Schlußprotokoll am 17. Mai 1923 ausgetauscht worden. Das Abkommen ist also mit diesem Tage in Kraft getreten.

2. Die Veröffentlichung siehe in RGBl. 1923 II S. 69.

Schlußprotokoll.

Bei der Unterzeichnung des am heutigen Tage zwischen dem Deutschen Reiche und der Republick Österreich abgeschlossenen Vertrages zur Ausgleichung der in- und ausländischen Besteuerung, insbesondere zur Vermeidung der Doppelbesteuerung auf dem Gebiete der direkten Steuern, haben die unterzeichneten Bevollmächtigten folgende übereinstimmende Erklärungen abgegeben, welche einen integrierenden Teil des Vertrages selbst bilden sollen:

1. Als direkte Steuern im Sinne des Vertrages gelten auf seiten des Deutschen Reiches die gegenwärtigen und künftigen Steuern des Reichs und der Länder vom Einkommen und Vermögen einschließlich der Kapitalertragsteuer, die von den Ländern erhobenen gegenwärtigen und künftigen Steuern vom Grundvermögen und vom Gewerbebetriebe sowie Zuschläge zu den vorerwähnten Steuern;

auf Seiten der Republik Österreich die für den Bund, ferner die von diesem für sich unter Beteiligung der Länder und Gemeinden und die von den Ländern erhobenen gegenwärtigen und künftigen Steuern vom Einkommen, Ertrag und Vermögen sowie Zuschläge zu den vorerwähnten Steuern.

Die in dem Vertrage für die Besteuerung des Einkommens, Ertrages und Vermögens aufgestellten Grundsätze finden auf die Besteuerung des Mehreinkommens, Mehrertrages und Vermögenszuwachses entsprechende Anwendung.

Beide Teile sind darüber einig, daß die Erbschaftssteuern nicht als direkte Steuern im Sinne dieses Vertrages gelten. Über die Erbschaftssteuer wird ein besonderer Vertrag geschlossen.

Zweifel über die Zugehörigkeit einer Steuer zu den oben bezeichneten Steuerarten werden im Einvernehmen zwischen den Finanzministern der beiden Staaten geklärt werden.

2. Durch die Bestimmung des Art. I Abs. 1 wird die Besteuerung solcher Personen nicht ausgeschlossen, die, ohne ihren Wohn-

sitz oder dauernden Aufenthalt in einem den beiden Staaten zu haben, sich dort des Erwerbes wegen aufhalten.

3. Bei Anwendung des Art. I 2 a soll an Stelle der Aufenthaltsdauer während des Steuerjahres die Aufenthaltsdauer in dem Zeitraum maßgebend sein, innerhalb dessen das der Besteuerung unterliegende Einkommen (der Ertrag) erzielt worden ist, wenn dieser Zeitraum mit dem Steuerjahre nicht übereinstimmt.

4. Die Berechnung der Aufenthaltsdauer nach Art. I Abs. 2 a und c hat nach vollen Monaten zu 30 Tagen zu erfolgen. Ein übersteigender Zeitraum von mehr als 15 Tagen ist als voller Monat anzurechnen; ein übersteigender Zeitraum von 15 Tagen und darunter ist nicht in Ansatz zu bringen.

5. Sollte Österreich eine Besteuerung des Vermögens einführen, so bleibt den Finanzministern der beiden Staaten vorbehalten, eine von der Bestimmung des Art. I Abs. 2 b abweichende Vereinbarung zu treffen.

6. Es besteht Einverständnis darüber, daß Studenten, die sich nur zu Studienzwecken in einem Vertragsstaate aufhalten, für die Unterhalts- und Studiengelder, die sie von ihren in dem anderen Vertragsstaate wohnhaften Angehörigen erhalten, nicht zur Steuer im Staate des Studienaufenthaltes herangezogen werden sollen, sofern sie auf diese Bezüge überwiegend angewiesen sind.

7. Die steuerliche Behandlung von Veräußerungs- beziehungsweise Spekulationsgewinnen, die bei der nicht gewerbsmäßigen Veräußerung der im Art. II bezeichneten Vermögensgegenstände erzielt werden, nach Maßgabe der inneren Gesetzgebung der beiden Staaten wird durch die Bestimmungen dieses Vertrages nicht berührt.

8. Die Regelung der Besteuerung der Eisenbahn- und Schiffahrtsunternehmungen, die ihren Betrieb auf die Gebiete beider Staaten ausdehnen, bleibt besonderer Vereinbarung der Finanzminister der beiden Staaten vorbehalten.

9. Durch die Bestimmung dieses Vertrages werden die Gesetze der vertragschließenden Staaten über die Sonderbesteuerung der Tantiemen nicht berührt.

10. Überholt (vgl. Bem. zu Art. X—XIV).

11. Die vertragschließenden Staaten nehmen in Aussicht, durch einen besonderen Vertrag organisatorische Einrichtungen zu schaffen, um die den Steuerpflichtigen aus dem vorstehenden Vertrage erwachsenden Rechte zu sichern.

12. Es besteht Einverständnis darüber, daß eine bereits durchgeführte Steuerveranlagung gemäß den Bestimmungen dieses Vertrages zu berichtigen ist, wenn es der Steuerpflichtige binnen zwei Jahren nach dem Inkrafttreten dieses Vertrages beantragt oder wenn die Steuerbehörde eine solche Berichtigung im Rahmen ihrer gesetzlichen Befugnisse von Amts wegen einzuleiten für notwendig erachtet.

2a. Vertrag

zwischen dem Deutschen Reiche und der Republik Österreich zur Vermeidung der Doppelbesteuerung auf dem Gebiete der Abgaben von Todes wegen.

Art. I.

(1) Unbewegliches Nachlaßvermögen eines Angehörigen eines der beiden Staaten einschließlich Zubehör ist den Abgaben von Todes wegen nur in dem Staate unterworfen, in dem das unbewegliche Vermögen liegt.

(2) Berechtigungen, auf welche die Vorschriften des bürgerlichen Rechtes über Grundstücke Anwendung finden, Nutzungsrechte an unbeweglichem Vermögen sowie Rechte, die auf unbeweglichem Vermögen sichergestellt sind oder darauf lasten, sind dem unbeweglichen Vermögen gleichzuachten.

(3) Für die Frage, ob ein Vermögensgegenstand (Abs. 1 und 2) als unbeweglich anzusehen ist, sind die Gesetze des Staates maßgebend, in dem der Gegenstand liegt. Was als Zubehör anzusehen, richtet sich nach dem Rechte des Staates, in dem sich das unbewegliche Vermögen befindet.

1. Das Erbschaftsteuerabkommen bezieht sich ebenfalls wie das Hauptabkommen zur Vermeidung der Doppelbesteuerung nur auf Staatsangehörige eines der Vertragsstaaten. Es schafft eine klare Grundlage für die Zuweisung der einzelnen Nachlaßgegenstände.

Unbewegliches Vermögen folgt wie in Art. II des Hauptabkommens der Besteuerung im Belegenheitsstaate. Was im einzelnen zum unbeweglichen Vermögen im Sinne der Abs. 1 und 2 des Art. I gehört, richtet sich nach der inneren Gesetzgebung und Rechtsprechung jedes Staates.

Es gehören dahin Grundstücke mit oder ohne Gebäulichkeiten sowie solche Rechte, auf die die Vorschriften über Grundstücke entsprechende Anwendung finden wie z. B. Erbbaurecht, Erbpacht, Kohlenabbaugerechtigkeiten, immobile Kuxen alten Rechtes usw. Aber auch der Kreis der eigentumbegrenzenden dinglichen Grundstücksrechte wie Nießbrauch, Dienstbarkeiten, Reallasten, Grund- und Rentenschulden, fällt auf deutscher Seite darunter. Entgegen der Regelung in Art. II des Hauptabkommens gehören auch die

Hypotheken zum unbeweglichen Vermögen. Sie unterliegen daher der Erbschaftsteuer im Staate der Belegenheit des belasteten Grundstücks. Auch wesentliche Bestandteile und das Grundstückszubehör unterliegen der Rechtsfolge des Art. I (vgl. dazu die §§ 93—98 BGB.).

Das in Art. I begründete Belegenheitsprinzip gilt uneingeschränkt ohne Rücksicht darauf, ob der Erblasser im Belegenheitsstaate wohnt oder sich aufhält.

Art. II.

(1) Für das nicht nach Art. I zu behandelnde Nachlaßvermögen eines Angehörigen eines der beiden Staaten gelten folgende Bestimmungen:

a) hat der Erblasser zur Zeit seines Todes seinen Wohnsitz oder in Ermangelung eines solchen seinen dauernden Aufenthalt in einem der beiden Staaten gehabt, so unterliegt dieses Vermögen den Angaben von Todes wegen nur in diesem Staate;

b) hat der Erblasser zur Zeit seines Todes in jedem der beiden Staaten einen Wohnsitz gehabt, so unterliegt dieses Vermögen den Abgaben von Todes wegen nur in dem Staate, in welchem sich der Erblasser während des letzten Jahres vor seinem Tode die längere Zeit aufgehalten hat;

c) in allen übrigen Fällen unterliegt dieses Vermögen den Abgaben von Todes wegen nur in dem Staate, dem der Erblasser zur Zeit seines Todes angehört hat. Hat der Erblasser zur Zeit seines Todes beiden Staaten angehört, so bleibt besondere Vereinbarung der Finanzminister der beiden Staaten von Fall zu Fall vorbehalten.

(2) Einen Wohnsitz im Sinne dieses Vertrages hat jemand da, wo er eine Wohnung unter Umständen innehat, die auf die Absicht der Beibehaltung einer solchen schließen lassen.

(3) Einen dauernden Aufenthalt im Sinne dieses Vertrages hat jemand da, wo er sich unter Umständen aufhält, die auf die Absicht schließen lassen, an diesem Orte oder in diesem Lande nicht nur vorübergehend zu verweilen.

1. Besitzt der Erblasser nicht die Staatsangehörigkeit eines der Vertragsstaaten, so gilt, falls nicht ein anderes zwischenstaatliches Erbschaftsteuerabkommen eingreift, bezüglich der persönlichen Steuerpflicht § 8 des deutschen Erbschaftsteuergesetzes vom 16. 10. 1934 (RGBl. I S. 1056). — Hier ist bestimmt, daß als Inländer im Sinne des § 8 auch Ausländer anzusehen sind, falls sie ihren Wohnsitz oder dauernden Aufenthalt im Inlande haben. Siehe hier auch die Steueranrechnung vom im Auslande erlegter Steuerabgaben (§ 8 Abs. 2 ErbStG.).

Bemerkenswert ist für das Gebiet der Doppelbesteuerung auch noch § 8 Abs. 3 ErbStG., der für den Fall, daß ein Teil des Nachlaßvermögens der inländischen Besteuerung auf Grund von Staatsverträgen entzogen ist, bestimmt, daß die Steuer für den Restnachlaß nach dem Steuersatze zu entrichten ist, der dem ganzen Erwerbe entspricht. Diese Bestimmung ist durch Nr. 2 des Schlußprotokolls zum Erbschaftsteuerabkommen beseitigt, da auch für diesen Tatbestand nur der Wert des in jedem der beiden Staaten abgabepflichtigen Vermögens maßgebend ist.

2. Für die Besteuerung des gesamten beweglichen und sonstigen Nachlaßvermögens, soweit es nicht unter Art. I fällt, entscheidet der Wohnsitz des Erblassers und in Ermangelung eines solchen der dauernde Aufenthalt in einem der Vertragsstaaten zur Zeit des Erbfalles, mit der Maßgabe, daß beim Zusammentreffen von Wohnsitz im einen mit dauerndem Aufenthalt im anderen Staate der Wohnsitz allein maßgebend ist. Bei Doppelwohnsitz entscheidet der längere Aufenthalt im letzten Jahre vor dem Erbfall. Gemeint ist nicht das Kalender-, sondern das volle Jahr.

Kommt weder Wohnsitz noch Aufenthalt in Frage, so fällt die Steuer dem Staate zu, dessen Staatsangehörigkeit der Erblasser zur Zeit seines Todes besessen hat. Bei doppelter Staatsangehörigkeit ist das Verständigungsverfahren vorbehalten.

3. Wegen der Begriffe Wohnsitz und Aufenthalt vgl. B V Nr. 1 und 2 des Abschnittes B.

Art. III.

Vermächtnisse, die nicht einen bestimmten Gegenstand betreffen, werden auf das im Art. II bezeichnete Vermögen angerechnet, soweit dieses ausreicht. Ein hierbei nicht gedeckter Rest solcher Vermächtnisse wird auf das unbewegliche Nachlaßvermögen (Art. I) angerechnet, gegebenenfalls im Verhältnis des Wertes der in den beiden Staaten sich befindenden Vermögensgegenstände dieser Art.

1. Vermächtnisse begründen einen Anspruch gegen den Erben. Sie werden daher, wenn sie nicht einen bestimmten Gegenstand betreffen, auf das der Besteuerung unterliegende Nachlaßvermögen und zwar zunächst auf die in Art. II bezeichneten beweglichen Werte, der etwaige Rest auf das unbewegliche Vermögen angerechnet und zwar gegebenenfalls im Verhältnis des Wertes der den einzelnen Staaten zur Besteuerung zugewiesenen Aktiven dieser Art. Bezieht sich das Vermächtnis auf einen bestimmten Gegenstand, so wird dieser Gegenstand aus der Besteuerungsmasse des Erben ausgeschieden.

läßt seinem Erben A in Wien:

Beispiel: Ein österreichischer Erblasser mit Wohnsitz in Wien hinter-

1. Grundstücke in Deutschland im Werte von 100000 *RM*,
2. bewegliches Nachlaßvermögen im Werte von 30000 *RM*.

Der Erbe ist beschwert mit einem Vermächtnis auf Zahlung von 50000 *RM* an den Vermächtnisnehmer B. —

Auf Grund dieser Sachlage gestaltet sich das Besteuerungsrecht beider Staaten folgendermaßen: Der Erbe A hätte nach deutschem Steuerrecht in Deutschland 100000 *RM* zu versteuern (§ 8 Abs. 1 II ErbStG. — beschränkte Steuerpflicht). Da aber auf das bewegliche Nachlaßgut nur 30000 *RM* angerechnet werden können, muß der restliche Betrag von 20000 *RM* auf das Grundvermögen angerechnet werden. Der Erbe A hat mithin in Deutschland nur 80000 *RM* zu versteuern, in Österreich dagegen nichts, da das bewegliche Erbgut durch das Vermächtnis erschöpft wird. Der Vermächtnisnehmer hat in Österreich 30000 *RM*, in Deutschland 20000 *RM* zu versteuern.

2. Falls der Erbe von dem in § 2318 BGB. ihm vorbehaltenen Kürzungsrecht Gebrauch macht, vermindert sich die Vermächtnisforderung um den dort genannten Teil.

Art. IV.

(1) Schulden, die auf dem unbeweglichen Nachlaßvermögen (Art. I) lasten oder darauf sichergestellt sind, werden auf dieses Vermögen angerechnet. Ein hierbei nicht gedeckter Rest wird, sofern der Erblasser für die Schuld auch persönlich haftete, auf das im Art. II bezeichnete Vermögen angerechnet.

(2) Für die Behandlung sonstiger Schulden gelten sinngemäß die Bestimmungen des Art. III.

1. Die allgemeinen Nachlaßschulden werden entsprechend der Besteuerung des Art. III behandelt. Lasten solche Schulden aber auf dem unbeweglichen Vermögen, so werden sie nur hierauf angerechnet. Nur wenn der Erblasser für die Schuld auch persönlich haftete, wird sie, soweit der Restbetrag reicht, von dem Werte des beweglichen Vermögens abgezogen.

2. Eine Schuldenkonkurrenz spielt wohl für die Rangordnung der Nachlaßforderungen unter sich, nicht aber für die Erbschaftbesteuerung des Abkommens eine Rolle. Daß im übrigen die Vermächtnisse und Pflichtteilsrechte selbst der Erbschaftbesteuerung unterliegen (§ 2 ErbStG.) ergibt sich aus dem zu Art. III angeführten Beispiel.

Art. V.

Abgaben von Todes wegen im Sinne dieses Vertrages sind:

auf seiten des Deutschen Reiches:

die Nachlaßsteuer, die Erbanfallsteuer und die etwa künftig an deren Stelle tretenden Steuern;

auf seiten der Republik Österreich:

die Erbgebühren, Erbgebührenzuschläge, Nachlaßgebühren und Immobiliargebühren für Vermögensübertragungen von Todes wegen und die an deren Stelle künftig tretenden Abgaben.

1. In Deutschland kommt nur noch die Erbschaftsteuer nach Maßgabe des Erbschaftsteuergesetzes vom 16. 10. 1934 (RGBl. I S. 1056) in Betracht. Dieses Gesetz unterwirft nicht nur den Erwerb von Todes wegen, sondern auch Schenkungen und Zweckzuwendungen der Steuerpflicht. Aus der weiten Fassung des Art. V — und die etwa künftig an deren Stelle tretenden Steuern — könnte leicht gefolgert werden, daß, da nach der Absicht der Vertragspartner das Abkommen späteren Gesetzesänderungen der beiden Staaten Rechnung tragen sollte, die gesamten durch das genannte Erbschaftsteuergesetz geregelten Tatbestände unter das Abkommen fallen. Das wäre aber ein Trugschluß, da sich das Abkommen nur auf Abgaben von Todes wegen bezieht, worunter nur die in § 2 des ErbStG. bezeichneten Unterfälle zu rechnen sind. Vgl. hierzu II Nr. 12 des Abschnittes A.

Art. VI.

(1) Dieser Vertrag soll ratifiziert und die Ratifikationsurkunden sollen baldmöglichst in Wien ausgetauscht werden. Er tritt mit dem Tage des Austausches der Ratifikationsurkunden in Kraft und findet Anwendung auf alle Fälle, in denen der Erblasser nach diesem Zeitpunkt verstorben ist. Dieser Vertrag soll so lange in Geltung bleiben, als er nicht von einem der vertragschließenden Staaten spätestens 6 Monate vor Ablauf eines Kalenderjahres gekündigt wird. Im Falle rechtzeitiger Kündigung verliert der Vertrag mit dem Ablauf dieses Kalenderjahres seine Wirksamkeit für alle Fälle, in denen der Erblasser nach Ablauf dieses Kalenderjahres verstorben ist.

(2) Der ratifizierte Vertrag wird in jedem der beiden Staaten in der amtlichen Gesetzsammlung veröffentlicht werden.

1. Das Erbschaftsteuerabkommen ist am 17. 5. 1923 in Kraft getreten, da der Austausch der Ratifikationsurkunden an diesem Tage stattgefunden hat. Veröffentlichung des Textes im RGBl. 1923 II S. 69 ff.

Schlußprotokoll.

Bei der Unterzeichnung des am heutigen Tage zwischen dem Deutschen Reiche und der Republik Österreich abgeschlossenen Vertrages zur Vermeidung der Doppelbesteuerung auf dem Gebiete der Abgaben von Todes wegen haben die unterzeichneten Bevollmächtigten folgende übereinstimmende Erklärungen abgegeben, welche einen integrierenden Teil des Vertrages selbst bilden sollen:

1. Unberührt bleibt das Recht jedes der beiden Staaten, solche Vermögensgegenstände, die nach diesem Vertrage den Abgaben von Todes wegen des anderen Staates nicht unterworfen sind, zu den Abgaben von Todes wegen nach seinen gesetzlichen Vorschriften, insbesondere nach denjenigen heranzuziehen, welche die Abgabepflicht von der Person des Erwerbers abhängig machen.

2. Wenn nach den Bestimmungen dieses Vertrages ein Nachlaßvermögen zum Teil in dem einen, zum Teil in dem anderen

Staate den Abgaben von Todes wegen unterliegt, so ist für die Berechnung des Abgabensatzes nicht der Wert des Gesamtnachlasses, sondern nur der Wert des in jedem der beiden Staaten abgabepflichtigen Vermögens maßgebend.

3. Zweifelsfragen, die sich bei der Anwendung dieses Vertrages im Einzelfalle ergeben, werden im Einvernehmen zwischen den Finanzministern der beiden Staaten geklärt werden.

1. Die Bestimmung der Nr. 1 ist selbstverständlich und soll wohl nur der Hervorhebung dieses Gedankens dienen. Wegen der Ziff. 2 siehe Anm. Ziff. 2 zu Art. 1 des Erbschaftsteuerabkommens.

3. Vertrag

zwischen dem Deutschen Reiche und dem Königreich Ungarn zur Ausgleichung der in- und ausländischen Besteuerung, insbesondere zur Vermeidung der Doppelbesteuerung auf dem Gebiete der direkten Steuern.

Art. I.

Grundstücke, Gebäude und Hypothekenforderungen sowie das Einkommen (der Ertrag) daraus sollen nur in dem Staate zu den direkten Steuern herangezogen werden, in welchem sich die Liegenschaft befindet.

1. Siehe hierzu die Anm. 1—3 zu Art. II des deutsch-tschechischen Abkommens.

Nach Art. 4 des Schlußprotokolls bleiben nicht gewerbsmäßige Veräußerungs- und Spekulationsgewinne aus der Veräußerung der in Art. 1 bezeichneten Gegenstände der Sonderbesteuerung jedes Vertragsstaates überlassen. Soweit es sich also nicht um Veräußerungsgewinne handelt, die im Rahmen eines Gewerbebetriebes anfallen, unterliegen nur die Spekulationsgewinne der deutschen unbeschränkten oder beschränkten Einkommensteuerpflicht. (Vgl. §§ 1, 22 Ziff. 2, 23, 1a und 49 Ziff. 8 EStG.). Für die steuerliche Erfassung der gewerblichen Veräußerungs- und Spekulationsgewinne gilt Art. II.

Wegen der Vermögensteuer siehe §§ 1 und 2 VStG.

2. Auch Hypothekenforderungen sowie die Einkünfte daraus unterliegen der Besteuerung durch den Belegenheitsstaat. Dasselbe muß für Grund- und Rentenschulden gelten. Siehe hierzu II Nr. 10 des Abschnittes A: Grundsätzliche Fragen des Doppelbesteuerungsrechtes sowie C Nr. 6 des Abschnittes B.

Alle anderen eigentumbegrenzenden Grundstücksrechte wie beschränkt persönliche Dienstbarkeiten usw., unterliegen dem Wohnsitzstatut des Art. VII des Abkommens, soweit sie nicht Bestandteile eines Grundstücks sind (§ 96 BGB.). Wegen des Nießbrauchs s. Anm. 4 zu Art. II des deutsch-tschechischen Vertrages.

3. Wegen des Begriffes der direkten Steuern s. II Nr. 4 und wegen der Bedeutung des Wortes Doppelbesteuerung II Nr. 3 des Abschnittes A: Grundsätzliche Fragen des Doppelbesteuerungsrechtes.

Art. II.

(1) Der Gewerbebetrieb (Betrieb einer Erwerbsunternehmung oder gewinnbringenden Erwerbstätigkeit) sowie das Einkommen daraus sollen nur in dem Staate zu den direkten Steuern herangezogen werden, in welchem eine Betriebstätte zur Ausübung des Gewerbes unterhalten wird.

(2) Als Betriebstätten gelten: die Geschäftsleitung, Zweigniederlassungen, Fabrikationsstätten, Ein- und Verkaufsstellen, Niederlagen, Kontore und sonstige zur Ausübung des Gewerbes durch den Unternehmer selbst, dessen Geschäftsteilhaber, Prokuristen oder andere ständige Vertreter unterhaltene Geschäftseinrichtungen.

(3) Befinden sich Betriebstätten desselben gewerblichen Unternehmens in beiden Gebieten, so soll die Heranziehung zu den direkten Steuern in jedem Gebiete nur nach Maßgabe des von den inländischen Betriebstätten aus stattfindenden Betriebes erfolgen.

(4) Als Gewerbebetrieb sind auch Beteiligungen an gesellschaftlichen Unternehmungen zu behandeln, mit Ausnahme von Kuxen, Aktien, Anteilscheinen und sonstigen Wertpapieren.

(5) Die vorstehenden Bestimmungen beziehen sich nicht auf die Besteuerung des Hausier- und Wandergewerbes.

1. Zu Art. II kann auf die Anmerkungen zu Art. III des deutsch-tschechischen Vertrages Bezug genommen werden.

2. Im Gegensatz zum deutsch-tschechischen Abkommen unterliegen aber nach Art. II Abs. 4 Beteiligungen an gewerblichen Unternehmen der Betriebstättenbesteuerung. Die Einkünfte aus einer Beteiligung an einer GmbH. sind also nach dem deutsch-ungarischen Vertrage nicht als Einkünfte aus Kapitalvermögen, sondern als Einkünfte aus Gewerbe anzusehen. Dasselbe gilt von Beteiligungen an offenen Handelsgesellschaften, Kommanditgesellschaften sowie stillen Gesellschaften, falls der stille Gesellschafter als Mitunternehmer auch am Gesellschaftsvermögen beteiligt ist. Dagegen unterliegt der typische stille Gesellschafter, der lediglich am Geschäftserfolge beteiligt ist, der Wohnsitzbesteuerung des Art. VII.

Eine Ausnahme ist für Kuxen, Aktien, Genußscheine und sonstige Wertpapiere verordnet, bei denen der Besitz notwendig ist, um die in ihnen verbrieften Rechte ausüben zu können. Sie unterliegen ebenfalls der Wohnsitzbesteuerung. Siehe hierzu insbesondere Anm. 4 zu Art. III des deutsch-tschechischen Vertrages.

Art. III.

Auf den Erwerb aus wissenschaftlicher, künstlerischer, schriftstellerischer, unterrichtender oder erziehender Tätigkeit, aus der Berufstätigkeit der Ärzte, Rechtsanwälte, Architekten, Ingenieure und der Ausübung anderer freier Berufe finden die Bestimmungen des Art. II nur insoweit Anwendung, als die Ausübung der Berufstätigkeit in dem anderen Staate von einem festen Mittelpunkte (Betriebstätte) aus stattfindet.

Siehe hierzu die Anm. zu Art. IV des deutsch-tschechischen Abkommens.

Art. IV.

Die Bestimmungen des provisorischen Abkommens zwischen der Deutschen und der Königreich Ungarischen Regierung zur Regelung ihrer beiderseitigen wirtschaftlichen Beziehungen vom 1. Juni 1920 unter Ziff. 13 bleiben unberührt.

(Ziff. 13 des provis. Abkommens zwischen Deutschland und Ungarn zur Regelung ihrer beiderseitigen wirtschaftlichen Beziehungen vom 1. Juni 1920; Gesetz vom 22. 12. 1920, RGBl. S. 2227):

I.

Die beiden vertragschließenden Teile werden bis auf weiteres ihren wechselseitigen wirtschaftlichen Beziehungen den Grundsatz der Meistbegünstigung zugrunde legen. Dies gilt insbesondere

3. von Kaufleuten, Fabrikanten und Handelsreisenden, welche sich darüber ausweisen, daß sie in dem Staate, wo sie ihren Wohnsitz haben, die gesetzlichen Abgaben für das von ihnen betriebene Geschäft entrichtet haben, wenn sie persönlich oder durch in ihren Diensten stehende Reisende Ankäufe machen oder Bestellungen nur unter Mitführung von Mustern suchen. Ferner für die Behandlung der von ihnen mitgeführten Muster, sowie der für ihren Gewerbebetrieb zu entrichtenden Abgaben.

Siehe hierzu die Anmerkungen zu Art. V des deutsch-tschechischen Abkommens.

Art. V.

Aus öffentlichen Kassen (Reichs-, Staats-, Landes-, Komitats-, Bezirks-, Stadt- und Gemeindekassen usw.) zahlbare, regelmäßig wiederkehrende Bezüge oder Unterstützungen, die mit Rücksicht auf eine gegenwärtige oder frühere Dienstleistung oder Berufstätigkeit gewährt werden (Besoldungen, Ruhegehälter, Wartegelder, Versorgungsbezüge u. dgl.), sollen nur in dem Staate, aus welchem die Zahlung zu erfolgen hat, zu den direkten Steuern herangezogen werden.

Siehe hierzu die Anm. zu Art. VI des deutsch-tschechischen Vertrages.

Art. VI.

(1) Soweit nach dem deutschen Kapitalertragssteuergesetze vom 29. März 1920 oder den Gesetzen des Königreichs Ungarn, betreffend die Besteuerung der Kapitalzinsen, eine Besteuerung von Zinsen und Kapitalerträgen an der Quelle (im Abzugswege) stattfindet, steht die Steuer nur dem Staate zu, in dessen Gebiet der Abzug nach den Gesetzen zu bewirken ist. Befindet sich in dem einen Staate die Hauptniederlassung und in dem anderen Staate eine Zweigniederlassung, so ist der Abzug der Steuer von den Zinsen, die im Geschäftsbetriebe der Zweigniederlassung erwachsen, nur zugunsten des Staates zulässig, in dem die Zweigniederlassung belegen ist.

(2) Die Abgabe von Tantiemen wird in dem Staate erhoben, in welchem das Unternehmen, welches die Tantiemen gewährt, seinen Sitz oder den Ort der Leistung hat.

1. Vgl. zu Abs. 1 die Anm. 1 und 2 zu Art. VIII des deutsch-tschechischen Abkommens.

2. Tantiemen sind kein Gehalt. Auch soweit die Tantiemen — das sind Vergütungen, die dem Aufsichtsrat, Vorstand oder leitenden Angestellten eines Unternehmens in Hundertsätzen des Brutto- oder Nettogewinnes usw. gewährt werden — im Steuerabzugswege erhoben werden, steht die Abgabe dem Staate zu, in dem das Unternehmen seinen Sitz oder den Ort der Leitung hat. Im übrigen unterliegen diese Bezüge der Mindestbesteuerung des § 17 KStG.

Art. VII.

(1) Im übrigen sind deutsche oder ungarische Staatsangehörige zu den direkten Steuern nur in dem Staate heranzuziehen, in welchem sie ihren Wohnsitz und in Ermangelung eines solchen ihren dauernden Aufenthalt haben.

(2) Ist in beiden Staaten ein Wohnsitz begründet, so werden sie nur in demjenigen Staate zu den direkten Steuern herangezogen, dessen Staatsangehörigkeit sie besitzen. Bei Personen, die in beiden oder in keinem der beteiligten Staaten die Staatsangehörigkeit besitzen sollten, bleibt besondere Vereinbarung von Fall zu Fall vorbehalten.

(3) Einen Wohnsitz im Sinne dieses Vertrages hat jemand

dort, wo er eine Wohnung unter Umständen innehat, die auf die Absicht der Beibehaltung einer solchen schließen lassen.

(4) Einen Aufenthalt im Sinne dieses Vertrages hat jemand da, wo er sich unter Umständen aufhält, die auf Absicht schließen lassen, an diesem Orte oder in diesem Lande nicht nur vorübergehend zu verweilen.

1. Wegen des Wohnsitz- und Aufenthaltbegriffes siehe die eingehenden Darlegungen unter B V Nr. 1 und 2 des Abschnittes B.

2. Abgesehen von den Ausnahmen in Art. III—V unterliegt also auch das Arbeitseinkommen grundsätzlich der Wohnsitzbesteuerung. Die Besteuerung solcher Personen, die in keinem der beiden Vertragsstaaten Wohnsitz oder Aufenthalt haben, ist jedem Staate überlassen, soweit diese Personen sich in diesem Staate des Erwerbes wegen aufhalten (Nr. 2 des Schlußprotokolls). Wegen der Studiengelder der Studenten siehe Nr. 3 des Schlußprotokolls.

Art. VIII.

Die Bestimmungen der Artikel I und II Abs. 1 bis 4 sowie des Art. VII finden auch auf nichtphysische Personen entsprechende Anwendung. An Stelle des Wohnsitzes ist der Sitz oder der Ort der Leitung maßgebend.

Vgl. hierzu Anm. Nr. 2 zu Art. III des deutsch-tschechischen Abkommens. Wegen der Begriffe Sitz und Ort der Leitung siehe B V Nr. 5 des Abschnittes B. Bei Sitz einer Leitung im anderen Staate gilt Art. XIV.

Die Art. IX bis XI sind überholt (Kriegsabgaben).

Art. XII.

Die diplomatischen, konsularischen und sonstigen Vertreter der beiden Staaten, sofern diese Vertreter Berufsbeamte sind, sowie die ihnen zugewiesenen Beamten und die in ihrem und ihrer Beamten Dienste stehenden Personen sind von den direkten Steuern im Empfangsstaate befreit. Die Befreiung tritt nur ein, soweit die genannten Personen Angehörige des Entsendestaates sind und außerhalb ihres Amtes oder Dienstes im Empfangsstaate keine Erwerbstätigkeit ausüben. Sie erstreckt sich nicht auf die nach Art. I, II und V zu erhebenden, sowie auf die im Art. VI bezeichneten an der Quelle zu erhebenden Steuern.

Siehe hierzu Art. XVII des deutsch-tschechischen Abkommens.

Art. XIII.

Schiffahrtsunternehmungen auf der Donau werden zu Steuern, die vom Gewerbebetriebe erhoben werden, nur im Staate des Sitzes oder des Ortes der Leitung herangezogen.

Über die Begriffe Sitz und Ort der Leitung vgl. B. V Nr. 5 des Abschnittes B.

Bei einem Schiffahrtsunternehmen eines der beiden Vertragsstaaten, das seinen Sitz in Deutschland, den Ort der Leitung aber in Ungarn hat, bleibt die Besteuerung der Vereinbarung von Fall zu Fall vorbehalten (Art. XIV). Hat das Unternehmen weder Sitz noch den Ort der Leitung in einem der beiden Staaten, so fällt es überhaupt nicht unter dieses Abkommen, sondern unterliegt den allgemeinen Steuernormen beider Vertragsteile, sofern nicht ein anderes Steuerabkommen eingreifen sollte. Vgl. im übrigen hierzu II 8 a des Abschnittes A.

Art. XIV.

Zur Beseitigung von Doppelbesteuerungen in solchen Fällen, welche durch den vorliegenden Vertrag keine ausdrückliche Regelung gefunden haben, sowie von Härten, welche auch bei Anwendung der Vertragsgegensätze bestehen bleiben, werden die Finanzminister der beiden Staaten besondere Vereinbarungen treffen.

Siehe hierzu II Nr. 13 des Abschnittes A: Grundsätzliche Fragen des Doppelbesteuerungsrechtes.

Art. XV.

Dieser Vertrag findet Anwendung:

a) im Deutschen Reiche
(es folgen hier Steuern, die überholt sind),
im übrigen sowohl hinsichtlich der Reichssteuern wie der von den Ländern erhobenen Steuern vom Grundvermögen und vom Gewerbebetriebe für die Zeit seit dem Beginne des Steuerjahres 1920;

b) im Königreich Ungarn
(es folgen hier Steuern, die überholt sind),
auf die übrigen Steuern für die Zeit seit dem Beginne des Steuerjahres 1920.

Vgl. hierzu II Nr. 4 des Abschnittes A: Grundsätzliche Fragen des Doppelbesteuerungsrechtes.

Art. XVI.

(1) Dieser Vertrag, welcher in deutscher und ungarischer Urschrift gefertigt worden ist, soll ratifiziert und die Ratifikationsurkunden sollen baldmöglichst in Budapest ausgetauscht werden. Er tritt mit dem Tage des Austausches der Ratifikationsurkunden in Kraft und soll so lange in Geltung bleiben, als er nicht von einem der vertragschließenden Teile spätestens 6 Monate vor Ablauf eines Kalenderjahres gekündigt wird. Im Falle rechtzeitiger

Kündigung verliert der Vertrag mit dem Ablauf dieses Kalenderjahres die Wirksamkeit.

(2) Beide Texte des Vertrages sind authentisch. Der ratifizierte Vertrag wird in jedem der beiden Staaten in der amtlichen Gesetzsammlung in beiden authentischen Texten veröffentlicht werden.

Das Abkommen nebst Schlußprotokoll ist in Kraft getreten seit dem 10. 10. 1925 (Bekanntmachung über die Ratifikation — RGBl. II 969). Es ist veröffentlicht RGBl. 1925 II 641).

Schlußprotokoll.

Bei der Unterzeichnung des am heutigen Tage zwischen dem Deutschen Reiche und dem Königreich Ungarn abgeschlossenen Vertrages zur Ausgleichung der in- und ausländischen Besteuerung, insbesondere zur Vermeidung der Doppelbesteuerung auf dem Gebiete der direkten Steuern haben die unterzeichneten Bevollmächtigten folgende übereinstimmende Erklärungen abgegeben, welche einen integrierenden Teil des Vertrages selbst bilden sollen:

1. Als direkte Steuern im Sinne des Vertrages gelten:

auf seiten des Deutschen Reiches die gegenwärtigen und künftigen Steuern des Reiches und der Länder vom Einkommen und Vermögen einschließlich der Kapitalertragsteuer, die von den Ländern erhobenen gegenwärtigen und künftigen Steuern vom Grundvermögen und vom Gewerbebetriebe sowie Zuschläge zu den vorerwähnten Steuern;

auf seiten des Königreichs Ungarn die für den Staat und für die Gemeinden erhobenen gegenwärtigen und künftigen Steuern vom Einkommen, Ertrag und Vermögen sowie Zuschläge zu den vorerwähnten Steuern.

Beide Teile sind darüber einig, daß die Erbschaftssteuern nicht als direkte Steuern im Sinne dieses Vertrages gelten. Über die Erbschaftssteuern wird ein besonderer Vertrag abgeschlossen.

Zweifel über die Zugehörigkeit einer Steuer zu den oben bezeichneten Steuerarten werden im Einvernehmen zwischen den Finanzministern der beiden Staaten geklärt werden.

2. Durch die Bestimmung des Art. VII Abs. 1 wird die Besteuerung solcher Personen nicht ausgeschlossen, die, ohne ihren Wohnsitz oder dauernden Aufenthalt in einem der beiden Staaten zu haben, sich dort des Erwerbes wegen aufhalten.

3. Es besteht Einverständnis darüber, daß Studenten, die sich nur zu Studienzwecken in einem Vertragsstaate aufhalten, für die

Unterhalts- und Studiengelder, die sie von ihren in dem anderen Vertragsstaate wohnhaften Angehörigen erhalten, nicht zur Steuer im Staate des Studienaufenthaltes herangezogen werden sollen, sofern sie auf diese Bezüge überwiegend angewiesen sind.

4. Die steuerliche Behandlung von Veräußerungs- bzw. Spekulationsgewinnen, die bei der nicht gewerbsmäßigen Veräußerung der im Art. I bezeichneten Vermögensgegenstände erzielt werden, nach Maßgabe der inneren Gesetzgebung der beiden Staaten wird durch die Bestimmungen dieses Vertrages nicht berührt.

5. Es besteht Einverständnis darüber, daß eine bereits durchgeführte Steuerveranlagung gemäß den Bestimmungen dieses Vertrages zu berichtigen ist, wenn es der Steuerpflichtige binnen zwei Jahren nach dem Inkrafttreten dieses Vertrages beantragt, oder wenn die Steuerbehörde eine solche Berichtigung im Rahmen ihrer gesetzlichen Befugnisse von Amts wegen einzuleiten für notwendig erachtet.

6. Um etwaige Zweifel über die Auslegung des Art. XII auszuschließen, erklären die vertragschließenden Staaten übereinstimmend, daß durch diese Bestimmung weitergehende Vorrechte und Befreiungen, die auf den allgemeinen Regeln des Völkerrechts beruhen, nicht berührt werden.

7. Soweit die Regelung in dem vorstehenden Vertrage auf seiten des Deutschen Reiches Landessteuern und Landesbehörden betrifft, bleibt die Zustimmung der Länder, soweit erforderlich, vorbehalten.

3a. Vertrag

zwischen dem Deutschen Reiche und dem Königreich Ungarn zur Vermeidung der Doppelbesteuerung auf dem Gebiete der Abgaben von Todes wegen.

Art. I.

(1) Unbewegliches Nachlaßvermögen eines Angehörigen eines der beiden Staaten einschließlich Zubehör ist den Abgaben von Todes wegen nur in dem Staate unterworfen, in dem das unbewegliche Vermögen liegt.

(2) Berechtigungen, auf welche die Vorschriften des bürgerlichen Rechtes über Grundstücke Anwendung finden, Nutzungsrechte an unbeweglichem Vermögen sowie Rechte, die auf unbeweg-

lichem Vermögen sichergestellt sind oder darauf lasten, sind dem unbeweglichen Vermögen gleichzuachten.

(3) Für die Frage, ob ein Vermögensgegenstand (Abs. 1 und 2) als unbeweglich anzusehen ist, sind die Gesetze (Steuer- und Gebührengesetze) des Staates maßgebend, in dem der Gegenstand liegt. Was als Zubehör anzusehen ist, richtet sich nach dem Rechte des Staates, in dem sich das unbewegliche Vermögen befindet.

Siehe hierzu die Anmerkungen zum entsprechenden Art. I des deutsch-österreichischen Erbschaftsteuerabkommens. Zu beachten ist auch hier, daß für den Bereich des deutsch-ungarischen Erbschaftsteuerabkommens § 8 Abs. 3 des deutschen ErbStG. aufgehoben ist (Art. VI).

Art. II.

(1) Für das nicht nach Art. I zu behandelnde Nachlaßvermögen eines Angehörigen eines der beiden Staaten gelten folgende Bestimmungen:

a) dieses Nachlaßvermögen unterliegt grundsätzlich den Abgaben von Todes wegen in dem Staate, dem der Erblasser zur Zeit seines Todes angehört hat;

b) hat jedoch der Erblasser zur Zeit seines Todes in dem anderen Staate einen Wohnsitz oder in Ermangelung eines solchen seinen dauernden Aufenthalt gehabt, so ist in diesem Staate das daselbst befindliche Nachlaßvermögen zu den Abgaben von Todes wegen heranzuziehen.

(2) Die Behandlung von Nachlaßvermögen solcher Personen, welche beiden Staaten angehört haben, bleibt besonderer Vereinbarung der Finanzminister der beiden Staaten von Fall zu Fall vorbehalten.

(3) Einen Wohnsitz im Sinne dieses Vertrages hat jemand da, wo er eine Wohnung unter Umständen innehat, die auf die Absicht der Beibehaltung einer solchen schließen lassen.

(4) Einen dauernden Aufenthalt im Sinne dieses Vertrages hat jemand dort, wo er sich unter Umständen aufhält, die auf die Absicht schließen lassen, an diesem Orte oder in diesem Lande nicht nur vorübergehend zu verweilen.

1. Für die Besteuerung des nicht unter Art. I fallenden Nachlaßvermögens entscheidet grundsätzlich die Staatsangehörigkeit des Erblassers zur Zeit seines Todes mit der Maßgabe, daß bei Doppelwohnsitz in jedem der beiden Vertragstaaten eine Vereinbarung von Fall zu Fall vorbehalten ist. Eine solche Vereinbarung würde innerstaatlich sachliches Steuerrecht begründen.

Hat der Erblasser allerdings in einem der beiden Staaten zur Zeit seines Todes seinen Wohnsitz oder dauernden Aufenthalt gehabt, so soll ungeachtet der Staatsangehörigkeit das im Wohnsitzstaate befindliche Nachlaßvermögen — soweit es überhaupt unter Art. II fällt — allein in diesem Staate der Erbschaftsteuer unterliegen. Der Wohnsitz hat vor dem Aufenthalt den Vorrang. Bei Doppelwohnsitz oder Doppelaufenthalt ist Schlußprotokoll Ziff. 2 anzuwenden. Wegen der Zurechnung der Nachlaßgegenstände siehe Art. III.

2. Über die Begriffe Wohnsitz und Aufenthalt vgl. B V Nr. 1 und 2 des Abschnittes B.

Art. III.

Für die Frage, wo die im Art. II bezeichneten Vermögensgegenstände sich befinden, gelten folgende Grundsätze:

a) bei Forderungen ist der Wohnsitz oder in Ermangelung eines solchen der dauernde Aufenthalt des forderungsberechtigten Erblassers maßgebend. Der gleiche Grundsatz findet auf Anteile an Gesellschaften, Gemeinschaften oder sonstigen Personenvereinigungen sinngemäße Anwendung, es sei denn, daß die Ausübung der Anteilsrechte an den Besitz einer Urkunde (Lit. b) geknüpft ist;

b) bei Wertpapieren entscheidet der Ort der Aufbewahrung zur Zeit des Todes des Erblassers;

c) bei Gegenständen oder Berechtigungen, über die ein von einer Behörde zur Eintragung des Berechtigten bestimmtes Buch oder Register geführt wird, ist der Ort maßgebend, an dem das Buch oder Register geführt wird.

Wenn der Erblasser zur Zeit seines Todes in einem der Vertragsstaaten seinen Wohnsitz oder dauernden Aufenthalt gehabt hat, so unterliegt das in diesem Wohnsitzstaate befindliche Nachlaßvermögen — soweit es überhaupt unter Art. II fällt — der Besteuerung dieses Staates. Ob ein Nachlaßgegenstand diesem Staate zuzurechnen ist, richtet sich nach Art. III.

Alle Forderungen dinglicher oder persönlicher Art sind dem Wohnsitzstaate des Erblassers verfangen. Der gleiche Grundsatz gilt für Anteile an Gesellschaften usw. wie Gesellschaften mit beschränkter Haftung, offenen Handelsgesellschaften, Kommanditgesellschaften, stillen Gesellschaften, Gemeinschaften des Schuld-, Sachen- oder Familienrechtes usw.

Ausnahmen: Soweit solche Anteilsrechte in einer Urkunde verbrieft sind (Aktien, Kuxen usw.), entscheidet der Ort der Aufbewahrung dieser Wertpapiere und soweit eine Forderung von einer Behörde registriert ist (Reichsschuldbuchforderungen, grundbuchlich eingetragene Rechte usw.) der Ort, wo das Buch oder Register geführt wird.

Art. IV.

Vermächtnisse, die nicht einen bestimmten Gegenstand betreffen, werden auf das im Art. II bezeichnete Vermögen angerechnet, soweit dieses ausreicht, gegebenenfalls im Verhältnis des

Wertes der in den beiden Staaten sich befindenden Vermögensgegenstände dieser Art. Ein hierbei nicht gedeckter Rest solcher Vermächtnisse wird auf das unbewegliche Nachlaßvermögen (Art. I) angerechnet, gegebenenfalls im Verhältnis des Wertes der in den beiden Staaten sich befindenden Vermögensgegenstände dieser Art.

Vgl. hierzu die Anmerkungen zum entsprechenden Art. III des deutsch-österreichischen Erbschaftsteuerabkommens.

Art. V.

(1) Schulden und Lasten, die auf dem unbeweglichen Nachlaßvermögen (Art. I) ruhen oder darauf sichergestellt sind, werden auf dieses Vermögen angerechnet. Ein hierbei nicht gedeckter Rest wird, sofern der Erblasser für die Schuld auch persönlich haftet, auf das im Art. II bezeichnete Vermögen angerechnet.

(2) Für die Behandlung sonstiger Schulden und Lasten gelten sinngemäß die Bestimmungen des Art. IV.

Vgl. hierzu die Anmerkungen zum entsprechenden Art. IV des deutsch-österreichischen Erbschaftsteuerabkommens.

Art. VI.

Wenn nach den Bestimmungen dieses Vertrages ein Nachlaßvermögen zum Teil in dem einen, zum Teil in dem anderen Staate den Abgaben von Todes wegen unterliegt, so ist für die Berechnung des Abgabensatzes nicht der Wert des Gesamtnachlasses, sondern nur der Wert des in jedem der beiden Staaten abgabepflichtigen Vermögens maßgebend.

Durch diese Bestimmung ist für den Bereich dieses Erbschaftsteuerabkommens § 8 Abs. 3 des deutschen Erbschaftsteuergesetzes aufgehoben.

Art. VII.

Abgaben von Todes wegen im Sinne dieses Vertrages sind:

auf seiten des Deutschen Reiches:

die Erbschaftsteuer und die etwa künftig an deren Stelle tretende Steuer;

auf seiten des Königreichs Ungarn:

die Erbgebühren und Immobiliargebühren für Vermögensübertragungen von Todes wegen und die an deren Stelle etwa künftig tretenden Abgaben.

Vgl. hierzu die Anm. zum entsprechenden Art. V des deutsch-österreichischen Erbschaftsteuerabkommens.

Art. VIII.

(1) Dieser Vertrag, welcher in deutscher und ungarischer Urschrift ausgefertigt ist, soll ratifiziert und die Ratifikationsurkunden sollen baldmöglichst in Budapest ausgetauscht werden. Er tritt mit dem Tage des Austausches der Ratifikationsurkunden in Kraft und findet Anwendung auf alle Fälle, in denen der Erblasser nach diesem Zeitpunkt verstorben ist. Dieser Vertrag soll so lange in Geltung bleiben, als er nicht von einem der vertragschließenden Staaten spätestens 6 Monate vor Ablauf eines Kalenderjahres gekündigt wird. Im Falle rechtzeitiger Kündigung verliert der Vertrag mit Ablauf dieses Kalenderjahres seine Wirksamkeit für alle Fälle, in denen der Erblasser nach Ablauf dieses Kalenderjahres verstorben ist.

(2) Beide Texte des Vertrages sind authentisch. Der ratifizierte Vertrag wird in jedem der beiden Staaten in der amtlichen Gesetzsammlung in beiden authentischen Texten veröffentlicht werden.

Das vorstehende Erbschaftsteuerabkommen datiert vom 26. 11. 1923 (RGBl. II S. 25). Dazu Gesetz vom 29. 6. 1925 (RGBl. II S. 641). Das Abkommen ist ratifiziert am 10. 10. 1925, mit diesem Tage also in Kraft getreten.

Schlußprotokoll.

Bei der Unterzeichnung des am heutigen Tage zwischen dem Deutschen Reiche und dem Königreich Ungarn abgeschlossenen Vertrages zur Vermeidung der Doppelbesteuerung auf dem Gebiete der Abgaben von Todes wegen haben die unterzeichneten Bevollmächtigten folgende übereinstimmende Erklärungen abgegeben, welche einen integrierenden Teil des Vertrages selbst bilden sollen:

1. Unberührt bleibt das Recht jedes der beiden Staaten, solche Vermögensgegenstände, die nach diesem Vertrage den Abgaben von Todes wegen des anderen Staates nicht unterworfen sind, zu den Abgaben von Todes wegen nach seinen gesetzlichen Vorschriften, insbesondere nach denjenigen heranzuziehen, welche die Abgabepflicht von der Person des Erwerbers abhängig machen.

2. Zweifelsfragen, die sich bei der Anwendung dieses Vertrages im Einzelfalle ergeben, werden im Einvernehmen zwischen den Finanzministern der beiden Staaten geklärt werden.

Durch Ziff. 1 des Schlußprotokolls soll klargestellt werden, daß, soweit Nachlaßgegenstände durch dieses Erbschaftsteuerabkommen nicht dem anderen Staate zur Besteuerung überwiesen sind, der erste Staat uneingeschränkt nach seinem Erbschaftsteuerrecht verfahren kann. Das gilt insbesondere für etwaige steuerliche Bestimmungen, die die Abgabepflicht von der Person des Erwerbers abhängig machen sollten.

4. Abkommen

zwischen dem Deutschen Reiche und Italien zur Vermeidung der Doppelbesteuerung und zur Regelung anderer Fragen auf dem Gebiete der direkten Steuern.

Art. 1.

Das gegenwärtige Abkommen soll Bestimmungen treffen, die sich auf die Erhebung der direkten Steuern beschränken.

Als direkte Steuern im Sinne des gegenwärtigen Abkommens gelten solche Steuern, die auf der Grundlage der Gesetzgebung jedes der beiden Staaten unmittelbar von den Einkünften (Reineinkünften oder Roheinkünften) oder von dem Vermögen erhoben werden, sei es für Rechnung der vertragschließenden Staaten oder der deutschen Länder, sei es für Rechnung der Provinzen oder Provinzialverbände, der Gemeinden oder Gemeindeverbände, auch soweit die Erhebung der Steuern in der Form von Zuschlägen erfolgt. Das gegenwärtige Abkommen bezieht sich daher nicht auf indirekte Steuern vom Verkehr und Verbrauch.

Die Grundsätze des Abkommens sind für die direkten Sachsteuern auf die Einkünfte (Art. 2 bis 10) und für die direkten Personalsteuern (Art. 11) gesondert aufgestellt.

Als Sachsteuern im Sinne des Abkommens gelten die direkten Steuern, die im Hinblick auf die einzelnen Gegenstände der Besteuerung und auf Grund ihrer wirtschaftlichen Zugehörigkeit zu dem Gebiet eines Staates erhoben werden. Als Personalsteuern gelten die direkten Steuern, die auf die Gesamtheit der der Steuer unterworfenen Gegenstände (Einkünfte oder Vermögen) mit Rücksicht auf die Person des Steuerpflichtigen, dem sie zustehen, und auf Grund der Staatsangehörigkeit des Wohnsitzes oder des Aufenthaltes dieser Personen erhoben werden.

Als Sachsteuern werden insbesondere angesehen:

1. Für die deutsche Gesetzgebung:
   a) die Einkommensteuer, insoweit sie ohne Rücksicht auf Staatsangehörigkeit, Wohnsitz und Aufenthalt des Steuerpflichtigen erhoben wird;

b) die Körperschaftssteuer, insoweit sie ohne Rücksicht auf Sitz und Ort der Leitung des Unternehmens erhoben wird;
c) die Grundsteuern;
d) die Gebäudesteuern;
e) die Gewerbesteuern;
f) die Hauszinssteuern.

2. Für die italienische Gesetzgebung:
a) die imposta sui terreni (Grundsteuer);
b) die imposta sui fabbricati (Gebäudesteuer);
c) die imposta sui redditi di richezza mobili (Steuern auf Einkünfte aus beweglichem Vermögen);
d) die imposta sui redditi agrari (Steuern auf landwirtschaftliche Einkünfte).

1. Das Abkommen bezieht sich nur auf die Erhebung der direkten Steuern, nicht dagegen auf die Erhebung der indirekten Steuern vom Verkehr und Verbrauch. Die Aufzählung der in beiden Staaten geltenden direkten Steuern ist — wie sich aus Nr. 1 des Schlußprotokolls ergibt — nicht erschöpfend. Die Kirchensteuern in Deutschland fallen nicht darunter, da es sich hier nicht um Staatssteuern handelt.

Das Deutsche Reich unterscheidet auf dem Gebiete der direkten Steuern die Steuern vom Einkommen, Ertrag und Vermögen als Hauptsteuern sowie die Personalsteuern, die als Einkommen-, Körperschaft- und Vermögensteuer das Gesamteinkommen oder Gesamtvermögen des Steuerpflichtigen erfassen. Das italienische Steuerrecht dagegen stützt sich in erster Linie auf die sog. Sachsteuern, die die Einkünfte aus bestimmten Quellen ohne Rücksicht auf das Gesamteinkommen treffen sollen. Gleichwohl ist Italien die Besteuerung des Gesamteinkommens aus allen Quellen nicht fremd. Das Abkommen sucht die Verschiedenheit beider Steuersysteme auszugleichen. Vgl. im übrigen zum Begriffe der direkten Steuern II Nr. 4 des Abschnittes A: Grundsätzliche Fragen des Doppelbesteuerungsrechtes.

2. Wenn auch nicht ausgesprochen, so ergibt sich aus Wortlaut und Zweck des Abkommens, daß es sich nur auf Staatsangehörige eines der beiden Vertragstaaten und die entsprechenden juristischen Personen bezieht. (Siehe hierzu II Nr. 1 des Abschnittes A: Grundsätzliche Fragen des Doppelbesteuerungsrechtes sowie C Nr. 3 des Abschnittes B.

3. Die Aufteilung der Steuern gliedert sich daher wie folgt:
a) die Besteuerung der Einkünfte auf deutscher Seite: Einkommensteuer, Körperschaftsteuer und die Realsteuern der Länder und Gemeinden als Sach- und Personalsteuern; auf italienischer Seite: Gesamteinkommensteuer, daneben aber die einzelnen Sachsteuern;
b) die Besteuerung des Vermögens und Vermögenszuwachses — die Regelung der Erbschaftsteuer ist durch Ziff. 18 des Schlußprotokolls einem späteren Sonderabkommen vorbehalten. Bislang hat Italien mit keinem Staate ein solches Abkommen geschlossen.

4. Als Sachsteuern auf deutscher Seite werden insbesondere angesehen die unter 1 a—f des Art. 1 einzeln aufgeführten Steuerarten. Die Einkommen- und Körperschaftsteuern fallen unter die Sachsteuern nur insoweit, als sie nach innerstaatlichem Steuerrecht bei natürlichen Personen ohne Rücksicht auf Staatsangehörigkeit, Wohnsitz und Aufenthalt des Steuerpflichtigen, bei der Körperschaftsteuer ohne Rücksicht auf Sitz und Ort der Leitung des Unternehmens erhoben werden. (Vgl. hierzu die §§ 1 Abs. 2 und 49 EStG., § 2 KStG. 1934). —

5. Wegen der Begriffe Wohnsitz und Aufenthalt siehe die Bemerkungen zu Art. 13.

Als Sitz einer Körperschaft oder Vermögensmasse gilt der Ort, den der Gesellschaftsvertrag, die Satzung, das Stiftungsgeschäft oder dergleichen bestimmt. Ist der Sitz nicht in dieser Weise festgelegt, so gilt als Sitz der Ort, an dem sich die Geschäftsleitung befindet oder die Verwaltung geführt wird (§ 15 Abs. 3 StAnpG.).

Als Ort der Leitung eines Unternehmens ist der Mittelpunkt der gesamten geschäftlichen Oberleitung des Unternehmens anzusprechen (§ 15 Abs. 1 StAnpG.). Die Frage, was als Mittelpunkt der geschäftlichen Oberleitung zu gelten hat, läßt sich nur für den Einzelfall an Hand der tatsächlichen Verhältnisse und des tatsächlichen Verhaltens der Beteiligten beurteilen. Maßgebend ist die örtliche Stelle, von der die gesamten oder doch wesentlichen Anordnungen und Maßnahmen ausgehen, an der insbesondere die tatsächlichen Entscheidungen für die Geschäftsführung des Unternehmens getroffen werden (Vgl. auch den Erlaß des RWirtschM. vom 25. 10. 1933, RStBl. 1933 S. 1132). Werden kaufmännische und technische Leitung an verschiedenen Orten geführt, so ist zu erwägen, welche Leitung überwiegt. Im Zweifel entscheidet die kaufmännische Leitung, wobei nicht unerheblich sein dürfte, wo das Hauptbuch oder die Hauptkasse geführt wird. Sind zur Ausübung der geschäftlichen Oberleitung eines Unternehmens Büroräume nicht erforderlich oder nicht vorhanden, so schließt das nicht aus, daß die Geschäftsleitung im Inlande liegt. In einem solchen Falle kann der Wohnsitz des Unternehmers oder Geschäftsführers als Ort der Leitung angesehen werden.

Der Sitz eines Unternehmens kann mit dem Orte seiner Leitung zusammenfallen. Der Sitz wird aber stets durch ein rechtliches Merkmal gekennzeichnet. Vgl. im übrigen hiezu B V Nr. 5 des Abschnittes B.

Einen Sonderfall behandelt § 15 Abs. 2 StAnpG.

Wenn eine ausländische Körperschaft oder Personenvereinigung, die nach bürgerlichem Rechte selbständig ist, sich wirtschaftlich als ein in der Gliederung eines inländischen Unternehmens gesondert geführter Betrieb darstellt, der weder Geschäftsleitung noch Sitz im Inlande hat, so soll er steuerrechtlich so behandelt werden, als ob er seine Geschäftsleitung an dem Orte habe, an dem entweder die beherrschende natürliche Person ihren Wohnsitz (Aufenthalt) oder die beherrschende Körperschaft usw. ihre Geschäftsleitung oder ihren Sitz hat.

Ob diese Bestimmung auch auf den vorliegenden Vertrag Anwendung findet, kann zweifelhaft sein. Man wird aber wohl mit Rücksicht auf den Inhalt der Ziff. 7 des Schlußprotokolls den Grundgedanken der Bestimmungen wenigstens entsprechend auf das Abkommen anwenden können. Vgl. dazu im übrigen die Darlegungen unter C Nr. 4 des Abschnittes B.

Art. 2.

Sachsteuern, welche die Einkünfte aus unbeweglichem Vermögen treffen, werden nur von dem Staate erhoben, in dem sich die Liegenschaft befindet.

1. Als Sachsteuern vom unbeweglichen Vermögen kommen nach deutschem Recht, abgesehen von den Realsteuern, die Einkünfte aus §§ 1 Abs. 2, 49 Nr. 1, 6 und 8 EStG. und § 2 Nr. 1 KStG. in Betracht. Die jedem Staate zustehenden Personalsteuern hieraus werden nach Art. 11 ebenfalls nach dem Grundsatze des Art. 2 erhoben.

2. Man wird nicht fehlgehen, unter dem Begriff des unbeweglichen Vermögens auch die grundstücksgleichen Rechte wie Erbbaurecht, Kohlengerechtigkeiten usw. zu verstehen. Gehört das unbewegliche Vermögen in einem Staate zu einem Gewerbebetrieb des anderen Staates, so findet auch hierauf Art. 2 Anwendung, es sei denn, daß das unbewegliche Vermögen zugleich Betriebstätte des Unternehmens ist oder einer solchen Betriebstätte zugehört, denn dann greifen die Bestimmungen des Art. 3 ein.

Art. 2 gilt kraft ausdrücklicher Festlegung in Nr. 2 des Schlußprotokolls sowohl für die durch unmittelbare Verwaltung und Nutzung als auch für die durch Vermietung, Verpachtung und jede andere Art der Nutzung erzielten Einkünfte.

Als Einkünfte aus unbeweglichem Vermögen gelten auch die Einkünfte aus Hypotheken, Grundschulden und Rentenschulden. Wegen der Hypotheken siehe Art. 8 dieses Abkommens und wegen der Gleichstellung der Grund- und Rentenschulden mit den Hypotheken II Nr. 10 des Abschnittes A: Grundsätzliche Fragen des Doppelbesteuerungsrechtes sowie C Nr. 6 des Abschnittes B. Im übrigen unterliegen alle anderen eigentumbegrenzenden Grundstückslasten sowie die Einkünfte daraus den Bestimmungen der Art. 12 Abs. 1 Satz 1 und Art. 8 Abs. 1 Satz 1. Eine Ausnahme muß wohl für das Nießbrauchsrecht an einem Grundstücke gelten. Siehe darüber Anm. Nr. 4 zu Art. II des deutsch-tschechischen Abkommens.

Art. 3.

Sachsteuern, welche die Einkünfte aus dem Betriebe von Handel, Industrie oder sonstigem Gewerbe jeder Art treffen, werden nur von dem Staate erhoben, in dessen Gebiet das Unternehmen seine Betriebstätte hat, dies gilt auch dann, wenn das Unternehmen seine Tätigkeit auf das Gebiet des anderen vertragschließenden Staates erstreckt, ohne dort eine Betriebstätte zu haben.

Betriebstätte im Sinne des gegenwärtigen Abkommens ist eine ständige Geschäftseinrichtung des Unternehmens, in welcher die Tätigkeit des Unternehmens ganz oder teilweise ausgeübt wird.

Hat das Unternehmen Betriebstätten in beiden vertragschließenden Staaten, so wird jeder der beiden Staaten die Sachsteuern von dem Teile der Einkünfte erheben, der durch die Tätigkeit der in seinem Gebiete befindlichen Betriebstätten erzielt wird.

Zum Zwecke der Verteilung der Einkünfte in dem Falle des Art. 3 dieses Artikels können die Finanzbehörden der beiden vertragschließenden Staaten von dem Steuerpflichtigen die Vorlage von allgemeinen Bilanzen, besonderen Bilanzen und jeden anderen Dokumenten verlangen, das von den Gesetzen des betreffenden Staates vorgesehen ist.

1. Als Sachsteuern vom Gewerbebetrieb kommen nach deutschem Recht in Betracht Steuern auf die Einkünfte aus §§ 1 Abs. 2, 49 Nr. 2 des EStG. und § 2 KStG. Die hieraus zu zahlenden Personalsteuern werden nach Art. 11 Nr. 1 c nach demselben Grundsatze erhoben. Welche Einkünfte als Einkommen aus dem Betriebe von Handel und Gewerbe jeder Art anzusehen sind, bestimmt sich nach dem inneren Recht jeden Staates, soweit nicht im Abkommen selbst etwas anderes bestimmt ist. Vgl. hierzu C Nr. 4 des Abschnittes B. Nach Ziff. 4 des Schlußprotokolls gelten auch Einkünfte aus der Vermietung oder Verpachtung eines Betriebes als gewerbliche. Wegen der Mindestbesteuerung s. C Nr. 16 des Abschnittes B.

2. Zu Art. 3 siehe im übrigen Nr. 3 u. 4 des Schlußprotokolls sowie wegen des Begriffes der Betriebstätte die Darlegungen unter B V Nr. 3 des Abschnittes B. Einzelne Formen der Betriebstätte sind in Nr. 5 des Schlußprotokolls lediglich beispielshalber, ohne abschließend zu sein, aufgeführt. Angesichts der in Nr. 7 des Schlußprotokolls ausdrücklich verordneten Gleichstellung eines rechtlich selbständigen, wirtschaftlich aber gänzlich abhängigen Unternehmens mit der Betriebstätte und der weitgehenden Ausdehnung des Betriebstättenbegriffs überhaupt, muß es als ausgeschlossen erscheinen, daß irgendwelche weiteren Zusammenhänge, die nicht durch Nr. 7 des Schlußprotokolls gedeckt sind (etwa weitergehende Folgerungen der Organtheorie in der innerstaatlichen Rechtsprechung) eine darüber hinausgehende Heranziehung der ausländischen Unternehmen rechtfertigen könnten! Es muß hier der für das internationale Steuerrecht immer in Betracht kommende allgemeine Grundsatz gelten, daß die Vorschriften der Abkommen selbst der Gesetzgebung und Rechtsprechung des einzelnen Vertragsstaates vorzugehen haben. Vgl. hierzu II Nr. 11 des Abschnittes A: Grundsätzliche Fragen des Doppelbesteuerungsrechtes sowie unter C. Nr. 14 und 18 des Abschnittes B.

Besitzt also das betreffende Unternehmen nur in einem Staate eine Betriebstätte, so darf der andere Staat es auch dann nicht besteuern, wenn es zu der Wirtschaft dieses Staates ausgiebige Beziehungen unterhält.

Hinsichtlich der Unterverteilung der Einkünfte in Abs. 3 ist zu beachten, daß in einem Staate Betriebstätteneinkünfte keineswegs schon dann erzielt sind, wenn sie durch eben diese Betriebstätte realisiert sind. Der Gewinn muß vielmehr in beiden Staaten in dem Verhältnis aufgeteilt werden, in dem er sich bei wirtschaftlicher Selbständigkeit beider Betriebstätten ergeben würde. Vgl. hierzu II Nr. 7 des Abschnittes A: Grundsätzliche Fragen des Doppelbesteuerungsrechtes sowie B II Nr. 2 des Abschnittes B.

3. Die für den Gewerbebetrieb maßgeblichen Bestimmungen gelten sinngemäß auch für Beteiligungen an gewerblichen Unternehmen (Art. 5 Abs. 3 zweiter Halbsatz). Abweichendes gilt jedoch nach Art. 5 und Art. 11 (siehe die Bemerkungen dazu).

4. Die in Abs. 4 vorgesehene Bestimmung, die mit Nr. 8 des Schlußprotokolls korrespondiert, bedeutet eine wesentliche Erleichterung der Steueraufsicht in beiden Vertragsstaaten wenigstens solange das in Nr. 6 des Schlußprotokolls in Aussicht gestellte Abkommen noch nicht getroffen ist.

5. Wegen der Realsteuern siehe II Nr. 11 a des Abschnittes A: Grundsätzliche Fragen des Doppelbesteuerungsrechtes.

Art. 4.

Sachsteuern, die die Einkünfte aus dem Betriebe von Unternehmungen der Seeschiffahrt treffen, werden nur von dem Staate erhoben, in dem sich der Ort der Leitung dieses Unternehmens befindet.

1. Durch diese Bestimmung soll vermieden werden, daß jeder Landesteg, Kartenverkaufsstelle usw. unter dem Gesichtspunkte der Betriebstätte zur Grundlage der Besteuerung gemacht werden kann. Mithin gilt Art. 4 auch dann, wenn dieses Unternehmen eine Betriebstätte im Auslande unterhalten. Über den Begriff des Ortes der Leitung s. Art. 1 Anm. Nr. 5 und B V Nr. 5 des Abschnittes B. Ein Seeschiffahrtsunternehmen, das seinen Sitz also in Deutschland, den Ort der Leitung aber in Italien hat, könnte in Deutschland selbst dann nicht zur Körperschaftsteuer herangezogen werden, wenn es hier eine Betriebstätte unterhält.

2. Wegen der Realsteuern vgl. II Nr. 11 a des Abschnittes A: Grundsätzliche Fragen des Doppelbesteuerungsrechtes und wegen der Behandlung von Beteiligungen an Seeschiffahrtsunternehmen II 8 a ebendort.

Art. 5.

Sachsteuern, welche die Dividenden von Handelsgesellschaften nicht als Einkünfte oder Anteilseigner, sondern nur als Teil der Gesamteinkünfte aus dem Betriebe von Handel, Industrie oder sonstigem Gewerbe der die Dividenden verteilenden Gesellschaft belasten, werden nach den Bestimmungen der Art. 3 und 4 des gegenwärtigen Abkommens erhoben.

Sofern in einem oder in beiden vertragschließenden Staaten außer den in Abs. 1 bezeichneten eine andere Sachsteuer besteht oder eingeführt wird, welche die Dividenden als Einkünfte des Anteilseigners und nicht als Teil der Einkünfte der Gesellschaft zu treffen bestimmt ist, so wird diese Steuer nur von dem Staate erhoben, in dem die Gesellschaft ihren Sitz hat.

Die Vorschriften dieses Artikels finden auch auf die Einkünfte aus anderen Wertpapieren Anwendung, die ihrem Wesen der Aktie entsprechen; dagegen werden auf andere Formen der Beteiligung an gesellschaftlichen Unternehmungen stets die Bestimmungen der Art. 3 und 4 dieses Abkommens angewandt.

1. Unter Dividenden pflegt man die Gewinnausschüttungen bei Kapitalgesellschaften insbesondere bei Aktiengesellschaften zu verstehen. In Abs. 1 sind, wie sich aus der Wortfassung des Abs. 3 ergibt, nur Aktien gemeint.

Eine Besteuerung dieser Dividenden als Sachsteuer unmittelbar bei der Kapitalgesellschaft kennt das deutsche Steuerrecht nur im Falle des § 17 Abs. 1 Ziff. 1 KStG. Im übrigen werden die Dividenden auf Aktien bei den einzelnen Anteilseignern im Wege des Steuerabzuges erfaßt (§§ 49 Nr. 5, 43 EStG.). Insoweit greift Abs. 2 ein. — Die Personalsteuer des Art. 11 Nr. 2 steht dem Wohnsitzstaate zu. Nach Abs. 3 finden Art. 5 Abs. 1 und 2 auch Anwendung auf andere Wertpapiere, die ihrem Wesen nach der Aktie entsprechen, d. h. gemäß Nr. 9 des Schlußprotokolls nach der deutschen Gesetzgebung in besonderen ihrem Wesen nach der Aktie verwandten Urkunden verkörpert sind, wie z. B. Bergwerksanteile und Genußscheine aktienähnlicher Prägung.

2. Alle anderen Formen der Beteiligung unterliegen dagegen stets den Bestimmungen der Art. 3 und 4, z. B. Anteile an Gesellschaften mbH., Kommanditgesellschaften, offenen Handelsgesellschaften und stillen Gesellschaften, soweit es sich um Beteiligungen auch an den Substanzwerten dieser Gesellschaften handelt. Ob eine gewerbliche Beteiligung an einem Unternehmen im Einzelfalle vorliegt, ist nach den innerstaatlichen Normen des Landes zu beurteilen, wo sich der Sitz des Unternehmens befindet. (RFH. vom 23. 11. 1933, III A 955/31 = S. 34, 331. Vgl. dazu auch C Nr. 4 des Abschnittes B. Das italienische Recht kennt die stille Gesellschaft nicht. Ist also der italienische stille Gesellschafter mit seiner Einlage nur am Gewinne, nicht aber am Anlagewert einer deutschen Gesellschaft beteiligt (typische stille Gesellschaft), so unterliegt er mit seiner Beteiligung, die Kapitalvermögen darstellt, der Besteuerung des Wohnsitzstaates.

Bei einer Beteiligung an einer GmbH. kann sich der Steuerpflichtige nicht darauf berufen, daß es sich bei den Einkünften aus diesen Beteiligungen nach deutschem Steuerrecht um Einkünfte aus Kapitalvermögen handele, denn diese innerstaatlichen Vorschriften kommen hier nicht zur Anwendung, sondern vielmehr die Bestimmungen der Art. 3 und 5 des Abkommens (RFH. 35, 114). Veräußert ein Italiener eine wesentliche deutsche GmbH.-Beteiligung, so ist er mit dem Veräußerungsgewinne der deutschen Besteuerung unterworfen. RFH. vom 9. 5. 1934, VI A 804/32 = StW. 1934 Nr. 429, vgl. auch C Nr. 8 des Abschnittes B.

Wie ist nun aber die sog. Metaverbindung zu versteuern? Der Metist schließt Rechtsgeschäfte im eigenen Namen auf gemeinsame Rechnung ohne vorhergehende Abmachungen mit dem Unternehmer ab. Eine solche Metaverbindung mit einem italienischen Unternehmer dürfte dann im Inlande zu versteuern sein, wenn der deutsche Metist als ständiger Vertreter des Ausländers angesehen werden kann, d. h. also, wenn seine Geschäftsverbindung nicht nur vorübergehend, örtlich befestigt und nicht völlig unabhängig ist.

Die nicht ganz leicht zu verstehende Regelung der Materie mag folgender Fall illustrieren:

Ein Italiener, der in Deutschland seinen Wohnsitz hat, besitzt Aktien eines italienischen Unternehmens. Er hat von der Dividende die Gesamteinkommensteuer gemäß dem progressiven Tarif in Deutschland zu zahlen (Art. 11 Nr. 2). Einen Steuerabzug vom Kapitalertrag kennt das italienische Steuerrecht nicht. — Ein Italiener mit Wohnsitz in Italien, der deutsche Aktien besitzt, zahlt in Italien die Gesamteinkommensteuer (Art. 11 Nr. 2), ist aber in Deutschland dem Steuerabzug mit 10% unterworfen (Art. 5 Abs. 2). —

Daß daneben die deutsche Körperschaftsteuer und die entsprechende italienische Besteuerung unberührt bleibt, soweit nicht Art. 3 Abs. 3 eingreift, ist bereits vorher gesagt.

Art. 6.

Sachsteuern von Tantiemen, die in den vertragschließenden Staaten eingeführt werden oder schon bestehen, werden von dem Staate erhoben, in dem die Gesellschaft, welche die Tantiemen verteilt, den Sitz oder den Ort der Leitung hat.

Befindet sich der Sitz des Unternehmens in dem einen, der Ort der Leitung in dem anderen Staate, so werden die obersten Finanzbehörden der beiden Staaten sich von Fall zu Fall über eine billige Verteilung verständigen.

Tantieme bedeutet eine nicht von vornherein festbestimmte Gegenleistung, die in einem Prozentsatze des Umsatzes oder Reingewinnes des Unternehmens oder Teilbetriebes besteht. Man muß aber auch wohl nach festen Sätzen bemessene derartige Vergütungen hierhin rechnen, sofern sie kein Gehalt darstellen. Auch die Mindestbesteuerung des § 17 Ziff. 2 KStG. stellt inhaltlich eine Tantiemebesteuerung dar (vgl. die Ausführungen zu Art. III Anm. 4 des deutsch-tschechischen Abkommens). — Eine Sachbesteuerung der Tantiemen ist für das deutsche Steuerrecht bei der Einkommensteuer durch die VO. über den Steuerabzug von Aufsichtsratsvergütungen vom 6. 2. 1935 (RGBl. I 161) eingeführt (§ 49 Ziff. 7 EStG.). Der Steuerabzug ist also in dem Staate vorzunehmen, in dem das Unternehmen seinen Sitz oder den Ort der Leitung hat. Befindet sich der Sitz in dem einen, der Ort der Leitung im anderen Staate, so gilt Abs. 2. Der Steuersatz beträgt 10 oder 11%. Gemäß § 3 Abs. 2 der oben genannten VO. wird bei beschränkt steuerpflichtigen Aufsichtsratsmitgliedern auch Einkommensteuer neben der Abgabe erhoben. Es muß angenommen werden, daß diese Einkommensteuer persönlicher Art ist und daher der Regelung des Art. 11 Nr. 2 des Abkommens folgt. Vgl. hierzu C Nr. 11 des Abschnittes B.

Art. 7.

Sachsteuern, welche die Einkünfte aus Arbeit einschließlich der Einkünfte aus freien Berufen treffen, werden nur von dem Staate erhoben, in dessen Gebiet die persönliche Tätigkeit ausgeübt wird, aus der die Einkünfte herrühren. Die Ausübung eines freien Berufes an einem bestimmten Ort liegt nur dann vor, wenn die Berufstätigkeit an diesem Ort einen festen Mittelpunkt hat.

Sachsteuern von Einkünften, die auf Grund einer gegenwärtigen oder früheren Dienst- oder Arbeitsleistung in Form von Besoldungen, Zulagen, Ruhegehältern, Wartegeldern, Versorgungsbezügen, Löhnen oder anderen Bezügen vom Reich, vom Staat einer Provinz, einer Gemeinde oder von einer anderen juristischen

Person des öffentlichen Rechts gewährt werden, die nach der inneren Gesetzgebung der vertragschließenden Staaten ordnungsmäßig errichtet ist, werden nur von dem Staate erhoben, dem der Schuldner angehört.

1. Als Sachsteuern kennt das deutsche Steuerrecht die Steuern aus selbständiger Arbeit (§ 49 Nr. 3 EStG.). Für die Erhebung der Sach- und Personalsteuern kommt aber nach Art. 11 nur Art. 7 in Betracht. Vgl. hierzu die Anm. zu Art. IV des deutsch-tschechischen Abkommens. Unter Einkünften aus Arbeit sind alle Einkünfte zu verstehen, die auf Grund eines Arbeits- oder Dienstverhältnisses oder eines diesen Vertragsformen wesensgleichen Rechtsverhältnisses geleistet werden. Bei den freien Berufen (vgl. Nr. 7 des Schlußprotokolls) ist das Tätigkeitsfeld nur dann entscheidend, wenn es einen festen Mittelpunkt hat. Ein deutscher Arzt, der nur gelegentlich und ohne feste Betriebseinrichtung (Sprechzimmer) in Italien seine Praxis ausübt, kann also nur im Wohnsitzstaate besteuert werden.

2. Zu Abs. 2 vgl. die Anm. zu Art. VI des deutsch-tschechischen Abkommens.

3. Für die Bezüge von Studenten, die sich studienhalber in einem der vertragschließenden Staaten aufhalten, gilt die Sonderregelung der Ziff. 12 des Schlußprotokolls. Diese Sonderregelung gilt aber nur für solche Bezüge, die den Studenten von den im anderen Staate wohnhaften Angehörigen gewährt werden. Wohnen diese Angehörigen auch im Studienstaate, oder fließen die Bezüge aus eigenem, der Verfügungsmacht der Studenten unterliegendem Vermögen, so gelten die allgemeinen Grundsätze des Abkommens.

Art. 8.

Sachsteuern, die die Einkünfte aus der Verwendung beweglichen Kapitalvermögens treffen, werden nur von dem Staate erhoben, in dem der Gläubiger seinen Wohnsitz hat, soweit nicht die folgenden Ausnahmen zutreffen.

1. Die Steuern von Einkünften aus hypothekarisch gesicherten Forderungen werden nur von dem Staate erhoben, in dem die Liegenschaft sich befindet.

2. Die Steuern von Zinsen aus Anleihen des Reichs, des Staates, der Provinzen, Gemeinden oder sonstigen juristischen Personen des öffentlichen Rechts, die nach der inneren Gesetzgebung der vertragschließenden Staaten ordnungsmäßig errichtet sind, ebenso wie die Zinsen aus Schuldverschreibungen von Gesellschaften und von anderen juristischen Personen werden nur von dem Staate erhoben, dem der Schuldner angehört.

1. Sachsteuern aus der Verwendung der in Art. 8 Abs. 1 genannten Gegenstände kennt das deutsche Steuerrecht nicht; es gilt daher auch hier Art. 11.

Grundsatz ist Abs. 1: Der Wohnsitz des Gläubigers entscheidet. Ausnahmen sind in Nr. 1 und Nr. 2 verordnet. Der Grundsatz des Abs. 1 ist aber stark durchlöchert, da für wesentliche Kapitalerträge die Sachbesteuerung dem Staate verbleibt, in dem sich der Schuldner befindet. Dadurch erhält das Abkommen eben den Steuerabzug vom Kapitalertrag (vgl. hierzu Art. 11 Anm. 2).

2. Steuern von Einkünften aus hypothekarisch unmittelbar oder mittelbar gesicherten Forderungen werden nur von dem Staate erhoben, in dem die belastete Liegenschaft sich befindet. Dieser Grundsatz muß selbst dann gelten, wenn diese Hypotheken zum gewerblichen Betriebsvermögen ihres Inhabers gehören. Grund- und Rentenschulden sind den Hypotheken gleichzustellen (s. Art. II Anm. 2). Beispiele: Gewährt eine ausländische Bank einer inländischen Bank ohne Vereinbarung über die Verwendung des Geldes einen Kredit und legt die inländische Bank diesen Kredit in Hypotheken an, so kann hierin keine mittelbare dingliche Sicherung erblickt werden (RFH. vom 31. 7. 1934 I A 117/34). Als inländisches Einkommen gelten auch Zinsen, die einer ausländischen Bank von einem Ausländer gezahlt werden, wenn nur die Forderung auf deutschem Grundbesitz gesichert ist (RFH. vom 4. 9. 1934 I A 134/34).

Pfandbriefe deutscher Hypothekenbanken sind nicht durch inländischen Grundsatz mittelbar gesichert (RFH. 38, 352) fallen also unter Art. 8 Ziff. 2. Vgl. im übrigen hierzu auch B Nr. 5 b des Abschnittes B.

Art. 9.

Sofern in einem oder in beiden vertragschließenden Staaten eine Sachsteuer auf Zinsen von Spareinlagen und Kontokorrenten bei Banken, Instituten und allen anderen Unternehmungen, die Kreditgeschäfte betreiben, besteht oder eingeführt wird, wird diese Steuer nur von dem Staate erhoben, in dem das Unternehmen seine Betriebstätte hat.

Hat das Kreditunternehmen Betriebstätten in jedem der vertragschließenden Staaten, so kann der Staat, der die Sachsteuer auferlegt, diese nur von den Zinsen der Einlagen erheben, die in den auf seinem Gebiet befindlichen Betriebstätten gemacht worden sind.

1. Eine Sachsteuer dieser Art kennt Italien, Deutschland ist sie fremd. Es kommt daher für die inländische Besteuerung nur Art. 11 Nr. 2 in Betracht. Es muß sich im übrigen wie aus Nr. 11 des Schlußprotokolls hervorgeht, um feste Kapitalanlagen handeln, kaufmännische Kontokorrenten fallen nicht darunter. Unter Festanlagen sind Kapitaleinlagen zu verstehen, bei denen eine längere Kündigungsfrist vereinbart ist Unter kaufmännischen Kontokorrenten sind Kontokorrenten mit Krediteinräumung zu verstehen, die einem Kaufmann gewährt werden.

Art. 10.

Sachsteuern, die irgendeine andere in den vorhergehenden Artikeln nicht bezeichnete Art von Einkünften, einschließlich der Leibrenten treffen, werden nur von dem Staate erhoben, wo der Gläubiger seinen Wohnsitz hat.

1. Es kommen hier insbesondere die Einkünfte aus § 22 EStG. in Frage. Sie werden jedoch im deutschen Steuerrecht nicht als Sachsteuern behandelt, da sie nicht dem Steuerabzug unterliegen (vgl. § 49 Ziff. 7; § 1 der VO. zur Durchführung des Steuerabzugs vom Kapitalertrag, verkündet im RMBl. 1935 S. 18). Es gilt für diese Einkünfte daher wieder Art. 11 Nr. 2, wonach der Wohnsitz des Steuerpflichtigen entscheidet. Wegen der Spekulationsgeschäfte mit inländischen Grundstücken siehe Art. 2.

Art. 11.

Personalsteuern, die das Gesamteinkommen des Steuerpflichtigen treffen, werden von jedem der vertragschließenden Staaten nach folgenden Bestimmungen erhoben:

1. Auf Einkünfte

a) aus unbeweglichem Vermögen,

b) aus hypothekarisch gesicherten Forderungen,

c) aus dem Betriebe von Handel, Industrie und sonstigem Gewerbe einschließlich der Einkünfte aus dem Betriebe der Seeschiffahrt,

d) aus Arbeit einschließlich der Bezüge, die von Körperschaften des öffentlichen Rechts gezahlt werden,

finden dieselben Bestimmungen Anwendung, die für diese Einkünfte in den betreffenden Artikeln getroffen sind.

2. Für alle anderen Arten von Einkünften einschließlich der Dividenden aus Aktien oder aus anderen Wertpapieren, die in ihrem Wesen den Aktien entsprechen, der Tantiemen, der Zinsen aus Anleihen von juristischen Personen des öffentlichen Rechts und aus Schuldverschreibungen von Gesellschaften und von anderen juristischen Personen sowie der Zinsen von Einlagen bei Banken und anderen Kreditinstituten wird die Steuer von dem Staate erhoben, in dem der Steuerpflichtige seinen Wohnsitz hat.

1. Es handelt sich hier um die Personalsteuern, die das Gesamteinkommen des Steuerpflichtigen treffen sollen und daher auch den etwa bestehenden progressiven Steuersätzen unterliegen. Die auf den einzelnen Einkünften liegenden Sachsteuern sind grundsätzlich für sich zu betrachten. Daneben kommen die in Art. 11 bezeichneten Personalsteuern zur Hebung. Für die unter Art. 11 Nr. 1 bezeichneten Einkünfte finden auch, soweit sie der Personalbesteuerung unterworfen sind, die bei den entsprechenden Sachsteuern geltenden vorangehenden Vorschriften Anwendung. Das will besagen, daß auch, soweit das Gesamteinkommen des Steuerpflichtigen in Frage kommt, die Bestimmungen der Art. 2, 8 Nr. 1, 3, 4, 5 und 7 gelten.

2. Für alle anderen Einkünfte, insbesondere die in Art. 11 Nr. 2 genannten, wird die Steuer dagegen als Personalsteuer von dem Staate erhoben, in dem der Steuerpflichtige seinen Wohnsitz hat. Hieraus kann sich, wie das unter Art. 5 am Ende gebildete Beispiel zeigt, unter Umständen eine, wenn auch gemilderte Form der Doppelbesteuerung ergeben, die aber der Absicht der vertragschließenden Staaten entspricht. Das kann aber nach Sinn und Zweck des Abkommens nur dann eintreten, wenn die erhobene Sachsteuer nach den steuerrechtlichen Bestimmungen des einzelnen Staates bei der Festsetzung der Gesamtsteuer nicht in Abzug zu bringen ist. Wo das einzelstaatliche Steuerrecht aber die Anrechnung ausdrücklich verordnet, wo also bestimmt ist, daß der Steuerabzug von der Gesamtsteuer abzuziehen ist, ist das grundsätzlich für den Bereich des Abkommens nur dann statthaft, wenn der Staat, der die Gesamtsteuer erhebt, auch den Steuerabzug erhalten hat. Vgl. hierzu II Nr. 3 des Abschnittes A: Grundsätzliche Fragen des Doppelbesteuerungsrechtes.

Im übrigen illustriert am besten ein Beispiel die Regelung des Abkommens.

Ein in Italien wohnhafter Italiener bezieht folgende Einkünfte:

1. aus deutschem Hausbesitz	12000 RM
2. aus einer Beteiligung an einer italienischen GmbH. wertmäßig	5000 „
3. aus Aktien einer deutschen Aktiengesellschaft	20000 „
4. aus in Deutschland angelegten Hypotheken	10000 „
5. aus einer Einlage als stiller Gesellschafter bei einem deutschen Handelsgewerbe	5000 „

Von diesen Einkünften sind in Deutschland zu versteuern:

1. das Einkommen aus deutschem Hausbesitz (Art. 2, 11) .	12000 RM
2. das Einkommen aus der italienischen GmbH. unterliegt nur der Besteuerung in Italien (Art. 5)	
3. das Einkommen aus Aktien der deutschen AG. unterliegt in Deutschland nur dem Steuerabzug (Art. 5) . . .	2000 „
4. das Einkommen aus deutschen Hypotheken (Art. 8, 11)	10000 „
5. das Einkommen aus der Beteiligung als stiller Gesellschafter unterliegt in Deutschland nur dem Steuerabzug (§ 43 Ziff. 2 EStG.).	500 „
	24500 RM

Der Italiener ist also in Deutschland nach einem Gesamteinkommen von 22000 RM zu veranlagen. Dabei ist der Steuerabzug nicht auf die Gesamtsteuer anzurechnen.

In seinem Heimatlande unterliegt der Italiener der Sach- und Gesamtbesteuerung aus den Einkünften, die er bezieht aus seiner Beteiligung an der italienischen GmbH. und der Gesamtbesteuerung aus den Einkünften als Aktionär der deutschen AG. und als stiller Gesellschafter.

Art. 12.

Laufende und einmalige Steuern vom Vermögen oder Vermögenszuwachs, die in den vertragschließenden Staaten bestehen oder eingeführt werden, wird jeder der beiden Staaten von den Vermögenswerten des Steuerpflichtigen erheben, die sich im Gebiete des Staates befinden.

Soweit das Vermögen aus:

a) unbeweglichem Vermögen,

b) hypothekarisch gesicherten Forderungen,

c) Unternehmen von Handel, Industrie und sonstigem Gewerbe jeder Art einschließlich der Unternehmen der Seeschiffahrt

besteht, wird das Vorhandensein auf dem Gebiete eines der vertragschließenden Staaten zum Zwecke der Erhebung der Vermögensteuer und der Vermögenszuwachssteuer nach den Grundsätzen der vorhergehenden Artikel bestimmt, die für die Sachsteuern von den Einkünften aus derartigen Vermögen aufgestellt sind.

Auf alle anderen Arten des beweglichen Vermögens einschließlich der Aktien von Gesellschaften und der anderen Wertpapiere, die in ihrem Wesen den Aktien entsprechen, der Anleihen der juristischen Personen des öffentlichen Rechts und der Schuldverschreibungen von Gesellschaften und von anderen juristischen Personen, der Einlagen bei Banken und anderen Kreditinstituten finden dieselben Bestimmungen Anwendung, die für die Gesamteinkommensteuer getroffen sind.

1. Welche Abgaben in den beiden Vertragsstaaten zu den einmaligen oder laufenden Vermögen- oder Vermögenszuwachssteuern zu rechnen sind, ist nach innerstaatlichem Recht zu beurteilen. In Deutschland fallen jedenfalls darunter: die allgemeine Vermögensteuer und die Aufbringungsumlage, da sich die letztere nach herrschender Auffassung als eine an die Vermögensteuer unmittelbar anknüpfende Personalabgabe mit realsteuerartigem Einschlag darstellt. Unter den Begriff der einmaligen Vermögensteuer könnte man leicht auch die Reichsfluchtsteuer, die in Deutschland nach Maßgabe der ReichsfluchtsteuerVO. (RGBl. 1931 I S. 731) erhoben wird, rechnen. Die Reichsfluchtsteuer fällt aber überhaupt nicht unter den Begriff der Vermögensteuer, sondern ist eine indirekte Steuer. Das deutsch-italienische Abkommen steht also der Heranziehung eines Reichsangehörigen zu dieser Steuer nicht entgegen (RFH. vom 18. 7. 1935, III A 24/35 = S. 38, 140). Vgl. im übrigen die eingehenden Darlegungen zu Ziff. 1 des Zusatzprotokolls zum deutsch-schweizerischen Abkommen sowie Abschnitt B unter C Nr. 8.

2. Vgl. zu Art. 12 auch Nr. 13 des Schlußprotokolls, dessen Abs. 1 durch Zeitablauf überholt ist und dessen Abs. 2 dadurch gegenstandslos geworden ist, daß die dort festgelegte Voraussetzung der in Art. 12 Abs. 1 b verordneten Erfassung von Hypotheken nunmehr in beiden Ländern eingetreten ist.

3. Grundsätzlich entscheidet also für die Heranziehung der einzelnen Vermögensgegenstände in beiden Staaten der Wohnsitz (Art. 12 Abs. 3 und Art. 11 Nr. 2). Nur insoweit das Vermögen besteht a) aus unbeweglichem Vermögen, b) hypothekarisch gesicherten Forderungen, c) Betrieb-

vermögen entscheiden für die Zulässigkeit der Erfassung in einem der Vertragsstaaten die für die Einkünfte aus den entsprechenden Sachsteuern aufgestellten Grundsätze (Art. 2—10). Das bedeutet also z. B. für die gewerblichen Betriebe, daß die Betriebvermögensteuer in dem Staate erhoben wird, in dem sich eine Betriebstätte des Unternehmens befindet, so zwar, daß bei Vorhandensein mehrerer Betriebstätten in jedem Falle die Aufteilung der Steuer nach dem Verhältnis erfolgt, in dem das einzelne Vermögen in jedem der beteiligten Staaten arbeitet. Vgl. hierzu II Nr. 7 des einleitenden Aufsatzes: Grundsätzliche Fragen des Doppelbesteuerungsrechtes sowie B II 2 des Abschnittes B.

4. Siehe zu Art. 12 auch Art. 2 Anm. 2.

Art. 13.

Als Wohnsitz im Sinne dieses Abkommens wird der Ort angesehen, wo der Steuerpflichtige eine Wohnung unter Umständen innehat, die auf die Absicht der Beibehaltung einer solchen schließen lassen.

Hat der Steuerpflichtige einen Wohnsitz im Sinne dieses Abkommens in jedem der beiden Staaten, so werden die Sachsteuern, welche die in Art. 8 und in Art. 10 bezeichneten Einkünfte treffen, nur von dem Staate erhoben, dessen Staatsangehörigkeit der Steuerpflichtige besitzt. Das gleiche gilt in Fällen, in denen der Steuerpflichtige in keinem der beiden vertragschließenden Staaten einen Wohnsitz hat.

Die Personalsteuern werden, soweit die Besteuerung nach dem gegenwärtigen Abkommen von dem Wohnsitz des Steuerpflichtigen abhängt, nach folgenden Grundsätzen erhoben:

a) Hat der Steuerpflichtige in jedem der beiden Staaten einen Wohnsitz, so werden die Personalsteuern von jedem der beiden Staaten zu dem Teil erhoben, der dem Verhältnis der Dauer seines Aufenthaltes in jedem der beiden Staaten während des Steuerjahres entspricht. Dabei ist ein Aufenthalt außerhalb der beiden vertragschließenden Staaten dem Staate zuzurechnen, dessen Staatsangehörigkeit der Steuerpflichtige besitzt.

b) Hat der Steuerpflichtige in keinem der vertragschließenden Staaten einen Wohnsitz, so werden die Personalsteuern von dem Staate erhoben, in dem der Steuerpflichtige seinen dauernden Aufenthalt hat. Als dauernder Aufenthalt gilt der Aufenthalt in einem Staate unter Umständen, die auf die Absicht schließen lassen, dort nicht nur vorübergehend zu verweilen.

c) Besteht auch in keinem der vertragschließenden Staaten ein dauernder Aufenthalt, so werden die Personalsteuern von dem Staate erhoben, dessen Staatsangehörigkeit der Steuerpflichtige besitzt.

Im Sinne dieses Abkommens gilt als Wohnsitz der juristischen Personen der Ort, wo sie ihren Sitz haben.

1. Vgl. wegen der Begriffe Wohnsitz und dauernder Aufenthalt B V Nr. 1 und 2 des Abschnittes B.

Fehlt jeglicher Wohnsitz in beiden Staaten, so entscheidet der dauernde Aufenthalt, der im Anschluß an § 63 der früheren Reichsabgabenordnung bestimmt ist. Bei doppeltem sowie bei keinem Wohnsitz in jedem der Vertragsstaaten werden die Sachsteuern der Art. 8 und 10 von dem Staate erhoben, dessen Staatsangehörigkeit der Steuerpflichtige besitzt. Bei doppelter Staatsangehörigkeit oder bei Staatenlosen und Personen mit einer dritten Staatsangehörigkeit gilt Nr. 15 des Schlußprotokolls, wonach eine Verständigung von Fall zu Fall stattfinden soll.

2. Soweit hinsichtlich der Personenbesteuerung die Besteuerung vom Wohnsitz abhängt, gelten die Grundsätze des Art. 13 Abs. 3. Diese Bestimmungen haben praktisch die Bedeutung, daß ein Deutscher, der in Italien und Deutschland einen Wohnsitz hat und sich hier 9 Monate des Jahres und dort 3 Monate aufhält, in Deutschland zu 3/4, in Italien zu 1/4 herangezogen wird. Mangels eines Wohnsitzes entscheidet der dauernde Aufenthalt. Bei Zusammentreffen von Wohnsitz und Aufenthalt entscheidet der Wohnsitz allein.

3. Bei juristischen Personen ist der Sitz dem Wohnsitz gleichzuachten. Wegen des Sitzes vgl. Art. 1 Anm. 5.

Art. 14.

Die diplomatischen, konsularischen und besonderen Vertreter jedes der vertragschließenden Staaten, sofern diese Vertreter Berufsbeamte sind, sowie die ihnen zugewiesenen Beamten und die in ihrem und ihrer Beamten Dienste stehenden Personen sind von den direkten Steuern im Empfangsstaat befreit.

Die Befreiung tritt nur ein, soweit die genannten Personen Angehörige des Entsendestaates sind und außerhalb ihres Amtes oder Dienstes im Empfangsstaat keinen Beruf, kein Gewerbe und keine andere gewinnbringende Tätigkeit ausüben. Die Befreiung erstreckt sich nicht auf die Steuern von den im Art. 11 Abs. 1 Buchstabe a bis c bezeichneten Vermögensgegenständen und den Einkünften daraus, sowie ferner nicht auf Steuern, soweit sie an der Quelle erhoben werden.

Vgl. hierzu die Anmerkungen zu Art. XVII des deutsch-tschechischen Abkommens Nr. 16 des Schlußprotokolls und II Nr. 15 a des Abschnittes A: Grundsätzliche Fragen des Doppelbesteuerungsrechtes.

Art. 15.

Weist ein Steuerpflichtiger nach, daß die Maßnahmen der Finanzbehörden der vertragschließenden Staaten für ihn die Wirkung einer Doppelbesteuerung gehabt haben, so kann er hiergegen bei dem Staate, dem er angehört, Einspruch erheben. Wird der Einspruch für begründet erachtet, so kann die oberste Finanzbehörde dieses Staates sich mit der obersten Finanzbehörde des anderen verständigen, um in billiger Weise eine Doppelbesteuerung zu vermeiden.

1. Dem Steuerpflichtigen obliegt der Beweis dafür, daß tatsächlich ein Fall der Doppelbesteuerung vorliegt. Streng zu trennen ist von diesem Verständigungsverfahren das ordentliche Rechtsmittelverfahren. Beide Rechtsbehelfe stehen dem Pflichtigen nebeneinander zu. Daraus folgt, daß der Steuerpflichtige vor Einleitung des Verständigungsverfahrens nicht die Rechtskraft der Rechtsmittelentscheidung abzuwarten braucht. Es liegt also stets in seinem Interesse beide Wege zu beschreiten, da er von der Notwendigkeit der Einlegung des ordentlichen Rechtsmittels nicht durch das eingeleitete Verständigungsverfahren befreit ist.

2. Im übrigen bietet das Abkommen in den Art. 16 und 17 sowie in Nr. 17 des Schlußprotokolls die Möglichkeit weitgehender Fühlungnahme der beteiligten Staatsregierungen in allen anderen Fällen, die überhaupt auf dem Gebiete der direkten Besteuerung eintreten können. Dabei ist ganz besonders auf die in Nr. 17 des Schlußprotokolls getroffene Vereinbarung hinzuweisen, die Grundsätze des Abkommens auch auf solche Steuerfälle zu erstrecken, die in dem Abkommen nicht oder nicht erschöpfend geregelt ist. Wie hier ausdrücklich vermerkt ist, darf eine solche analoge Anwendung der Gedanken des Abkommens jedoch nicht dazu führen, positive Bestimmungen des Vertrages durch andere zu ersetzen. Vgl. hierzu Nr. 13 des Abschnittes A: Grundsätzliche Fragen des Doppelbesteuerungsrechtes.

Art. 16.

Zur Beseitigung von Doppelbesteuerungen in Fällen, die in diesem Abkommen nicht ausdrücklich geregelt sind, sowie auch in Fällen von Schwierigkeiten oder Zweifeln bei der Auslegung und Anwendung dieses Abkommens können die obersten Finanzbehörden der beiden vertragschließenden Staaten besondere Vereinbarungen treffen.

Art. 17.

Die vertragschließenden Staaten verpflichten sich, die obersten Finanzbehörden beider Staaten mit der billigen Entscheidung jeder anderen Frage zu betrauen, die, sei es wegen der Verschiedenheit der für die Steuergesetzgebung in beiden Staaten geltenden Grundsätze, sei es wegen der jetzt oder künftig nach dem Rechte der beiden Staaten für die Vermögensteuer festgesetzten Stichtage, oder die überhaupt, ohne in diesem Abkommen ausdrücklich entschieden zu sein, auf dem Gebiete der direkten Steuern entstehen können.

Art. 18.

Die vertragschließenden Staaten verpflichten sich, sich gegenseitig Hilfe zu leisten, um die Veranlagung und Beitreibung der direkten Steuern zu erleichtern.

Ein besonderes Abkommen wird die Bestimmungen festlegen, denen diese Hilfeleistung unterliegt.

Vgl. zu Art. 16, 17 und 18 die Anmerkung zu Art. 15.

Art. 19.

Dieses Abkommen, ausgefertigt in doppelter Urschrift in deutscher und italienischer Sprache, soll ratifiziert, und die Ratifikationsurkunden sollen baldmöglichst in Rom ausgetauscht werden. Es tritt mit dem 1. Januar des auf den Austausch der Ratifikationsurkunden folgenden Jahres in Kraft; es bleibt so lange in Geltung, als es nicht von einem der vertragschließenden Teile gekündigt wird. Die Kündigung muß mindestens 8 Monate vor Ablauf des Kalenderjahres bewirkt werden; ist diese Frist eingehalten, so verliert das Abkommen mit dem 1. Januar des folgenden Jahres seine Wirksamkeit.

Der Austausch der Ratifikationsurkunden des Abkommens ist am 15. 12. 1925 erfolgt (RGBl. 1925 II S. 1159). Das Abkommen ist also mit dem 1. Jan. 1926 in Kraft getreten.

Schlußprotokoll.

Bei der Unterzeichnung des heute zwischen dem Deutschen Reich und Italien geschlossenen Abkommens zur Vermeidung der Doppelbesteuerung und zur Regelung anderer Fragen auf dem Gebiete der direkten Steuern vom internationalen Standpunkte aus, mit dem Ziele einer Ausgleichung der beiden Steuersysteme haben die unterzeichneten Bevollmächtigten folgende übereinstimmende Erklärungen abgegeben, die einen integrierenden Teil des Abkommens selbst bilden.

1. Die im Art. 1 des Abkommens enthaltene Aufzählung der in beiden vertragschließenden Staaten geltenden direkten Steuern gibt nur Beispiele und ist nicht abschließend.

Zweifel werden im Einvernehmen zwischen den obersten Finanzbehörden der beiden Staaten geklärt werden.

Die obersten Finanzbehörden der beiden Staaten werden am

Ende jedes Jahres ein auf den neuesten Stand gebrachtes Verzeichnis der in jedem Staate bestehenden Sachsteuern austauschen.

2. Die Bestimmung des Art. 2 des Abkommens gilt sowohl für die durch unmittelbare Verwaltung und Nutzung als auch für die durch Vermietung, Verpachtung und jede andere Art der Nutzung des unbeweglichen Guts erzielten Einkünfte.

3. Als Betrieb von Handel, Industrie und sonstigem Gewerbe im Sinne des Art. 3 des Abkommens gelten auch der Betrieb von Versicherungsunternehmungen, von Verkehrs- und Transportunternehmungen, von Finanz- und Kreditunternehmungen, sowie der Betrieb anderer Gewerbe, soweit daraus nicht Einkünfte erzielt werden, die dieses Abkommen als Einkünfte aus Arbeit bezeichnet.

4. Die Bestimmung der Nr. 2 dieses Schlußprotokolls, welche die Einkünfte aus unbeweglichem Vermögen betrifft, findet auf die Einkünfte aus dem Betriebe von Handel, Industrie und sonstigem Gewerbe entsprechende Anwendung.

5. Als Betriebstätte im Sinne des Art. 3 des Abkommens gelten außer dem Sitz und dem Ort der Leitung des Unternehmens, die Zweigniederlassungen und Filialen, die Fabrikations- und Werkstätten, die Einkaufs- und Verkaufsstellen, die Lager- und anderen Handelsstätten, die den Charakter einer ständigen Geschäftseinrichtung haben, sowie ständige Vertretungen.

6. Die obersten Finanzbehörden werden ein besonderes Abkommen treffen, um in billiger Weise eine Aufteilung der Einkünfte aus dem Betrieb von Handel, Industrie und sonstigem Gewerbe in den durch Art. 3 Abs. 3 vorgesehenen Fällen vorzunehmen.

7. Wenn in einem der beiden Staaten ein Unternehmen besteht oder eingerichtet wird, das zwar nach den bürgerlichen Gesetzen selbständige Rechtspersönlichkeit hat, aber in derartiger Verbindung und in derartigem Beteiligungs- oder Abhängigkeitsverhältnisse zu einem Unternehmen mit eigener Rechtspersönlichkeit auf dem Gebiete des anderen Staates steht, daß es eine wirtschaftliche Einheit mit ihm bildet und deshalb nach den Steuergesetzen des Staates, in dem es sich befindet, als eine Betriebsstätte des Unternehmens im anderen Staate anzusehen ist, werden die Bestimmungen des Art. 3 Abs. 3 und 4 des Abkommens angewandt werden.

8. Im Sinne des Art. 3 Abs. 4 des Abkommens gelten:

a) als allgemeine Bilanzen die Bilanzen, die die Gesamtergebnisse des Unternehmens enthalten und die nach den Gesetzen des Staates, in dem sich der Sitz oder der Ort der Leitung des Unternehmens befindet, aufgestellt und veröffentlicht sind;

b) als besondere Bilanzen die Bilanzen, welche die Ergebnisse der Verwaltung der Betriebstätten in dem Staate enthalten, der die Steuer erhebt, und die nach den Gesetzen dieses Staates aufgestellt und veröffentlicht sind;

c) als jedes andere Dokument, welches die Verwaltung der Betriebstätten betrifft und zum Nachweis ihrer Einkünfte notwendig ist, die der Besteuerung in dem die Steuer erhebenden Staate unterliegen.

9. Zu den in Art. 5 Abs. 3 des Abkommens bezeichneten Wertpapieren gehören auch solche, die nach der deutschen Gesetzgebung in besonderen, ihrem Wesen nach den Aktien entsprechenden Werten verkörpert sind und in Bergwerksanteilen (Kuxen) oder Genußscheinen bestehen.

10. Als freie Berufe im Sinne des Art. 7 des Abkommens gelten insbesondere wissenschaftliche, künstlerische, schriftstellerische, unterrichtende oder erziehende Tätigkeit, sowie die Tätigkeit der Ärzte, Rechtsanwälte, Architekten und Ingenieure.

11. Zinsen von Spareinlagen und Einlagen in Kontokorrenten im Sinne des Art. 9 des Abkommens sind solche, die aus festen Kapitalanlagen, und nicht aus kaufmännischen Kontokorrenten fließen.

12. Studenten, die sich in einem der vertragschließenden Staaten nur zu Studienzwecken aufhalten, werden von diesem Staate wegen der Bezüge, die sie von den im anderen Staate wohnhaften Angehörigen empfangen, keiner Besteuerung unterworfen, sofern diese Bezüge den überwiegenden Teil des zu ihrem Unterhalte und ihrem Studium Notwendigen darstellen.

13. Die im Art. 12 des Abkommens getroffenen Bestimmungen finden auf die außerordentlichen einmaligen Vermögensabgaben, deren Stichtag vor dem Tag der Unterzeichnung dieses Abkommens liegt, keine Anwendung, auch wenn die Zahlungen auf diese Steuern nach den Bestimmungen der entsprechenden Gesetze, die die Steuern eingeführt haben, noch laufen.

Die im Art. 12 Abs. 1 Buchstabe b des Abkommens getroffene Bestimmung über die Behandlung der Hypothekenforderungen ist erst anwendbar, wenn eine Vermögensteuer im Sinne des Art. 12 in beiden Staaten erhoben wird.

14. Bei Steuerpflichtigen, die dartun, daß sie ihren Wohnsitz endgültig von dem einen in den anderen vertragschließenden Staat verlegt haben, endet die Steuerpflicht, soweit sie an den Wohnsitz oder den Aufenthalt anknüpft, in dem ersten Staat mit Ablauf des Tages, an dem die Wohnsitzverlegung erfolgt ist.

15. Für Personen, welche Staatsangehörige beider vertragschließender Staaten sind, und für solche Personen, die in keinem dieser Staaten die Staatsangehörigkeit besitzen, werden in allen Fällen, in denen nach Art. 13 des Abkommens die Staatsangehörigkeit über die Besteuerung entscheidet, die obersten Finanzbehörden von Fall zu Fall Vereinbarungen treffen.

16. Zur Vermeidung etwaiger Zweifel wird klargestellt, daß die Bestimmung des Art. 14 das Recht auf den Genuß etwaiger weitergehender Vorrechte oder Befreiungen nicht berührt, die kraft der allgemeinen Regeln des Völkerrechts den diplomatischen und konsularischen Beamten zugestanden worden sind oder künftig zugestanden werden sollten.

17. Es besteht Einverständnis darüber, daß die durch Art. 16 den Finanzbehörden der beiden vertragschließenden Staaten übertragene Befugnis den Zweck hat, die Anwendung der in dem Abkommen aufgestellten Grundsätze auf alle Fälle zu ermöglichen, die etwa in dem Abkommen nicht vorgesehen oder nicht vollständig geregelt sind, nicht aber den, zu gestatten, daß Grundsätze aufgestellt werden, die von dem in dem Abkommen enthaltenen verschieden sind.

18. Wegen der Erbschaftsteuer behalten die vertragschließenden Teile sich vor, eine besondere Vereinbarung zu treffen.

19. Soweit die Bestimmungen des Abkommens seitens des Deutschen Reiches sich auf Steuern der Länder beziehen, bleibt, soweit erforderlich, die Zustimmung der Länder vorbehalten. Sollte diese Zustimmung fehlen, so ist das Abkommen auch für den anderen Teil nicht bindend.

Dieses Protokoll, das ohne weitere besondere Ratifikation allein durch die Tatsache des Austausches der Ratifikationsurkunden des Abkommens, auf das es sich bezieht, als von den vertragschließenden Teilen gebilligt und festgestellt angesehen werden wird, ist in doppelter Urschrift in deutscher und italienischer Sprache in Rom am 31. Oktober 1925 gefertigt worden.

5. Vertrag

zwischen dem Deutschen Reiche und der Union der Sozialistischen Sowjet-Republiken vom 12. Oktober 1925.

Allgemeine Bestimmungen.

Art. 1.

Der Vertrag besteht außer diesen allgemeinen Bestimmungen aus folgenden Abkommen:

I. Abkommen über Niederlassung und allgemeinen Rechtsschutz (Niederlassungsabkommen),
II. Wirtschaftsabkommen,
III. Eisenbahnabkommen,
IV. Seeschiffahrtsabkommen,
V. Steuerabkommen,
VI. Abkommen für Handelsschiedsgerichte,
VII. Abkommen über gewerblichen Rechtsschutz.

Diese Abkommen bilden mit den Allgemeinen Bestimmungen unter sich ein einheitliches Ganze, so daß der Begriff — Vertrag — die einzelnen Abkommen umfaßt.

Art. 2.

Die Union der Sozialistischen Sowjetrepubliken wird im Vertrage mit U. d. S. S. R. bezeichnet.

Art. 3.

usw.

Art. 8.

Dieser Vertrag wird in deutscher und in russischer Sprache abgeschlossen. Beide Texte haben gleiche Geltung.

Der Vertrag soll sobald als möglich ratifiziert werden. Der Austausch der Ratifikationsurkunden soll in Berlin stattfinden.

Der Vertrag tritt einen Monat nach Austausch der Ratifikationsurkunden in Kraft[1]).

Die Geltungsdauer der unter I, II, III, IV und V des Art. 1 der Allgemeinen Bestimmungen genannten Abkommen beträgt zwei, die der unter VI und VII genannten Abkommen vier Jahre.

Die einzelnen Abkommen können sechs Monate vor Ablauf des zwei- beziehungsweise vierjährigen Zeitraumes gekündigt werden.

Soweit eine Kündigung nicht erfolgt, verlängert sich die Gültigkeitsdauer der einzelnen Abkommen um weitere je sechs Monate, bis eine Kündigung mit sechsmonatiger Frist erfolgt usw.

1. Die Ratifikationsurkunden sind am 11. 2. 1926 ausgetauscht, die Verträge also am 12. 3. 1926 in Kraft getreten. Die Bekanntmachung ist erfolgt RGBl. 1926 II Nr. 1.

V. Steuerabkommen.

Auszug aus Art. 1:

Als Staatsangehörige gelten auch juristische Personen einschließlich der Aktiengesellschaften sowie Handelsgesellschaften jeder Art, Industrie-, Finanz-, Versicherungs-, Verkehrs- und Transportgesellschaften, sofern sie im Gebiete des anderen vertragschließenden Teiles ihren Sitz haben und nach seinen Gesetzen zu Recht bestehen. Den Gesellschaften sind Unternehmungen mit Beteiligung des Staates, d. h. alle Unternehmungen, die der Staat allein oder zusammen mit privaten Wirtschaftsorganen betreibt, ohne Rücksicht auf die Form, in der diese Unternehmungen bestehen, gleichgestellt.

1. Das Abkommen bezieht sich nur auf die Staatsangehörigen eines der beiden Vertragsstaaten sowie auf die entsprechenden juristischen Personen- und sonstigen Handelsgesellschaften. Auch reine Staatsbetriebe oder gemischt-wirtschaftliche Betriebe fallen darunter ohne Rücksicht auf die Form. Diese letztere Bestimmung ist wohl wegen der russischen Wirtschaftsverfassung aufgenommen. Wegen des Sitzes s. B Nr. 5 des Abschnittes B sowie Anm. 4 zur Art. 1 des deutsch-italienischen Abkommens.

Art. 2.

Zur Vermeidung der Doppelbesteuerung gelten für die steuerliche Behandlung der Staatsangehörigen (Art. 1) einschließlich der ihnen gleichgestellten Steuerpflichtigen der beiden vertragschließenden Teile, die im Gebiete des anderen Teils Landwirtschaft, einschließlich Wein- und Obstbau, Forstwirtschaft, Fischerei, Tierzucht oder Gewerbe mit Einschluß der Industrie, Bergbau und Handel betreiben, folgende besonderen Bestimmungen:

a) Grundstücke, Gebäude, grundstücksgleiche Rechte, Hypothekenforderungen und das Einkommen (der Ertrag) daraus werden nur in dem Staate zu den direkten Steuern herangezogen, in dem sich die Liegenschaft befindet.

b) Der Gewerbebetrieb, das diesem gewidmete Vermögen und das Einkommen (der Ertrag) daraus werden nur in dem

Staate zu den direkten Steuern herangezogen, in dem eine Betriebsstätte zur Ausübung eines stehenden Gewerbes unterhalten wird. Als Betriebsstätte gelten neben der Geschäftsleitung: Handelsniederlassungen, Fabrikationsstätten, Ein- und Verkaufsstätten, Niederlagen, Kontore und sonstige zur Ausübung des Handels oder Gewerbes durch den Unternehmer selbst, dessen Geschäftsteilhaber, Prokuristen oder andere ständige Vertreter unterhaltene Geschäftseinrichtungen. Befinden sich Betriebstätten desselben gewerblichen Unternehmens in beiden vertragschließenden Staaten, so soll die Heranziehung zu den direkten Steuern in jedem der beiden Staaten nur nach Maßgabe des von den inländischen Betriebstätten aus stattfindenden Betriebs erfolgen.

Als Gewerbebetrieb im Sinne dieses Abkommens sind auch Beteiligungen an gesellschaftlichen Unternehmungen zu behandeln.

1. Der bescheidene Umfang des Abkommens, das, abgesehen von Art. 1 nur aus einem Artikel besteht, läßt erkennen, daß nur auf den für beide Teile besonders wichtigen Gebieten der Besteuerung des unbeweglichen Vermögens und des Gewerbebetriebes eine positive Lösung der Doppelbesteuerungsfrage erfolgen sollte. Dadurch erhält das ganze Abkommen den Charakter einer provisorischen Lösung so zwar, daß die in ihm geregelten Steuern scheinbar als Objektsteuern wirken. Im Schlußprotokoll zu Art. 2 Nr. 1 ist zwar von beiden vertragschließenden Staaten in Aussicht genommen, in Verhandlungen über eine allgemeine Ausgleichung der in- und ausländischen Besteuerung, insbesondere über die Vermeidung der Doppelbesteuerung auf dem Gebiete der direkten Steuern, und der Abgaben von Todes wegen einzutreten. Bislang ist aber nichts geschehen, so daß die Möglichkeit einer Doppelbesteuerung auf allen außerhalb der in Art. 2 bezeichneten Gebieten nach wie vor besteht. Um hier aber doch eine Handhabe gegenüber den gröbsten Folgen unerwünschter Doppelbesteuerungen zu haben, ist im Schlußprotokoll zu Art. 2 Nr. 2 vorgesehen, daß die obersten Finanzverwaltungsbehörden beider Staaten die erforderlich erscheinenden Vereinbarungen zur Vermeidung der Doppelbesteuerung in Einzelfällen oder Gruppen von Fällen treffen können. Solche Vereinbarungen hätten als auf einem Staatsvertrage beruhende Vereinbarungen ebenfalls Gesetzeskraft.

Für das Gebiet der Erbschaftsteuer hat das deutsche Erbschaftsteuergesetz von 1934 in § 8 II Nr. 2 allgemein eine gewisse Anrechnung der im Auslande erlegten Steuer auch für die innerstaatliche Besteuerung vorgeschrieben.

2. Für die in Art. 2a genannten Vermögensgegenstände gilt die lex rei sitae. Es gehören hierher Grundstücke, Gebäude sowie solche grundstücksgleichen Rechte, auf die die Vorschriften über Grundstücke entsprechende Anwendung finden. In Deutschland z. B. Erbbaurechte, Erbpacht, Kohlenabbaugerechtigkeiten usw. Für die Abgrenzung ist die innerstaatliche Gesetzgebung und Rechtsprechung maßgebend.

Auch Hypothekenforderungen unterliegen der Besteuerung des Staates, in dessen Gebiet sich das belastete Grundstück befindet. Grund- und Rentenschulden sind den Hypotheken gleichzustellen. Vgl. hierüber II Nr. 10 des Abschnittes A: Grundsätzliche Fragen des Doppelbesteuerungsrechtes sowie C Nr. 6 des Abschnittes B.

Der Grundsatz der belegenen Sache gilt selbst dann, wenn die unter Art. 2a bezeichneten Vermögensgegenstände zu einem Betriebsvermögen gehören.

Alle anderen eigentumbegrenzenden dinglichen Rechte wie Reallasten, Dienstbarkeiten usw. sind also bis auf weiteres der Doppelbesteuerung ausgesetzt, soweit sie nicht Bestandteile des im Art. 2a bezeichneten Vermögens bilden (§ 96 BGB.). Eine Ausnahme muß wohl für den Nießbrauch an einem Grundstücke gelten. Siehe darüber Anm. Nr. 4 zu Art. II des deutsch-tschechischen Vertrages. Wesentliche Bestandteile und Zubehör teilen das Schicksal des Hauptgegenstandes.

3. Zur Frage der Besteuerung des Gewerbebetriebes und wegen des Begriffes der Betriebstätte siehe die Anmerkungen Nr. 1—5 des deutsch-tschechischen Abkommens.

Als Gewerbebetriebe im Sinne des Abkommens haben auch Beteiligungen an gesellschaftlichen Unternehmungen der in Art. I genannten Art zu gelten. Der Anteil eines Deutschen an einer russischen Gesellschaft würde also in Rußland der Besteuerung unterliegen. Da Ausnahmen nicht vorgesehen sind, fallen unter den Begriff der Beteiligungen auch Aktien, Kuxen usw.

VI. usw.

Schlußprotokoll.

Bei Abschluß des vorstehenden Vertrages haben sich die beiden vertragschließenden Teile über nachstehende Punkte geeinigt, die einen integrierenden Teil des Vertrages bilden sollen usw.

Zum Steuerabkommen.

Zu Art. 2.

1. Die beiden vertragschließenden Teile nehmen in Aussicht, in Verhandlungen über die Ausgleichung der in- und ausländischen Besteuerung, insbesondere die Vermeidung der Doppelbesteuerung, auf dem Gebiete der direkten Steuern und der Abgaben von Todes wegen im Vertragswege einzutreten. Sie nehmen ferner in Aussicht, Entwürfe zu Verträgen auf den vorbezeichneten Gebieten spätestens bis zum Ablauf von drei Monaten nach Ratifikation dieses Vertrages auszutauschen.

2. Die obersten Finanzverwaltungsbehörden der beiden vertragschließenden Teile können die erforderlichen Vereinbarungen treffen:

a) zur Durchführung der Bestimmungen dieses Abkommens, insbesondere über eine billige Aufteilung des Einkommens in den Fällen des Artikel 2 Buchstabe b Abs. 1 Satz 3;

b) zur Vermeidung der Doppelbesteuerung in Einzelfällen oder Gruppen von Fällen, für die der Artikel 2 keine Bestimmungen enthält.

6. I. Verordnung

zur Beseitigung der Doppelbesteuerungen auf dem Gebiete der direkten Steuern im Verhältnis zur Freien Stadt Danzig.

Vom 19. November 1923 (Reichsgesetzbl. II S. 426)*).

Auf Grund des § 7 der Reichsabgabenordnung wird mit Zustimmung des Reichsrats zum Zwecke der Vermeidung von Doppelbesteuerungen zwischen dem Deutschen Reiche und der Freien Stadt Danzig auf dem Gebiete der direkten Steuern unter der Voraussetzung der vollen Gegenseitigkeit von seiten der Freien Stadt Danzig und unter Vorbehalt jederzeitigen Widerrufs bis zum Abschluß eines Vertrages über die Beseitigung von Doppelbesteuerungen folgendes bestimmt:

§ 1

Deutsche oder Danziger Staatsangehörige, die ihren Wohnsitz und in Ermangelung eines solchen ihren gewöhnlichen Aufenthalt im Gebiete der Freien Stadt Danzig haben, ohne im Deutschen Reiche einen Wohnsitz zu haben, werden im Deutschen Reiche zu den direkten Steuern nur herangezogen

a) mit ihrem im Deutschen Reiche belegenen Grund- und Gebäudebesitz sowie dem Einkommen daraus, ohne Rücksicht darauf, ob diese Gegenstände einem im Gebiete der Freien Stadt Danzig betriebenen Gewerbe gewidmet sind;

b) mit ihren im Deutschen Reiche unterhaltenen Betriebstätten sowie dem Einkommen daraus.

Als Betriebstätten im Sinne dieser Verordnung gelten: die Geschäftsleitung, Zweigniederlassung, Fabrikationsstätten, Ein- und Verkaufsstellen, Niederlagen, Kontore und sonstige zur Ausübung des Gewerbes durch den Unternehmer selbst, dessen Ge-

*) Siehe zum deutsch-danziger Doppelbesteuerungsrecht die Darlegungen des Leiters des Danziger Landessteueramtes, Staatsrat Lademann, in Industrie und Steuer Heft 6 vom 15. März 1938.

schäftsteilhaber, Prokuristen oder andere ständige Vertreter unterhaltene Geschäftseinrichtungen.

Befinden sich Betriebstätten desselben gewerblichen Unternehmens sowohl im Deutschen Reiche als auch im Gebiete der Freien Stadt Danzig, so erfolgt die Heranziehung nur nach Maßgabe des von den inländischen Betriebstätten aus stattfindenden Betriebs;

c) mit ihrem Erwerb aus wissenschaftlicher, künstlerischer, schriftstellerischer, unterrichtender oder erziehender Tätigkeit, aus der Berufstätigkeit der Ärzte, Rechtsanwälte, Architekten, Ingenieure und der Ausübung anderer freier Berufe, soweit die Ausübung der Berufstätigkeit im Deutschen Reiche von einem festen Mittelpunkte (Betriebstätte) aus stattfindet;

d) mit ihren aus deutschen öffentlichen Kassen (Reichs-, Staats-, Landes-, Gemeindekassen) zahlbaren regelmäßig wiederkehrenden Bezügen oder Unterstützungen, die mit Rücksicht auf eine gegenwärtige oder frühere Dienstleistung oder Berufstätigkeit gewährt werden. (Besoldungen, Ruhegehälter, Wartegelder, Versorgungsbezüge u. dgl.).

1. Die VO. ist durch die nachfolgenden Verordnungen II und III berichtigt und ergänzt worden. Sie schafft, solange kein Widerruf erfolgt, sachliches Recht und erstreckt sich nur auf deutsche und Danziger Staatsangehörige sowie die entsprechenden juristischen Personen (§ 5). Vgl. hierzu Anm. Nr. 1 zu Art. I und Anm. 2 zu Art. III des deutsch-tschechischen Abkommens.

Zum Begriffe des Wohnsitzes und Aufenthalts s. B V Nr. 1 und 2 des Abschnittes B und zum Begriffe der direkten Steuern die Anm. zu § 6 dieser VO. Der fingierte Wohnsitz des § 14 Abs. 3 StAnpG. vermag für das Gebiet dieser VO. keinen Doppelwohnsitz zu begründen. Vgl. S. 77.

2. Grundsätzlich unterliegen das durch die VO. erfaßte Vermögen und die Einkünfte daraus nur der Besteuerung im Wohnsitzstaate oder bei juristischen Personen in dem Staate, in dem sich der Ort der Leitung des Unternehmens befindet (§ 5).

Ausnahmen:

a) Grund- und Gebäudebesitz. Maßgebend ist das innerstaatliche Steuerrecht. Es fallen darunter auf deutscher Seite nicht nur bebaute und unbebaute Grundstücke, sondern auch diejenigen Rechte, auf die die Vorschriften über Grundstücke entsprechende Anwendung finden, sowie wesentliche Bestandteile und Zubehör. Unter den grundstücksgleichen Rechten sind beispielsweise zu nennen Erbbaurecht, Erbpacht, Kohlenabbaugerechtigkeiten usw. Wegen des Nießbrauchrechtes siehe Anm. Nr. 4 zu Art. II des deutsch-tschechischen Vertrages. Über den Begriff der wesentlichen Bestandteile und des Zubehörs siehe §§ 93 bis 98 BGB.

Nicht unter den Begriff der Grundstücke fielen bis zum 1. 1. 1938 die eigentumbegrenzenden Grundstücksrechte wie Hypotheken, Grund- und Rentenschulden, Nießbrauch, Reallasten, Dienstbarkeiten usw. Sie unterlagen bis zu diesem Zeitpunkte dem Wohnsitzstatut. Nach dem 31. 12. 1937 gilt jedoch die nachfolgende VO. III vom 15. 7. 1937, wonach solche Rechte und Forderungen, die durch im Deutschen Reiche belegene Grundstücke, durch inländische Grundstücksgleiche Rechte oder durch Schiffe, die in ein inländisches Schiffsregister eingetragen sind, unmittelbar oder mittelbar gesichert sind, dem unbeweglichen Vermögen gleichgestellt sind (vgl. § 1 d dieser VO.). Meinungsverschiedenheiten können sich hier ergeben, wenn der Staat, in dem das belastete Grundstück belegen ist, die Abzugsfähigkeit der Hypothek und deren Zinsen von den Grundstückseinkünften unter Verneinung des wirtschaftlichen Zusammenhangs zwischen Grundstück und Hypothek versagt, der Gläubigerstaat aber dasselbe tut mit der Begründung, das Grundstück sei seiner Machtsphäre entrückt. Hier kann nur das Verständigungsverfahren einen Ausgleich schaffen.

Eine Ausnahme gilt auch für Anleihen und Forderungen, über die Teilschuldverschreibungen ausgegeben sind. Sie unterliegen, selbst wenn sie dinglich gesichert sind, dem Wohnsitzstatut.

Die Grundstücke und Rechte unterliegen der Besteuerung durch den Belegenheitsstaat selbst dann, wenn sie einem Gewerbebetriebe gewidmet sind. Besitzt also ein in Danzig wohnhafter deutscher Gewerbetreibender in Deutschland Grundstücke, so sind sie der deutschen Besteuerung auch dann unterworfen, wenn sie zum gewerblichen Betriebvermögen gehören, ohne daß in Deutschland eine Betriebstätte besteht.

b) Gewerbliche Betriebe mit einer Betriebstätte. Hier ist der Staat zur Besteuerung berechtigt, in dem die Betriebstätte liegt. Über den Begriff der Betriebstätte s. B V Nr. 3 des vorangehenden Abschnittes B. Entsprechend den deutschen Veranlagungsrichtlinien 1937 zur ESt. wird man selbständige Vertreter wie Großhändler, Agenten und Kommissionäre nicht unter die ständigen Vertreter im Sinne der VO. rechnen können.

Die Aufzählung der einzelnen Betriebstättenreformen ist nicht erschöpfend. In welcher Weise sich die Organtheorie und das Schachtelprivileg auf dem Gebiete der Doppelbesteuerung auswirkt, darüber s. II Nr. 11 des Abschnittes A: Grundsätzliche Fragen der Doppelbesteuerung, sowie C Nr. 15 u. 19 des Abschnittes B.

Über die Frage, was im einzelnen zu dem einer Betriebstätte zuzurechnenden Vermögen und gewerblichen Einkommen gehört, siehe C Nr. 4 des Abschnittes B. Die Beteiligung an einer Kommanditgesellschaft, offenen Handelsgesellschaft, unechten stillen Gesellschaft oder anderen Mitunternehmergesellschaft unterliegt daher falls die Betriebstätte im Inlande liegt, der deutschen Besteuerung. Durch die weiter hinten S. 195 abgedruckte II. VO. vom 29. 7. 1926 ist zusätzlich bestimmt worden, daß die Einkünfte aus Beteiligungen an Gesellschaften mit beschränkter Haftung und an einem Handelsgewerbe als stiller Gesellschafter nur der Besteuerung des Staates unterliegen, in dem sich Sitz oder Leitung des Unternehmens befindet. (Wegen der Begriffe Sitz und Leitung s. B V Nr. 5 des Abschnittes B.) Die Vermögensbesteuerung der GmbH.-Anteile hat im Wohnsitzstaate zu erfolgen. (Vgl. RFH. 40, 93.) Dasselbe muß entgegen der Auffassung von Labemann auch von der echten stillen Gesellschaft gelten. Über die Aufteilung des Besteuerungsrechts bei Betriebstätten in beiden Staaten s. II Nr. 7 des Abschnittes 4 und II Nr. 2 des Abschnittes B. Der Steuerabzug vom Kapitalertrag ist in den Verordnungen nicht geregelt. Es gelten daher die allgemeinen Normen. Wegen der gegenteiligen Auffassung des RFH., die gerade einen Danziger Fall betrifft, vgl. II Nr. 9 des Abschnittes A: Grundsätzliche Fragen des Doppelbesteuerungsrechtes sowie C Nr. 13 des Abschnittes B.

Als weitere Ausnahme vom Wohnsitzstatut wird endlich noch die Besteuerung der Einkünfte aus freiem Beruf und der Bezüge aus öffentlichen Kassen gekennzeichnet. Der im anderen Staate ausgeübte freie Beruf wird dort nur dann der Besteuerung unterworfen, wenn er eine Geschäftseinrichtung (Betriebstätte) zur Grundlage hat. Die Bezüge aus öffentlichen Kassen unterliegen der Besteuerung in dem Staate, in dem die Auszahlung erfolgt. Vgl. hierzu die Anmerkungen zu Art. IV und VI des deutsch-tschechischen Abkommens. Man wird aber im Verhältnis zwischen Deutschland und Danzig mit Labemann unter öffentlichen Kassen nur die Kassen der Hoheitsverwaltungen — zu denen auch die Kassen der Parteigliederungen gehören — nicht dagegen die Kassen von Einrichtungen rechnen können, die eine gewerbliche Tätigkeit entfalten. Die erfolgte Angleichung beider Steuersysteme vermag diese Auffassung wohl zu rechtfertigen.

c) Durch die nachfolgende III. VO. vom 15. 7. 1937 sind endlich noch alle Einkünfte aus unselbständiger Arbeit, soweit sie nicht unter c fällt und im Inlande ausgeübt wird oder ausgeübt worden ist, der deutschen Besteuerung unterworfen. Die Bestimmung ist aber erst mit dem 1. 8. 1937 in Kraft getreten (vgl. §§ 1 b und 2 der VO. vom 15. 7. 1937). Vor diesem Zeitpunkt hatte das Besteuerungsrecht für diese Einkünfte aus unselbständiger Arbeit nur der Wohnsitzstaat des Steuerpflichtigen (§ 1 der VO. vom 19. 11. 1923). Der durch EStG. 1938 eingeführte Begriff der Verwertung der Arbeitstätigkeit spielt für den Bereich dieser VO. keine Rolle.

§ 2

Deutsche oder Danziger Staatsangehörige, die ihren Wohnsitz, und in Ermangelung eines solchen, ihren gewöhnlichen Aufenthalt im Deutschen Reiche haben, ohne im Gebiete der Freien Stadt Danzig einen Wohnsitz zu haben, werden im Deutschen Reiche von den direkten Steuern freigestellt

a) mit ihrem im Gebiete der Freien Stadt Danzig belegenen Grund- und Gebäudebesitz sowie dem Einkommen daraus, ohne Rücksicht darauf, ob diese Gegenstände einem im Deutschen Reiche betriebenen Gewerbe gewidmet sind;

b) mit ihren im Gebiete der Freien Stadt Danzig unterhaltenen Betriebstätten, sowie dem Einkommen daraus;
c) mit ihrem Erwerb aus der im § 1 Buchstabe c bezeichneten Tätigkeit, soweit die Ausübung der Berufstätigkeit im Gebiete der Freien Stadt Danzig von einem festen Mittelpunkte (Betriebsstätte) aus stattfindet;
d) mit ihren aus Danziger öffentlichen Kassen (Staats- und Gemeindekassen) zahlbaren Bezügen oder Unterstützungen der im § 1 Buchstabe d bezeichneten Art.

Siehe hierzu die Anmerkungen zu § 1, die hier entsprechend gelten.

§ 3

(1) Einen Wohnsitz im Sinne dieser Verordnung hat jemand da, wo er eine Wohnung unter Umständen innehat, die auf die Absicht der Beibehaltung einer solchen schließen lassen.

(2) Einen gewöhnlichen Aufenthalt im Sinne dieser Verordnung hat jemand dort, wo er sich unter Umständen aufhält, die auf die Absicht schließen lassen, an diesem Orte oder in diesem Lande nicht nur vorübergehend zu verweilen.

1. Abgesehen von den unter § 1 erörterten Ausnahmen ist also für die Besteuerung von Einkünften und Vermögen grundsätzlich der Wohnsitzstaat zuständig. Hier ist jedoch zu bemerken, daß freiwillige Zuwendungen oder Zuwendungen an unterhaltsberechtigte Personen nach dem Erlaß des RFH. vom 16. 1. 1932 S 1303 B D 2—5 III 8 nur beim Empfänger zu versteuern sind, während sie der Geber von seinen Einkünften abziehen darf, vorausgesetzt, daß Geber und Empfänger in beiden Staaten ansässig sind.

2. Wegen des Wohnsitzbegriffes s. B V Nr. 1 des Abschnittes B. Bei Verlegung des Wohnsitzes von einem Staat in den anderen ist zu beachten, daß der Steuerpflichtige in beiden Ländern zweimal zu veranlagen ist, da das in der Zeit der beschränkten Steuerpflicht erzielte Einkommen nicht zusammen mit dem in der Zeit der unbeschränkten Steuerpflicht erzielten Einkommen veranlagt werden darf. Anders bei der Vermögensteuer. Beim Wohnsitzwechsel Danzig-Deutschland bleibt der Steuerpflichtige für das 1. Vierteljahr 1938 vermögensteuerfrei (§ 13 des Danziger VStG.). Eine Doppelbesteuerung tritt jedoch für dieses Vierteljahr beim Wohnsitzwechsel Deutschland-Danzig ein, weil der Pflichtige in diesem Falle sowohl die deutsche als die danziger Steuer zahlen müßte. Eine Abhilfe ist hier nur auf dem Wege der Verständigung möglich. Vgl. hierzu Erlaß des RFH. vom 2. 6. 1932 S 3300—82 III.

3. Der Begriff des gewöhnlichen Aufenthaltes ist derselbe wie in § 14 StAnpG. Abs. 1 S. 1. Siehe hierzu B V Nr. 2 des Abschnittes B. Der gewöhnliche Aufenthalt ist nicht gleich dem Aufenthalt, der unter gewöhnlichen Verhältnissen begründet wird. Es muß sich um ein nicht nur vorübergehendes Verweilen handeln, was mehr aus den Umständen als aus der Absicht zu entnehmen ist. Der Aufenthalt braucht auch nicht ununter-

brochen zu sein. Auch regelmäßige Unterbrechungen schaden nicht, wenn nur die Anwesenheit die Regel bildet und nicht nur ein häufiges Wiederkehren vorliegt (RFH. 15, 1). Auch die Zeit ist nicht immer entscheidend. So begründet z. B. die Tatsache, daß eine Verwandte sich Monate lang im Inlande zur Pflege einer Verwandten im Auslande aufhält, noch keinen Aufenthalt, weil die Umstände auf ein doch nur vorübergehendes Verweilen deuten. Zur Beendigung gehört Mangel des Rückkehrwillens oder Unmöglichkeit der Rückkehr.

§ 4

Bei deutschen oder Danziger Staatsangehörigen, die sowohl im Deutschen Reiche als auch im Gebiete der Freien Stadt Danzig einen Wohnsitz haben, ist unbeschadet der Bestimmungen der §§ 1 und 2

a) das Einkommen im Deutschen Reiche nur zu dem Teile zu besteuern, welcher dem Verhältnis der Aufenthaltsdauer während des Steuerjahres entspricht. Dabei ist ein Aufenthalt außerhalb des Deutschen Reichs und des Gebiets der Freien Stadt Danzig der Aufenthaltsdauer im Deutschen Reiche zuzurechnen, wenn der Steuerpflichtige die Deutsche Staatsangehörigkeit besitzt. Das gleiche gilt, wenn der Steuerpflichtige weder im Deutschen Reiche noch im Gebiete der Freien Stadt Danzig sich aufgehalten hat;

b) das Vermögen nur zu besteuern, wenn der Steuerpflichtige die deutsche Staatsangehörigkeit besitzt.

1. Bei Doppelwohnsitz im Deutschen Reiche und Danzig wird das Einkommen des Steuerpflichtigen in den Fällen der §§ 1 und 2 a—f nach der Belegenheit und Auszahlung besteuert. In allen anderen Fällen findet aber eine Aufteilung statt, so zwar, daß die Aufenthaltsdauer im Steuerjahr den Maßstab für die Unterverteilung abgibt. Der Aufenthalt in einem dritten Staate wird dem Staate zugerechnet, dessen Staaatsangehörigkeit der Steuerpflichtige besitzt.

Daß bei Wohnsitz und gleichzeitigem gewöhnlichen Aufenthalt der Wohnsitz allein entscheidet, folgt aus dem weiterreichenden Inhalte des Wohnsitzbegriffes.

2. Das Vermögen wird bei doppeltem Wohnsitz zunächst wieder nach §§ 1 und 2 a—f erfaßt. Darüber hinaus findet in diesem Falle aber eine Besteuerung des Vermögens im Inlande nur statt, wenn der Steuerpflichtige die deutsche Staatsangehörigkeit besitzt. Sonst hat die Besteuerung dieses Vermögens in Danzig zu erfolgen.

§ 5

Diese Verordnung findet auf nichtphysische Personen entsprechende Anwendung. An Stelle des Wohnsitzes ist der Ort der Leitung maßgebend.

Bei juristischen Personen tritt an Stelle des Wohnsitzes der Ort der Leitung. Siehe hierzu B V Nr. 5 des Abschnittes B. Meist wird der Sitz mit dem Orte der Leitung zusammenfallen. Es können aber im Einzelfalle beide Orte auch auseinanderfallen. Dann entscheidet stets der Ort der Leitung.

§ 6

(1) Als direkte Steuern im Sinne dieser Verordnung gelten die gegenwärtigen und künftigen Steuern des Reichs und der Länder vom Einkommen und Vermögen, die gegenwärtigen und künftigen Ertragssteuern vom Grundvermögen und vom Gewerbebetriebe sowie Zuschläge zu den vorerwähnten Steuern.

(2) Auf die Zwangsanleihe, Vermögenszuwachssteuer und die Sonderbesteuerung der Tantiemen findet diese Verordnung keine Anwendung.

1. Die Aufzählung der direkten Steuern ist nicht erschöpfend. Es gehören hierhin auf deutscher Seite z. B. Einkommensteuer, Körperschaftsteuer, Bürgersteuer, Vermögensteuer, Aufbringungsumlage. Weiter die Realsteuern (Grund- und Gewerbesteuer und zwar als Ertragssteuern). Eine weitere Ausdehnung auf Gewerbe- und Grundsteuer erübrigte sich, da nach beiderseitigem Steuerrecht Betrieb und Grundbesitz nur besteuert wird, wenn er im Lande belegen ist. Siehe im einzelnen hierzu II Nr. 4 des Abschnittes A: Grundsätzliche Fragen der Doppelbesteuerung.

2. Die Sonderbesteuerung der Tantiemen bleibt beiden Staaten vorbehalten.

§ 7

Diese Verordnung gilt erstmalig bei der Veranlagung der Einkommensteuer für das Kalenderjahr 1923, der Körperschaftsteuer für das Einkommen der nach dem 31. Dezember 1922 abgelaufenen Wirtschaftsjahre (Geschäftsjahre), der Vermögensteuer für den am 1. Januar 1923 beginnenden Veranlagungszeitraum sowie beim Steuerabzuge vom Arbeitslohne hinsichtlich der Bezüge für die Zeit vom 1. Januar 1924 ab.

II. Verordnung

zur Änderung der Verordnung zur Beseitigung von Doppelbesteuerungen auf dem Gebiete der direkten Steuern im Verhältnis zur Freien Stadt Danzig.

Vom 29. Juli 1926 (Reichsgesetzbl. II S. 428).

Auf Grund des § 7 der Reichsabgabenordnung wird mit Zustimmung des Reichsrats unter der Voraussetzung der vollen

Gegenseitigkeit von seiten der Freien Stadt Danzig und unter Vorbehalt jederzeitigen Widerrufs bis zum Abschluß eines Vertrages über die Beseitigung von Doppelbesteuerungen folgendes bestimmt:

§ 1

Die Verordnung zur Beseitigung von Doppelbesteuerungen auf dem Gebiete der direkten Steuern im Verhältnis zur Freien Stadt Danzig vom 19. November 1923 (RGBl. II S. 426) wird wie folgt geändert:

1. Der § 1 erhält folgenden Zusatz:
„e) mit ihren Einkünften, die auf Anteile an solchen Gesellschaften mit beschränkter Haftung entfallen, welche ihren Sitz oder den Ort der Leitung im Deutschen Reiche haben;
f) mit ihren Einkünften aus der Beteiligung an einem Handelsgewerbe als stiller Gesellschafter, wenn das Unternehmen den Sitz oder den Ort der Leitung im Deutschen Reiche hat."

2. Der § 2 erhält folgenden Zusatz:
„e) mit ihren Einkünften, die auf Anteile an solchen Gesellschaften mit beschränkter Haftung entfallen, welche ihren Sitz oder den Ort der Leitung im Gebiete der Freien Stadt Danzig haben;
f) mit ihren Einkünften aus der Beteiligung an einem Handelsgewerbe als stiller Gesellschafter, wenn das Unternehmen den Sitz oder den Ort der Leitung im Gebiete der Freien Stadt Danzig hat."

§ 2

Die im § 1 Buchstabe a und im § 2 Buchstabe a der Verordnung zur Beseitigung von Doppelbesteuerungen auf dem Gebiete der direkten Steuern im Verhältnis zur Freien Stadt Danzig vom 19. November 1923 für Einkommen aus Grund- und Gebäudesitz getroffenen Bestimmungen gelten entsprechend für Einkünfte der im § 3 Abs. 2 Nr. 10 des Einkommensteuergesetzes vom 10. August 1925 (RGBl. I S. 189) genannten Art.

Anmerkung: Es handelt sich in § 3 Abs. 2 Nr. 10 um Einkünfte aus der Spekulation mit Grundstücken oder grundstücksgleichen Rechten.

§ 3

Diese Verordnung findet zum ersten Male auf Veranlagungen Anwendung, die für das Kalenderjahr 1925 oder ein im Kalenderjahr 1925 endendes Wirtschaftsjahr vorgenommen werden.

III. Verordnung

zur Änderung der Verordnung zur Beseitigung von Doppelbesteuerungen auf dem Gebiet der direkten Steuern im Verhältnis zur Freien Stadt Danzig.

Vom 15. Juli 1937 (RStBl. 37 S. 853).

Auf Grund des § 15 der Reichsabgabenordnung wird unter der Voraussetzung der vollen Gegenseitigkeit von seiten der Freien Stadt Danzig und unter Vorbehalt jederzeitigen Widerrufs bis zum Abschluß eines Vertrages über die Beseitigung von Doppelbesteuerungen das Folgende verordnet:

§ 1

Die Verordnung zur Beseitigung von Doppelbesteuerungen auf dem Gebiet der direkten Steuern im Verhältnis zur Freien Stadt Danzig vom 19. November 1923 (RGBl. II S. 426) in der Fassung der Verordnung vom 29. Juli 1926 (RGBl. II S. 428) wird wie folgt geändert:

1. Im § 1 wird
   a) in den Abschnitten a und b statt der Worte „dem Einkommen" gesetzt „den Einkünften" und im Abschnitt c statt der Worte „ihrem Erwerb" gesetzt „ihren Einkünften";
   b) hinter Abschnitt d folgender Abschnitt e eingefügt:
      „e) mit ihren sonstigen Einkünften aus nichtselbständiger Arbeit, die im Deutschen Reich ausgeübt wird oder ausgeübt worden ist";
   c) die Bezeichnung der bisherigen Abschnitte e und f in f und g geändert;
   d) folgender Abschnitt h eingefügt:
      „h) mit ihren Hypotheken, Grundschulden, Rentenschulden und anderen Forderungen oder Rechten, die durch im Deutschen Reich belegenen Grundbesitz, durch inländische grundstücksgleiche Rechte oder durch Schiffe, die in ein inländisches Schiffsregister eingetragen sind, unmittelbar oder mittelbar gesichert sind, sowie den Einkünften daraus, ohne Rücksicht darauf, ob diese Gegenstände einem im Gebiet der Freien Stadt Danzig betriebenen Gewerbe gewidmet sind. Ausgenommen sind Anleihen und Forderungen, über die Teilschuldverschreibungen ausgegeben sind."

2. Im § 2 wird
   a) in den Abschnitten a und b statt der Worte „dem Einkommen" gesetzt „den Einkünften" und im Abschnitt c statt der Worte „ihrem Erwerb" gesetzt „ihren Einkünften";
   b) hinter Abschnitt d folgender Abschnitt e eingefügt:
      „e) mit ihren sonstigen Einkünften aus nichtselbständiger Arbeit, die im Gebiet der Freien Stadt Danzig ausgeübt worden ist";
   c) die Bezeichnung der bisherigen Abschnitte e und f in f und g geändert;
   d) folgender Abschnitt h eingefügt:
      „h) mit ihren Hypotheken, Grundschulden, Rentenschulden und anderen Forderungen oder Rechten, die durch im Gebiet der Freien Stadt Danzig belegenen Grundbesitz, durch Danziger grundstücksgleiche Rechte oder durch Schiffe, die in ein Danziger Schiffsregister eingetragen sind, unmittelbar oder mittelbar gesichert sind, sowie den Einkünften daraus, ohne Rücksicht darauf, ob diese Gegenstände einem im Deutschen Reich betriebenen Gewerbe gewidmet sind. Ausgenommen sind Anleihen und Forderungen, über die Teilschuldverschreibungen ausgegeben sind."

§ 2

Diese Verordnung tritt mit folgender Maßgabe in Kraft:
a) § 1 Ziffer 1 b und 2b gelten mit Wirkung vom 1. August 1937;
b) § 1 Ziffer 1 d und 2 d gelten mit Wirkung vom 1. Januar 1938.

IV. Verordnung
zur Beseitigung der Doppelbesteuerung auf dem Gebiete der Erbschaftsteuer im Verhältnis zur Freien Stadt Danzig.

Vom 19. November 1923 (Reichsgesetzbl. II S. 427).

Auf Grund des § 7 der Reichsabgabenordnung wird mit Zustimmung des Reichsrats unter der Voraussetzung der vollen Gegenseitigkeit von seiten der Freien Stadt Danzig und unter Vorbehalt jederzeitigen Widerrufs bis zum Abschluß eines Vertrags über die Beseitigung der Doppelbesteuerung auf dem Gebiete der Erbschaftsteuer folgendes bestimmt:

§ 1

(1) Für im Gebiete der Freien Stadt Danzig befindliches, zum Nachlaß eines deutschen oder Danziger Staatsangehörigen gehörendes Grund- oder Betriebsvermögen wird die deutsche Erbschaftsteuer nicht erhoben.

(2) Berechtigungen, auf welche die Vorschriften des bürgerlichen Rechts über Grundstücke Anwendung finden, Nutzungsrechte an Grundstücken und Betriebsvermögen sowie Rechte, die auf Grundstücken sichergestellt sind oder darauf lasten, sind dem Grund- oder Betriebsvermögen gleichzuachten.

(3) Was als Grund- oder Betriebsvermögen im Sinne der Abs. 1, 2 anzusehen ist, richtet sich nach dem Rechte der Freien Stadt Danzig.

1. Es bleibt zu beachten, daß die VO. unter der Voraussetzung der vollen Gegenseitigkeit erlassen ist. Es gilt also das Entsprechende für das in Deutschland befindliche Nachlaßvermögen eines Deutschen oder Danzigers. In Deutschland gilt für die Besteuerung des Nachlasses das Erbschaftsteuergesetz vom 16. 10. 1934 (RGBl. I S. 1056).

2. Unbewegliches Vermögen sowie Betriebsvermögen (bewegliches und unbewegliches) folgt der Besteuerung des Belegenheitsstaates. Da die Regelung dem zwischen Deutschland und Österreich abgeschlossenen Erbschaftsteuerabkommen entspricht, kann auf Anm. 1 zu Art. I dieses Abkommens verwiesen werden.

§ 2

Für das nicht nach § 1 zu behandelnde Nachlaßvermögen wird die deutsche Erbschaftsteuer nicht erhoben, wenn der Erblasser zur Zeit seines Todes

a) ein deutscher oder Danziger Staatsangehöriger war und einen Wohnsitz oder in Ermangelung eines solchen seinen dauernden Aufenthalt nicht im Deutschen Reiche, wohl aber im Gebiete der Freien Stadt Danzig gehabt hat;

b) ein deutscher oder Danziger Staatsangehöriger war, einen Wohnsitz sowohl im Deutschen Reiche als auch im Gebiete der Freien Stadt Danzig gehabt und sich während des letzten Jahres vor seinem Tode die längere Zeit im Gebiete der Freien Stadt Danzig aufgehalten hat;

c) ein Danziger und nicht zugleich deutscher Staatsangehöriger war und einen Wohnsitz oder seinen dauernden Aufenthalt weder im Deutschen Reiche noch im Gebiete der Freien Stadt Danzig gehabt hat.

Auch hier kann auf Anm. 1 und 2 zu Art. II des deutsch-österreichischen Abkommens Bezug genommen werden.

§ 3

Insoweit im einzelnen Falle nach den Gesetzen sowohl des Deutschen Reichs als auch der Freien Stadt Danzig eine Steuerpflicht nur mit Rücksicht auf die Person des Erwerbers begründet ist, wird die deutsche Erbschaftsteuer nicht erhoben:

a) für den Erwerb von im Gebiete der Freien Stadt Danzig befindlichem Grund- oder Betriebsvermögen, wenn der Erwerber zur Zeit des Anfalls ein deutscher oder Danziger Staatsangehöriger ist,

b) für den Erwerb nicht unter a fallenden Vermögens, wenn zur Zeit des Anfalls in der Person des Erwerbers die Voraussetzungen zu § 2 a oder b vorliegen.

§ 4

Vermächtnisse, die nicht einen bestimmten Gegenstand betreffen, werden auf das Kapitalvermögen, ein hierbei nicht gedeckter Rest wird auf das Grund- oder Betriebsvermögen angerechnet; befindet sich Grund- oder Betriebsvermögen sowohl im Deutschen Reiche als auch im Gebiete der Freien Stadt Danzig, so werden die Vermächtnisse im Verhältnis des Wertes der in beiden Staaten befindlichen Vermögensgegenstände dieser Art angerechnet.

Vgl. hierzu Anm. 1 und 2 zu Art. III des deutsch-österreichischen Vertrages.

§ 5

(1) Schulden, die auf dem Grund- oder Betriebsvermögen lasten oder darauf sichergestellt sind, werden auf dieses Vermögen, ein hierbei nicht gedeckter Rest wird, soweit der Erblasser für die Schuld auch persönlich haftete, auf das Kapitalvermögen angerechnet.

(2) Für die Behandlung sonstiger Schulden gelten sinngemäß die Bestimmungen des § 4.

Vgl. hierzu Anm. zu Art. IV des deutsch-österreichischen Abkommens.

§ 6

Wenn Vermögen der Besteuerung zum Teil im Deutschen Reiche, zum Teil in der Freien Stadt Danzig unterliegt, so ist für die Berechnung des Steuersatzes nicht der Wert des gesamten, sondern nur der Wert des im Deutschen Reiche steuerpflichtigen Vermögens maßgebend.

Durch diese Bestimmung wird der in § 8 Abs. 3 ErbStG. niedergelegte Grundsatz der Besteuerung mit dem für das Gesamtnachlaßvermögen geltenden Steuersatz aufgehoben.

§ 7

Die vorstehenden Bestimmungen finden bei Schenkungen unter Lebenden entsprechende Anwendung; an die Stelle des Erblassers tritt der Schenker, an die Stelle des Erwerbers der Beschenkte.

Vgl. hierzu §§ 3 und 4 Nr. 2 des deutschen ErbStG.

§ 8

Diese Verordnung findet auf die Steuerfälle Anwendung, für welche die Steuerschuld nach dem 30. Juni 1923 entsteht.

V. Verordnung

zur Vermeidung der Doppelbesteuerung auf dem Gebiete der Kapitalverkehrsteuer im Verhältnis zur Freien Stadt Danzig.

Vom 27. Juni 1929 (RGBl. II S. 505).

Auf Grund des § 7 der Reichsabgabenordnung wird hiermit nach Zustimmung des Reichsrats unter Voraussetzung der vollen Gegenseitigkeit von seiten der Freien Stadt Danzig und unter Vorbehalt des jederzeitigen Widerrufs verordnet:

I. Wertpapiersteuer.

§ 1

Der Wertpapiersteuer unterliegen nicht Wertpapiere, die im jetzigen Gebiete der Freien Stadt Danzig vor dem 10. 1. 1929 ausgegeben worden sind.

§ 2

Die Wertpapiersteuer wird nicht erhoben von

1. Aktien Danziger Gesellschaften, Urkunden über sonstige Anteile an Danziger Kapitalgesellschaften und Genußscheinen Danziger Gesellschaften;
2. verzinsliche Schuldverschreibungen und Rentenverschreibungen Danziger Schuldner, wenn die Wertpapiere unter Beobachtung der in der Freien Stadt Danzig geltenden steuerlichen Bestimmungen ausgegeben sind und, bevor sie in den deutschen Rechtsverkehr treten, einem zur Abstempelung ausländischer Wertpapiere befugten Finanzamt zur Abstempelung vorgelegt werden.

II. Börsenumsatzsteuer.

§ 3

(1) Die nach § 41 Abs. 2, 3, § 55 des Kapitalverkehrsteuergesetzes geschuldete Hälfte der Börsenumsatzsteuer für Händlergeschäfte wird nicht erhoben bei Kommissionsgeschäften zwischen einem Danziger und reichsdeutschen Händler

1. wenn der Danziger Händler dem reichsdeutschen Händler gegenüber erklärt, daß er seinerseits als Kommissionär eines Danziger Nichthändlers (Kunden) handele, oder
2. wenn der reichsdeutsche Händler dem Danziger Händler gegenüber erklärt, daß er seinerseits als Kommissionär eines reichsdeutschen Nichthändlers handele.

(2) Als Danziger Händler im Sinne des Abs. 1 gelten im Gebiete der Freien Stadt Danzig ansässige Banken und Bankiers sowie sonstige daselbst wohnhafte und den Handel mit Wertpapieren betreibende Kaufleute.

(3) Die Vergünstigung des Abs. 1 ist davon abhängig, daß die Erklärung bei jedem einzelnen Geschäft abgegeben wird und der reichsdeutsche Händler bei der Buchung des Geschäfts den Vermerk Kommission in Danzig anbringt.

§ 4

Diese Verordnung tritt am 1. 7. 1929 in Kraft. Mit dem Inkrafttreten dieser Verordnung tritt die Verordnung zur Vermeidung der Doppelbesteuerung auf dem Gebiete des Reichsstempels und der Kapitalverkehrsteuer im Verhältnis zur Freien Stadt Danzig vom 29. 9. 1923 (RGBl. I 928) außer Kraft.

7. Abkommen

zwischen dem Deutschen Reich und dem Königreich Schweden zur Ausgleichung der in- und ausländischen Besteuerung, insbesondere zur Vermeidung der Doppelbesteuerung auf dem Gebiete der direkten Steuern.

Vom 25. Juli 1928 (RGBl. II S. 521 ff.).

Art. 1.

(1) Das gegenwärtige Abkommen soll Bestimmungen treffen, die sich auf die Erhebung der direkten Steuern beschränken.

(2) Als direkte Steuern im Sinne des gegenwärtigen Abkommens gelten solche Steuern, die auf der Grundlage der Gesetz-

gebung jedes der beiden Staaten unmittelbar von den Einkünften (Reineinkünften oder Roheinkünften) oder von dem Vermögen erhoben werden, sei es für Rechnung der vertragschließenden Staaten oder der deutschen Länder, sei es für Rechnung der Provinzen oder Provinzialverbände, der Gemeinden oder Gemeindeverbände, auch soweit die Erhebung der Steuern in der Form von Zuschlägen erfolgt. Das gegenwärtige Abkommen bezieht sich daher nicht auf indirekte Steuern vom Verkehr und Verbrauch.

(3) Als direkte Steuern werden insbesondere angesehen:

1. für die deutsche Gesetzgebung:
   a) die Einkommensteuer,
   b) die Körperschaftsteuer,
   c) die Vermögensteuer,
   d) die Grundsteuern,
   e) die Gebäudesteuern,
   f) die Gewerbesteuern,
   g) der Geldentwertungsausgleich bei bebauten Grundstücken (die Hauszinssteuern);
2. für die schwedische Gesetzgebung:
   a) die staatliche Einkommen- und Vermögensteuer (statlig inkomst- och förmögenhetsskatt),
   b) die allgemeine Grundsteuer (allmän kommunalskatt),
   c) die progressive Gemeindesteuer (kommunal progressivskatt),
   d) die Steuern und Abgaben, die nach denselben Merkmalen wie irgendeine der unter a bis c bezeichneten schwedischen Steuern erhoben werden,
   e) die Gemeindesteuern von Waldnutzungen (skogsaccis och skogsvårdsavgift).

1. Auch das deutsch-schwedische Abkommen findet grundsätzlich nur auf die Staatsangehörigen beider Länder Anwendung. Das ergibt sich aus dem Zusammenhange der Bestimmungen, insbesondere aus Art. 10 und Nr. 15 des Schlußprotokolls. Nr. 15 des Schlußprotokolls bestimmt in vorsichtiger Weise, daß die obersten Finanzbehörden beider Staaten bei Angehörigen dritter Staaten und bei Staatenlosen von Fall zu Fall Sondervereinbarungen treffen können. Die hierbei empfohlene Bevorzugung von Staatsangehörigen solcher Staaten, mit denen beide Vertragsteile bereits Abkommen zur Vermeidung der Doppelbesteuerung geschlossen haben, ist in den gegenseitigen Beziehungen dieser Staaten begründet.

2. Das Abkommen erstreckt sich nur auf die direkten Steuern, die in beiden Staaten zur Hebung gelangen. Daß die Aufzählung der einzelnen Steuerarten in Art. 1 nicht abschließend ist, ist in Nr. 1 des Schlußprotokolls noch ausdrücklich hervorgehoben. Über den Begriff der direkten

Steuern im einzelnen vgl. II Nr. 4 des Abschnittes A: Grundsätzliche Fragen des Doppelbesteuerungsrechtes. Bemerkenswert ist hierbei, daß nach Nr. 3 des Schlußprotokolls die Wertzuwachssteuern, die einzelne Gegenstände treffen, insbesondere die Wertzuwachssteuer bei Grundstücken zu den Verkehrssteuern zu rechnen sind, also nicht unter die Bestimmungen des Abkommens fallen.

Zweifel über die Zugehörigkeit einer Steuer sollen im Einvernehmen von Staat zu Staat geklärt werden.

8. Eine auf dem Gebiete der Doppelbesteuerung bis zu diesem Abkommen mit Schweden neue und besonders glückliche Bestimmung bringt Nr. 19 des Schlußprotokolls. Vgl. hierzu vom Standpunkte der Bedeutung dieser Bestimmung zum Doppelbesteuerungsproblem überhaupt II Nr. 3 des Abschnittes A: Grundsätzliche Fragen des Doppelbesteuerungsrechtes.

Nach dieser Bestimmung kann nämlich der Wohnsitzstaat des Steuerpflichtigen das der ausschließlichen Besteuerung des anderen Staates vorbehaltene Einkommen und Vermögen bei der Festsetzung der Steuer wahlweise in zwiefacher Form berücksichtigen: Entweder in der Weise, daß das der ausländischen Besteuerung überlassene Vermögen und Einkommen selbständig nach den inländischen Steuergesetzen veranlagt und von der nach dem Gesamteinkommen oder Gesamtvermögen veranlagten Steuer abgezogen wird, oder daß für das der inländischen Besteuerung unterworfene Steuergut ein höherer Steuersatz angewandt wird, als es bei Nichtberücksichtigung des ausländischen Steuergutes der Fall sein würde. Dieser Steuersatz darf jedoch nicht höher sein als der Hundertsatz des Einkommens oder Vermögens, das sich ergeben würde, wenn das der Besteuerung entzogene Wirtschaftsgut im Wohnsitzstaate mitveranlagt würde.

Bei der ersten Alternative ist zu beachten, daß das der ausländischen Besteuerung überlassene Steuergut für sich allein, also n i c h t z u s a m m e n mit dem der inländischen Besteuerung überwiesenen zu veranlagen ist.

Beispiel I (1. Alternative):

Angenommen ein im Inlande wohnhafter unverheirateter Deutscher würde in Deutschland mit einem Einkommen von 80 000 *RM*, in Schweden mit einem solchen von wertmäßig 40 000 *RM* zu veranlagen sein. Die Steuer vom Gesamteinkommen von 120 000 *RM* würde in Deutschland gemäß § 32 EStG. = (Einkommensteuertabelle) 60 000 *RM* betragen. Die bei einem Einkommen von 40 000 *RM* in Deutschland zu berechnende Steuer würde sich nach der Tabelle auf 15 968 *RM* belaufen. — Der Steuerpflichtige wäre somit nach der 1. Alternative im Inlande mit einer Steuer von 60 000 — 15 968 = 44 032 *RM* heranzuziehen.

Bei der Vermögensteuer würde sich die Bestimmung der Nr. 19 des Schlußprotokolls auf deutscher Seite deshalb nicht auswirken, weil dem Vermögensteuergesetz 1934 eine progressive Staffelung des Vermögensteuersatzes unbekannt ist (§ 8).

Beispiel II (2. Alternative):

Bei einem Gesamteinkommen von 120 000 *RM* wäre der Einkommensteuersatz nach der Tabelle (§ 32 EStG.) 50%. Da in Deutschland nur 80 000 *RM* zu versteuern sind, würde also die Steuer 50% von 80 000 *RM* = 40 000 *RM* betragen. Man wird wohl annehmen müssen, daß der Deutsche nach deutschem Steuerrecht nicht höher zu veranlagen sein wird als im Verhältnis des Einkommens 80000 : 120000 = $^2/_3$ des Steuersatzes von 60000 *RM* = 40000 *RM*.

Auch in diesem 2. Beispiel würde sich die Bestimmung der Nr. 19 des Schlußprotokolls aus dem zum Beispiel I angegebenen Grunde für die Vermögensteuer nicht auswirken.

4. Wegen der Reichsfluchtsteuer siehe Anm. 1 zu Art. 12 des deutsch-italienischen Abkommens sowie C Nr. 8 des Abschnittes B.

5. Auch das deutsch-schwedische Abkommen will grundsätzlich alle Fälle der effektiven und virtuellen Doppelbesteuerung treffen. Vgl. hierzu II Nr. 3 des Abschnittes A: Grundsätzliche Fragen des Doppelbesteuerungsrechtes. Nutzt also ein Staat das ihm nach dem Abkommen überlassene Besteuerungsrecht innerstaatlich nicht aus, so kann der andere Staat grundsätzlich dieses Steuerrecht für sich ebensowenig in Anspruch nehmen wie bei einer effektiven Doppelbesteuerung. Nach § 20 des Schlußprotokolls soll aber eine solche Besteuerung zulässig sein, wenn der erste Staat der Besteuerung zustimmt.

Art. 2.

Steuern, welche die Einkünfte aus unbeweglichem Vermögen treffen, werden nur in dem Staat erhoben, in dem sich die Liegenschaft befindet.

1. Die Einkünfte aus unbeweglichem Vermögen sollen nur von dem Staate der Belegenheit besteuert werden. Dasselbe gilt von der Vermögensteuer (Art. 9 Ziff. 1 a).

Was im einzelnen zum unbeweglichen Vermögen zu rechnen ist, bestimmt das innerstaatliche Recht des Belegenheitsstaates. In Deutschland gehören dazu zunächst neben den Grundstücken und Gebäuden die Rechte, auf die die Vorschriften über Grundstücke entsprechende Anwendung finden wie Erbbaurecht, Erbpacht, Kohlenabbaugerechtigkeiten usw. Wegen des Nießbrauches vgl. Anm. Nr. 4 zu Art. II des deutsch-tschechischen Abkommens. Daß wesentliche Bestandteile sowie das Zubehör das Schicksal der Unbeweglichkeit teilen, ist aus dem Schlußprotokoll zu Art. 2 Abs. 1 ohne weiteres zu entnehmen. Nach dieser Bestimmung gehören nicht nur die Sach- und Rechtsfrüchte zu den abkommenverfangenen Einkünften, sondern auch die Einkünfte aus der Veräußerung unbeweglichen Vermögens. Das gilt natürlich nur insoweit, als in jedem Staate solche Veräußerungsgewinne für steuerpflichtig erklärt sind.

Beispiel: Ein deutsches Unternehmen hat in Schweden ein Grundstück für 200000 *RM* erstanden und seinem Betriebsvermögen einverleibt. Das Grundstück wird für 300000 *RM* veräußert. Der Gewinn von 100000 *RM* ist in Schweden zu versteuern, da das Grundstück für die deutsche Besteuerung vollkommen ausscheidet. Umgekehrt wäre ein Schwede, der in Deutschland aus einem Grundstücksveräußerungsgeschäft einen Gewinn zieht, hier zu versteuern, wenn das Grundstück zum Betriebsvermögen gehört. Gehört es nicht dazu, so ist es steuerfrei zu lassen.

2. Alle eigentumbegrenzenden dinglichen Grundstückslasten wie Reallasten, Dienstbarkeiten usw. fallen nicht unter Art. 1, sondern als Kapital- und sonstige Einkünfte unter Art. 7 Abs. 1, 8 und 9 Ziff. 2. Dagegen folgen die Entgelte für die Einräumung dieser Rechte der Besteuerung

des Art. 2. — Die Einkünfte aus Hypothekenforderungen werden der Besteuerung jedes Staates frei überlassen (Nr. 10 Abs. 1 des Schlußprotokolls). Obligationen gelten dabei aber nie als Hypotheken, selbst wenn sie dinglich auf unbeweglichem Vermögen sichergestellt sind. Die Vermögensbesteuerung der Hypotheken liegt beim Wohnsitzstaate des Berechtigten (Art. 9 Nr. 2). Grundschulden und Rentenschulden stehen den Hypotheken gleich. (Vgl. darüber unter II Nr. 10 des Abschnittes A: Grundsätzliche Fragen des Doppelbesteuerungsrechtes.)

Verluste aus Grundbesitz in dem einen Staat sind vom Einkommen im anderen Staate nicht abziehbar. Vgl. hierzu A Nr. 2 des Abschnittes B.

Art. 3.

(1) Steuern, welche die Einkünfte aus dem Betriebe von Handel, Industrie oder sonstigem Gewerbe jeder Art treffen, werden, unbeschadet der folgenden Bestimmungen, nur in dem Staat erhoben, in dessen Gebiet das Unternehmen seine Betriebstätte hat; dies gilt auch, wenn das Unternehmen seine Tätigkeit auf das Gebiet des anderen vertragschließenden Staates erstreckt, ohne dort eine Betriebstätte zu haben.

(2) Betriebstätte im Sinne des gegenwärtigen Abkommens ist eine ständige Geschäftseinrichtung des Unternehmens, in welcher die Tätigkeit dieses Unternehmens ganz oder teilweise ausgeübt wird.

(3) Hat das Unternehmen Betriebstätten in beiden vertragschließenden Staaten, so wird jeder der beiden Staaten die Steuern von dem Teile der Einkünfte erheben, der durch die Tätigkeit der in seinem Gebiete befindlichen Betriebstätten erzielt wird.

(4) Wie Einkünfte aus Gewerbebetrieb werden auch Einkünfte aus Beteiligungen an einem gesellschaftlichen Unternehmen behandelt mit Ausnahme der Einkünfte aus Kuxen, Aktien, Anteilscheinen und sonstigen Wertpapieren.

1. Der Inhalt dieses Artikels stimmt mit Art. 3 des deutsch-finnischen Abkommens wörtlich überein. Es kann daher auf die Anmerkungen und Verweisungen zu Art. 3 des deutsch-finnischen Vertrages Bezug genommen werden.

2. Im übrigen siehe zu Art. 3 die Bestimmungen Nr. 5—9 des Schlußprotokolls. Diese Bestimmungen weichen jedoch in folgendem von den entsprechenden Vorschriften des Schlußprotokolls zum deutsch-finnischen Vertrage ab:

a) Es fehlt im deutsch-schwedischen Abkommen die Bestimmung des Art. 7 Abs. 2 des Schlußprotokolls zum deutsch-finnischen Vertrage, wonach als Betriebstätte auch eine Bauausführung anzusehen ist, deren Dauer 12 Monate überschritten hat oder voraussichtlich überschreiten wird. — Es gelten bei der Anwendung des deutsch-schwedischen Abkommens also die in der Entsch. RFH. vom 19. 1. 1934, III A 645/31 = S. 35, 309 — vgl. Anm. 3 b zu Art. III des deutsch-tschechischen Abkommens sowie B V Nr. 3 des Abschnittes B — entwickelten Grundsätze.

b) Nr. 8 des deutsch-schwedischen Schlußprotokolls — fehlt im deutsch-finnischen Schlußprotokoll — bringt gegenüber dem deutsch-finnischen Abkommen keine neuen Gesichtspunkte. Eine Urkunde, die über die Beteiligung an einer GmbH. ausgestellt werden sollte, wird dadurch noch nicht zum Wertpapier, bleibt vielmehr Beweisurkunde.

c) Das in Nr. 7 des Schlußprotokolls vorgesehene Sonderabkommen ist bislang nicht verwirklicht worden. Über die Verteilung des Steueraufkommens bei Vorhandensein mehrerer Betriebstätten in beiden Staaten s. II Nr. 7 des Abschnittes A: Grundsätzliche Fragen des Doppelbesteuerungsrechtes sowie B II Nr. 2 des Abschnittes B.

3. Wegen der Behandlung der Realsteuern siehe II Nr. 11 a des Abschnitts A: Grundsätzliche Fragen des Doppelbesteuerungsrechts.

Art. 4.

Steuern, welche die Einkünfte aus dem Betriebe von Unternehmungen von Seeschiffahrt und der Luftfahrt treffen, werden nur in dem Staate erhoben, in dem sich der Ort der Leitung des Unternehmens befindet.

Vgl. hierzu Anm. zu Art. 4 des deutsch-finnischen Abkommens und die dortige Verweisung. — Gemäß Art. 9 findet der Grundsatz des Art. 4 auch für die Besteuerung des Betriebvermögens Anwendung.

Art. 5.

Steuern, welche die Einkünfte aus Arbeit einschließlich der Einkünfte aus freien Berufen treffen, werden, soweit nicht im Artikel 6 abweichendes bestimmt ist, nur in dem Staate erhoben, in dessen Gebiet die persönliche Tätigkeit ausgeübt wird, aus der die Einkünfte herrühren. Die Ausübung eines freien Berufes in einem der beiden Staaten liegt nur dann vor, wenn die Berufstätigkeit in diesem Staate einen festen Mittelpunkt hat.

Vgl. hierzu die Anm. Nr. 1 zu Art. 5 des deutsch-finnischen Abkommens.

Die im vorstehenden Art. 5 vereinbarte Unzulässigkeit der Einkommenbesteuerung der freien Berufe bei mangelnder Geschäftseinrichtung ist aber, solange in Schweden die in Nr. 9 Abs. 3 des Schlußprotokolls bezeichnete Steuer über besondere Vorteile und Gerechtigkeiten erhoben wird, durchbrochen. Die Bevillningsafgifter ist in Schweden von Ausländern zu zahlen bei Konzerten, Opern, an deren musikalischen und dramatischen Vorstellungen, Zirkus- und Varieté- und ähnlichen Vorstellungen. Ebenso wie also ein Deutscher in Schweden mit seinen Einkünften aus einer solchen Berufstätigkeit mangels Geschäftseinrichtung in Schweden besteuert werden kann, kann auch der Schwede in Deutschland aus § 49 Ziff. 3 EStG. herangezogen werden. Hier unterliegt er überdies mit diesen Einkünften dem Steuerabzug (VO. vom 6. 2. 1935, RGBl. 1935 S. 160).

Art. 6.

Steuern von Einkünften, die auf Grund einer gegenwärtigen oder früheren Dienst- oder Arbeitsleistung in Form von Besoldungen, Ruhegehältern, Löhnen oder anderen Bezügen vom Staat, von einem Land, von einer Provinz, einer Gemeinde oder von einer anderen juristischen Person des öffentlichen Rechts gewährt werden, die nach der inneren Gesetzgebung der vertragschließenden Staaten ordnungsmäßig errichtet ist, werden nur in dem Schuldnerstaat erhoben.

Vgl. hierzu die Anm. zu Art. VI des deutsch-tschechischen Abkommens. Wegen der Einkünfte der diplomatischen und konsularischen Vertreter siehe Art. 12 und Nr. 16 des Schlußprotokolls und wegen der Unterhalts- und Studiengelder von Studenten Nr. 12 des Schlußprotokolls.

Art. 7.

(1) Steuern, welche die Einkünfte aus beweglichem Kapitalvermögen treffen, werden nur in dem Staat erhoben, in dem der Steuerpflichtige seinen Wohnsitz hat.

(2) Soweit in einem der beiden Staaten die Steuer von inländischen Kapitalerträgen im Abzugswege (an der Quelle) erhoben wird, wird das Recht zur Vornahme des Steuerabzugs durch die Bestimmung des Abs. 1 nicht berührt.

1. Siehe hierzu Anm. 1 zu Art. 7 des deutsch-finnischen Abkommens.

2. Hypothekenforderungen unterliegen jedoch der Besteuerung nach dem innerstaatlichen Steuerrecht jedes Vertragsteiles, so daß hier die Möglichkeit einer Doppelbesteuerung nach wie vor gegeben ist.

3. Dasselbe gilt von der Kapitalertragsteuer, die im Wege des Steuerabzuges erhoben wird. Vgl. hierzu II Nr. 9 und 3 des Abschnittes A: Grundsätzliche Fragen des Doppelbesteuerungsrechtes. Ein in Schweden wohnhafter Schwede, der also Aktien einer deutschen AG. besitzt, unterliegt mit den Einkünften hieraus in Deutschland der Steuer vom Kapitalertrag und in Schweden der allgemeinen Einkommensteuer.

Art. 8.

Steuern, die irgendeine andere, in den vorhergehenden Artikeln nicht bezeichnete Art von Einkünften einschließlich der Leibrenten treffen, werden nur in dem Staat erhoben, in dem der Steuerpflichtige seinen Wohnsitz hat.

Siehe hierzu die Anm. zu Art. 8 des deutsch-finnischen Vertrages.

Art. 9.

Für laufende und einmalige Steuern vom Vermögen oder Vermögenszuwachs, die in den vertragschließenden Staaten bestehen, oder eingeführt werden, gelten folgende Bestimmungen:

1. Soweit das Vermögen aus
a) unbeweglichem Vermögen mit Einschluß des Zubehörs,
b) Unternehmen von Handel, Industrie oder sonstigem Gewerbe jeder Art einschließlich der Unternehmen der Seeschiffahrt und der Luftfahrt

besteht, wird die Steuer in dem Staat erhoben, dem nach den vorhergehenden Artikeln die Steuer von den Einkünften aus diesem Vermögen zusteht.

2. Für alle anderen Arten des Vermögens einschließlich der hypothekarisch gesicherten Forderungen wird die Steuer in dem Staat erhoben, in dem der Steuerpflichtige seinen Wohnsitz hat.

1. Auch für die laufenden und einmaligen Abgaben vom Vermögen und Vermögenszuwachs — der in Deutschland nicht erfaßt wird, die Wertzuwachssteuer bei Grundstücken ist eine Verkehrssteuer — gilt der Grundsatz, daß allein der Wohnsitzstaat des Steuerpflichtigen zur Besteuerung befugt ist.

Nur die unter Art. 9, 1 a und b bezeichneten Vermögensgegenstände folgen dem Statut der wirtschaftlichen Zugehörigkeit ihrer Substrate. Über den Kreis der einzelnen Vermögensteuerarten vgl. II Nr. 4 des Abschnittes A: Grundsätzliche Fragen des Doppelbesteuerungsrechtes.

Zur Reichsfluchtsteuer s. Anm. 1 zu Art. 12 des deutsch-italienischen Abkommens, aber auch die Darlegungen zu Nr. 1 des Zusatzprotokolls zum deutsch-schweizerischen Vertrage.

2. Während die Einkünfte aus Hypothekenforderungen der Besteuerung jedes Staates überlassen sind (Nr. 10 des Schlußprotokolls) — die Möglichkeit einer Doppelbesteuerung hier also nach wie vor bestehen bleibt — unterliegen diese Forderungen als Vermögen der Wohnsitzbesteuerung. Das gleiche gilt von Grund- und Rentenschulden. Siehe Anm. zu Art. 2.

Art. 10.

(1) Als Wohnsitz im Sinne dieses Abkommens wird der Ort angesehen, wo der Steuerpflichtige eine Wohnung unter Umständen innehat, die auf die Absicht der Beibehaltung einer solchen schließen lassen.

(2) Liegen die Voraussetzungen des Abs. 1 gleichzeitig in beiden Staaten vor, so werden die obersten Finanzbehörden der beiden Staaten von Fall zu Fall besondere Vereinbarungen treffen.

(3) Liegen die Voraussetzungen des Abs. 1 in keinem der beiden Staaten vor, so gilt als Wohnsitz des Steuerpflichtigen der Ort, an dem er seinen dauernden Aufenthalt hat. Einen dauernden Aufenthalt im Sinne dieser Bestimmungen hat jemand da, wo er sich unter Umständen aufhält, die auf die Absicht schließen lassen, dort nicht nur vorübergehend zu verweilen. Besteht auch in keinem der beiden Staaten ein dauernder Aufenthalt, so wird ein Wohnsitz

in dem Staat angenommen, dessen Staatsangehörigkeit der Steuerpflichtige besitzt.

(4) Im Sinne dieses Abkommens gilt als Wohnsitz der juristischen Personen der Ort, wo sie ihren Sitz haben. Jedoch bleiben die Vorschriften der schwedischen Gesetze über den Besteuerungsort ruhender Erbschaften unberührt.

1. Soweit der Wohnsitz in diesem Abkommen für die Zuweisung des Besteuerungsrechtes entscheidend ist, gilt die Bestimmung des Art. 9, die durch die Nr. 13—16 des Schlußprotokolls ergänzt wird. — Maßgebend ist in erster Linie der Wohnsitz. Ist in keinem Staate ein Wohnsitz vorhanden, so entscheidet der dauernde Aufenthalt. Erst wenn auch ein solcher Aufenthalt in keinem der Vertragsstaaten vorhanden ist, soll die Staatsangehörigkeit des Steuerpflichtigen den Ausschlag geben. —

Bei Wohnsitz in beiden Staaten (Doppelwohnsitz) soll derjenige Wohnsitzort entscheiden, an dem der Steuerpflichtige den Mittelpunkt seiner wirtschaftlichen Interessen hat, wo also seine wirtschaftlichen Interessen überwiegen. Ist eine Einigung über einen solchen Mittelpunkt seiner wirtschaftlichen Beziehungen nicht zu erzielen, so soll die Staatsangehörigkeit des Pflichtigen entscheiden. Bei einem Zusammentreffen zwischen Wohnsitz und dauerndem Aufenthalt geht der Wohnsitz vor. Bei Wohnsitz in einem dritten Staate und dauerndem Aufenthalt in jedem der Vertragsstaaten sind dieselben Grundsätze wie beim Doppelwohnsitz anzuwenden.

2. Wegen der Begriffe Wohnsitz und dauernder Aufenthalt s. B V Nr. 1 und 2 des Abschnittes B.

3. Als Wohnsitz der juristischen Personen gilt deren Sitz. Hierüber vgl. B V Nr. 5 des Abschnittes B. Für ruhende Erbschaften bleibt der nach innerstaatlichem schwedischen Steuerrecht maßgebliche Besteuerungsort unberührt. Dazu s. Art. 11.

Art. 11.

Die Vorschriften der schwedischen Gesetze über die Besteuerung ruhender Erbschaften finden insoweit keine Anwendung, als für das aus der Erbschaft herrührende Einkommen oder Vermögen der Erwerber in Deutschland nach den Bestimmungen dieses Abkommens unmittelbar zur Steuer herangezogen wird.

Siehe hierzu die Anm. zum entsprechenden Art. 11 des deutsch-finnischen Abkommens.

Art. 12.

(1) Für die diplomatischen, konsularischen und besonderen Vertreter jedes der vertragschließenden Staaten gelten die folgenden Sonderbestimmungen:

Die Vertreter, sofern sie Berufsbeamte sind, sowie die ihnen zugewiesenen Beamten und die in ihrem und ihrer Beamten Dienst stehenden Personen werden im Empfangsstaat zu direkten Steuern nur herangezogen, soweit es sich um die in den Artikeln 2, 3 und 4 bezeichneten Einkünfte und das im Artikel 9 Ziffer 1 aufgeführte Vermögen handelt oder soweit die Steuer im Abzugswege (an der Quelle) erhoben wird; im übrigen bleibt die Besteuerung dem Entsendestaate vorbehalten.

(2) Die Sonderbestimmungen des Abs. 1 gelten jedoch nur, soweit die genannten Personen Angehörige des Entsendestaates sind und außerhalb ihres Amtes oder Dienstes im Empfangsstaat keinen Beruf, kein Gewerbe und keine andere nicht nur gelegentliche gewinnbringende Tätigkeit ausüben.

(3) Auf Wahlkonsuln, die nur die Staatsangehörigkeit des Entsendestaates besitzen, finden die Bestimmungen dieses Abkommens mit der Maßgabe Anwendung, daß diese Konsuln mit ihren dienstlichen Bezügen, die sie als Entgelt für ihre Tätigkeit als Konsuln genießen, im Empfangsstaat zu direkten Steuern nicht herangezogen werden.

1. Vgl. hierzu die Anmerkungen zu Art. XVII des deutsch-tschechischen Abkommens, Nr. 16 des Schlußprotokolls zum deutsch-schwedischen Abkommen und II Nr. 15a des Abschnittes A: Grundsätzliche Fragen des Doppelbesteuerungsrechtes.

2. Wahlkonsuln, die nur die Staatsangehörigkeit des Entsendestaates besitzen, sind im Empfangsstaate nach Art. 12 lediglich mit den Bezügen steuerfrei, die sie als Entgelt für ihre dienstliche Tätigkeit erhalten. Im übrigen unterliegen sie den allgemeinen Bestimmungen dieses Abkommens. Dasselbe muß wegen Art. 6 von den Wahlkonsuln gelten, die nur die Staatsangehörigkeit des Empfangsstaates besitzen.

Art. 13.

Weist ein Steuerpflichtiger nach, daß die Maßnahmen der Finanzbehörden der vertragschließenden Staaten für ihn die Wirkung einer Doppelbesteuerung gehabt haben, so kann er hiergegen bei dem Staate, dem er angehört, Einspruch erheben. Wird der Einspruch für begründet erachtet, so kann die oberste Finanzbehörde dieses Staates sich mit der obersten Finanzbehörde des anderen verständigen, um in billiger Weise eine Doppelbesteuerung zu vermeiden.

Vgl. hierzu die Anm. zu Art. 15 des deutsch-italienischen Abkommens Nr. 5 und 13 des Abschnittes A: Grundsätzliche Fragen des Doppelbesteuerungsrechtes.

Art. 14.

Zur Beseitigung von Doppelbesteuerungen in Fällen, die in diesem Abkommen nicht geregelt sind, sowie auch in Fällen von

Schwierigkeiten oder Zweifeln bei der Auslegung und Anwendung dieses Abkommens können die obersten Finanzbehörden der beiden vertragschließenden Staaten besondere Vereinbarungen treffen.

Vgl. hierzu Nr. 13 des Abschnittes A: Grundsätzliche Fragen des Doppelbesteuerungsrechtes. Die Vereinbarungen bilden Bestandteil des materiellen Steuerrechtes der Vertragsstaaten.

Art. 15.

Die vertragschließenden Staaten verpflichten sich, ihre obersten Finanzbehörden mit der billigen Entscheidung jeder anderen Frage zu betrauen, die wegen der Verschiedenheit der für die Steuererhebung in beiden Staaten geltenden Grundsätze oder die überhaupt, ohne in diesem Abkommen ausdrücklich entschieden zu sein, auf dem Gebiete der direkten Steuern entstehen könnte.

Vgl. auch hierzu Nr. 13 des Abschnittes A: Grundsätzliche Fragen des Doppelbesteuerungsrechtes. Auch diese Vereinbarungen schaffen, soweit sie nicht Fragen betreffen, die in diesem Abkommen geregelt sind, materielles Steuerrecht für beide Vertragsstaaten.

Art. 16.

Dieses Abkommen findet erstmalig auf die Steuern Anwendung, die für das Kalenderjahr 1928 oder die in der Zeit vom 1. März 1928 bis zum 28. Februar 1929 endenden Wirtschaftsjahre erhoben werden.

Das Abkommen ist mit seinem Schlußprotokoll am 4. 8. 1928 in Kraft getreten. (Bekanntm. über die Ratifikation vom 14. 8. 1928 (RGBl. I S. 603). Es findet erstmalig auf die Steuern Anwendung, die für das Kalenderjahr 1928 oder die in der Zeit vom 1. 3. 1928 bis 1. 3. 1929 endenden Wirtschaftsjahre erhoben werden.

Art. 17.

Dieses Abkommen, ausgefertigt in doppelter Urschrift in deutscher und in schwedischer Sprache, soll ratifiziert werden, und zwar schwedischerseits von Seiner Majestät dem König von Schweden mit Zustimmung des Reichstags. Die Ratifikationsurkunden sollen baldmöglichst in Berlin ausgetauscht werden. Das Abkommen tritt mit dem Austausch der Ratifikationsurkunden in Kraft und bleibt so lange in Geltung, als es nicht von einem der vertragschließenden Staaten gekündigt wird. Die Kündigung muß mindestens acht Monate vor Ablauf des Kalenderjahres bewirkt werden. Ist diese Frist eingehalten, so findet das Abkommen letztmalig auf die Steuern Anwendung, die für das Kalenderjahr, für dessen Ablauf die Kündigung erfolgt ist, und für die spätestens am 31. Mai des folgenden Jahres endenden Wirtschaftsjahre erhoben werden. Ist die Frist nicht eingehalten, so werden die im vorhergehenden Satz bezeichneten Termine um ein Jahr hinausgeschoben.

Zu Urkund dessen haben die Bevollmächtigten beider Staaten dieses Abkommen unterfertigt und mit Siegeln versehen.

Vgl. hierzu die Anm. zu Art. 16. — Das Abkommen ist veröffentlicht im RGBl. 1928 II S. 521.

Schlußprotokoll.

Bei der Unterzeichnung des heute zwischen dem Deutschen Reich und dem Königreich Schweden abgeschlossenen Abkommens zur Ausgleichung der in- und ausländischen Besteuerung, insbesondere zur Vermeidung der Doppelbesteuerung auf dem Gebiete der direkten Steuern, haben die unterzeichneten Bevollmächtigten folgende übereinstimmende Erklärungen abgegeben, die einen integrierenden Teil des Abkommens selbst bilden.

1. Die im Artikel 1 des Abkommens enthaltene Aufzählung der in beiden vertragschließenden Staaten geltenden direkten Steuern gibt nur Beispiele und ist nicht abschließend.

Zweifel werden im Einvernehmen zwischen den obersten Finanzbehörden der beiden Staaten geklärt werden.

Die obersten Finanzbehörden der beiden Staaten werden am Ende jedes Jahres ein auf den neuesten Stand gebrachtes Verzeichnis der in jedem Staate bestehenden direkten Steuern austauschen.

2. Unter Gemeinden (Artikel 1 Abs. 2) sind im Königreich Schweden sowohl die Gemeinden höherer als auch die niederer Ordnung zu verstehen.

3. Als Steuern vom Verkehr im Sinne des Artikel 1 Abs. 2 gelten auch Wertzuwachssteuern, die den Wertzuwachs an einem bestimmten Gegenstand, insbesondere an Grundstücken, treffen.

4. Die Bestimmung des Artikel 2 des Abkommens gilt sowohl für die durch unmittelbare Verwaltung und Nutzung als auch für die durch Vermietung, Verpachtung und jede andere Art der Nutzung des unbeweglichen Guts erzielten Einkünfte sowie für Einkünfte aus Veräußerungsgeschäften, die bei der Veräußerung von unbeweglichem Vermögen mit Einschluß des mitveräußerten Zubehörs erzielt werden.

Vgl. hierzu die Erläuterungen zu Art. 2 des Abkommens.

5. Die Bestimmung der Nr. 4 dieses Schlußprotokolls, welche die Einkünfte aus unbeweglichem Vermögen betrifft, findet auf die Einkünfte aus dem Betriebe von Handel, Industrie oder sonstigem Gewerbe sowie auf Gewinne aus der Veräußerung eines Betriebes im ganzen oder eines Teiles des Betriebes oder eines Gegenstandes, der beim Betriebe benutzt wird, entsprechende Anwendung.

6. Als Betriebstätten im Sinne des Artikel 3 des Abkommens gelten außer dem Sitz und dem Ort der Leitung des Unternehmens die Zweigniederlassungen und Filialen, die Fabrikations- und Werkstätten, die Einkaufs- und Verkaufsstellen, die Lager und anderen Handelsstätten, die den Charakter einer ständigen Geschäftseinrichtung haben, sowie ständige Vertretungen.

Es besteht Übereinstimmung darüber, daß unter den Begriff der Betriebstätte im Sinne des Artikel 3 nicht das Unterhalten von Geschäftsbeziehungen lediglich durch einen völlig unabhängigen Vertreter fällt. Das gleiche gilt für das Unterhalten eines Vertreters (Agenten), der zwar ständig für natürliche Personen oder Körperschaften des einen Staates in dem Gebiete des anderen Staates tätig ist, aber lediglich Geschäfte vermittelt, ohne zum Abschluß von Geschäften für die vertretene Firma bevollmächtigt zu sein.

Vgl. hierzu die Erläuterungen zu Art. 3 des Abkommens.

7. Die obersten Finanzbehörden werden ein besonderes Abkommen treffen, um in billiger Weise eine Aufteilung der Einkünfte aus dem Betriebe von Handel, Industrie und sonstigem Gewerbe in den durch Artikel 3 Abs. 3 vorgesehenen Fällen vorzunehmen.

8. Es besteht Einverständnis darüber, daß nach der Bestimmung des Artikel 3 Abs. 4 nur solche Beteiligungen an gesellschaftlichen Unternehmungen von der Behandlung gemäß Artikel 3 ausgenommen sein sollen, über die Urkunden ausgefertigt werden, bei denen die Ausübung der in ihnen verbrieften Rechte an den Besitz der Urkunden geknüpft ist.

Soweit über eine Beteiligung an einer deutschen Gesellschaft mit beschränkter Haftung ein Anteilschein ausgestellt wird, fällt dieser nicht unter die vorbezeichneten Urkunden.

9. Als freie Berufe im Sinne des Artikel 5 gelten insbesondere wissenschaftliche, künstlerische, schriftstellerische, unterrichtende oder erziehende Tätigkeit sowie die Tätigkeit der Ärzte, Rechtsanwälte, Architekten und Ingenieure.

Wenn eine in dem einen Staat angestellte Person sich wegen ihres Dienstes nur vorübergehend im Gebiete des anderen Staates aufhält und ihre Bezüge ausschließlich von ihrem in dem erstgenannten Staate steuerpflichtigen Arbeitgeber erhält, so findet Artikel 5 keine Anwendung.

Es besteht Einverständnis darüber, daß in Schweden die Abgaben über besondere Vorteile und Gerechtigkeiten (bevillningsavgifter för särskilda förmåner och rättigheter) und in Deutschland die entsprechenden Steuern von den Einkünften aus vorübergehender Ausübung freier Berufe im Inland nicht unter das Abkommen fallen. Diese Ausnahme von den Bestimmungen des Artikel 5 des Abkommens gilt, solange in Schweden eine Steuer, die den bezeichneten Abgaben entspricht, erhoben wird.

10. Es besteht Einverständnis darüber, daß hinsichtlich der Einkünfte aus hypothekarisch gesicherten Forderungen jeder der beiden Staaten nach seiner Gesetzgebung verfahren wird.

Zu den hypothekarisch gesicherten Forderungen gehören Obligationen auch dann nicht, wenn sie auf unbeweglichem Vermögen sichergestellt sind.

11. Die Regierungen der beiden vertragschließenden Staaten werden nach Durchführung einer schwedischen Reform auf dem Gebiete der Besteuerung von Aktiendividenden Bestimmungen zur Vermeidung der Doppelbesteuerung auch auf diesem Gebiete vereinbaren.

12. Studenten, die sich in einem der vertragschließenden Staaten nur zu Studienzwecken aufhalten, werden von diesem Staate wegen der Bezüge, die sie von den in dem anderen Staate wohnhaften und dort bereits steuerpflichtigen Angehörigen empfangen, keiner Besteuerung unterworfen, sofern diese Bezüge den überwiegenden Teil des zu ihrem Unterhalt und ihrem Studium Notwendigen darstellen.

13. Bei Steuerpflichtigen, die dartun, daß sie ihren Wohnsitz endgültig von dem einen in den anderen vertragschließenden Staat verlegt haben, endet die Steuerpflicht, soweit sie an den Wohnsitz anknüpft, in dem ersten Staat mit Ablauf des Tages, an dem die Wohnsitzverlegung erfolgt ist.

14. Es besteht Übereinstimmung, daß, wenn in den Fällen doppelten Wohnsitzes (Artikel 10 Abs. 2) der Steuerpflichtige an einem Orte den Mittelpunkt seiner Interessen hat, dieser Ort als Wohnsitz der Steuerpflichtigen gelten soll. Ist eine Einigung über den Mittelpunkt der Interessen nicht zu erzielen, so wird

ein Wohnsitz nur in dem Staate angenommen, dessen Staatsangehörigkeit der Steuerpflichtige besitzt.

Für Personen, welche Staatsangehörige beider vertragschließenden Staaten sind, werden in allen Fällen, in denen nach Artikel 10 des Abkommens die Staatsangehörigkeit über die Besteuerung entscheidet, die obersten Finanzbehörden von Fall zu Fall Vereinbarungen treffen.

15. Hinsichtlich solcher Personen, die in keinem der beiden Staaten die Staatsangehörigkeit besitzen, können die obersten Finanzbehörden von Fall zu Fall besondere Vereinbarungen zur Vermeidung der Doppelbesteuerung treffen. Dabei sollen insbesondere die Angehörigen solcher Staaten berücksichtigt werden, die mit den beiden vertragschließenden Staaten Abkommen zur Vermeidung der Doppelbesteuerung abgeschlossen haben.

16. Zur Vermeidung etwaiger Zweifel wird klargestellt, daß die Bestimmung des Artikel 12 das Recht auf den Genuß etwaiger weitergehender Befreiungen nicht berührt, die kraft der allgemeinen Regeln des Völkerrechts den diplomatischen und konsularischen Beamten zugestanden worden sind und künftig zugestanden werden sollten.

Soweit auf Grund solcher weitergehenden Befreiungen eine Heranziehung zu direkten Steuern im Empfangsstaat nicht erfolgt, bleibt die Besteuerung dem Entsendestaat vorbehalten.

17. Es besteht Übereinstimmung darüber, daß die Bestimmungen dieses Abkommens auch auf solche Fälle von Doppelbesteuerung Anwendung finden sollen, die vor dem Inkrafttreten dieses Abkommens liegen und noch nicht rechtskräftig erledigt sind.

18. Wegen der Steuer auf Erbschaften und einmalige Schenkungen behalten die vertragschließenden Staaten sich vor, eine besondere Vereinbarung zu treffen.

19. Durch dieses Abkommen ist der Staat, in dem der Steuerpflichtige seinen Wohnsitz hat, nicht gehindert, das der ausschließlichen Besteuerung durch den anderen Staat vorbehaltene Einkommen oder Vermögen bei Feststellung der Steuer zu berücksichtigen. Dies kann entweder in der Weise geschehen, daß das ausländische Einkommen oder Vermögen selbständig nach den inländischen Gesetzen veranlagt und die veranlagte Steuer von der nach dem Gesamteinkommen oder Gesamtvermögen veranlagten Steuer abgezogen wird, oder in der Weise erfolgen, daß ein höherer Steuersatz angewendet wird als derjenige, der dem nach diesem

Abkommen in dem Wohnsitzstaat zu besteuernden Einkommen und Vermögen entspricht. Im letzten Falle darf jedoch die Steuer des Hundertsatz des Einkommens oder Vermögens nicht überschreiten, der sich ergeben würde, wenn auch das nach diesem Abkommen in dem anderen Staat zu besteuernde Einkommen und Vermögen im Wohnsitzstaat zu versteuern wäre.

Vgl. hierzu das in den Erläuterungen zu Art. 1 des Abkommens gegebene Beispiel.

20. Gegenstände, die nach den Grundsätzen dieses Abkommens der beschränkten Steuerpflicht in dem einen Staat unterliegen, aber nach der inneren Gesetzgebung dieses Staates allgemein von der Besteuerung freigelassen werden, können im Einvernehmen mit diesem Staate von dem anderen zur Steuer herangezogen werden.

7a. Abkommen

zwischen dem Deutschen Reiche und dem Königreich Schweden zur Vermeidung der Doppelbesteuerung auf dem Gebiete der Erbschaftsteuern. Vom 14. 5. 1935.

Art. 1.

(1) Unbewegliches Nachlaßvermögen eines Angehörigen eines der beiden Staaten einschließlich Zubehör ist den Erbschaftsteuern nur in dem Staate unterworfen, in dem das unbewegliche Vermögen liegt.

(2) Berechtigungen, auf welche die Vorschriften des bürgerlichen Rechts über Grundstücke Anwendung finden, sowie Nutzungsrechte an unbeweglichem Vermögen sind dem unbeweglichen Vermögen gleichzuachten.

(3) Für die Frage, ob ein Vermögensgegenstand (Absatz 1 und 2) als unbeweglich anzusehen ist, sind die Gesetze des Staates maßgebend, in dem der Gegenstand liegt. Was als Zubehör anzusehen ist, richtet sich nach dem Rechte des Staates, in dem sich das unbewegliche Vermögen befindet.

1. Die Anwendung des Abkommens beschränkt sich, wie aus Art. 1 Abs. 1 hervorgeht, nur auf Angehörige der beiden Vertragsstaaten und zwar nur auf die in Art. 7 des Abkommens genannten Steuern. Siehe die Anm. dazu. Wegen der Behandlung der Exterritorialen s. Nr. 7 des Schlußprotokolls und II Nr. 15a des Abschnittes A: Grundsätzliche Fragen des Doppelbesteuerungsrechtes. Die Unterverteilung der Erbschaftbesteuerung auf die Vertragsstaaten ist endgültig ohne Rücksicht darauf, ob das Besteuerungsrecht von den Staaten ausgenützt wird oder nicht. Vgl. hier-

zu II Nr. 3 des Abschnittes A: Grundsätzliche Fragen des Doppelbesteuerungsrechtes. Bei der Unterverteilung des Besteuerungsrechtes unterscheidet das Abkommen zwischen dem gebundenen Steuergut (Art. 1 und 2) und dem übrigen Nachlaßvermögen (Art. 3).

2. Das unbewegliche Nachlaßgut soll nur in dem Staate der Erbschaftbesteuerung unterworfen werden, in dem es liegt. Für die Frage, welche Gegenstände im einzelnen zum unbeweglichen Vermögen zu rechnen sind, ist das innerstaatliche Recht jedes Vertragsteiles entscheidend mit der Maßgabe, daß die sog. grundstücksgleichen Rechte sowie Nutzungsrechte an Grundstücken oder wesensgleichen Berechtigungen dem unbeweglichen Vermögen gleichzuachten sind. Auf deutscher Seite gehören unter anderen hierhin:

a) bebaute oder unbebaute Grundstücke einschließlich wesentlicher Bestandteile und Zubehör (§§ 93—98 BGB.).

b) Berechtigungen, auf die die Vorschriften über Grundstücke entsprechende Anwendung finden wie z. B. Erbbaurecht, Erbpacht, Apothekengerechtigkeiten, Kohlenabbaugerechtigkeiten, unbewegliche Kuxe usw.

c) Nutzungsrechte am unbeweglichen Vermögen wie Grunddienstbarkeiten, Nießbrauch, beschränkt persönliche Dienstbarkeiten, Überbau- und Notwegrecht usw. Es muß sich hierbei um wirkliche Nutzungsrechte handeln, d. h. um dingliche Rechte, die den Inhaber berechtigen, das Grundstück oder die Berechtigung in gewissem Umfange tatsächlich zu nutzen (§ 100 BGB.). Hypotheken und Grundschulden fallen mithin nicht unter Art. 1. Hinsichtlich der Hypotheken kann nach Nr. 1 des Schlußprotokolls jeder Staat nach seiner Steuergesetzgebung verfahren. Grundschulden und Hypotheken sind wie unbewegliches Vermögen, das in einem dritten Staate belegen ist, nach Art. 3 zu behandeln (Schlußprotokoll Nr. 2).

Art. 2.

(1) Nachlaßvermögen eines Angehörigen einer der beiden Staaten aus Unternehmen von Handel, der Industrie oder sonstigem Gewerbe jeder Art einschließlich der Unternehmen der Seeschiffahrt und der Luftfahrt wird wie folgt behandelt:

a) Hat das Unternehmen nur in einem der beiden Staaten eine Betriebstätte, so ist das Vermögen den Erbschaftsteuern nur in diesem Staate unterworfen.

b) Hat das Unternehmen in jedem der beiden Staaten eine Betriebstätte, so ist das Vermögen in jedem Staate insoweit dessen Erbschaftsteuern unterworfen, als es der in diesem Staate belegenen Betriebsstätte gewidmet ist.

(2) Unbewegliches Vermögen, das zu einem Vermögen der in Abs. 1 genannten Art gehört, wird nach Art. 1 behandelt.

1. Nachlaßvermögen eines Angehörigen der beiden Staaten, das zu einem gewerblichen Betriebsvermögen gehört, unterliegt der Erbschaftsbesteuerung des Staates, in dem sich die Betriebstätte des Unternehmens befindet. Über den Begriff der Betriebstätte, der dem in Art. 3 und Schlußprotokoll Nr. 6 des Hauptabkommens vom 25. 4. 1928 niedergelegten Begriffe entspricht (Schlußprotokoll Nr. 4) siehe B V Nr. 3 des Abschnittes B.

Hat das Unternehmen in beiden Staaten Betriebstätten, so unterliegt das Betriebvermögen in jedem Staate nur insoweit der Besteuerung, als es der einzelnen Betriebstätte gewidmet ist. Die Abgrenzung dieser Teilvermögen kann im Einzelfalle zu erheblichen Schwierigkeiten führen. Vgl. hierzu II Nr. 7 des Abschnittes A: Grundsätzliche Fragen des Doppelbesteuerungsrechtes. Unter Umständen kann der in der dort zitierten Entsch. des RFH. 33, 91 für die Einkommenbesteuerung entwickelte Grundsatz auch hier Bedeutung erhalten, soweit nicht das in Art. 6 vorgesehene Verständigungsverfahren von Staat zu Staat zum Ziele führen sollte.

Da nach Art. 2 Abs. 1 unter den Begriff des gewerblichen Nachlaßvermögens Vermögen jeder Art fällt, sind grundsätzlich auch die Beteiligungen an gewerblichen Unternehmen wie gewerbliches Vermögen zu behandeln, z. B. Beteiligungen an einer Kommanditgesellschaft, offenen Handelsgesellschaft, stillen Gesellschaft, soweit der stille Gesellschafter auch am Geschäftsvermögen beteiligt ist. — Eine Ausnahme gilt für Beteiligungen an einer GmbH. sowie für Kuxen, Aktien und sonstigen Wertpapieren, d. h. Urkunden, deren Besitz notwendig ist, um die in ihnen verbrieften Rechte ausüben zu können. Diese letzteren Beteiligungen unterliegen der Besteuerung gemäß Art. 3 des Abkommens (Schlußprotokoll Nr. 3). Auch Betriebsvermögen, das nicht einer Betriebstätte in einem der beiden Staaten zugehört (Unternehmen in einem dritten Staate) ist nach Art. 3 zu behandeln (Schlußprotokoll Nr. 2).

2. Unbewegliches Vermögen folgt stets dem Besteuerungsrecht des Art. 1. Dies gilt auch dann, wenn es zu einem Betriebsvermögen gehört, das im Staate der Belegenheit des Grundstücks keine Betriebstätte unterhalten würde. Ein im Inlande wohnhafter deutscher Gewerbetreibender, der also in Schweden ein zu seinem deutschen Betriebstättenvermögen gehörendes Grundstück besitzt, würde mit diesem Grundstücke der schwedischen Erbschaftsteuer unterliegen. Über den Begriff des unbeweglichen Vermögens s. die Anm. zu Art. 1.

Art. 3.

(1) Für das nicht nach Art. 1 oder 2 zu behandelnde Nachlaßvermögen eines Angehörigen eines der beiden Staaten gelten folgende Bestimmungen:

a) Hat der Erblasser zur Zeit seines Todes seinen Wohnsitz nur in einem der beiden Staaten gehabt, so unterliegt dieses Vermögen den Erbschaftssteuern nur in diesem Staate.

b) Hat der Erblasser zur Zeit seines Todes in jedem der beiden Staaten einen Wohnsitz gehabt, so unterliegt dieses Vermögen den Erbschaftsteuern nur in dem Staate, in welchem der Erblasser nach der übereinstimmenden Auffassung der obersten Finanzbehörden der beiden Staaten den Mittelpunkt seiner Interessen gehabt hat. Ist eine Einigung über den Mittelpunkt der Interessen nicht zu erzielen, so wird ein

Wohnsitz nur in dem Staate angenommen, dem der Erblasser zur Zeit seines Todes angehört hat. Hat der Erblasser zur Zeit seines Todes beiden Staaten angehört, so bleibt besondere Vereinbarung der obersten Finanzbehörden der beiden Staaten von Fall zu Fall vorbehalten.

c) In allen übrigen Fällen unterliegt dieses Vermögen den Erbschaftsteuern nur in dem Staate, dem der Erblasser zur Zeit seines Todes angehört hat; die Bestimmung unter b Satz 2 Halbsatz 2 findet entsprechende Anwendung.

(2) Einen Wohnsitz im Sinne dieses Abkommens hat jemand da, wo er eine Wohnung unter Umständen innehat, die auf die Absicht der Beibehaltung einer solchen schließen lassen.

Soweit der Nachlaß nicht aus unbeweglichem oder gewerblichen Vermögen besteht (bewegliches, Kapital- und sonstiges Vermögen), entscheidet über das Recht zur Besteuerung grundsätzlich der Wohnsitz, den der Erblasser zur Zeit seines Todes hatte. Der Begriff des Aufenthalts ist dem deutsch-schwedischen Erbschaftsabkommen fremd.

Der Wohnsitzbegriff (Abs. 2) ist dem entsprechenden Begriffe der früheren Reichsabgabenordnung angepaßt. Siehe hierzu B V Nr. 1 des Abschnittes B.

Die Regelung im Art. 3 führt zu folgenden Ergebnissen:

a) Bei Wohnsitz des Erblassers nur in einem der Vertragsstaaten, ist lediglich dieser Staat steuerberechtigt.

b) Bei Doppelwohnsitz in beiden Staaten soll der Mittelpunkt der Interessen des Erblassers entscheiden, d. h. also der Ort, an dem seine persönlichen und wirtschaftlichen Beziehungen überwiegen. Dieses Übergewicht ist von den obersten Finanzbehörden beider Vertragsteile festzustellen. Einigen sie sich nicht, so soll die Staatsangehörigkeit des Erblassers maßgeblich sein so zwar, daß im Falle doppelter Staatsangehörigkeit eine Vereinbarung von Staat zu Staat und von Fall zu Fall zu erfolgen hat. Eine derartige Vereinbarung würde auch innerstaatlich sachliches Steuerrecht schaffen, da sie auf einer Bestimmung des Abkommens selbst beruht.

c) In allen übrigen Fällen entscheidet für die Zuweisung des Besteuerungsrechtes die Staatsangehörigkeit des Erblassers. Bei doppelter Staatsangehörigkeit in beiden Staaten soll wieder eine Vereinbarung von Fall zu Fall einen Ausgleich schaffen. Ein Schwede, der beispielsweise seinen Wohnsitz in England und seinen dauernden Aufenthalt in Deutschland hat, ist mit dem durch Art. 3 erfaßten Vermögen im Verhältnis der Vertragsstaaten zueinander nur in Schweden erbschaftsteuerpflichtig.

Art. 4.

(1) Schulden, die in wirtschaftlicher Beziehung zu dem in Art. 1 oder 2 bezeichneten Vermögen stehen, oder darauf sicher-

gestellt sind, werden auf dieses Vermögen angerechnet. Sonstige Schulden werden auf das nach Art. 3 zu behandelnde Vermögen angerechnet.

(2) Ist im Einzelfalle Vermögen der in Art. 1 oder 2 genannten Art in jedem der beiden Staaten zu versteuern, so sind Schulden, die in wirtschaftlicher Beziehung zu dem in dem einen Staate zu versteuernde Vermögen dieser Art stehen oder darauf sichergestellt sind, zunächst auf dieses Vermögen anzurechnen. Ist in diesem Staate kein anderes Vermögen zu versteuern oder ergibt sich bei der Anrechnung wieder eine Überschuldung, so ist der Überschuß an Schulden auf das in dem anderen Staate zu versteuernde Vermögen anzurechnen.

(3) Ergibt sich bei Anwendung des Absatzes 1 Satz 2 eine Überschuldung, so gelten die Vorschriften des Absatzes 2 Satz 2 und 3 entsprechend.

1. Der Art. 4 regelt in wirtschaftlich sinnvoller Weise die Anrechnung der Nachlaßschulden auf das der Besteuerung unterworfene Nachlaßvermögen:

a) Schulden, die in wirtschaftlichem Zusammenhange mit unbeweglichem oder gewerblichem Vermögen stehen (Art. 1 und 2) oder die auf solchem Vermögen sichergestellt sind, werden stets zunächst auf dieses Vermögen angerechnet. Dabei braucht die sichergestellte Schuld mit diesem Vermögen in keinem wirtschaftlichen Zusammenhange zu stehen. So sind z. B. die ausstehenden Kosten für die Anlegung eines Gartens des Erblassers von dem Grundstückswerte abzuziehen. Bei einer auf einem Grundstücke eingetragenen Hypothek ist diese selbst dann von dem Grundstückswerte in Abzug zu bringen, wenn die Schuld für persönliche Zwecke des Erblassers aufgenommen war.

b) Schulden, die weder zu dem Vermögen in Art. 1 und 2 in wirtschaftlicher Beziehung stehen noch darauf sichergestellt sind, werden auf das durch Art. 3 erfaßte Vermögen angerechnet. Beispiel: Forderung aus dem Kauf eines Wagens, der nicht Betriebszwecken gewidmet ist, ist auf das in Art. 3 bezeichnete Vermögen anzurechnen.

c) Für den Fall, daß Vermögen der in Art. 1 und 2 genannten Art in beiden Staaten zu versteuern ist, gilt Folgendes:

Schulden, die mit dem in dem einen Staate zu versteuernden Vermögen in wirtschaftlicher Beziehung stehen oder darauf sichergestellt, sind zunächst in voller Höhe auf dieses Vermögen anzurechnen. Ergibt sich hierbei eine Überschuldung, so ist der Schuldenüberschuß auf das in diesem Staate nach Art. 3 zu versteuernde Vermögen anzurechnen. Erst wenn solches Vermögen nicht vorhanden ist oder auch nicht ausreicht, ist die Schuld auf das im anderen Staate zu versteuernde Vermögen anzurechnen.

Entsprechendes gilt, wenn bei Vermögen aus Art. 3 Schulden

vorhanden sind. Zunächst werden diese Schulden, soweit sie mit dem in diesem Staate befindlichen Vermögen in wirtschaftlichem Zusammenhange stehen oder darauf sichergestellt sind, diesem Vermögen angerechnet. Ergibt sich dabei ein Schuldenüberschuß, so ist er weiter auf das in demselben Staate etwa vorhandene Vermögen aus Art. 1 und 2 anzurechnen. Erst wenn auch solches Vermögen nicht vorhanden ist oder nicht ausreicht, ist der Schuldenrest auf das Nachlaßvermögen des anderen Staates anzurechnen.

Beispiel: Ein in Deutschland wohnhafter Schwede besitzt hier ein Kapitalvermögen von 60000 *RM*, dem eine hiermit zusammenhängende Schuld in Höhe von 80000 *RM* gegenübersteht. Außerdem hat er in Deutschland noch ein Grundstück im Werte von 15000 *RM* und in Schweden ein solches im Werte von 50000 *RM* Würde dieser Schwede sterben, so wären zunächst 80000 *RM* auf das Kapitalvermögen von 60000 *RM* anzurechnen. Der Schuldenrest (20000 *RM*) wäre weiter auf den Wert des deutschen Grundstücks abzutragen. Erst der dann verbleibende Rest von 5000 *RM* wandert nach Schweden und wäre auf das dort belegene Grundstück anzurechnen.

d) Nach Nr. 5 des Schlußprotokolls wird allerdings gebundenes Vermögen (Fideikommisse, Erbhöfe usw.) nur dann von der in Art 4 verordneten Anrechnung betroffen, wenn Schulden mit solchen Vermögenswerten im wirtschaftlichen Zusammenhange stehen oder darauf sichergestellt sind. Darüber hinaus ist jede Anrechnung anderer Schulden auf dieses gebundene Vermögen unstatthaft.

Art. 5.

Wenn Nachlaß oder Erwerb von Todes wegen der Besteuerung zum Teil in dem einen, zum Teil in dem anderen Staate unterliegt, sind die vertragschließenden Staaten nicht gehindert, der Berechnung des Steuersatzes den Wert des gesamten Nachlasses oder des gesamten Erwerbes zugrunde zu legen.

Durch diese Bestimmung ist die entsprechende Vorschrift des § 8 Abs. 3 des deutschen ErbStG. vom 16. 10. 1934 auch für den Geltungsbereich des deutsch-schwedischen Erbschaftsteuerabkommens anerkannt.

Art. 6.

Zur Beseitigung von Doppelbesteuerungen in Fällen, die in diesem Abkommen nicht geregelt sind oder die sich auch bei Anwendung dieses Abkommens ergeben, sowie auch in Fällen von Schwierigkeiten oder Zweifeln bei der Auslegung und Anwendung dieses Abkommens können die obersten Finanzbehörden der beiden vertragschließenden Staaten besondere Vereinbarungen treffen.

Solche Vereinbarungen begründen auch innerstaatlich materielles Steuerrecht. Vgl. im übrigen hierzu II Nr. 13 des Abschnittes A: Grundsätzliche Fragen des Doppelbesteuerungsrechtes.

Art. 7.

Erbschaftsteuern im Sinne dieses Abkommens sind:

auf seiten des Deutschen Reiches:

die Erbschaftsteuer, soweit ihr Erwerbe von Todes wegen oder Zweckzuwendungen von Todes wegen unterliegen und die etwa künftig an deren Stelle tretenden Steuern,

auf seiten Schwedens:

die Erbschaftsteuer und die etwa künftig an deren Stelle tretenden Steuern.

Die Erbschaftsteuer, die den Erbschaftserwerb des Erben steuerlich erfaßt, ist in Art. 6 des Schlußprotokolls eine etwaige künftig an deren Stelle tretende Nachlaßsteuer, die den Nachlaß als solchen trifft, gleichgestellt. Vgl. im übrigen hierzu §§ 2 und 4 Ziff. 1 des deutschen ErbStG.

Schenkungen sowie Zweckzuwendungen unter Lebenden (vgl. §§ 3 und 4 Ziff. 2 des deutschen ErbStG.) fallen nicht unter das Abkommen (Schlußprotokoll Nr. 6), unterliegen also der innerstaatlichen Besteuerung in jedem Staate.

Art. 8.

(1) Dieses Abkommen, ausgefertigt in doppelter Urschrift in deutscher und in schwedischer Sprache, soll ratifiziert werden, und zwar schwedischerseits von Seiner Majestät dem Könige von Schweden mit Zustimmung des Reichsrates. Die Ratifikationsurkunden sollen baldmöglichst in Stockholm ausgetauscht werden. Das Abkommen tritt mit dem Tage nach Austausch der Ratifikationsurkunden in Kraft und findet Anwendung auf alle Fälle, in denen der Erblasser nach diesem Zeitpunkte verstorben ist.

(2) Dieses Abkommen soll solange in Geltung bleiben, als es nicht von einem der vertragschließenden Staaten gekündigt wird. Die Kündigung muß mindestens 8 Monate vor Ablauf eines Kalenderjahres bewirkt werden. Das Abkommen verliert im Falle rechtzeitiger Kündigung mit dem Ablaufe des laufenden Kalenderjahres, im Falle nicht rechtzeitiger Kündigung mit dem Ablaufe des nächsten Kalenderjahres seine Wirksamkeit für alle Fälle, in denen der Erblasser nach Ablauf des Kalenderjahres verstorben ist.

Die Ratifikationsurkunden sind am 18. 11. 1935 ausgetauscht worden (Bek. vom 23. 12. 1935, RGBl. 1935 II S. 859). Das Abkommen ist mithin am 19. 11. 1935 in Kraft getreten. Text und Schlußprotokoll des Abkommens s. RGBl. 1935 II S. 860.

Schlußprotokoll.

Bei der Unterzeichnung des am heutigen Tage zwischen dem Deutschen Reiche und dem Königreich Schweden abgeschlossenen

Abkommens zur Vermeidung der Doppelbesteuerung auf dem Gebiete der Erbschaftsteuern haben die unterzeichneten Bevollmächtigten folgende übereinstimmenden Erklärungen abgegeben, die einen integrierenden Teil des Abkommens selbst bilden sollen:

1. Es besteht Einverständnis darüber, daß hinsichtlich der hypothekarisch gesicherten Forderungen jeder der beiden Staaten nach seiner Gesetzgebung verfahren wird.

Zu den hypothekarisch gesicherten Forderungen gehören Obligationen auch dann nicht, wenn sie auf unbeweglichem Vermögen sichergestellt sind.

2. Es besteht Einverständnis darüber, daß Nachlaßvermögen der in Art. 1 genannten Art, das in keinem der beiden Staaten liegt, und Nachlaßvermögen der in Art. 2 genannten Art, das nicht einer Betriebstätte in einem der beiden Staaten gewidmet ist, nach Art. 3 behandelt wird.

3. Es besteht Einverständnis darüber, daß, wie Vermögen aus Unternehmen von Handel, Industrie oder sonstigem Gewerbe jeder Art im Sinne des Art. 2 Abs. 1 auch Beteiligungen an einem gesellschaftlichen Unternehmen behandelt werden mit Ausnahme von Kuxen, Aktien, Anteilscheinen und sonstigen Wertpapieren sowie von Anteilen an Gesellschaften mit beschränkter Haftung.

4. Es besteht Einverständnis darüber, daß für den Begriff der Betriebstätte im Art. 2 Abs. 1 die Bestimmungen des am 25. 4. 1928 zwischen den vertragschließenden Staaten abgeschlossenen Abkommens zu Ausgleichung der in- und ausländischen Besteuerung, insbesondere zur Vermeidung der Doppelbesteuerung auf dem Gebiete der direkten Steuern (Art. 3, Schlußprotokoll Nr. 6) maßgebend sein sollen.

5. Es besteht Einverständnis darüber, daß Schulden, (Art. 4) auf Fideikommisse, deutsche Erbhöfe und sonstiges gebundenes Vermögen nur insoweit angerechnet werden, als sie darauf lasten oder sichergestellt sind.

6. Durch dieses Abkommen werden die Befreiungen nicht berührt, die kraft der allgemeinen Regeln des Völkerrechts den diplomatischen und konsularischen Beamten zugestanden worden sind oder künftig zugestanden werden sollten. Soweit auf Grund solcher Befreiungen eine Heranziehung zu Erbschaftsteuern im Empfangsstaate nicht erfolgt, bleibt die Besteuerung dem Entsendestaate vorbehalten.

8. Vorläufiges Abkommen

zwischen dem Deutschen Reiche und dem Königreich Dänemark zur Beseitigung der Doppelbesteuerung auf dem Gebiete der Einkommen- und Vermögenbesteuerung.

Vom 14. Februar 1928 (DRAnz. Nr. 57 vom 7. März 1928).

Die Deutsche und die Königlich dänische Regierung haben von dem Wunsche geleitet, eine Doppelbesteuerung ihrer Staatsangehörigen zu beseitigen, sich darüber geeinigt, eine vorläufige Regelung zu treffen, die sobald wie möglich durch ein vollständiges Abkommen zur Vermeidung der Doppelbesteuerung, entsprechend den allgemeinen Grundsätzen, die in den bisherigen zwischenstaatlichen Verträgen niedergelegt sind, ersetzt werden soll.

Art. 1.

(1) Die obersten Finanzverwaltungsbehörden der beiden Staaten werden von Fall zu Fall besondere Vereinbarungen treffen, durch die eine Doppelbesteuerung ihrer Staatsangehörigen auf dem Gebiete der Steuern von den Einkünften und vom Vermögen, soweit möglich, vermieden wird.

(2) Als Steuern von Einkünften und vom Vermögen im Sinne dieses Abkommens gelten:

auf deutscher Seite:

die Einkommensteuer und die Vermögensteuer;

auf dänischer Seite:

die Einkommensteuer für Staat und Gemeinden und die Vermögensteuer.

1. Das Abkommen, das als vorläufiges gekennzeichnet ist, ist in seiner Wirksamkeit auf die Staatsangehörigen beider Vertragsstaaten beschränkt. Angesichts der Fassung des Art. 1, wonach die Vereinbarungen erst bei Vorliegen akuter Fälle getroffen werden sollen, ohne daß eine generelle Ordnung des Besteuerungsrechtes dem Abkommen eigen wäre, muß angenommen werden, daß sich das Abkommen nur auf Fälle der effektiven Doppelbesteuerung erstrecken soll. Vgl. hierzu II Nr. 1a und 3 des Abschnittes A: Grundsätzliche Fragen des Doppelbesteuerungsrechtes.

Das Abkommen schafft durch sich noch kein subjektives innerstaatliches Steuerrecht, vielmehr muß erst die in Art. 1 vorgesehene Vereinbarung von Staat zu Staat und von Fall zu Fall hinzukommen. Erst diese Vereinbarung bildet — weil auf der Grundlage des in beiden Staaten als Staatsgesetz geltenden Abkommens beruhend — eigenstaatliches Steuerrecht mit den Wirkungen, wie sie in II Nr. 2 des Abschnittes A: Grundsätzliche Fragen des Doppelbesteuerungsrechtes aufgezeigt sind.

2. Das Abkommen findet nach Art. 1 Abs. 1 nur Anwendung auf dem Gebiete der Einkommen- und Vermögenbesteuerung. Abs. 2 führt als

Steuern von den Einkünften und vom Vermögen die in beiden Staaten zu erhebende Einkommen- und Vermögensteuer auf. Da eine weitere Aufteilung, wie sie in den vorangehenden Verträgen zwischen Deutschland und anderen Staaten die Regel ist, fehlt, muß aus dem Fehlen einer solchen Spezifizierung geschlossen werden, daß in dem Abkommen nur die Einkommen- und Vermögensteuer im engeren Sinne getroffen werden sollten. Die Reichsfluchtsteuer ist keine Vermögensteuer. Siehe hierzu die Darlegungen zu Nr. 1 des Schlußprotokolls zum deutsch-schweizerischen Doppelbesteuerungsabkommen sowie C Nr. 8 zu Abschnitt B.

Da nach Maßgabe des Abkommens als Voraussetzung der Verhütung von Doppelbesteuerungen eine Vereinbarung von Fall zu Fall festgelegt ist, tritt die Bedeutung der Frage der Abgrenzung der Steuern an Wichtigkeit zurück. Siehe über das Verständigungsverfahren im übrigen II Nr. 13 des Abschnittes A: Grundsätzliche Fragen des Doppelbesteuerungsrechtes.

3. Bei den Verhandlungen über die zu treffenden Vereinbarungen von Fall zu Fall haben beide Staaten völlig freie Hand, ohne an Folgerungen, die etwa das innerstaatliche Recht steuertechnisch oder steuerrechtlich zieht, gebunden zu sein. Deshalb wird auch die Frage der Zugehörigkeit von Einkünften zu einer bestimmten Einkommens- oder Vermögensart sowie der volks- oder staatswirtschaftlichen Gebundenheit eines Steuergutes bei den Verhandlungen über die Vereinbarung zwar eine gewichtige Rolle spielen. Alle diese Momente sind aber für die Findung dieser Vereinbarung ebensowenig zwingend wie die in den Steuerabkommen mit anderen Staaten allgemein wiederkehrende Regelung der Aufteilung des Besteuerungsrechtes.

Art. 2.

Dieses Abkommen findet Anwendung auf die Steuern, die für die Zeit vom 1. Oktober 1927 ab erhoben werden.

Maßgebend soll die Erhebung der Steuer sein. Es fallen also unter das Abkommen alle Fälle, in denen die Steuer nach dem 1. Okt. 1927 eingezogen wird.

Art. 3.

Dieses Abkommen soll bis zum Abschluß eines allgemeinen Abkommens zur Vermeidung der Doppelbesteuerung in Geltung bleiben. Solange ein solches Abkommen nicht geschlossen ist, kann das vorliegende Abkommen unter Einhaltung einer viermonatigen Frist zum Ablauf eines Kalenderjahres gekündigt werden. Die Kündigung ist erstmals zum 31. Dezember 1929 zulässig. Im Falle der Kündigung tritt das Abkommen für jeden der beiden Staaten mit dem Ende des für ihn laufenden Steuerjahres außer Kraft.

Zu Urkund dessen haben die Bevollmächtigten das gegenwärtige Abkommen unterzeichnet.

Ausgefertigt in doppelter Urschrift in deutscher und dänischer Sprache.

Schlußbemerkung: Abgesehen von dem vorstehend wiedergegebenen vorläufigen Abkommen haben zwischen der deutschen und dänischen Regierung Notenwechsel stattgefunden, die gegenseitig Steuererleichterungen auf dem Gebiete der Erbschaft- und Schenkungssteuer sowie der Einkommensteuer der Zeitungskorrespondenten zum Gegenstande haben. —

Der Notenwechsel vom 10. 4. 1929 betrifft die Einkommenbesteuerung der Journalisten. Hierdurch wird dänischerseits deutschen Staatsangehörigen, die in Dänemark ständig als Korrespondenten deutscher Zeitungen tätig sind, eine Ermäßigung der veranlagten Einkommensteuer an Staat und Gemeinde gewährt, die der Hälfte des Steuerbetrages entspricht, der verhältnismäßig auf ihre Bezüge als Korrespondenten deutscher Zeitungen entfällt. Deutscherseits wird dänischen Staatsangehörigen, die in Deutschland ständig als Korrespondenten dänischer Zeitungen tätig sind, eine entsprechende Ermäßigung gewährt. Die Steuerermäßigung gilt nur für Personen, die die journalistische Tätigkeit als Hauptberuf ausüben und bleibt auf einen Korrespondenten für jede Zeitung beschränkt.

Nach dem Notenwechsel vom 13. 1. 1934 sollen Legate für ausschließlich mildtätige Zwecke oder gemeinnützige Anstalten, die juristische Persönlichkeit haben und Geschenke für diese Zwecke in Deutschland und umgekehrt in Dänemark von der Erbschaft- und Schenkungssteuer befreit sein.

9. Das Abkommen

zwischen dem Deutschen Reiche und der Schweizerischen Eidgenossenschaft zur Vermeidung der Doppelbesteuerung auf dem Gebiete der direkten Steuern und der Erbschaftsteuern.

I. Abschnitt: Direkte Steuern.

Art. 1.

(1) Als direkte Steuern im Sinne dieses Abkommens sind solche Steuern anzusehen, die auf der Grundlage der in jedem der beiden Staaten geltenden Gesetzgebung unmittelbar von den Einkünften (Reineinkünften oder Roheinkünften) oder von dem Vermögen oder dem Vermögenszuwachs erhoben werden, sei es für Rechnung der vertragschließenden Staaten, der Länder oder Kantone, sei es für Rechnung der Provinzen oder Provinzialverbände, der Bezirke, der Gemeinden oder Gemeindeverbände, auch soweit die Erhebung der Steuern in der Form von Zuschlägen erfolgt.

(2) Als direkte Steuern werden insbesondere angesehen:

1. für die deutsche Gesetzgebung:
   a) die Einkommensteuer,
   b) die Körperschaftsteuer,
   c) die Vermögensteuer,
   d) die Grundsteuern,
   e) die Gebäudesteuern,

f) die Gewerbesteuern,
g) der Geldentwertungsausgleich bei bebauten Grundstücken (die Hauszinssteuern);

2. für die schweizerische Gesetzgebung:
die in der Anlage A aufgeführten Steuern.

1. Das deutsch-schweizerische Abkommen bezieht sich — wenn auch nicht ausdrücklich ausgesprochen, wie aber doch aus der Fassung der Art. 1 und 8 zu entnehmen ist — nur auf Staatsangehörige eines der beiden Vertragsstaaten sowie auf die entsprechenden juristischen Personen (vgl. Art. III Anm. 2 des deutsch-tschechischen Vertrages).

Wegen des Begriffes der direkten Steuern s. Art. I Anm. 2 des deutsch-tschechischen Abkommens und II Nr. 4 des einleitenden Aufsatzes: Grundsätzliche Fragen des Doppelbesteuerungsrechtes. Folgendes Beispiel:

Ein in Bern wohnhafter Österreicher hat hypothekarisch gesicherte Forderungen in Deutschland. Als Österreicher fällt dieser Hypothekengläubiger nicht unter das deutsch-schweizerische Abkommen. Mangels eines Wohnsitzes in Österreich ist er aber auch dem deutsch-österreichischen Doppelbesteuerungsabkommen (Art. II Abs. 2 und Art. I) nicht unterworfen. Er unterliegt also in Deutschland mit seinen Einkünften aus der deutschen Hypothek der beschränkten deutschen Steuerpflicht (§ 49 Ziff. 5 EStG.)

2. In der lediglich beispielmäßigen Aufzählung der direkten Steuern auf deutscher Seite fehlen die Kirchensteuern und die Aufbringungslasten.

Die Kirchensteuern, die nach schweizer Steuerrecht unter die direkten Steuern fallen, sind auf deutscher Seite nicht dazuzurechnen, weil sie keine Staatssteuern sind und in Art. 1 nicht aufgeführt sind. Ob auch die Aufbringungsumlage unter den Begriff der direkten Steuern fällt, kann auf den ersten Blick zweifelhaft erscheinen. Richtiger Ansicht nach fällt sie darunter, da sie sich als eine an die Vermögensteuer unmittelbar anknüpfende Personalabgabe mit realsteuerartigem Einschlag darstellt. Das wurde von deutscher Seite bei den Vorverhandlungen auch ausdrücklich zugestanden (vgl. Botschaft des Schweizerischen Bundesrates an die Bundesversammlung vom 13. 1. 1932; Schw. BBl. I, 41 ff.)

Die Reichsfluchtsteuer ist als indirekte Steuer anzusprechen. Im Zusatzprotokoll ist noch ausdrücklich festgelegt, daß das Abkommen auf Reichsfluchtsteuerpflichtige keine Anwendung findet. (Vgl. im einzelnen hierzu die Darlegungen zu Ziff. 1 des Zusatzprotokolls.)

3. Nach dem Schlußprotokoll zu Art. 1 und 9 fällt auch die außerordentliche Kriegsabgabe der Schweiz unter die Abkommen. Eine direkte Steuer ist auch die eidgenössische Krisenabgabe. Vgl. im übrigen das Verzeichnis der in der Anlage A bezeichneten direkten Steuern der Kantone, Bezirke und Gemeinden der Schweizerischen Eidgenossenschaft am Schlusse des Abkommens S. 241 ff.

Art. 2.

(1) Unbewegliches Vermögen (einschließlich Zubehör) und Einkünfte daraus werden, soweit nicht in Abs. 4 und 5 etwas anderes bestimmt ist, nur in dem Staate besteuert, in dem sich dieses Vermögen befindet.

(²) Berechtigungen, auf welche die Vorschriften des bürgerlichen Rechts (Privatrechts) über Grundstücke Anwendung finden, Nutzungsrechte an unbeweglichem Vermögen sowie Rechte, die auf unbeweglichem Vermögen sichergestellt sind (insbesondere hypothekarisch gesicherte Forderungen) oder darauf lasten, sind dem unbeweglichen Vermögen gleichzuachten.

(³) Für die Frage, ob ein Vermögensgegenstand (Abs. 1 und 2) als unbeweglich anzusehen ist, sind die Gesetze in dem Staate maßgebend, in dem der Gegenstand liegt. Was als Zubehör anzusechen ist, richtet sich nach dem Rechte des Staates, in dem sich das unbewegliche Vermögen befindet.

(⁴) Gehören hypothekarisch gesicherte Forderungen einem Unternehmen der in Art. 3 Abs. 1 bezeichneten Art, so kommt der Grundsatz der Besteuerung der Einkünfte aus diesen Forderungen im Belegenheitsstaate nur dann zur Anwendung, wenn die Forderung einen Bestandteil des Betriebsvermögens einer in diesem Staate befindlichen Betriebstätte bildet; andernfalls erfolgt die Besteuerung in dem Staate, in dem der Gläubiger seinen Wohnsitz hat.

(⁵) Hypothekarisch gesicherte Forderungen werden zur Vermögensteuer nur in dem Staate herangezogen, in dem der Gläubiger seinen Wohnsitz hat.

1. Zum unbeweglichen Vermögen gehören bebaute und unbebaute Grundstücke ohne Rücksicht darauf, ob sie zum land- oder forstwirtschaftlichen, gärtnerischen oder sonstigen Grundvermögen zu rechnen sind. Der Grundsatz der belegenen Sache gilt auch dann, wenn die Grundstücke und Gebäude, ohne Betriebstätte zu sein, einem im anderen Staate belegenen gewerblichen Betriebsvermögen gewidmet sind (vgl. dazu Art. II Abs. 1 S. 2 des deutsch-österreichischen Abkommens). Besonders unterstrichen ist das noch im Schlußprotokoll zu Art. 2 und 10. —

Im übrigen gehören zu den Einkünften aus unbeweglichem Vermögen sowohl die Sach- wie Rechtsfrüchte (Schlußprotokoll zu Art. 2 Abs. 1).

2. Die inneren Gesetze des Belegenheitsstaates sind maßgebend für die Frage der Zugehörigkeit zum unbeweglichen Vermögen. Nach deutschem Recht gehören hierhin zunächst die Berechtigungen, auf die die Vorschriften des bürgerlichen Rechts über Grundstücke Anwendung finden wie z. B. Erbbaurecht, Erbpachtrecht, Kohlenabbaugerechtigkeiten usw. Aber auch Nutzungsrechte an Grundstücken sowie Rechte, die auf einem Grundstücke sichergestellt sind, rechnen hierher wie z. B. Grunddienstbarkeiten, Nießbrauch, Reallasten usw.

Einkünfte aus Hypothekenforderungen gehören ebenfalls hierher; vgl. hierzu RFH. vom 13. 12. 1937 IV 187/37. Zur Vermögensteuer werden diese Forderungen aber nur im Wohnsitzstaate des Gläubigers herangezogen. Nach RFH. vom 10. 3. 1938 IV 202/37 unterliegen die Zinsen für eine solche nicht zum Betriebsvermögen gehörende Forderung, die auf einem deutschen Grundstück sichergestellt ist, auch dann der deutschen Besteuerung, wenn Gläubiger und Schuldner in der Schweiz wohnen und der Schuldner die Zinsen mit Einkünften aus der Schweiz beglichen hat. Hiernach soll also eine mittelbare Sicherung genügen. Ob eine solche Auffassung dem Zwecke der vertraglichen Regelung entspricht, ist sehr zweifelhaft.

Gehören die Hypotheken zu einem Betriebsvermögen, so gilt der Grundsatz der belegenen Sache nur, soweit die Einkommen- und Körperschaftsteuer in Betracht kommt und zwar unter der weiteren Voraussetzung, daß sie Bestandteile des gewerblichen Betriebsvermögens einer im Belegenheitsstaate befindlichen Betriebstätte sind. Nach Art. 2 Abs. 4 in Verbindung mit Abs. 2 würde es also bei dem Grundsatz der Besteuerung der Einkünfte aus hypothekarisch gesicherten Forderungen im Staate der Belegenheit auch hinsichtlich solcher Forderungen verbleiben, die zwar einem Unternehmen der in Art. 3 bezeichneten Art gehören, nicht aber dem Betriebe dienen, wenn und soweit die Bedingung des Schlußprotokolls zu Art. 2 Abs. 2 gegeben wäre. Da diese Voraussetzung aber z. Zt. in den schweizer Kantonen nicht gegeben ist, sind also die Einkünfte aus hypothekarisch gesicherten Forderungen, die einem Unternehmen im Sinne des Art. 2 gehören, immer nur dann im Staate der Belegenheit zu versteuern, wenn die Forderungen Bestandteile des Betriebsvermögens einer im Betriebsstättenstaate befindlichen Betriebstätte bilden. Andernfalls insbesondere auch für das Gebiet der Vermögensteuer erfolgt die Besteuerung in dem Staate, in dem der Gläubiger seinen Wohnsitz bei juristischen Personen seinen Sitz hat (Art. 2 Abs. 4 und 5).

Grund- und Rentenschulden sind zwar wie unter II Nr. 10 des Abschnittes A: Grundsätzliche Fragen des Doppelbesteuerungsrechtes eingehend dargelegt ist, im allgemeinen den Hypothekenforderungen gleichgestellt. Für den Bereich des deutsch-schweizerischen Abkommens ist dieser Grundsatz aber in Anlehnung an die Auffassung des Reichsfinanzministeriums auch vom RFH. insofern eingeschränkt, als nach der Entsch. vom 5. 11. 1936 III A 45/36 = RStBl. 1937 S. 5 Grund- und Rentenschulden nicht zu den hypothekarisch gesicherten Forderungen im Sinne von Art. 2 Abs. 4 und 5 gehören. Sie fallen daher unter Art. 2 Abs. 1 und 2, sind demnach im Staate der Belegenheit zu versteuern. Vgl. hierzu II Nr. 10 des Abschnittes A und C Nr. 6 des Abschnittes B.

3. Im übrigen gehören nach deutschem Recht zum unbeweglichen Vermögen nicht nur die wesentlichen Bestandteile, sondern auch das weitere Grundstückszubehör.

4. Wegen der Vermögenzuwachssteuer, die Deutschland fremd ist, in der Schweiz aber durch die Einkommensteuer oder eine besondere Wertzuwachssteuer zur Hebung gelangt, siehe Schlußprotokoll zu Art. 2 Abs. 1. — Nach dieser Bestimmung gilt Art. 2 des Abkommens auch für Einkünfte aus Veräußerungsgewinnen. Das gilt natürlich nur insoweit, als das zur Besteuerung berechtigte Land solche Einkünfte nach seinem innerstaatlichen Steuerrecht überhaupt der Besteuerung unterwirft, denn Doppelbesteuerungsverträge sollen die durch das innerstaatliche Steuerrecht begründete Steuerpflicht nicht erweitern. (Vgl. RFH. vom 3. 10. 1935, III A 267/34 = RStBl. 1935 S. 1399.)

Art. 3.

(1) Betriebe von Handel, Industrie und Gewerbe jeder Art sowie Einkünfte daraus werden unbeschadet der folgenden Bestimmungen nur in dem Staate besteuert, in dessen Gebiet das Unternehmen eine Betriebstätte hat; dies gilt auch, wenn das Unternehmen seine Tätigkeit auf das Gebiet des anderen Staates erstreckt, ohne dort eine Betriebstätte zu haben.

(2) Betriebstätte im Sinne dieses Abkommens ist eine ständige Geschäftseinrichtung des Unternehmens, in welcher die Tätigkeit dieses Unternehmens ganz oder teilweise ausgeübt wird. Als Betriebstätten sind demnach anzusehen: der Sitz des Unternehmens, der Ort der Leitung, die Zweigniederlassungen, die Fabrikations- und Werkstätten, die Einkaufs- und Verkaufsstellen, die Warenlager und anderen Handelsstätten, die den Charakter einer ständigen Geschäftseinrichtung haben, sowie ständige Vertretungen.

(3) Hat das Unternehmen Betriebstätten in beiden Staaten, so wird jeder Staat nur das Vermögen besteuern, das der auf seinem Gebiet befindlichen Betriebstätte dient, und nur die Einkünfte, die durch die Tätigkeit dieser Betriebstätte erzielt werden.

(4) Wie Betriebe im Sinne des Abs. 1 sind auch Beteiligungen an einem gesellschaftlichen Unternehmen zu behandeln mit Ausnahme von Kuxen, Aktien, Anteilscheinen und sonstigen Wertpapieren.

(5) Befindet sich die Betriebstätte des Unternehmens in dem einen Staat, der Wohnsitz eines in der Betriebstätte tätigen Inhabers oder Gesellschafters, der als Unternehmer (Mitunternehmer) anzusehen ist, in dem anderen Staat, so wird von dem Teil der Einkünfte, welcher einem angemessenen Entgelt für die Tätigkeit entsprechen würde, nur der Wohnsitzstaat Steuern erheben.

(6) Betriebe von Unternehmungen der Seeschiffahrt, der Binnenschiffahrt und der Luftfahrt sowie Einkünfte daraus werden nur in dem Staate besteuert, in dem sich der Ort der Leitung des Unternehmens befindet.

1. Zur Frage, welcher Gewerbebetrieb überhaupt unter Art. 3 fällt, und zum Begriffe der Betriebstätte siehe die Anmerkungen zu Art. III des deutsch-tschechischen Abkommens sowie B V Nr. 3 des Abschnittes B.

Bezüglich der Besteuerung von Warenlagern siehe Schlußprotokoll zu Art. 3 Abs. 4 und wegen der Frage der Zulässigkeit der Besteuerung von Bauausführungen die Anm. 3 b zu Art. III des deutsch-tschechischen Vertrages. Da hiernach Bauprojekte, selbst wenn sie an Baubüros und Bauwerkstätten geknüpft sind, nicht als Betriebstätten anzusehen sind, würde z. B. der Ausbau einer Kraftanlage in der Schweiz durch eine deutsche Firma mit den aus der Schweiz erzielten Einkünften weder zur schweizerischen noch zur deutschen Besteuerung herangezogen werden können.

Wenn ein deutsches Unternehmen von einer Schweizer Fa. Werkaufträge erhält und die hergestellte Ware auftragsgemäß an Dritte weiterleitet, so wird dadurch allein noch nicht die Steuerpflicht der Schweizer Fa. in Deutschland begründet (RFH. vom 24. 4. 1934, I A 286/33 = RStBl. 1934 S. 944).

Über Sitz und Ort der Leitung eines Unternehmens vgl. Anm. 4 zu Art. 1 des deutsch-italienischen Abkommens sowie B V Nr. 5 des Abschnittes B. Ständige Vertretungen können als Betriebstätte nur angesehen werden, wenn sie in einer Geschäftseinrichtung des Unternehmens ausgeübt werden. Art. 3 Abs. 2 Satz 2 ist Untersatz von Satz 1. (RFH. S. 37, 320.) Vgl. hierzu auch Schlußprotokoll zu Art. 3 Abs. 1. Wenn jedoch ein unabhängiger Vertreter, insbesondere zu Abschlüssen nicht ermächtigter Agent, ein Warenlager des Unternehmens selbst unterhält, so begründet dieses eine Betriebstätte des Unternehmens. Nach einer 1937 in Lausanne zwischen den obersten Finanzbehörden beider Staaten getroffenen Verständigung sollen aber in dem Falle in dem neben einem Warenlager ein Vermittlungsagent unterhalten wird, die durch seine Vermittlungstätigkeit erzielten Einkünfte der durch das Warenlager begründeten Betriebstätte bis auf weiteres nicht zugerechnet werden. Das soll jedoch nicht gelten, wenn die Lieferung für das nur vermittelte Geschäft ab Warenlager erfolgt. Vgl. Archiv für Schweiz. Abgabenrecht Bd. 4 S. 344.

2. Beteiligungen an einem gesellschaftlichen Unternehmen sind wie gewerbliche Betriebe im Sinne des Art. 3 Abs. 1 zu beurteilen. Es ist also die Beteiligung eines Schweizers an einer deutschen GmbH. ohne Betriebstätte in der Schweiz in Deutschland zu versteuern, soweit hier eine Steuerpflicht nach deutschem Steuerrecht überhaupt besteht. Das ist der Fall für die Einkommensteuer (§ 49 Nr. 2 EStG.), nicht aber für die Vermögensteuer (§ 77 RBG.). Doppelbesteuerungsverträge können das inländische Steuerrecht nicht erweitern (RFH. vom 3. 10. 1935 III A 267/34 = RStBl. 1935 S. 1399). Umgekehrt hat ein deutscher Gesellschafter einer Schweizer Kommanditgesellschaft seinen Anteil am Gesellschaftsvermögen und die daraus fließenden Einkünfte ausschließlich in der Schweiz zu versteuern. Vgl. hierzu RFH. vom 25. 4. 1933 VI A 988/31 und 1252/31 = 35, 114, wo für das Anwendungsgebiet des deutsch-italienischen Vertrages dargelegt wird, daß im Gegensatz zur Beteiligung nach innerem deutschen Steuerrecht Einkünfte aus der Beteiligung an einer GmbH. im Verhältnis zu einem anderen Staate wie Einkommen anderer Art behandelt werden können. Diese für das internationale Steuerrecht überhaupt zutreffende Auffassung muß bei dem gleichen Inhalt des Art. 3 Abs. 3 und des Art. 5 Abs. 3 des deutsch-italienischen Vertrages auch für das deutsch-schweizerische Abkommen gelten.

Wegen der sog. Metaverbindungen siehe Art. 5 Anm. 1 des deutsch-italienischen Vertrages.

Holdinggesellschaften, d. h. Gesellschaften, die lediglich Anteile an einer oder mehreren Kapitalgesellschaften verwalten, sind, falls der Ort der Leitung in Deutschland liegt, hier zu besteuern.

Eine wichtige Ausnahme gilt für Aktien, Kuxen, Anteilscheine und sonstige Wertpapiere, d. h. Urkunden, bei denen die Ausübung der in ihnen verbrieften Rechte an den Besitz der Urkunde selbst geknüpft ist. Sie können nur unter den Voraussetzungen des Schlußprotokolls zu Art. 3 Abs. 3 bei Annahme einer Betriebstätte des ausländischen Unternehmens im Inlande der deutschen Besteuerung unterworfen werden. Im übrigen erfolgt die Besteuerung dieser Wertpapiere im Wohnsitzstaate des Berechtigten nach Art. 7 des Abkommens, da es sich hier nicht um eine Form der Gewerbeausübung, sondern um Kapitalbeteiligung handelt. — Bemerkenswert erscheint hier, daß zu den Ausnahmevorschriften des Art. 3 Abs. 4 bei den Vertragsverhandlungen seitens der deutschen Delegation erklärt wurde, daß selbst der Besitz aller Aktien eines Unternehmens durch ein anderes für sich noch nicht ausreiche, eine Geschäftseinrichtung im Sinne einer Betriebstätte auf seiten des letzteren Unternehmens in dem Staate zu begründen, in dem dieses Unternehmen seinen Sitz hat (vgl. Botschaft S. 55). Vgl. im übrigen wegen der Anwendung der Organtheorie und des Schachtelprivilegs II Nr. 11 des Abschnittes A sowie C Nr. 18 und 14 des Abschnittes B.

Auf einer in Lausanne zwischen den obersten Finanzbehörden beider Länder abgehaltenen Konferenz wurde übereinstimmend im Sinne des Art. 13 festgestellt, daß Art. 3 Abs. 4 den deutschen Finanzbehörden nicht das Recht gebe, Gewinne aus dem Verkaufe von Wertpapieren (Kuxe, Aktien usw.) zu besteuern, wenn der Veräußerer seinen Wohnsitz in der Schweiz habe. Das muß auch für wesentliche Beteiligungen in solchen Wertpapieren gelten. Nur wenn solche wesentliche Beteiligungen zu einem Betriebsvermögen gehören, unterliegen sie der Betriebstättenbesteuerung des Art. 3 Abs. 1. Diese Ausnahme, die teilweise in der Literatur angefochten wird, ist allerdings nicht ganz zweifellos. Der RFH. hat sich mit dieser Frage noch nicht beschäftigt. Vgl. hierzu C Nr. 5 des Abschnittes B und RFH. vom 9. 5. 1934 = RStBl. 34 S. 902. Diese Entscheidung ist aber durch die vorstehende Vereinbarung teilweise überholt.

3. Bei Vorhandensein mehrerer Betriebstätten in beiden Staaten hat eine Verteilung des Steueraufkommens nach dem Ausmaß der Tätigkeit der einzelnen Betriebstätten stattzufinden (Abs. 3), wobei nach Schlußprotokoll Abs. 5 dem Sitz des Unternehmens besondere Berücksichtigung beigemessen werden soll. Siehe hierzu II Nr. 7 des Abschnittes A sowie B II Nr. 2 des Abschnittes B.

Eine für das internationale Ausgleichsteuerrecht bemerkenswerte Sonderregelung bringt Art. 3 Abs. 5. Hiernach ist, wenn sich die Betriebstätte eines Unternehmens in dem einen Staate, der Wohnsitz eines im Unternehmen tätigen Gesellschafters, der als Unternehmer oder zumindesten als Mitunternehmer anzusehen ist in dem anderen Staate befindet, das mutmaßliche Leistungsentgelt dieses Gesellschafters im Wohnsitzstaate zu versteuern. Diese Besteuerung des Betriebstätteneinkommens nach dem angemessenen Arbeitsentgelte im Wohnsitzstaate des Unternehmens bildet einen Ausgleich zu dem in Art. 4 niedergelegten Prinzip, wonach der Ort der entwickelten Tätigkeit für die Besteuerung des Arbeitseinkommens entscheidet. Die Frage der Angemessenheit des Entgelts kann nur durch Vergleich mit Betrieben ähnlicher Art unter Berücksichtigung der ganzen wirtschaftlichen Verhältnisse des Unternehmens entschieden werden (vgl. RFH. 32, 85). Formen der Mitunternehmerschaft bilden die offene Handelsgesellschaft, die Kommanditgesellschaft, nicht aber die Aktiengesellschaft. Der stille Gesellschafter gehört hierhin nur, wenn er auch am Vermögen des Handelsgewerbes beteiligt ist.

4. Die in Art. 3 Abs. 6 vorgesehene Sonderregelung für Seeschiffahrtsunternehmen usw. ist im Zusatzprotokoll Ziff. 2 wieder gestrichen worden. Solange keine besondere Vereinbarung für diese Verkehrsbetriebe getroffen wird, bleibt es also bei der Betriebstättenbesteuerung.

5. Der deutschen Mindestbesteuerung von Gesellschaften steht das Abkommen nicht entgegen (RFH. vom 25. 5. 1937 = StW. 1937 Nr. 370).

Art. 4.

(1) Einkünfte aus Arbeit einschließlich der Einkünfte aus freien Berufen werden, soweit nicht in Abs. 2 dieses Artikels oder in Art. 5 Abweichendes bestimmt ist, nur in dem Staate besteuert, in dessen Gebiet die persönliche Tätigkeit ausgeübt wird, aus der die Einkünfte herrühren. Die Ausübung eines freien Berufes in einem der beiden Staaten liegt nur dann vor, wenn die Berufstätigkeit in diesem Staate einen festen Mittelpunkt hat.

(2) Einkünfte aus nichtselbständiger Arbeit solcher Personen, die in dem einen Staate in der Nähe der Grenze ihren Wohnsitz und in dem anderen Staate in der Nähe der Grenze ihren Arbeitsort haben (Grenzgänger), werden nur in dem Staate besteuert, in dem der Steuerpflichtige seinen Wohnsitz hat.

1. Vgl. hierzu die Anm. zu Art. 7 des deutsch-italienischen Abkommens. Durch Art. 4 sind die im deutsch-schweizerischen Abkommen vom 24. 3. 1923 (RGBl. II S. 454) getroffenen Bestimmungen insoweit ersetzt, als sie etwas anderes bestimmen (vgl. Botschaft Schw. BBl. I S. 41 ff.).

Einkünfte aus unselbständiger Arbeit werden also — abgesehen von den Grenzgängern, bei denen der Wohnsitz entscheidet — grundsätzlich dort besteuert, wo der Arbeitsort liegt. Wegen der Einkünfte aus öffentlicher Anstellung s. Art. 5. Als Grenzgänger werden nur solche in der Nähe der Grenze arbeitende Personen zu gelten haben, die sich täglich über die Grenze zu ihrer Arbeitsstätte begeben und am gleichen Tage zurückkehren. Es kommt dabei nicht darauf an, ob diese Personen den Weg zu Fuß oder mit einem Verkehrsmittel zurücklegen. Vgl. Mitteilung der Eidgen. Steuerverwaltung vom 6. 6. 1936.

2. Die Einkünfte aus freiem Berufe werden ebenfalls grundsätzlich dort besteuert, wo die Tätigkeit entfaltet wird. Wird die Berufstätigkeit in beiden Staaten ausgeübt, so erfolgt die Besteuerung allein in dem Staate, in dem die Betriebstätte liegt. Hat also ein Arzt z. B. in einem Staate seine feste Niederlassung und hält er im anderen Staate Sprechstunden ab, so wird er mit den Einkünften aus dieser Sprechstundentätigkeit im letzteren Staate herangezogen, da ein für längere Zeit gemietetes Sprechzimmer als Betriebstätte angesehen werden muß.

3. Ruhegehälter, Pensionen und andere Bezüge für frühere Dienstleistungen in privaten Unternehmungen sind dort zu besteuern, wo der Steuerpflichtige seinen Wohnsitz hat, vorausgesetzt, daß er auch die Staatsangehörigkeit des Wohnsitzstaates besitzt oder daß er Grenzgänger ist. Besitzt der Steuerpflichtige nicht die Staatsangehörigkeit des Wohnsitzstaates, so zieht jeder Staat die Hälfte der Einkünfte zur Besteuerung heran. Vgl. Schlußprotokoll zu Art. 4.

Art. 5.

Steuern von Einkünften, die auf Grund einer gegenwärtigen oder früheren Dienst- oder Arbeitsleistung in Form von Besoldungen, Ruhegehältern, Löhnen oder anderen Bezügen vom Staate, von einem Lande, von einer Provinz, einer Gemeinde oder einer anderen juristischen Person des öffentlichen Rechts gewährt werden, die nach der inneren Gesetzgebung der vertragschließenden Staaten ordnungsmäßig errichtet ist, werden nur in dem Schuldnerstaate erhoben.

Ausnahmen siehe im Schlußprotokoll zu Art. 5. Im übrigen wird auf die Bemerkungen zu Art. VI des deutsch-tschechischen Abkommens verwiesen.

Art. 6.

(1) Kapitalvermögen und Einkünfte daraus werden nur in dem Staate besteuert, in dem der Steuerpflichtige seinen Wohnsitz hat.

(2) Soweit in einem der beiden Staaten die Steuer von inländischen Kapitalerträgen im Abzugswege (an der Quelle) erhoben wird, wird das Recht zur Vornahme des Steuerabzugs durch die Bestimmung des Abs. 1 nicht berührt.

Soweit Beteiligungen am Unternehmen in Frage kommen, siehe Art. 3 Anm. 2.

Im übrigen gilt das Wohnsitzprinzip, das den allgemeinen Steuergesetzen der Vertragsstaaten entspricht. Doppelbesteuerungen sind nach wie vor aber nicht ausgeschlossen bei Kapitalerträgen für den Fall des Steuerabzuges an der Quelle. Im Inlande kommt hier in Betracht der Steuerabzug nach § 43 EStG. und § 1 der DurchfVO. zum Steuerabzug vom Kapitalertrag vom 22. 12. 1934. Die Schweiz kennt keinen Steuerabzug. Dem Staate der Einkommensquelle ist im Art. 6 Abs. 2 nur das Recht zur Vornahme des Steuerabzugs, nicht aber das Recht zur Veranlagung des Steuerpflichtigen für Kapitaleinkünfte gewährt. Ist also der Steuerabzug unterblieben, so kann er nicht im Wege der Veranlagung nachgeholt werden. (RFH. vom 26. 3. 1935 I A 208/34.) Die Bestimmung darf nicht auf andere Einkünfte ausgedehnt werden, die ebenfalls im Abzugswege zu erheben sind. (Arbeitslohn, Tantiemen, Einkünfte nur der zeitlich begrenzten Überlassung von Urheberrechten gemäß VO. vom 6. 2. 1935 (RGBl. I, 160). Das deutsche Steuerrecht verbietet den Steuerabzug von Aufsichtsratsvergütungen auch dann nicht, wenn der Empfänger kraft Doppelsteuerrechts in Deutschland nicht steuerpflichtig ist. Gestützt auf das Abkommen kann aber die Erstattung der Steuer verlangt werden, die etwa im Widerspruch zum Schlußprotokoll zu Art. 4 und 7 zu Unrecht im Wege des Steuerabzugs erhoben worden wäre (RFH. vom 6. 2. 1935 VI A 930/34 = Deutsche Steuerzeitung 1935 S. 1033).

Art. 7.

Vermögen und Einkünfte, die in den vorhergehenden Artikeln nicht bezeichnet worden sind, werden nur in dem Staate besteuert, in dem der Steuerpflichtige seinen Wohnsitz hat.

1. Vermögen und Einkünfte, die im Abkommen nicht besonders genannt sind, unterliegen demnach grundsätzlich der Besteuerung des Wohnsitzstaates. Hierhin gehören insbesondere vererbliche oder persönliche Renten (mit Ausnahme der Reallasten vgl. Art. 2 Abs. 2) sowie sonstige wiederkehrende Bezüge aus der Überlassung von Patenten oder literarischer und künstlerischer Urheberrechte usw., soweit sie nicht als Einkünfte aus freiem Berufe zu gelten haben. So hat der RFH. z. B. entschieden, daß eine Rente, die einem in Deutschland unbeschränkt Steuerpflichtigen aus einer von einem Engländer gegründeten Familienstiftung, die ihren Sitz in der Schweiz hat, zufließt, in Deutschland zu versteuern sei. (RFH. vom 27. 3. 1935 VI A 813/34 = StW. 1935 Nr. 328.)

2. Wegen der Aufsichtsrats- und Angestelltentantiemen siehe Schlußprotokoll zu Art. 4 und 7. Feste oder selbst in Form der Tantieme vertraglich zugesicherte Gehälter sind keine Tantiemen. Tantiemen sind vielmehr freiwillige Vergütungen, die in der Regel von Kapitalgesellschaften in Hundertsätzen des Rein- oder Bruttogewinnes, aber auch nach einem bestimmten Satze entrichtet werden. So kann z. B. dem Verwaltungsrat einer Schweizer Aktiengesellschaft für eine Arbeitsleistung, die über die Überwachungspflicht hinausgeht, eine garantierte Mindestvergütung, außerdem aber noch als Verwaltungsrat ein Anteil am Reingewinn bezahlt werden. Nur der Anteil am Reingewinn fällt unter den Begriff der Tantieme. Vgl. hierzu auch Anm. 1 zu Art. 6.

Art. 8.

(1) Als Wohnsitz im Sinne dieses Abkommens wird der Ort angesehen, wo der Steuerpflichtige eine ständige Wohnung hat und regelmäßig verweilt.

(2) Liegen die Voraussetzungen gleichzeitig in jedem der beiden Staaten vor, so gilt als Wohnsitz derjenige, wo der Steuerpflichtige den Mittelpunkt seiner persönlichen und geschäftlichen Interessen hat. Ist ein solcher Mittelpunkt nicht festzustellen, so tritt eine Teilung des Besteuerungsrechtes nach näherer Vereinbarung der zuständigen obersten Verwaltungsbehörden der beiden Staaten ein.

(3) Liegen die Voraussetzungen des Abs. 1 in keinem der beiden Staaten vor, so gilt als Wohnsitz des Steuerpflichtigen der Ort, an dem er seinen dauernden Aufenthalt hat. Einen dauernden Aufenthalt im Sinne dieser Bestimmung hat jemand da, wo er sich unter Umständen aufhält, die auf die Absicht schließen lassen, dort nicht nur vorübergehend zu verweilen.

(4) Im Sinne dieses Abkommens gilt als Wohnsitz juristischer

Personen der Ort, wo sie ihren Sitz haben. Das gleiche gilt für Personenvereinigungen, Anstalten, Stiftungen und sonstige Vermögensmassen, die als solche der Besteuerung unterliegen.

1. Siehe hierzu Schlußprotokoll zu Art. 8.

2. Der Wohnsitz natürlicher Personen ist der Ort, wo der Steuerpflichtige eine ständige Wohnung innehat, und regelmäßig verweilt. Die Begriffsbestimmung ist etwas weiter als in § 13 des deutschen StAnpG. gefaßt. Sie deckt sich auch nicht ganz mit dem entsprechenden Begriff des schweizerischen Zivilgesetzbuches, der vom Steuerrecht der meisten Kantone übernommen ist. Wiewohl also die deutsche Rechtsprechung zum früheren Wohnsitzbegriff (vgl. Anm. 3 zu Art. I des deutsch-tschechischen Abkommens sowie B V Nr. 1 des Abschnittes B) herangezogen werden kann, so ist doch bei der Beurteilung des Wohnsitzbegriffes nach dem deutsch-schweizerischen Abkommen darüber hinaus dem Tatbestandserfordernis des regelmäßigen wirklichen Verweilens Rechnung zu tragen. Allerdings kann auch hiernach das ständige Wohnen in einem gemieteten Zimmer oder in einem Hotel für die Annahme eines Wohnsitzes ausreichen.

Bei Doppelwohnsitz gilt Art. 8 Abs. 2. Trifft Wohnsitz mit dauerndem Aufenthalt zusammen, so entscheidet der Wohnsitz.

3. Wegen des dauernden Aufenthalts s. Anm. 4 zu Art. I des deutsch-tschechischen Abkommens sowie B V Nr. 2 des Abschnittes B.

4. Die Behandlung des sog. Saisonaufenthaltes ist im Schlußprotokoll zu Art. 8 Abs. 1 geregelt.

5. Für Studenten gilt Schlußprotokoll zu Art. 8 Abs. 2. Die Befreiung gilt aber nur für die Studiengelder, die den Studenten im Rahmen des billigerweise Erforderlichen von ihren Angehörigen zufließen, nicht für Einkünfte aus eigenem ihrer eigenen Verwaltung unterliegenden Vermögen.

6. Bei Staatenlosen und Angehörigen dritter Staaten ist Vereinbarung von Fall zu Fall vorbehalten (Schlußprotokoll zu Art. 8 Abs. 4).

7. Als Wohnsitz juristischer Personen gilt deren Sitz. Ausgenommen sind Stiftungen und sonstige Vermögensmassen, für die als Wohnsitz der Ort der Leitung gilt (vgl. Nr. 3 des Zusatzprotokolls).

Folgendes Beispiel möge zur Illustration der zwischenstaatlichen Regelung angeführt sein:

Ein bei einem deutschen Unternehmen angestellter Ingenieur arbeitet in Genf an einem von dieser Firma dort übernommenen Bauauftrag. Er ist Reichsdeutscher und hat seinen Wohnsitz in Berlin, während er in Genf nur ein möbliertes Zimmer vorübergehend gemietet hat. Er wird mit seinem Arbeitseinkommen in der Schweiz (Art. 4) — mit seinen Einkünften aus einer Lizenzübertragung und sonstigem Kapitalvermögen in Deutschland (Art. 6 bis 8) — und mit Grundstücken, die er in der Schweiz besitzt, dort besteuert.

II. Abschnitt: Erbschaftsteuern.

Art. 9.

(1) Als Erbschaftsteuern im Sinne dieses Abkommens gelten: auf seiten des Deutschen Reiches:

die Erbschaftsteuer und die etwa künftig an deren Stelle tretenden oder neu hinzutretenden entsprechenden Steuern;

auf seiten der Schweizerischen Eidgenossenschaft:

die in der Anlage B aufgeführten und etwa künftig an deren Stelle tretenden Abgaben und Gebühren, soweit sie die Besteuerung von Erbschaften, Vermächtnissen oder Schenkungen von Todes wegen betreffen, sowie etwa künftig neu hinzutretende entsprechende Abgaben oder Gebühren.

(²) Dieses Abkommen bezieht sich nicht auf die Besteuerung von Schenkungen und Zweckzuwendungen unter Lebenden unbeschadet der Bestimmung in Art. 13 Abs. 2 sowie ferner nicht auf die Fälle, in denen Nachlaß oder der Erwerber von Nachlaßvermögen ohnehin nur den Erbschaftsteuern eines der beiden Staaten unterworfen ist.

Auch die Aufzählung der Erbschaftsteuern in Art. 9 ist nicht erschöpfend. Durch das Abkommen soll nur die sog. effektive Doppelbesteuerung ausgeschlossen werden. Nach dem Abkommen könnte theoretisch ein Schweizer Kanton befugt sein, eine Erbschaft zur Besteuerung heranzuziehen, trotzdem nach seinem inneren Erbschaftsteuerrecht die Grundlage hierfür fehlt. In einem solchen Falle wäre das Deutsche Reich allein berechtigt, die Erbschaftsteuer zu verlangen, sofern seine Steuergesetze die Steuerpflicht bejahen.

Vgl. im übrigen hierzu § 2 des deutschen ErbStG. und wegen der schweizer Erbschaftsteuern Anlage B am Schlusse des Abkommens S. 249.

Art. 10.

Unbewegliches Vermögen einschließlich Zubehör ist den Erbschaftsteuern nur in dem Staate unterworfen, in dem dieses Vermögen liegt; Art. 2 und 3 finden entsprechende Anwendung. Die in Art. 2 Abs. 5 getroffene Regelung gilt auch für die Erbschaftsteuern.

Zum unbeweglichen Vermögen gehören auch das Zubehör und die in Art. 2 Abs. 2 bezeichneten Rechte (vgl. dazu die Anmerkungen zu Art. 2). Hypothekarisch gesicherte Forderungen werden in dem Staate zur Erbschaftsteuer herangezogen, in dem der Erblasser seinen Wohnsitz hatte. Art. 8 findet Anwendung. Dagegen sind Grund- und Rentenschulden dem unbeweglichen Vermögen zuzurechnen. Siehe hierzu Anm. 2 zu Art. 2 II Nr. 10 des Abschnittes A und C Nr. 6 des Abschnittes B. Vgl. im übrigen die Anm. zu Art. I des deutsch-österreichischen Erbschaftsteuerabkommens.

Art. 11.

(¹) Für das nicht nach Art. 10 zu behandelnde Nachlaßvermögen gelten folgende Bestimmungen:

a) hat der Erblasser zur Zeit seines Todes seinen Wohnsitz

oder in Ermangelung eines solchen seinen dauernden Aufenthalt in einem der beiden Staaten gehabt, so unterliegt dieses Vermögen den Erbschaftsteuern nur in diesem Staate;

b) liegen die Voraussetzungen von a in jedem der beiden Staaten vor, so unterliegt dieses Vermögen den Erbschaftsteuern nur in dem Staate, in dem der Erblasser den Mittelpunkt seiner persönlichen und geschäftlichen Interessen gehabt hat. Ist ein solcher Mittelpunkt nicht festzustellen, so unterliegt dieses Vermögen den Erbschaftsteuern nur in dem Staate, dem der Erblasser zur Zeit seines Todes angehört hat.

(2) Für den Begriff des Wohnsitzes und des dauernden Aufenthalts sind die Bestimmungen des Art. 8 Abs. 1 und Abs. 3 Satz 2 maßgebend.

Bei dem gesamten beweglichen und sonstigen Vermögen, soweit es nicht unter Art. 10 fällt, entscheidet grundsätzlich für die Heranziehung zur Erbschaftsteuer der Wohnsitz des Erblassers oder der hierfür in Betracht kommende Ersatztatbestand (vgl. hierzu die Anm. zu Art. 8).

Art. 12.

(1) Erbschaftsschulden, die einen bestimmten Gegenstand belasten oder darauf sichergestellt sind, werden vom Werte dieses Gegenstandes in Abzug gebracht.

(2) Ein ungedeckter Rest dieser Schulden und andere Erbschaftsschulden werden in beiden Staaten auf die übrigen zur Verfügung stehenden Aktiven angerechnet, und zwar im Verhältnis des Wertes der diesen Staaten zur Besteuerung zugewiesenen Aktiven dieser Art.

(3) Die vorstehenden Bestimmungen über die Anrechnung der Schulden gelten auch sinngemäß für die Anrechnung von Vermächtnissen.

1. Im Gegensatze zum inneren Erbschaftsteuerrecht beider Staaten sind bei Anwendung dieses Abkommens Erbschaftsteuerschulden von dem Vermögensgegenstande in Abzug zu bringen, der durch sie belastet oder auf dem sie sichergestellt sind. Übersteigen die Schulden den Wert des einzelnen Nachlaßgegenstandes, so ist der Rest sowohl wie die anderen allgemeinen Erbschaftsschulden auf die übrigen Aktiven anzurechnen und zwar im Verhältnisse des Wertes der den beiden Staaten zur Besteuerung zugewiesenen, nicht unmittelbar belasteten Aktiven.

2. Der Inhalt des Abs. 3 soll zum Ausdruck bringen, daß Vermächtnisse wie Schulden behandelt werden. Hierdurch kann der merkwürdige Fall eintreten, daß, wenn der Nachlaß durch Vermächtnisse erschöpft wird, die Steuer nur von dem Vermächtnisnehmer zu erheben ist.

III. Abschnitt: Verfahrensbestimmungen.

Art. 13.

(1) Legt der Steuerpflichtige dar, daß die Maßnahmen der Finanzbehörden in den beiden Staaten für ihn die Wirkung einer Doppelbesteuerung gehabt haben, so kann er hiergegen bei dem Staate, dem er angehört, Einspruch erheben. Wird der Einspruch für begründet erachtet, so soll die zuständige oberste Verwaltungsbehörde dieses Staates mit der zuständigen obersten Verwaltungsbehörde des anderen eine Verständigung versuchen, um in billiger Weise eine Doppelbesteuerung zu vermeiden.

(2) Zur Beseitigung von Doppelbesteuerungen in Fällen, die in diesem Abkommen nicht geregelt sind, sowie auch in Fällen von Schwierigkeiten oder Zweifeln bei der Auslegung oder Anwendung dieses Abkommens können sich die zuständigen obersten Verwaltungsbehörden der beiden Staaten verständigen.

Siehe hierzu die Anmerkung 1 zu Art. 15 des deutsch-italienischen Abkommens.

Art. 8 Abs. 2, Schlußprotokoll zu Art. 1 und 9 Abs. 3 und 4, zu Art. 3 Abs. 6, zu Art. 8 Abs. 1 und 4, Art. 9 Abs. 2 Zusatzprotokoll Ziff. 2 sehen weitere Möglichkeiten einer direkten Verständigung zwischen den obersten Verwaltungsbehörden beider Staaten vor. Besondere Bedeutung ist hierbei der Bestimmung im Schlußprotokoll zu Art. 8 beizumessen, die sich auf die Personen bezieht, die die Staatsangehörigkeit keines der beiden Staaten besitzen.

Art. 14.

Dieses Abkommen findet Anwendung

1. bei den direkten Steuern erstmalig auf die Steuern, die für die Zeit vom 1. Januar 1932 an erhoben werden;
2. bei den Erbschaftsteuern auf alle Fälle, in denen der Erblasser nach dem Inkrafttreten dieses Abkommens gestorben ist.

Siehe hierzu Schlußprotokoll zu Art. 14, wonach die Bestimmungen dieses Abkommens auch auf solche Fälle Anwendung finden sollen, die vor seinem Inkrafttreten ja selbst vor dem 1. 1. 1932 liegen und noch nicht rechtskräftig geworden sind. Insofern ist das in der Juristischen Wochenschrift Jahrg. 64 S. 2765 mitgeteilte Urteil des RFH. nicht unbedenklich. Bemerkenswert sind hier für die Bedeutung dieser Rückwirkung RFH. vom 24. 4. 1934 = RStBl. 1934 S. 944 und RFH. vom 11. 7. 1934 in RStBl. 1934 S. 933. Dagegen ist nicht anzunehmen, daß auch Berichtigungsveranlagungen von Steuerbescheiden, deren Rechtskraft vor dem 1. 1. 1932 eingetreten ist, dann unter das Abkommen fallen, wenn sie vor dem 1. 1. 1932 vorgenommen sind.

Art. 15.

(1) Dieses Abkommen soll ratifiziert und die Ratifikationsurkunden sollen baldmöglichst in Bern ausgetauscht werden.

(2) Das Abkommen tritt mit dem Austausch der Ratifikationsurkunden in Kraft und bleibt so lange in Geltung, als es nicht von einem der beiden Staaten gekündigt wird. Die Kündigung ist nur für den Ablauf eines Kalenderjahres zulässig. Die Kündigungsfrist beträgt 6 Monate.

Das Abkommen nebst Schlußprotokoll und Zusatzprotokoll ist bekanntgemacht in RGBl. 1934 II 38 ff., 50 f., 52. In Kraft getreten ist es am 29. 1. 1934 (Bekanntmachung vom 12. 2. 1934, RGBl. II S. 37).

Mit dem Inkrafttreten des vorstehenden Abkommens ist das Abkommen, das die Schweizerischen Nordkantone mit Deutschland am 24. 3. 1923 geschlossen hatten, außer Kraft getreten, ohne daß es einer förmlichen Aufhebung bedurft hätte. In gleicher Weise sind die von den Kantonen Aargau und Zürich mit dem Deutschen Reich getroffenen Übereinkünfte zum Zwecke der Vermeidung der Doppelbesteuerung von Rheinkraftwerken vom 20. 7. 1929 und 15. 5. 1931, die sich auf Art. II des oben genannten Abkommens vom 24. 3. 1923 stützten, aufgehoben worden.

Verzeichnis (Anlage A)
der direkten Steuern der Kantone, Bezirke und Gemeinden der Schweizerischen Eidgenossenschaft.

I. Direkte Steuern der Kantone.

Steuerarten	Gesetzliche Grundlagen
Kanton Zürich	
Einkommenssteuer Ergänzungssteuer (Vermögen) Ertrags- und Kapitalsteuer (für Aktiengesellschaften)	Gesetz betr. die direkten Steuern vom 25. XI. 1917/19. II. 1922/2. XII. 1928.
Kanton Bern	
Vermögenssteuer Einkommenssteuer Zuschlagssteuer	Gesetz über die direkten Staats- und Gemeindesteuern vom 7. VII. 1918/21. III. 1920/31. I. 1936.
Kanton Luzern	
Einkommenssteuer, Vermögenssteuer — Physische Personen	Steuergesetz vom 22. IX. 1922/30. XI. 1927.
Kapitalsteuer, Ertragssteuer — Juristische Personen	Armengesetz vom 29. XII. 1922.

Steuerarten	Gesetzliche Grundlagen

Kanton Uri

Vermögenssteuer Einkommenssteuer	Steuergesetz für den Kanton Uri vom 31. X. 1915/7. V. 1923.

Kanton Schwyz

Vermögenssteuer Steuer auf Leibrenten und Pensionen	Steuergesetz für den Kanton Schwyz vom 10. IX. 1854. Gesetz betr. die Besteuerung der Transportanstalten, Warenlager u. dgl. vom 9. VIII. 1890.

Kanton Obwalden

Vermögenssteuer Einkommenssteuer	Steuergesetz vom 26. IV. 1908/25. IV. 1920/17. V. 1931.

Kanton Nidwalden

Vermögenssteuer Erwerbssteuer	Gesetz vom 24. IV. 1921.

Kanton Glarus

Vermögenssteuer Personalsteuer (fest)	Gesetz über das Landessteuerwesen des Kantons Glarus vom 1. V. 1904/5. V. 1918/11. V. 1919/2. V. 1920/1. V. 1927/4. V. 1930.
Erwerbssteuer	Gesetz über die Erwerbssteuer des Kantons Glarus vom 2. V. 1920.
Vermögenssteuer	Gesetz betr. Erhebung einer Landessteuer für Schulzwecke vom 11. V. 1919.
Kapitalsteuer (ev. Immobiliarsteuer)	Gesetz betr. die Besteuerung der anonymen Erwerbsgesellschaften vom 6. V. 1917.

Kanton Zug

Vermögenssteuer Einkommens- und Erwerbssteuer Patentsteuer	Gesetz über die Bestreitung der Staatsauslagen vom 28. XII. 1896/17. XI. 1921/15. V. 1930.

Canton de Fribourg

Impôt sur la fortune Impôt sur le produit du travail Impôt sur le capital et le bénéfice des personnes morales	Loi sur l'impôt du 24. XI. 1919/7. V. 1926/16. V. 1929.

Steuerarten	Gesetzliche Grundlagen
Kanton Solothurn	
Einkommenssteuer Vermögenssteuer	Gesetz betr. die direkte Steuer vom 17. III. 1895/21. I. 1917/4. V. 1919/29. III. 1925/23. II. 1930.
Kanton Basel-Stadt	
Einkommenssteuer Vermögenssteuer	Gesetz betr. die direkten Steuern vom 6. IV. 1922.
Kapitalsteuer Ertragssteuer	Gesetz betr. die Besteuerung der anonymen Erwerbsgesellschaften vom 23. VI. 1921.
Kanton Basel-Land	
Vermögenssteuer Einkommenssteuer	Gesetz vom 20. VIII. 1928.
Kanton Schaffhausen	
Vermögenssteuer Einkommenssteuer Kapitalsteuer Ertragssteuer	Gesetz über die direkten Steuern vom 26. VIII. 1919/25. V. 1927.
Kanton Appenzell A. Rh.	
Vermögenssteuer Einkommenssteuer	Steuergesetze vom 25. IV. 1897.
Kanton Appenzell J. Rh.	
Vermögenssteuer Erwerbssteuer Armensteuer (vom Vermögen, Erwerb und der Person)	Steuergesetz vom 12. X. 1919/27. IV. 1924.
Kanton St. Gallen	
Vermögenssteuer Einkommenssteuer	Gesetz betr. die direkten Staatssteuern vom 24. XI. 1903/30 XI. 1916/24. V. 1918/15. XI. 1928.
Kanton Graubünden	
Vermögenssteuer Erwerbssteuer	Steuergesetz für den Kanton Graubünden vom 23. VI. 1918.

Steuerarten	Gesetzliche Grundlagen

Kanton Aargau

Vermögenssteuer Erwerbssteuer	Gesetz über den Bezug von Vermögens- und Einkommenssteuern zu Staatszwecken vom 11. III. 1865/18. II. 1925.
Spezialsteuer auf Aktiengesellschaften, Kommanditaktiengesellschaften und Erwerbsgenossenschaften	Gesetz über die Besteuerung der Aktiengesellschaften und Erwerbsgenossenschaften vom 15. IX. 1910.

Kanton Thurgau

Vermögenssteuer Einkommenssteuer	Gesetz betr. das Steuerwesen vom 15. II. 1898.

Cantone Ticino

Imposta sulla sostanza Imposta sulla rendita	Legge tributaria del Ct. Ticino dell' 11. XII. 1907 colle modificazioni susseguenti.
Tassa scolastica	Decreto legislativo sull'onorario dei docenti delle scuole communali e cantonali del 24 agosto 1915.

Canton de Vaud

Impôt sur la fortune Impôt sur le produit du travail Taxe sur les étrangers qui ne sont pas nés dans le canton de Vaud et qui n' exercent et n'y ont jamais exercé l'activité lucrative	Loi d'impôt sur la fortune et le produit du travail du 24. I. 1923/24. XI. 1926/14. II. 1928/27. XI. 1928.
Droits de patente	Loi soumettant à une patente diverses sociétés ayant leur siège dans le canton ou y exerçant une activité du 22. I. 1919.

Canton du Valais

Impôt sur la fortune Impôt sur le revenu Impôt sur l'industrie	Loi des finances du 10. XI. 1903. Loi du 19. V. 1899 sur le contrôle de l'impôt mobilier. Décret du 15. I. 1921.

Canton de Neuchâtel

Impôt sur la fortune Impôt sur les ressources	Loi sur l'impôt direct du 30. IV. 1903 avec les modifications subséquentes.

Steuerarten	Gesetzliche Grundlagen

Canton de Genève

Steuerarten	Gesetzliche Grundlagen
Impôt sur le revenu, Impôt sur la fortune (Personnes physiques); Impôt sur le capital, Impôt sur le bénéfic (Personnes morales); Impôt complémentaire sur la valeur des immeubles; Impôt sur la plus-value immobilière	Loi sur les contributions publiques du 24. III. 1923/24. XII. 1924/9. III. 1927/4. V. 1927/1. XII. 1928.

II. Direkte Steuern der Bezirke und Gemeinden.

Steuerarten	Gesetzliche Grundlagen

Kanton Zürich

Steuerarten	Gesetzliche Grundlagen
Einkommenssteuer Ergänzungssteuer Ertragssteuer Kapitalsteuer Liegenschaftssteuer Grundstückgewinnsteuer	Gesetz betr. die direkten Steuern vom 25. XI. 1917/19. II. 1922/2. XII. 1928.

Kanton Bern

Steuerarten	Gesetzliche Grundlagen
Vermögenssteuer Einkommenssteuer Zuschlagssteuer Besondere Erwerbssteuer (Saisonsteuer)	Gesetz über die direkten Staats- und Gemeindesteuern vom 7. VII. 1918 Gesetz über die Organisation des Kirchenwesens im Kanton Bern vom 18. I. 1874. Dekret betr. Steuern zu Kultuszwecken vom 2. XII. 1876.

Kanton Luzern

Steuerarten	Gesetzliche Grundlagen
Einkommenssteuer, Vermögenssteuer (Physische Personen) Ertragssteuer, Kapitalsteuer (Juristische Personen) Wertzuwachssteuer	Steuergesetz vom 22. IX. 1922/30. XI. 1927. Armengesetz vom 29. XII. 1922. Steuergesetz vom 28. VII. 1919 (Art. 20—38).

Kanton Uri

Steuerarten	Gesetzliche Grundlagen
Vermögenssteuer Einkommenssteuer	Verordnung über das Steuerwesen der Gemeinden vom 24. XI. 1892/10. III. 1903. Verordnung über Kultus- oder Kirchensteuern vom 27. XI. 1918.

Steuerarten	Gesetzliche Grundlagen
Kanton Schwyz	
Vermögenssteuer	Steuergesetz für den Kanton Schwyz vom 10. IX. 1854/17. VII. 1884/19. X. 1890.
Steuer auf Leibrenten und Pensionen	Gesetz betr. die Besteuerung der Transportanstalten, Warenlager u. dgl. vom 9. VIII. 1890.
Handänderungssteuer	Gesetz betr. die fakultative Handänderungssteuer zugunsten der Gemeinden vom 4. XII. 1920.
Kanton Obwalden	
Vermögenssteuer Einkommenssteuer	Steuergesetz vom 26. IV. 1908/25. IV. 1920.
Kanton Nidwalden	
Vermögenssteuer Erwerbssteuer	Gesetz vom 24. IV. 1921.
Kanton Glarus	
Haushaltungssteuer	Gesetz über die Erhebung von Gemeindesteuern vom 27. V. 1877. Gesetz betr. die Erhebung von Vermögens-, Kopf- und Haushaltungssteuern für Kirchenzwecke vom 27. V. 1877.
Vermögenssteuer	Gesetz betr. die Erhebung von Vermögens- und Kopfsteuern für Schulzwecke vom 27. V. 1877.
Kanton Zug	
Vermögenssteuer Erwerbssteuer Patentsteuer Haushaltungssteuer	Gesetz betr. das Gemeindewesen vom 20. XII. 1876.
Kirchensteuer	Gesetz betr. Steuerberechtigung der Kirchgemeinden des Kantons Zug vom 12. XI. 1908.
Canton de Fribourg	
Impôt sur la fortune Impôt sur le produit du travail Impôt sur le capital et le bénéfice des sociétés anonymes et des sociétés coopératives Contribution immobilière Impôt sur les bénéfices immobiliers	Loi sur les impôts communaux et paroissiaux du 7. V. 1926.

Steuerarten	Gesetzliche Grundlagen

Kanton Solothurn

Steuerarten	Gesetzliche Grundlagen
Einkommenssteuer Vermögenssteuer	Gesetz über die Organisation des Gemeindewesens vom 28. X. 1871.

Kanton Basel-Stadt

Steuerarten	Gesetzliche Grundlagen
Einkommenssteuer Vermögenssteuer Mehrwertsteuer auf Liegenschaften (wird als Einkommensteuer erhoben) Liegenschaftssteuer	Steuerreglement für die Einwohnergemeinde Riehen vom 3. VI. 1923. Steuerreglement der Einwohnergemeinde Bettingen vom 2. II. 1910.
Gebäudesteuer Kirchensteuer	Steuerordnung der evangelisch-reformierten Kirchgemeinde vom 14. XI. 1923.

Kanton Basel-Land

Steuerarten	Gesetzliche Grundlagen
Vermögenssteuer	Gemeindegesetz vom 14. III. 1881 §§ 137--153.
Einkommenssteuer	Gesetz vom 20. VIII. 1928.

Kanton Schaffhausen

Steuerarten	Gesetzliche Grundlagen
Vermögenssteuer Einkommenssteuer Kapitalsteuer Ertragssteuer	Gesetz über die direkten Steuern vom 26. VIII. 1919/25. V. 1927.

Kanton Appenzell A. Rh.

Steuerarten	Gesetzliche Grundlagen
Vermögenssteuer Einkommenssteuer	Steuergesetz vom 25. IV. 1897.

Kanton Appenzell J. Rh.

Steuerarten	Gesetzliche Grundlagen
Vermögenssteuer Erwerbssteuer Grundstücksteuer	Steuergesetz vom 12. X. 1919/27. IV. 1924.

Kanton St. Gallen

Steuerarten	Gesetzliche Grundlagen
Vermögenssteuer Einkommenssteuer	Gesetz betr. das Steuerwesen der Gemeinden vom 17. XI. 1858.

Kanton Graubünden

Steuerarten	Gesetzliche Grundlagen
Vermögenssteuer Erwerbssteuer Grundsteuer evtl. noch andere Steuern auf Vermögen und Erwerb	(Die bündnerischen Gemeinden besitzen eine eigene Steuerhoheit).

Steuerarten	Gesetzliche Grundlagen
Kanton Aargau	
Vermögenssteuer Erwerbssteuer	Gesetz über die Verwendung der Gemeindegüter und Gemeindesteuern vom 30. XI. 1866. Gesetz betr. Steuererleichterungen und Steuerzuschläge vom 18. II. 1925.
Kanton Thurgau	
Vermögenssteuer Einkommenssteuer	Gesetz über das Steuerwesen vom 15. II. 1898.
Cantone Ticino	
Imposta sulla sostanza Imposta sulla rendita	Legge tributaria del Cantone Ticino dell' 11. XII. 1907 colle modificazioni susseguenti.
Canton de Vaud	
Impôt sur la fortune Impôt sur le produit du travail Impôt foncier Impôt sur les loyers Taxe des étrangers	Loi sur les impositions communales du 19. V. 1925/14. II. 1928.
Canton du Valais	
Impôt sur le capital et le revenu Impôt sur l'industrie	Loi des finances du 10. XI. 1903 Loi du 29. XI. 1886/14. XI. 1922 sur la répartition des charges municipales et des travaux publics dans les communes.
Canton de Neuchâtel	
Impôt sur la fortune Impôt sur les ressources Impôt sur le revenu brut ou la valeur locative des immeubles Impôt sur la valeur du loyer ou du fermage	Loi sur les impositions municipales du 29. X. 1885 avec les modifications subséquentes. Decret du 20. XI. 1917 portant revision des articles 1—4 de la loi sur les impositions municipales du 29. X. 1885.
Canton de Genève	
Impôt sur le revenu Impôt sur la fortune Impôt sur le bénéfice Impôt sur le capital Taxe professionelle fixe sur les commerces, industries et professions	Loi sur les contributions publiques du 24. III. 1923/24. XII. 1924/9. III. 1927/4. V. 1927/1. XII. 1928.

Verzeichnis (Anlage B)
der Erbschaftsteuern der Kantone, Bezirke und Gemeinden der Schweizerischen Eidgenossenschaft.

I. Erbschafts- und Schenkungssteuern der Kantone.

Steuerarten	Gesetzliche Grundlagen
Kanton Zürich	
Erbschafts- und Schenkungssteuer	Gesetz betr. die Erbschaftssteuer vom 20. II. 1870.
Kanton Bern	
Erbschafts- und Schenkungssteuer	Gesetz über die Erbschafts- und Schenkungssteuer vom 6. IV. 1919.
Kanton Luzern	
Erbschaftssteuer	Gesetz betr. die Erbschaftssteuern vom 27. V. 1908/28. VII. 1919.
Kanton Uri	
Erbschafts- und Schenkungssteuer	Gesetz über die Erbschafts -und Schenkungssteuer vom 2. V. 1926.
Kanton Schwyz	
—	—
Kanton Obwalden	
—	—
Kanton Nidwalden	
Erbschafts- und Vermächtnissteuer	Armengesetz vom 25. IV. 1912/30. IV. 1916.
Kanton Glarus	
Erbschafts- und Schenkungssteuer	Gesetz über das Landessteuerwesen des Kantons Glarus vom 1. V. 1904/5. V. 1918/11. V. 1919/2. V. 1920/4. V. 1930.
Kanton Zug	
Erbschafts- und Schenkungssteuer	Gesetz betr. teilweise Abänderung des Gesetzes über die Bestreitung der Staatsauslagen vom 28. XII. 1896/17. XI. 1921.

Steuerarten	Gesetzliche Grundlagen
Canton de Fribourg	
Droits sur les successions et sur les donations	Loi sur les droits d'enregistrement du 8. III. 1882/11. V. 1886/28. XII. 1916.
Kanton Solothurn	
Erbschafts- und Schenkungssteuern	Gesetz betr. die Erbschaftssteuer vom 13. XII. 1848 (Neuredaktion 1922). Gesetz betr. die Handänderungsgebühr von Vermögen in toter Hand vom 24. XII. 1856.
Kanton Basel-Stadt	
Erbschaftssteuern	Gesetz betr. die direkten Steuern vom 6. IV. 1922.
Kanton Basel-Land	
Erbschafts- und Schenkungssteuer	Gesetz über die Erbschafts- und Schenkungssteuer vom 16. II. 1920.
Kanton Schaffhausen	
Erbschafts- und Schenkungssteuern	Erbschaftssteuergesetz für den Kanton Schaffhausen vom 19. IX. 1910.
Kanton Appenzell A. Rh.	
Erbschafts- und Schenkungssteuer	Gesetz betr. die Erbschafts-, Vermächtnis- und Schenkungssteuer vom 30. IV. 1922.
Kanton Appenzell J. Rh.	
Erbschafts- und Schenkungssteuer	Steuergesetz vom 12. X. 1919.
Kanton St. Gallen	
Erbschafts- und Schenkungssteuern	Gesetz über die Erbschafts-, Vermächtnis- und Schenkungssteuer vom 17. V. 1911. Nachtragsgesetz vom 15. V. 1924.
Kanton Graubünden	
Nachlaßgebühr auf Erbschaften und Schenkungen	Steuergesetz für den Kanton Graubünden vom 23. VI. 1918.

Steuerarten	Gesetzliche Grundlagen
Kanton Aargau	
Erbschafts- und Schenkungssteuer	Gesetz betr. die Erbschafts- und Schenkungssteuer vom 16. II. 1922.
Kanton Thurgau	
Erbschafts- und Schenkungssteuer	Gesetz betr. die Handänderungs- und Stempelgebühr vom 23. V. 1850.
Cantone Ticino	
Imposta sulle successioni e donazioni	Legge sulle tasse di successione del 6. XII. 1917/16. XII. 1919.
Canton de Vaud	
Droits sur les successions et sur les donations	Loi sur la perception du droit de mutation du 27. XII. 1911/1. XII. 1919. Loi annuelle sur l'impôt 27. XII. 1928.
Canton du Valais	
Droits sur les successions et sur les donations	Loi sur le timbre du 18. III. 1875 et lois additionelles du 25. V. 1878 et du 13. XI. 1908.
Canton de Neuchâtel	
Droits sur les successions: a. — sur les parts héréditaires b. — sur la masse successorale	Loi concernant la perception d'un droit sur les successions et sur les donations entre vifs du 21. V. 1912.
Droits sur les donations	Loi concernant l'application de l'art. 554 du Code civil suisse et la perception d'un émolument, en cas de dévolution d'hérédité du 10. XI. 1920.
Canton de Genève	
Droits sur les successions et sur les donations	Loi sur les contributions publiques du 24. III. 1923/24. XII. 1924.

II. Erbschafts- und Schenkungssteuern der Bezirke und Gemeinden.

Steuerarten	Gesetzliche Grundlagen
Kanton Zürich	
—	—

Steuerarten	Gesetzliche Grundlagen

Kanton Bern

—	—

Kanton Luzern

Erbschaftssteuer (Deszendentensteuer)	Steuergesetz vom 28. VII. 1919.

Kanton Uri

—	—

Kanton Schwyz

—	—

Kanton Obwalden

—	—

Kanton Nidwalden

Erbschaftssteuern	Gesetz betr. Abänderung des § 30 des Armengesetzes vom 28. IV. 1912/30. IV. 1916.

Kanton Glarus

—	—

Kanton Zug

—	—

Canton de Fribourg

Droits sur les successions et sur les donations (Centimes additionels aux droits cantonaux)	Loi sur les impôts communaux et paroissiaux du 2. V. 1922.

Kanton Solothurn

—	—

Kanton Basel-Stadt

—	—

Kanton Basel-Land

—	—

Steuerarten	Gesetzliche Grundlagen
Kanton Schaffhausen	
—	—
Kanton Appenzell A. Rh.	
—	—
Kanton Appenzell J. Rh.	
—	—
Kanton St. Gallen	
—	—
Kanton Graubünden	
Erbanfall- und Schenkungssteuern	—
Kanton Aargau	
—	—
Kanton Thurgau	
—	—
Cantone Ticino	
—	—
Canton de Vaud	
Droits sur les successions et sur les donations	Loi sur les impositions communales du 19. V. 1925 (Centimes additionnels aux droits de mutation perçus par l'Etat).
Canton du Valais	
—	—
Canton de Neuchâtel	
Droits sur les successions et donations	Loi concernant la perception d'un droit sur les successions et sur les donations entre vifs du 21. V. 1912.
Canton de Genève	
—	—

Schlußprotokoll.

Zu Art. 1 und 9.

(1) Die in den Artikeln 1 und 9 und in den Anlagen A und B enthaltene Aufzählung der in beiden Staaten geltenden direkten Steuern und Erbschaftsteuern ist nicht abschließend.

(2) Zu den direkten Steuern im Sinne des Artikel 1 gehört schweizerischerseits auch die neue außerordentliche eidgenössische Kriegssteuer, solange sie noch erhoben wird.

(3) Zweifel werden im Einvernehmen zwischen den zuständigen obersten Verwaltungsbehörden der beiden Staaten geklärt werden.

(4) Die zuständigen obersten Verwaltungsbehörden der beiden Staaten werden am Ende jedes Jahres einander die eingetretenen Änderungen der in jedem Staate bestehenden direkten Steuern und Erbschaften mitteilen.

Zu Art. 2.

(1) Die Bestimmung des Artikel 2 gilt sowohl für die durch unmittelbare Verwaltung und Nutzung als auch für die durch Vermietung, Verpachtung und jede andere Art der Nutzung des unbeweglichen Guts erzielten Einkünfte sowie für Einkünfte aus Veräußerungsgeschäften, die bei der Veräußerung von unbeweglichem Vermögen mit Einschluß des mitveräußerten Zubehörs erzielt werden, und für den Wertzuwachs.

(2) Die in Artikel 2 Abs. 4 vorgesehene Ausnahme von der Besteuerung nach der Belegenheit findet nur so lange und so weit Anwendung, als nicht eine wie immer geartete Besteuerung der Forderungen dieser Art nach der Belegenheit in beiden Staaten besteht.

Vgl. hierzu die Erläuterungen zu Art. 2 des Abkommens.

Zu Art. 3.

(1) Unter den Begriff der Betriebstätte im Sinne des Art. 3 fällt nicht das Unterhalten von Geschäftsbeziehungen lediglich durch einen völlig unabhängigen Vertreter. Das gleiche gilt für das Unterhalten eines Vertreters (Agenten), der zwar ständig für natürliche Personen oder Körperschaften tätig ist, aber lediglich Geschäfte vermittelt, ohne zum Abschluß von Geschäften für die vertretene Firma bevollmächtigt zu sein.

(2) Unter dem Ort der Leitung im Sinne von Art. 3 ist der Ort zu verstehen, wo in ständigen Geschäftseinrichtungen des Unternehmens dessen Leitung sich ganz oder zu einem wesentlichen Teil vollzieht.

(3) Die Beteiligung an einem Unternehmen durch Besitz von Kuxen, Aktien, Anteilscheinen und sonstigen Wertpapieren begründet für den Besitzer eine Betriebstätte auch dann nicht, wenn mit dem Besitz ein Einfluß auf die Leitung des Unternehmens verbunden ist, es sei denn, daß für die Ausübung dieses Einflusses eine ständige Geschäftseinrichtung (Art. 3 Abs. 2) des ausländischen Unternehmens bei dem inländischen vorhanden ist.

(4) Die Lagerung von Waren eines Unternehmens des einen Staates bei einem solchen des anderen Staates zum Zwecke der Verarbeitung und nachherigen Versendung sowie die Verarbeitung selbst und die Versendung durch den Verarbeiter begründen keine Betriebstätte des auftraggebenden Unternehmens im Sinne von Art. 3 Abs. 2. Auch in Fällen dieser Art wird jedoch eine Betriebstätte des auftraggebenden Unternehmens begründet, wenn eine ständige Geschäftseinrichtung dieses Unternehmens hinzutritt.

(5) Im Falle des Vorhandenseins von Betriebstätten in beiden Staaten im Sinne von Art. 3 Abs. 3 soll bei der Aufteilung des Vermögens und des Einkommens in der Regel der Sitz des Unternehmens besonders berücksichtigt werden, wenn mit ihm ein wesentlicher Teil der Leitung verbunden ist.

(6) Die zuständigen obersten Verwaltungsbehörden werden in einem besonderen Abkommen Grundsätze für die Verteilung des Vermögens und Einkommens gemäß Art. 3 Abs. 3 auf die beiden Staaten aufstellen.

Vgl. hierzu die Erläuterungen zu Art. 3 des Abkommens.

Zu Art. 4.

Abweichend von Art. 4 werden Ruhegehälter, Witwen- und Waisenpensionen und andere Bezüge oder Geldwerte Vorteile für frühere Dienstleistung nur in dem Staate besteuert, in dem der Steuerpflichtige seinen Wohnsitz hat. Hat der Steuerpflichtige, abgesehen von den Fällen des Art. 4 Abs. 2 nicht die Staatsangehörigkeit des Wohnsitzstaates und werden die in Satz 1 genannten Bezüge aus dem anderen Staate gezahlt, so werden sie in jedem Staate zur Hälfte besteuert.

Zu Art. 4 und 7.

Vergütungen (Tantiemen) der Aufsichtsrats- (Verwaltungsrats-) Mitglieder werden nach Art. 7, Vergütungen (Tantiemen) der Direktoren und Angestellten nach Art. 4 besteuert.

Zu Art. 5.

(1) Abweichend von Art. 5 wird das in den Grenzgebieten tätige Personal der Bahn-, Post-, Telegraphen- und Zollverwaltungen der beiden Staaten für seine in Art. 5 erwähnten Bezüge nur in dem Staate besteuert, in dem es seinen Wohnsitz hat. Das gleiche gilt für die Ruhegehälter, Witwen- und Waisenpensionen und anderen Bezüge oder geldwerten Vorteile für frühere Dienstleistung oder Berufstätigkeit dieses Personals.

(2) Die Steuerfreiheit der deutschen Eisenbahnbeamten im Kanton Basel-Stadt ist als endgültig abgelöst anzusehen (vgl. Schlußprotokoll letzter Abs. des Abkommens vom 24. 3. 1923). Dies gilt auch für Personen, Ruhegehälter usw. dieser Beamten.

(3) Die Sonderbestimmungen des Art. 4 Abs. 2 und des zugehörigen Schlußprotokolls finden auch auf die in Art. 5 genannten Einkünfte Anwendung.

Zu Art. 8.

(1) Steuerpflichtige, die in dem einen Staat ihren Wohnsitz haben, können im anderen Staate trotz Fehlens eines solchen besteuert werden, wenn sie sich dort mindestens 3 Monate im Jahr unter Führung eines eigenen Haushalts aufhalten. Die Besteuerung wird jedoch nur für die Dauer dieses Aufenthalts erfolgen und darf sich nicht auf das ganze Vermögen und Einkommen des Steuerpflichtigen erstrecken, sondern muß sich im Rahmen einer angemessenen Berücksichtigung des mit dem Aufenthalt verbundenen Aufwands halten. Über die Vermeidung der Doppelbesteuerung in Fällen dieser Art werden sich die zuständigen obersten Verwaltungsbehörden der beiden Staaten von Fall zu Fall verständigen.

(2) Studierende, die sich in einem der beiden Staaten nur zu Studienzwecken aufhalten, werden von diesem Staate wegen der Bezüge, die sie von den in dem anderen Staate wohnhaften und dort bereits steuerpflichtigen Angehörigen empfangen, keiner Besteuerung unterworfen, sofern diese Bezüge den überwiegenden Teil des zu ihrem Unterhalt und ihrem Studium Notwendigen darstellen.

(3) Bei Steuerpflichtigen, die ihren Wohnsitz endgültig von dem einen in den anderen Staat verlegt haben, endet die Steuerpflicht, soweit sie an den Wohnsitz anknüpft, in dem ersten Staat mit dem Ende des Kalendermonats, in dem die Wohnsitzverlegung erfolgt ist.

(4) Hinsichtlich solcher Personen, die in keinem der beiden Staaten die Staatsangehörigkeit besitzen, können die zuständigen obersten Verwaltungsbehörden von Fall zu Fall besondere Vereinbarungen zur Vermeidung der Doppelbesteuerung treffen. Dabei sollen insbesondere die Angehörigen solcher Staaten berücksichtigt werden, die mit den beiden vertragschließenden Staaten Abkommen zur Vermeidung der Doppelbesteuerung abgeschlossen haben. Die Rechte, die den in Satz 1 genannten Personen nach dem Gesetz eines der beiden Staaten in diesem Staate etwa sonst zustehen, werden hierdurch nicht berührt.

Zu Art. 13.

Die Einleitung des Verständigungsverfahrens nach Art. 13 Abs. 1 ist einerseits von der Erschöpfung des Rechtsweges durch den Steuerpflichtigen nicht abhängig, andererseits wird der Steuerpflichtige durch die Einleitung dieses Verfahrens an der Geltendmachung der gesetzlichen Rechtsmittel nicht gehindert.

Zu Art. 14.

Die Bestimmungen dieses Abkommens sollen auch auf solche Steuerfälle Anwendung finden, die vor dem Inkrafttreten dieses Abkommens liegen und noch nicht rechtskräftig erledigt sind.

Zusatzprotokoll

zu dem Abkommen zwischen dem Deutschen Reiche und der Schweizerischen Eidgenossenschaft zur Vermeidung der Doppelbesteuerung auf dem Gebiete der direkten Steuern vom 15. 7. 1931.

Das Deutsche Reich und die Schweizerische Eidgenossenschaft sind übereingekommen, die Verhandlungen über einige Punkte des vorgenannten Abkommens wieder zu eröffnen.

Die Bevollmächtigten haben nach gegenseitiger Mitteilung ihrer in guter und gehöriger Form befundenen Vollmachten sich über folgende Punkte geeinigt:

1. Die Bestimmungen des Abkommens finden auf solche Per-

sonen, bei denen die Voraussetzungen für die Entrichtung der Reichsfluchtsteuer vorliegen, keine Anwendung.

Ferner findet das Abkommen keine Anwendung auf solche Personen, bei denen nur deshalb die Voraussetzungen für die Erhebung der Reichsfluchtsteuer nicht vorliegen oder wieder weggefallen sind, weil sie einen Wohnsitz oder gewöhnlichen Aufenthalt im Sinne des deutschen Steuerrechts in Deutschland nachweisen können oder nach deutschem Steuerrecht wie Personen mit Wohnsitz oder gewöhnlichem Aufenthalt in Deutschland behandelt werden.

a) Maßgebend für die Heranziehung zur Reichsfluchtsteuer ist die 4. VO. des Reichspräsidenten zur Sicherung der Wirtschaft und Finanzen vom 8. 12. 1931 (RGBl. I S. 731, III. Teil, Kap. III, 1. Abschn. §§ 1 und 3 Abs. 1).

Hiernach ist von den Personen, die am 31. 3. 1931 deutsche Staatsangehörige waren und in der Zeit nach dem 31. 3. 1931 und vor dem 1. 1. 1939 (Gesetz vom 19. 12. 1937, RGBl. I S. 1385) ihren inländischen Wohnsitz oder ihren gewöhnlichen Aufenthalt im Inlande aufgegeben haben oder aufgeben, eine Reichsfluchtsteuer in Höhe von 1/4 des gesamten steuerpflichtigen Vermögens zu erheben. Dabei sind Vermögensgegenstände, die auf Grund eines Doppelbesteuerungsvertrages von der Vermögensteuer befreit sind und daher nicht zum Gesamtvermögen im Sinne des RBG. gehören, für die Bemessung der Reichsfluchtsteuer dem Gesamtvermögen nicht hinzuzurechnen (RFH. vom 31. 3. 1938, III 306/37).

Die Reichsfluchtsteuer, die ihrer Struktur nach richtiger Ansicht nach wohl als indirekte Steuer anzusehen ist, ist jedenfalls keine Vermögensteuer, denn das Objekt dieser Steuer ist nicht der Besitz von Vermögen, sondern eine Handlung des Pflichtigen, nämlich die Aufgabe seines Wohnsitzes oder gewöhnlichen Aufenthaltes im Inlande. Das Vermögen bildet lediglich die Bemessungsgrundlage für die Höhe der Steuer. Die Reichsfluchtsteuer ist als letzte große Abgabe gedacht und zwar als Ausgleich dafür, daß der Pflichtige dem Reich als Steuerpflichtiger verloren geht (RFH. S. 40, 141).

b) Es kann keinem Zweifel unterliegen, daß sich auf das Abkommen berufen können sowohl diejenigen Personen, die die Fluchtsteuer bereits bezahlt haben als auch diejenigen Reichsangehörigen, die vor dem 1. 4. 1931 ihren Wohnsitz oder Aufenthalt im Inlande aufgegeben haben, denn für diese sind die Voraussetzungen für die Entrichtung der Steuer nicht mehr oder überhaupt nicht gegeben. Im ersteren Falle ist auch nicht zu prüfen, ob im Sinne von Ziff. 1 Abs. 2 des Zusatzprotokolls die Voraussetzungen für die Erhebung der Steuer nur deshalb nicht vorliegen, weil der Pflichtige nach deutschem Steuerrecht wie eine Person mit Wohnsitz oder Aufenthalt im Inlande behandelt wird (RFH. vom 26. 9. 1935 VI A 522/34 = S 38, 202). Wer im Inlande seinen Wohnsitz oder gewöhnlichen Aufenthalt hat und beabsichtigt auszuwandern, kann sich auf das Abkommen jedenfalls dann berufen, wenn er für die Reichsfluchtsteuer Sicherheit geleistet hat (RFH. vom 31. 3. 1938, III 306/37).

Entscheidend für die Vereinbarung der Ziff. 1 Abs. 2 des Zusatzprotokolls war die Befürchtung, daß ohne diese Bestimmung die Vorschriften der ReichsfluchtstVO. auf die in der Schweiz wohnhaften Deutschen keine Anwendung finden würden, welche ihren Wohnsitz nach Deutschland zurückverlegten. Sie wären nämlich, wenn das Abkommen auf sie Anwendung finden würde, von der in § 7 Abs. 2 RFlStVO. alter Fassung vorgesehenen Verpflichtung zur Sicherheitsleistung in Höhe der in den nächsten fünf Jahren zu entrichtenden Einkommen- und Vermögensteuer befreit gewesen. Die genannte Verpflichtung zur Sicherheitsleistung ist aber durch die Neufassung des § 7 der genannten VO. weggefallen (Ges. vom 18. 5. 1934; RGBl. I S. 392). Dadurch ist das Anwendungsgebiet der Ziff. 1 Abs. 2 erheblich eingeschränkt worden.

Wie bereits vorher gesagt, findet auf Reichsangehörige, die vor dem 1. 4. 1931 ausgewandert sind, das Abkommen Anwendung, da sie fluchtsteuerfrei sind. Wenn nun diese Personen nach dem 31. 3. 1931 eine Tätigkeit im Sinne des § 81 Nr. 2 AO. in Deutschland ausübten, wurden sie bis zum 1. 1. 1935 als Deutsche behandelt, die ihren Aufenthalt im Inlande beibehalten haben. Nach § 14 Abs. 3 des StAnpG. ist nun aber die Annahme eines fingierten Aufenthaltes für die leitenden Angestellten eines inländischen Unternehmens auf dem Gebiete der Erbschaftsteuer und des Reichsfluchtsteuergesetzes ausdrücklich ausgeschlossen worden und zwar mit Wirkung vom 1. 1. 1935. Gleichwohl werden aber diese Personen auch nach Fortfall des fingierten Aufenthaltes nicht als reichsfluchtsteuerpflichtig angesehen werden können, wenn sie vor dem 1. 4. 1931 ausgewandert sind. Der Wegfall des fingierten Aufenthalts, der ja zu ihren Gunsten geschaffen war, kann ihnen nicht schaden. Das Abkommen findet also auf sie Anwendung.

Die Bestimmung der Ziff. 1 Abs. 2 des Zusatzprotokolls findet demnach insbesondere auch auf solche Personen Anwendung, die n a c h d e m 31. 3. 1931 ausgewandert sind und einen fingierten Aufenthalt im Inlande gemäß § 81 Nr. 2 AO. beibehalten haben (vgl. hierzu RFH. S. 36, 298 und RFH. vom 20. 9. 1934 III A 300/34). — Alle diese Personen, die nach dem 31. 3. 1931 ihren inländischen Wohnsitz oder Aufenthalt aufgegeben haben, sind also reichsfluchtsteuerpflichtig geworden. Maßgebend für Entstehung und Fälligkeit der Steuer ist allein die Tatsache der Aufgabe des Wohnsitzes oder Aufenthaltes. Das deutsch-schweizerische Abkommen steht der Heranziehung dieser Personen zur Reichsfluchtsteuer nicht entgegen. (Vgl. Gutachten des Großen Senats beim RFH. vom 7. 8. 1936, D 7/36 = S. 39, 357; RFH. III A 116/36 sowie RFH. S. 38, 110.)

2. Art. 3 Abs. 6 des Abkommens fällt weg. Die obersten Verwaltungsbehörden der beiden Staaten können über die Besteuerung der Betriebe von Unternehmungen der Seeschiffahrt, Binnenschiffahrt und der Luftfahrt sowie der Einkünfte daraus besondere Vereinbarungen treffen.

3. Bei Stiftungen und sonstigen Vermögensmassen gilt als Wohnsitz in Abänderung von Art. 8 Abs. 4 des Abkommens der Ort der Leitung.

4. Die vorstehenden zu 1, 2 und 3 aufgeführten Punkte bilden einen integrierenden Bestandteil des Abkommens vom 15. 7. 1931.

Dieses Zusatzprotokoll soll zusammen mit dem Abkommen vom 15. 7. 1931 ratifiziert und die Ratifikationsurkunden sollen vor dem 31. 1. 1934 in Bern ausgetauscht werden.

Das Protokoll tritt gleichzeitig mit dem Abkommen in Kraft.

10. Deutsch-Polnische Anordnungen zur vorläufigen Beseitigung der Doppelbesteuerung im Verhältnis von Deutschland zu Polen.

Durch Runderlaß des RFM. vom 6. 4. 1934 (RStBl. 1934 S. 401) ist die vordem geltende Anordnung zur vorläufigen Beseitigung der Doppelbesteuerung im Verhältnis zu Polen vom 27. 3. 1923 mit Wirkung vom 20. 5. 1934 aufgehoben worden. Statt dessen sind bis zum Abschlusse eines endgültigen Abkommens die beiden folgenden Anordnungen vom 25. 6. 1935 und 29. 2. 1936 erlassen worden. Siehe hierzu auch C Nr. 10 des Abschnittes B.

I.

Beseitigung der Doppelbesteuerung im Verhältnis zu Polen.

RdErl. des RFM. vom 25. 6. 1935 S 1301 B. Pl. — 68/III d; RStBl. 35 S. 901.

Um nach dem Außerkrafttreten der Anordnung zur vorläufigen Beseitigung von Doppelbesteuerungen im Verhältnis zu Polen (RStBl. 1934 S. 401 Nr. 344) in den dringensten Fällen die Doppelbesteuerung zu beseitigen, ordne ich auf Grund des § 13 AO. unter der Voraussetzung der Gegenseitigkeit von seiten Polens und unter Vorbehalt jederzeitigen Widerrufs das Folgende an:

Bei der Heranziehung natürlicher, unbeschränkt steuerpflichtiger Personen zur Einkommensteuer für das Kalenderjahr 1934 und die folgenden Kalenderjahre sind außer Betracht zu lassen:

a) Einkünfte aus in Polen belegenem Grund- und Gebäudebesitz,
b) Einkünfte aus ständigem Gewerbebetrieb in Polen,
c) Einkünfte aus polnischen öffentlichen Kassen.

Die Steuerbefreiung tritt nur ein, wenn diese Einkünfte in Polen der Einkommensteuer unterliegen.

1. Gemäß Ziff. III der weiter hinten folgenden Anordnung des RFM. vom 29. 2. 1936 sollen die über diese Anordnung hinausgehenden weiter-

gehenden Bestimmungen der vorstehenden früheren Anordnung vom 25. 6. 1935 nicht berührt werden. Nach § 1 des deutschen EStG. von 1938 sind natürliche Personen, die im Inlande einen Wohnsitz oder ihren gewöhnlichen Aufenthalt (§§ 13, 14 StAnpG.) haben, unbeschränkt einkommensteuerpflichtig und zwar mit ihren gesamten Einkünften. Jede natürliche Person, gleichgültig ob Deutscher, Pole oder Ausländer oder Staatenloser, die also in Deutschland ihren Wohnsitz oder gewöhnlichen Aufenthalt hat, würde hiernach mit ihren gesamten nach dem EStG. steuerpflichtigen Einkünften der deutschen Einkommenbesteuerung unterliegen ohne Rücksicht darauf, ob sie mit diesen Einkünften auch in Polen zur Einkommensteuer herangezogen würde. Eine solche Doppelbesteuerung soll nach der vorstehenden Anordnung vom 25. 6. 1935 mit der Maßgabe ausgeschlossen sein, daß für die genannten Einkunftsarten lediglich der Belegenheits- oder Schuldnerstaat steuerberechtigt sein soll. Da die spätere Anordnung des RFM. vom 29. 2. 1936 sich nur auf die Staatsangehörigen beider Staaten erstreckt, die Anordnung vom 25. 6. 1935 aber für alle in Deutschland der unbeschränkten Einkommensteuerpflicht unterworfenen Personen gilt, ist diese Anordnung insoweit weitergehend. Für die Staatsangehörigen beider Staaten sind in der späteren Anordnung die Bestimmungen der früheren Anordnung wiederholt (vgl. I Ziff. 1, 2 und 5), so zwar, daß sich die spätere Anordnung sowohl auf unbeschränkt wie beschränkt Steuerpflichtige erstreckt. Die spätere Anordnung gilt weiter nicht nur für die natürlichen, sondern auch für die entsprechenden juristischen Personen.

Im übrigen gilt die Anordnung vom 25. 6. 1935 nur für das Gebiet der Einkommensteuer und für den Fall der effektiven Doppelbesteuerung. Vgl. hierzu II Nr. 3 des Abschnittes A: **Grundsätzliche Fragen des Doppelbesteuerungsrechtes** und C Nr. 10 des Abschnittes B.

2. Zu den in der Anordnung bezeichneten Einkunftsarten siehe die entsprechenden Anmerkungen der späteren Anordnung. Bei den Einkünften aus Grund- und Gebäudebesitz muß es sich um Einkommen handeln, das unmittelbar oder mittelbar aus dieser Quelle fließt. Grundstücksgleiche Rechte sind wie Grundstücke zu behandeln. Dasselbe muß auch wohl vom Nießbrauch an einem Grundstücke gelten. Vgl. Anm. Nr. 4 zu Art. II des deutsch-tschechischen Abkommens. Einkünfte aus Hypotheken und anderen Grundstückslasten fallen nicht unter diese VO. Siehe aber die folgende VO. I Ziff. 1. Die frühere Anordnung bezieht sich nur auf den stehenden, während sich die spätere auf den Gewerbebetrieb jeder Art bezieht.

II.

Anordnung zur vorläufigen Beseitigung von Doppelbesteuerungen im Verhältnis zu Polen.

RdErl. des RFM. vom 29. 2. 1936 (S 1301 B. Pl. — 103/d; RStBl. 1936 S. 196).

I. Zwischen der Deutschen und Polnischen Regierung schweben Verhandlungen über den Abschluß eines Abkommens zur Vermeidung der Doppelbesteuerung auf dem Gebiete der direkten Steuern, die zu einer vorläufigen Einigung über folgende Grundsätze des abzuschließenden Abkommens geführt haben:

1. Unbewegliches Vermögen und die Einkünfte daraus sollen nur in dem Staate besteuert werden, in denen sich die Liegenschaft befindet.

Als unbewegliches Vermögen gelten auch hypothekarisch gesicherte Forderungen.

1. Aus Fassung und Zweck der Anordnung muß entnommen werden, daß auch diese Anordnung nur die effektive Doppelbesteuerung beseitigen will (vgl. auch hierzu II Nr. 3 des Abschnittes A: Grundsätzliche Fragen des Doppelbesteuerungsrechtes und C Nr. 10 des Abschnittes B).

Wegen des Begriffes der direkten Steuern s. II Nr. 4 des Abschnittes A: Grundsätzliche Fragen des Doppelbesteuerungsrechtes und wegen der Reichsfluchtsteuer die Anm. zu Ziff. II dieser Anordnung.

Die Anordnung, die sachliches Recht schafft, bezieht sich nur auf Staatsangehörige beider Staaten. Bei Personen, die weder die deutsche noch polnische Staatsangehörigkeit besitzen, können von den beiderseitigen obersten Finanzverwaltungsbehörden von Fall zu Fall besondere Vereinbarungen getroffen werden (Ziff. II der Anordnung).

2. Direkte Steuern, die das unbewegliche Vermögen belasten, sollen nach Ziff. I Nr. 1 nur von dem Staate erhoben werden, in dem die Liegenschaft sich befindet.

Was im einzelnen zum unbeweglichen Vermögen gehört, bestimmt das innerstaatliche Recht jedes Staates. In Deutschland gehören hierhin bebaute und unbebaute Grundstücke sowie die Berechtigungen, auf die die Vorschriften über Grundstücke entsprechende Anwendung finden wie Erbbaurecht, Erbpacht, Mineralabbaurechte, Apothekengerechtigkeiten usw. Wesentliche Bestandteile sowie das Zubehör teilen das Schicksal der Unbeweglichkeit. Der Verteilungsgrundsatz der belegenen Sache gilt auch dann, wenn das Grundstück zu einem gewerblichen Betriebe gehört, ohne Betriebstätte zu sein.

Als unbewegliches Vermögen gelten auch hypothekarisch gesicherte Forderungen. Auch die Besteuerung dieser Rechte folgt somit der Belegenheit des belasteten Grundstücks und zwar auch dann, wenn die Hypothek zu einem Betriebsvermögen gehört. Grundschulden und Rentenschulden stehen den Hypotheken gleich. Siehe hierzu II Nr. 10 des Abschnittes A: Grundsätzliche Fragen des Doppelbesteuerungsrechtes und C Nr. 6 des Abschnittes B.

Alle anderen eigentumbegrenzenden dinglichen Grundstücksrechte wie Dienstbarkeiten, Reallasten usw. unterliegen, wenn überhaupt, der Besteuerung des Wohnsitzstaates (Ziff. I Nr. 6), sofern sie nicht zu einem Betriebsvermögen gehören oder als Bestandteile eines Grundstückes anzusehen sind (§ 96 BGB.). Eine Ausnahme muß wohl für den Nießbrauch an einem Grundstücke gelten. Siehe hierzu Anm. Nr. 4 zu Art. II des deutsch-tschechischen Abkommens.

2. Der Betrieb von Handel und Industrie und sonstigem Gewerbe jeder Art und die Einkünfte daraus sollen — unbeschadet der Ziff. 3 — nur in dem Staate besteuert werden, in dessen Gebiet das Unternehmen seine Betriebstätte hat.

Betriebstätte in diesem Sinne ist eine ständige Geschäftseinrichtung des Unternehmens, in welcher die Tätigkeit dieses Unternehmens ganz oder teilweise ausgeübt wird. Außer dem Sitz und dem Orte der Leitung des Unternehmens gelten als Betriebstätten die Zweigniederlassungen, die Fabrikations- und Werkstätten, die Einkauf- und Verkaufstätten, die Lager- und anderen Handelsstätten, die den Charakter einer ständigen Geschäftseinrichtung haben sowie ständige Vertretungen. Unter den Begriff der Betriebstätte fällt nicht das Unterhalten von Geschäftsbeziehungen lediglich durch einen völlig unabhängigen Vertreter und das Unterhalten eines Vertreters (Agenten), der zwar ständig für natürliche Personen oder Körperschaften des einen Teiles im Gebiete des anderen Teiles tätig ist, aber lediglich Geschäfte vermittelt, ohne zum Abschluß von Geschäften für die vertretene Firma bevollmächtigt zu sein.

Bei Betriebstätten in beiden Staaten soll jeder Staat nur das Vermögen besteuern, das der auf seinem Gebiete befindlichen Betriebstätte dient und nur die Einkünfte, die durch die Tätigkeit dieser Betriebstätte erzielt werden.

Wie Betriebe werden auch Beteiligungen an einem gesellschaftlichen Unternehmen behandelt mit Ausnahme von Kuxen, Aktien, Anteilscheinen und sonstigen Wertpapieren.

1. Auch der Gewerbebetrieb, mag er nun von einer Einzelperson, einer Mehrheit von Personen oder einer juristischen Person ausgeübt werden, unterliegt nur der Besteuerung des Staates, in dem sich eine Betriebstätte des Unternehmens befindet. Das gilt selbst dann, wenn sich die geschäftlichen Beziehungen dieses Unternehmens auf das Gebiet des anderen Staates erstrecken, ohne dort eine Betriebstätte zu haben.

Über die Frage, welcher Gewerbebetrieb überhaupt unter die vorstehende Bestimmung fällt, vgl. die Darlegungen zu Art. III Anm. 1—3 des deutsch-tschechischen Abkommens. Welches Vermögen und welche Einkünfte dem gewerblichen Betriebsvermögen zuzurechnen sind, richtet sich in erster Linie nach den Bestimmungen der Anordnung. Siehe hierzu C Nr. 4 des Abschnittes B. Über den gewichtigen Begriff der Betriebstätte s. B V Nr. 3 des Abschnittes B.

2. Auch Beteiligungen an gesellschaftlichen Unternehmen gelten als Gewerbebetriebe. Sie sind grundsätzlich demnach ebenfalls der Besteuerung aus Ziff. I Nr. 2 der Anordnung unterworfen. Ein in Warschau wohnhafter Pole, der an einer deutschen GmbH., offenen Handelsgesellschaft oder Kommanditgesellschaft beteiligt ist, unterliegt also mit seinen Einkünften aus dieser Beteiligung der deutschen Einkommensteuer. Dasselbe gilt von anderen Formen der gesellschaftlichen Beteiligung, z. B. bürgerlich-rechtlichen Gesellschaften, stillen Gesellschaften usw., sofern es sich nur um einen Gewerbebetrieb und ein Mitunternehmerverhältnis handelt.

Eine Ausnahme gilt für Kuxen, Aktien, Anteilscheine und sonstige Wertpapiere, d. h. Urkunden, deren Besitz erforderlich ist, um die in ihnen verbrieften Rechte ausüben zu können. Diese Beteiligungen unterliegen der Besteuerung des Staates, in dem der Inhaber seinen Wohnsitz hat, unbeschadet des Steuerabzugs vom Kapitalertrag, der dem Staate der Quelle vorbehalten ist (I Nr. 6). — Eine weitere Ausnahme ist für die Unternehmen der Seeschiffahrt und Luftfahrt in I Nr. 3 vorgesehen. Siehe ebendort.

3. Bei Vorhandensein mehrerer Betriebstätten in beiden Staaten beschränkt sich das Besteuerungsrecht jedes Staates auf das in jedem Gebiete belegene Betriebsvermögen und die Einkünfte, die durch die Tätigkeit dieser Betriebstätte erzielt werden. Vgl. hierzu die Darlegungen in II Nr. 7 und 8 des Abschnittes A: Grundsätzliche Fragen des Doppelbesteuerungsrechtes sowie B II Nr. 2 des Abschnittes B.

4. Wegen der Bedeutung der Organtheorie und des Schachtelprivilegs für die Gewerbebesteuerung im Doppelbesteuerungsrecht s. II Nr. 11 des Abschnittes A: Grundsätzliche Fragen des Doppelbesteuerungsrechtes, C Nr. 14 und 18 des Abschnittes B sowie Anm. Nr. 2 zu Art. 3 des deutsch-französischen Abkommens.

3. Betriebe von Unternehmungen der Seeschiffahrt und Luftfahrt und die Einkünfte daraus sollen nur in dem Staate besteuert werden, in dem sich der Ort der tatsächlichen Leitung des Unternehmens befindet. Betriebe der Binnenschiffahrt von Kleinschiffern und die Einkünfte daraus sollen nur in dem Staate besteuert werden, in dem der Kleinschiffer seinen Wohnsitz (Ziff. 6) hat.

1. Unter Seeschiffahrtsbetriebe sind die nicht zur Binnenschiffahrt gehörenden Schiffahrtsunternehmungen zu verstehen, die unter Benutzung des Meeres und der großen Meeresstraßen ihrem Erwerbe nachgehen. Diese zwischen beiden Staaten wirksamen Seeschiffahrts- und Luftfahrtsbetriebe unterliegen nur der Besteuerung des Staates, in dem sich der Ort der Leitung des Unternehmens befindet. Beispiel: Ein deutsches Seeschiffahrtsunternehmen, das in Deutschland seinen Sitz und in Polen den Ort der Leitung hat, unterliegt mit seinem gesamten Vermögen und den Einkünften daraus der Besteuerung in Polen. Das würde selbst dann gelten, wenn in Deutschland eine Betriebstätte unterhalten werden sollte. Die Sonderbesteuerung des unbeweglichen Vermögens I Nr. 2 bleibt demgegenüber natürlich gewahrt. Wie die Schiffahrtsbetriebe usw. sind auch Beteiligungen an diesen Unternehmen zu behandeln, soweit nicht die in I Nr. 2 genannten Ausnahmen zutreffen. Vgl. hierzu II 8 a und 11 a des Abschnittes A: Grundsätzliche Fragen des Doppelbesteuerungsrechtes.

Über den Begriff des Ortes der Leitung s. B V Nr. 5 des Abschnittes B. Über die Abgrenzung des Betriebsvermögens und der Einkünfte der genannten Betriebe s. Erlaß des RFM. betreffend Befreiung nordamerikanischer Seeschiffahrtsgesellschaften usw. vom 9. 12. 1924 Anm. 1. —

2. Binnenschiffahrt ist die Schiffahrt auf Flüssen und Binnengewässern. Soweit es sich um Großbetriebe handelt, finden die Grundsätze unter I Nr. 2 Anwendung. Die von Kleinschiffern betriebene Binnenschiffahrt

unterliegt dagegen der Besteuerung des Staates, in dem der Kleinschiffer seinen Wohnsitz hat.

4. Einkünfte aus Arbeit einschließlich der Einkünfte aus freien Berufen sollen — vorbehaltlich der Ziff. 5 — nur in dem Staate besteuert werden, in dem die persönliche Tätigkeit ausgeübt wird oder, bei freien Berufen, die Berufstätigkeit einen festen Mittelpunkt hat. Einkünfte aus Tantiemen der Aufsichtsratsmitglieder sollen nur in dem Staate besteuert werden, in dem sich der Ort der tatsächlichen Leitung des die Tantiemen gewährenden Unternehmens befindet.

Über die Besteuerung der Privatpensionen ist eine Einigung bisher nicht erzielt worden.

1. Das Einkommen aus Arbeit unterliegt grundsätzlich der Besteuerung des Staates, in dem die persönliche Tätigkeit ausgeübt wird. Ein in Deutschland wohnhafter deutscher Arbeiter ist also mit in Polen erzieltem Arbeitseinkommen dort lohnsteuerpflichtig, in Deutschland dagegen steuerfrei. Bei den freischaffenden Berufen gilt dieser Grundsatz aber nur, wenn die Tätigkeit am Orte ihrer Entfaltung einen festen Mittelpunkt (technische Geschäftseinrichtung) hat. Ein deutscher Arzt, der also gelegentlich in Polen operiert, ist mit dem aus dieser Tätigkeit erzieltem Honorar nur in Deutschland einkommensteuerpflichtig. Eine Ausnahme gilt für die Bezüge aus öffentlichen Kassen (I Nr. 5). Bezüglich der polnischen landwirtschaftlichen Wanderarbeiter ist auf Grund einer Vereinbarung mit Polen durch Runderlaß des RFM. vom 25. 4. 1938 bestimmt, daß diese Arbeiter von der Lohnsteuer in Deutschland bis auf weiteres befreit sind, wenn sie dem Arbeitgeber durch ihren Paß nachweisen, daß sie in Polen ihren Wohnsitz haben. Diese Regelung gilt ab 1. 1. 1938. Insoweit ist also Ziff. 4 der Anordnung vom 29. 2. 1936 überholt.

Wegen der Privatpensionen ist eine Einigung nicht erzielt worden. Da bei diesen Pensionisten ein Ort der Tätigkeit nicht wohl angenommen werden kann, muß, wenn nicht eine Einigung von Fall zu Fall erzielt wird, hier nach wie vor mit der Möglichkeit einer Doppelbesteuerung gerechnet werden.

2. Zur Besteuerung der Aufsichtsratstantiemen ist nur der Staat befugt, in dem das Unternehmen geleitet wird. Das gilt auch, soweit ein Steuerabzug in Frage kommt. Tantiemen, die Vorstandsmitgliedern oder leitenden Angestellten eines Unternehmens gewährt werden, unterliegen also der Besteuerung nach I Nr. 4 Satz 1. Siehe im übrigen hierzu II Nr. 9 des Abschnittes A: Grundsätzliche Fragen des Doppelbesteuerungsrechtes.

5. Bezüge aus öffentlichen Kassen (Besoldungen, Ruhegehälter, Löhne usw.) sollen nur von dem Schuldnerstaate besteuert werden.

Vgl. hierzu die Anm. zu Art. VI des deutsch-tschechischen Abkommens. Der Grundsatz der Nr. 5 ist mangels einer Sonderbestimmung auch auf die Bezüge der diplomatischen und konsularischen Vertreter jedes Staates anzuwenden, soweit nicht nach anerkannten Regeln des Völkerrechts weitere Befreiungen gewährt werden.

Auch bezüglich der Unterhalts- und Studiengelder der Studenten fehlt es an einer Sonderbestimmung. Gesetzgebung und Rechtsprechung beider Staaten werden aber angesichts des vorübergehenden Charakters dieser Bezüge in ihnen kaum steuerpflichtiges Einkommen erblicken.

6. Bewegliches Kapitalvermögen und die Einkünfte daraus sollen — unbeschadet des Steuerabzugs vom Kapitalertrag und vorbehaltlich der Ziff. 1 über hypothekarisch gesicherte Forderungen — nur in dem Staate besteuert werden, in dem der Steuerpflichtige seinen Wohnsitz hat.

Als Wohnsitz wird der Ort angesehen, wo der Steuerpflichtige eine Wohnung unter Umständen innehat, die auf die Absicht der Beibehaltung einer solchen schließen lassen. Bei doppeltem Wohnsitz sollen die obersten Finanzbehörden von Fall zu Fall besondere Vereinbarungen treffen. Bis zum Schluß der Vereinbarung sollen Vollstreckungsmaßnahmen unterbleiben. Liegen die Voraussetzungen des Satz 1 dieses Absatzes in keinem der beiden Staaten vor, so gilt als Wohnsitz der Ort, in dem der Steuerpflichtige seinen gewöhnlichen Aufenthalt hat. Besteht auch in keinem der beiden Staaten ein gewöhnlicher Aufenthalt, so wird ein Wohnsitz in dem Staate angenommen, dessen Staatsangehörigkeit der Steuerpflichtige besitzt.

Im Sinne dieser Anordnung gilt als Wohnsitz juristischer Personen der Ort ihrer tatsächlichen Leitung.

Im Falle der endgültigen Verlegung des Wohnsitzes in den anderen Staat soll die Steuerpflicht, soweit sie an den Wohnsitz anknüpft, mit Ablauf des Kalendermonats enden, in dem die Wohnsitzverlegung erfolgt ist.

1. Während die Besteuerung des unbeweglichen Vermögens Ziff. 1 und des Betriebsvermögens Ziff. 2 sowie der Einkünfte daraus der dinglichen Zugehörigkeit und der Betriebstätte folgt, unterliegt das bewegliche Vermögen und die Einkünfte daraus grundsätzlich der Besteuerung des Staates, in dem der Steuerpflichtige seinen Wohnsitz hat. Was zum beweglichen Kapitalvermögen gehört, bestimmt, soweit keine Regelung in dieser Anordnung erfolgt ist, innerstaatliches Steuerrecht. Für das deutsche Steuerrecht ist § 20 EStG. maßgebend, soweit nicht in Ziff. 6 Ausnahmen vorgesehen sind. Solche Ausnahmen begründen, wie bereits zu I Nr. 1 der Anordnung dargelegt ist, insbesondere Hypothekenforderungen sowie solche Kapitalerträge, die dem Steuerabzugsverfahren unterliegen. Soweit solche Kapitalerträge demnach dem Steuerabzug unterliegen, ist die Möglichkeit einer Doppelbesteuerung nach wie vor vorhanden. Vgl. hierzu und namentlich

über die Frage der Anrechnung des Steuerabzugs II Nr. 3 des Abschnitts A: Grundsätzliche Fragen des Doppelbesteuerungsrechtes.

2. Bei der Begriffsbestimmung des Wohnsitzes und Aufenthaltes schließt sich die Anordnung im wesentlichen den entsprechenden Begriffen des StAnpG. (§§ 13 und 14) an, die gegenüber der AO. aus 1931 in einigen Punkten geändert sind. Soweit eine solche Änderung nicht erfolgt ist, hat die frühere Rechtsprechung zum Wohnsitz- und Aufenthaltsbegriff ihre Bedeutung beibehalten (RFH. vom 24. 6. 1936, IV A 39/36). Die Änderung gegenüber den früheren Wohnsitz- und Aufenthaltsbegriffen soll insbesondere zum Ausdruck bringen, daß es lediglich auf den äußeren Tatbestand ankommt, nicht mehr auf den Nachweis der Absicht und Willensfähigkeit, vgl. hierzu B V Nr. 1 des Abschnittes B. Nach dem Wohnsitzbegriffe der Anordnung genügt es, wenn die Absicht der Beibehaltung (Benutzung fehlt) aus den Umständen geschlossen werden kann. Den gewöhnlichen Aufenthalt hat jemand dort, wo er sich unter Umständen aufhält, die erkennen lassen, daß er an diesem Orte oder in diesem Lande nicht nur vorübergehend verweilt, § 14 StAnpG. Vgl. hierzu B V Nr. 2 des Abschnittes B.

Der Wohnsitz geht dem Aufenthalt vor. Bei doppeltem Wohnsitz in beiden Staaten soll von Fall zu Fall eine Einigung erzielt werden. Bei Aufenthalt in jedem Wohnsitz aber in einem dritten Staate gilt dasselbe wie bei doppeltem Wohnsitz.

Die Beendigung des Wohnsitzes äußert ihre Wirksamkeit erst mit Ablauf des Monats, in dem die Wohnsitzverlegung erfolgt.

3. Soweit bei juristischen Personen die Frage ihres Wohnsitzes nach der Seite der Doppelbesteuerung hin bedeutsam wird, gilt der Ort der Leitung als Wohnsitz. Vgl. hierüber B V Nr. 5 des Abschnittes B.

7. Andere in den Ziff. 1—6 nicht bezeichnete Arten von Vermögen und Einkünften sollen nur in dem Staate besteuert werden, in dem der Steuerpflichtige seinen Wohnsitz (Ziff. 6) hat.

Auch bei den in den Ziffern 1—6 der Anordnung nicht genannten Vermögens- und Einkunftsarten soll nur der Wohnsitzstaat steuerberechtigt sein.

Es gehören hierhin beispielsweise Reallasten, Leibrenten und sonstige, auf Sondertiteln beruhende persönlichen und dinglichen Ansprüche, Nießbrauch, Dienstbarkeiten usw.

II. Die Finanzämter werden hiermit unter Voraussetzung der Gegenseitigkeit und unter Vorbehalt jederzeitigen Widerrufs angewiesen, die Grundsätze unter I bis auf weiteres bei der Veranlagung von deutschen und polnischen Staatsangehörigen (natürliche Personen und Körperschaften) für die Zeit vom 1. 1. 1935 ab zu berücksichtigen. Bei Personen, die weder die deutsche noch die polnische Staatsangehörigkeit besitzen, können von den obersten Finanzverwaltungsbehörden von Fall zu Fall besondere Vereinbarungen zur Vermeidung der Doppelbesteuerung getroffen werden. Die Grundsätze sind nicht anzuwenden auf Personen, welche die von ihnen geschuldete Reichsfluchtsteuer nicht entrichtet haben und auf Personen, die einen Wohnsitz in Polen nach dem 31. 3. 1931 begründet haben und bei denen nur deshalb die Voraussetzungen für die Erhebung der Reichsfluchtsteuer nicht vorliegen, weil sie einen Wohnsitz oder gewöhnlichen Aufenthalt im Sinne des deutschen Steuerrechts im Deutschen Reiche haben.

Soweit nach den vorstehenden Grundsätzen Vermögen oder Einkünfte im Deutschen Reiche zu den direkten Steuern nicht herangezogen werden sollen, sind etwaige Veranlagungen für die Zeit vom 1. 1. 1935 ab vorläufig und vorläufig ohne Berücksichtigung dieses Vermögens und dieser Einkünfte vorzunehmen, und die bezeichneten Vermögensteile sind bei der Ermittlung des Vermögens bis auf weiteres außer Ansatz zu lassen. Vorauszahlungen für hiernach im Deutschen Reiche nicht zu versteuernde Einkünfte sind auf Antrag zu stunden. Sind Vermögen oder Einkünfte entgegen den vorstehenden Grundsätzen im Deutschen Reiche zu Steuern veranlagt worden, so ist die Einziehung der auf diese Vermögen oder Einkünfte entfallenden Steuern auszusetzen, auch wenn die Steuerfestsetzung bereits rechtskräftig geworden ist.

In Zweifelsfällen ist meine Entscheidung einzuholen.

Ziff. II enthält zum Zwecke der praktischen Durchführung des Inhaltes der Anordnung die erforderlichen Anweisungen an die Finanzämter als Veranlagungsbehörde.

Diese haben folgende Richtlinien zu beachten:

1. Die Anordnung erstreckt sich zeitlich auf alle Fälle, die für die Zeit vom 1. 1. 1935 ab zur Veranlagung gelangen.

2. Soweit Vermögen und Einkünfte im Deutschen Reiche nach Maßgabe der Anordnung nicht herangezogen werden sollen, sind bei etwaigen Veranlagungen nach dem 1. 1. 1935 dieses Vermögen und diese Einkünfte nicht zu berücksichtigen. Sind sie trotzdem berücksichtigt, so ist die Erhebung der in Frage kommenden Steuern auszusetzen, selbst wenn die Veranlagung rechtskräftig geworden sein sollte. Vorauszahlungen auf hiernach in Deutschland nicht zu erhebende Steuern sind generell zu stunden.

In Zweifelsfällen hat sich der Reichsfinanzminister die Entscheidung vorbehalten.

3. Daß die beiderseitigen obersten Finanzverwaltungsbehörden bei Personen, die weder Deutsche noch Polen sind, zum Zwecke der Vermeidung der Doppelbesteuerung von Fall zu Fall besondere Vereinbarungen treffen können, ist bereits unter Ziff. 6 der Anordnung gesagt.

4. Wesentlich ist endlich noch die Bestimmung, daß die Grundsätze der Anordnung nicht anzuwenden sind auf Personen, die die Reichsfluchtsteuer nicht entrichtet haben.

Vgl. hierzu die Darlegungen zu Ziff. 1 des Zusatzprotokolls zum deutsch-schweizerischen Abkommen sowie C Nr. 8 des Abschnittes B.

III. Die weitergehenden Bestimmungen des Erlasses vom 25. 6. 1935 — S. 1301 B. Pl. — 68 III d — betreffend Beseitigung von Doppelbesteuerungen im Verhältnis zu Polen (R.-StBl. S. 901 Nr. 634) werden durch diese Anordnung nicht berührt.

Siehe hierzu die Anmerkung 1 zur vorhergehenden Anordnung vom 5. 6. 1935.

11. Abkommen

zwischen dem Deutschen Reich und der Republik Finnland zur Vermeidung der Doppelbesteuerung auf dem Gebiete der direkten Steuern.

Vom 25. September 1935.

Art. 1.

(1) Das gegenwärtige Abkommen soll Bestimmungen treffen, die sich auf die Erhebung der direkten Steuern beschränken.

(2) Als direkte Steuern im Sinne des gegenwärtigen Abkommens gelten solche Steuern, die auf der Grundlage der Gesetzgebung jedes der beiden Staaten unmittelbar von den Einkünften (Reineinkünften oder Roheinkünften) oder von dem Vermögen erhoben werden, sei es für Rechnung der vertragschließenden Staaten oder der deutschen Länder, sei es für Rechnung der Provinzen oder Provinzialverbände, der Gemeinden oder Gemeindeverbände, auch soweit die Erhebung der Steuern in der Form von Zuschlägen erfolgt.

(3) Als direkte Steuern werden insbesondere angesehen:

1. für die deutsche Gesetzgebung:
   a) die Einkommensteuer,
   b) die Körperschaftsteuer,
   c) die Vermögensteuer,
   d) die Grundsteuern,
   e) die Gebäudesteuern,
   f) die Gewerbesteuern,
   g) der Geldentwertungsausgleich bei bebauten Grundstücken (die Hauszinssteuern);
2. für die finnische Gesetzgebung:
   a) die Einkommen- und Vermögensteuer,
   b) die Gemeindesteuer,

c) die Steuern und Abgaben, die nach denselben Merkmalen wie irgendeine der obengenannten finnischen Steuern erhoben werden.

1. Wenn auch nicht ausdrücklich ausgesprochen, so ergibt sich doch aus dem Zusammenhange der Bestimmungen des Abkommens (Art. 10 und Schlußprotokoll Nr. 13), daß dieses nur auf die Angehörigen der vertragschließenden Staaten und die entsprechenden juristischen Personen Anwendung findet. Vgl. hierzu II Nr. 1 des Abschnittes A: Grundsätzliche Fragen des Doppelbesteuerungsrechtes.

2. Das Abkommen bezieht sich nur auf die direkten Steuern. Die Aufzählung in Art. 1 ist, wie Nr. 1 des Schlußprotokolls noch hervorhebt, nicht abschließend. Es wird auf II Nr. 4 des Abschnittes A: Grundsätzliche Fragen des Doppelbesteuerungsrechtes verwiesen.

Personen, die die geschuldete Reichsfluchtsteuer nicht entrichtet haben, sind von den Wirkungen des Abkommens nach Nr. 2 des Schlußprotokolls ausgeschlossen. Im einzelnen kann auf die Darlegungen zu Nr. 1 des Zusatzprotokolls zum deutsch-schweizerischen und Anm. 1 zu Art. 12 zum deutsch-italienischen Vertrage verwiesen werden. Vgl. auch Abschnitt B: C Nr. 8.

3. Wegen der allgemein bei Art. 1 interessierenden Fragen des Doppelbesteuerungsrechtes s. Abschnitt A II Nr. 2, 3, 5 und 6; Abschnitt B: C Nr. 1—4.

Art. 2.

(1) Steuern, welche die Einkünfte aus unbeweglichem Vermögen treffen, werden nur in dem Staat erhoben, in dem sich die Liegenschaft befindet.

(2) Als Einkünfte aus unbeweglichem Vermögen gelten auch Einkünfte aus hypothekarisch gesicherten Forderungen.

1. Das unbewegliche Vermögen unterliegt grundsätzlich nur der Besteuerung im Staate der Belegenheit. Das gilt auch dann, wenn dieses Vermögen zu einem Betriebsvermögen gehört, ohne gleichzeitig Betriebstätte zu sein. Dient ein Grundstück als Betriebstätte, so ergibt sich das Besteuerungsrecht nach der Belegenheit schon aus Art. 3.

2. Was im einzelnen zum unbeweglichen Vermögen zu rechnen ist, wird durch das innerstaatliche Recht bestimmt. Nach deutschem Recht gehören hierhin:

a) Grundstücke und Gebäude,
b) Berechtigungen, auf die die Vorschriften über Grundstücke Anwendung finden (Erbbaurecht, Erbpacht, Mineralienabbaurechte usw.),
c) wesentliche Bestandteile und das Grundstückszubehör.

3. Nach Maßgabe des Abkommens gelten als Einkünfte aus unbeweglichem Vermögen:

a) Die Einkünfte, die unmittelbar oder mittelbar aus diesem Vermögen, sei es als Sach- oder Rechtsfrüchte, erwachsen sowie die Einkünfte aus Veräußerungsgeschäften (vgl. §§ 14, 49 Ziff. 8 des deutschen EStG.), Nr. 4 des Schlußprotokolls. Wegen der Einkünfte aus solchen Veräußerungsgeschäften siehe Anm. 1 zu Art. I des deutsch-ungarischen Abkommens

b) Die Einkünfte aus hypothekarisch gesicherten Forderungen und zwar auch dann, wenn sie zu einem Betriebsvermögen gehören. Grund- und Rentenschulden sind den Hypotheken gleichzustellen. Vgl. hierüber II Nr. 3 des Abschnittes A: Grundsätzliche Fragen des Doppelbesteuerungsrechtes sowie C Nr. 6 des Abschnittes B. Sonstige eigentumbegrenzenden dinglichen Grundstücksrechte wie Reallasten, Dienstbarkeiten usw. unterliegen nach Art. 8 der Wohnsitzbesteuerung, soweit sie nicht Bestandteile eines Grundstücks sind. Eine Ausnahme muß wohl für den Nießbrauch an Grundstücken gelten. Vgl. dazu Anm. Nr. 4 zu Art. II des deutsch-tschechischen Abkommens.

c) Die Einkünfte aus der Abholzung des eigenen oder fremden Waldes sowie aus dem Transport des geschlagenen Holzes zum Exporthafen (Nr. 5 des Schlußprotokolls). — Schlägt der Eigentümer selbst das Holz oder verfügt er darüber zugunsten eines Dritten, so gilt der Ertrag schon aus Nr. 4 des Schlußprotokolls als Erträgnis des unbeweglichen Vermögens. Aber selbst dann, wenn der Eigentümer für die Abholzung durch einen Dritten kein Entgelt erhalten sollte, hat der Ertrag auch für den Dritten als Einkommen aus unbeweglichem Vermögen zu gelten. Mit anderen Worten: Die Besteuerung der Einkünfte aus Abholzung eines Waldes folgt stets der Gebundenheit des Grund und Bodens.

Darüber hinaus sollen auch die Einkünfte aus dem Transport dieses Holzes zum Exporthafen — gemeint ist offenbar der Transport durch Dritte — der Grundstücksbesteuerung unterliegen. Es ist anzunehmen, daß in analoger Anwendung dieser Vorschrift auch für den Transport zur Eisenbahn zum Zwecke der Ausfuhr dasselbe gilt.

3. Wegen der Vermögenbesteuerung s. Art. 9.

4. Verluste bei Einkünften aus unbeweglichem Vermögen in dem einen Staate sind bei den Einkünften aus unbeweglichem Vermögen im anderen Staate nicht absetzbar (vgl. A Nr. 2 des Abschnittes B).

Art. 3.

(1) Steuern, welche die Einkünfte aus dem Betriebe von Handel, Industrie oder sonstigem Gewerbe jeder Art treffen, werden, unbeschadet der folgenden Bestimmungen, nur in dem Staat erhoben, in dessen Gebiet das Unternehmen seine Betriebstätte hat; dies gilt auch, wenn das Unternehmen seine Tätigkeit auf das Gebiet des anderen vertragschließenden Staates erstreckt, ohne dort eine Betriebstätte zu haben.

(2) Betriebstätte im Sinne des gegenwärtigen Abkommens ist eine ständige Geschäftseinrichtung des Unternehmens, in welcher die Tätigkeit dieses Unternehmens ganz oder teilweise ausgeübt wird.

(3) Hat das Unternehmen Betriebstätten in beiden vertrag-

schließenden Staaten, so wird jeder der beiden Staaten die Steuern von dem Teile der Einkünfte erheben, der durch die Tätigkeit der in seinem Gebiete befindlichen Betriebstätten erzielt wird.

(4) Wie Einkünfte aus Gewerbebetrieb werden auch Einkünfte aus Beteiligungen an einem gesellschaftlichen Unternehmen behandelt mit Ausnahme der Einkünfte aus Kuxen, Aktien, Anteilscheinen und sonstigen Wertpapieren.

1. Zur Frage, welche Tätigkeit überhaupt unter Art. 3 fällt und zum Begriffe der Betriebstätte vgl. die Anmerkungen und Verweisungen zu Art. III des deutsch-tschechischen Abkommens sowie B V Nr. 3 des Abschnittes B. Der Sitz und Ort der Leitung eines Unternehmens stellt stets eine Betriebstätte dar. Über diese beiden letzteren Begriffe siehe B V Nr. 5 des Abschnittes B.

Im übrigen ist die Aufzählung der Betriebstätteformen in Nr. 7 des Schlußprotokolls nicht erschöpfend. Abgesehen von Sitz und Ort der Leitung ist immer entscheidend das Vorhanden- oder Nichtvorhandensein einer festen Geschäftseinrichtung, die entweder von dem Unternehmen selbst oder einer abhängigen Vertretung unterhalten wird. Wegen der Betriebstätte einer gewerbetreibenden Einzelperson siehe II Nr. 8 des Abschnittes A: Grundsätzliche Fragen des Doppelbesteuerungsrechtes. Geschäftsbeziehungen, die von einem Unternehmen durch einen völlig selbständigen Vertreter zum anderen Vertragsstaate unterhalten werden, begründen ebensowenig die Annahme einer Betriebstätte wie die Vermittlung von Geschäften durch Agenten (Nr. 7 Abs. 3 des Schlußprotokolls). Dies gilt selbst dann, wenn diese Personen ihre Geschäfte von einem festen Mittelpunkte aus betreiben.

Bauausführungen begründen nach der Entsch. RFH. vom 19. 1. 1934 III A 645/31; RStBl. 34 S. 315 keine Betriebstätte im Sinne der Doppelbesteuerungsverträge. Für den Bereich des deutsch-finnischen Abkommens stellen sie aber dann eine Betriebstätte dar, wenn ihre Dauer 12 Monate überschritten hat oder voraussichtlich überschreiten wird (Nr. 7 Abs. 2 des Schlußprotokolls).

2. Als gewerbliche Einkünfte gelten sowohl die unmittelbaren Erträgnisse des Unternehmens wie auch die durch sonstige Nutzung (Vermietung, Verpachtung, Veräußerung) des Betriebes oder von Betriebsgegenständen erzielten Erträge (Nr. 6 des Schlußprotokolls). Im Gegensatze zur innerdeutschen Rechtsprechung, nach der die Einkünfte aus der Verpachtung eines gewerblichen Betriebes nur unter gewissen Voraussetzungen zum gewerblichen Einkommen gehören, sind diese Einkünfte für den Bereich des deutsch-finnischen Abkommens stets als gewerbliche anzusprechen. Wegen der Einkünfte aus Veräußerung s. II Nr. 9 des Abschnittes A: Grundsätzliche Fragen.

3. Verteilen sich die Betriebstätten eines Unternehmens auf beide Vertragsstaaten, so hat nach Art. 3 Abs. 3 eine Unterverteilung der Steuern nach den Einkünften zu erfolgen, die durch die Tätigkeit der in jedem Staate befindlichen Betriebstätten erzielt sind. Siehe hierzu II Nr. 7 des Abschnittes A: Grundsätzliche Fragen sowie A Nr. 2 und B II Nr. 2 des Abschnittes B. Das in Nr. 8 Schlußprotokoll in Aussicht genommene Aufteilungsabkommen ist bislang nicht verwirklicht worden. Vgl. auch Anm. Nr. 2 zu Art. 3 des deutsch-französischen Abkommens.

4. Als gewerbliche Einkünfte gelten nach Art. 3 Abs. 4 endlich auch die Einkünfte aus Beteiligungen an gesellschaftlichen Unternehmungen mit Ausnahme der Kuxen, Aktien, Anteilscheine und sonstigen Wertpapiere, d. h. Urkunden, deren Besitz erforderlich ist, um die in ihnen verbrieften Rechte ausüben zu können. Diese letzteren Beteiligungsformen, die keine Mitunternehmerrechte begründen, unterliegen also der Wohnsitzbesteuerung (Art. 7), sofern nicht nach Art. 7 Abs. 2 die Steuer im Abzugsverfahren erhoben wird.

Alle übrigen Beteiligungen sind demnach der Betriebstättenbesteuerung unterworfen. Hierhin gehören Beteiligungen an einer GmbH., selbst wenn hierüber eine Urkunde ausgestellt ist, offenen Handelsgesellschaft, Kommanditgesellschaft, bürgerlich-rechtlichen Gesellschaft und stillen Gesellschaft, sofern der stille Gesellschafter auch am Geschäftsvermögen beteiligt ist. Der stille Gesellschafter, der nur am Geschäftserfolge beteiligt ist, unterliegt der Wohnsitzbesteuerung. Holdinggesellschaften werden am Orte der Betriebstätte und, wenn eine solche nicht vorhanden, am Orte des Sitzes oder der Leitung besteuert. Wegen der sog. Metaverbindungen siehe Art. 3 Anm. 1 des deutsch-schweizerischen Abkommens.

5. Wegen der Besteuerung des Betriebsvermögens siehe Art. 9 und wegen der Realsteuern II Nr. 11 a des Abschnittes A: Grundsätzliche Fragen des Doppelbesteuerungsrechtes.

6. Im übrigen vgl. als einschlagend II Nr. 11 des Abschnittes A und C Nr. 14 und 18 des Abschnittes B (Organschaft und Schachtelprivileg).

Art. 4.

Steuern, welche die Einkünfte aus dem Betriebe von Unternehmungen der Seeschiffahrt und der Luftfahrt treffen, werden nur in dem Staat erhoben, in dem sich der Ort der Leitung des Unternehmens befindet.

1. Die Einkünfte müssen unmittelbar oder mittelbar mit dem Betriebe des Unternehmens in wirtschaftlichem Zusammenhange stehen. Vgl. hierzu die Verf. des RFM. zur Vermeidung der Doppelbesteuerung von deutschen und amerikanischen Schiffahrtsgesellschaften vom 9. 12. 1924 Anm. 1. Wegen der Vermögensteuer siehe Art. 9 dieses Abkommens.

2. Wegen des Begriffes „Ort der Leitung" vgl. B V Nr. 5 des Abschnittes B. Fallen Sitz und Ort der Leitung auseinander, so entscheidet lediglich der Ort der Leitung. Aus der Fassung der Bestimmung muß angenommen werden, daß auch im Falle des Vorhandenseins mehrerer Betriebstätten in beiden vertragschließenden Staaten der Ort der Leitung des Unternehmens den allein hebungsberechtigten Vertragsteil bestimmt. Eine Schiffahrtsgesellschaft, die ihren Sitz in Deutschland, ihren Ort der Leitung aber in Finnland hat, würde also in Deutschland völlig von der Körperschaftsteuer befreit sein und zwar auch dann, wenn das Unternehmen neben dem Sitz in Deutschland auch noch eine Betriebstätte unterhalten würde. Wegen der Realsteuern siehe II Nr. 11 a des Abschnittes A: Grundsätzliche Fragen des Doppelbesteuerungsrechtes und wegen der Beteiligungen II 8 a daselbst.

Art. 5.

(1) Steuern, welche die Einkünfte aus Arbeit einschließlich der Einkünfte aus freien Berufen treffen, werden, soweit nicht im Artikel 6 Abweichendes bestimmt ist, nur in dem Staat erhoben, in dessen Gebiet die persönliche Tätigkeit ausgeübt wird, aus der die Einkünfte herrühren.

(2) Die Ausübung eines freien Berufes in einem der beiden Staaten liegt nur dann vor, wenn die Berufstätigkeit in diesem Staat einen festen Mittelpunkt hat.

(3) Steuern, welche die Einkünfte aus Tantiemen der Aufsichtsrats- (nicht geschäftsführenden Verwaltungsrats-) Mitglieder treffen, werden nur in dem Staat erhoben, in dem sich der Ort der Leitung des die Tantiemen gewährenden Unternehmens befindet.

1. Das Arbeitseinkommen unterliegt grundsätzlich der Besteuerung des Staates, in dem die persönliche Tätigkeit ausgeübt wird, aus der die Einkünfte fließen. Da der Ort der tatsächlichen Arbeitsentfaltung allein maßgebend sein soll, sind also die Darlegungen unter Abschnitt B B II 3 und 4 nicht maßgebend. Für die freien Berufe, deren Kreis in Nr. 9 des Schlußprotokolls wenn auch nicht abschließend umschrieben ist, gilt das aber nur dann, wenn die Berufstätigkeit von einem festen Mittelpunkte aus entfaltet wird. Es muß also eine Geschäftseinrichtung (technischer Apparat) vorhanden sein. Das ist z. B. der Fall bei dem Sprechstundenzimmer eines Arztes und der festen Wohnung eines Schriftstellers oder Komponisten. Ein deutscher Chirurg aber, der z. B. von einem Finnländer lediglich zu einer Konsultation oder Operation nach Finnland berufen wird, ist mit seinem für diese Tätigkeit vereinnahmten Honorar nur in Deutschland einkommensteuerpflichtig. Vgl. hierzu auch § 12 der VO. vom 6. 2. 1935 (RGBl. 1935 S. 160).

Eine bemerkenswerte Ausnahme von dem Grundsatze der Besteuerung des Arbeitseinkommens am Orte der entwickelten Tätigkeit ist in Nr. 10 des Schlußprotokolls jedoch für den Fall verordnet, daß Arbeiter oder Angestellte eines Staates, die sich in Ausübung ihres Dienstes nur vorübergehend im anderen Staate aufhalten, ausschließlich von ihrem im erstgenannten Staate steuerpflichtigen Arbeitgeber entlohnt werden. In einem solchen Falle ist lediglich der erstgenannte Staat steuerberechtigt. Vergütungen, die diesen Dienstverpflichteten aber von Arbeitgebern des anderen Staates vergütet werden, unterliegen der Besteuerung dieses Staates. Man wird den Begriff des vorübergehenden Aufenthaltes im Fremdstaate nicht zu eng auslegen und auch verhältnismäßig größere Zeiträume als darunter fallend erachten dürfen, sofern nur das Merkmal eines vorübergehenden Aufenthaltes feststeht oder sich bestimmen läßt.

2. Einkünfte aus Tantiemen, die Aufsichtsrats- und nicht geschäftsführenden Verwaltungsratsmitgliedern gewährt werden, unterliegen der Besteuerung des Staates, in dem sich der Ort der Leitung des Unternehmens befindet. Über den Begriff des Ortes der Leitung vgl. Abschnitt B V Nr. 5 S. 89. Das deutsche Steuerrecht kennt die Besteuerung dieser Tan-

tiemen bei der Körperschaftsteuer in der Form der Mindestbesteuerung (§ 17 KStG.) und der Einkommensteuer nach § 18 EStG. und in Form des Steuerabzugs, VO. vom 6. 2. 1935 (RGBl. I, 161). Mindeststeuer sowohl wie Einkommensteuer haben also da zu erfolgen, wo das Unternehmen geleitet wird. Ein deutsches Unternehmen mit dem Sitze im Inlande, das in Finnland den Ort der Leitung hat, unterliegt also mit seinen Tantiemevergütungen der Besteuerung in Finnland. Auch der Steuerabzug ist in Deutschland nicht vorzunehmen.

Art. 6.

Steuern von Einkünften, die auf Grund einer gegenwärtigen oder früheren Dienst- oder Arbeitsleistung in Form von Besoldungen, Ruhegehältern, Löhnen oder anderen Bezügen vom Staat, von einem Land, von einer Provinz, einer Gemeinde oder von einer anderen juristischen Person des öffentlichen Rechts gewährt werden, die nach der inneren Gesetzgebung der vertragschließenden Staaten ordnungsmäßig errichtet ist, werden nur in dem Staat erhoben, in dem der Schuldner seinen Sitz hat.

Zu dieser Bestimmung vgl. die Anmerkungen zum entsprechenden Art. VI des deutsch-tschechischen Vertrages. Wegen der Studiengelder der Studenten und der Bezüge der diplomatischen und konsularischen Vertreter siehe Nr. 11 des Schlußprotokolls und Art. 12 des Abkommens. Vgl. auch II 15a des Abschnittes A: Grundsätzliche Fragen des Doppelbesteuerungsrechtes.

Art. 7.

(1) Steuern, welche die Einkünfte aus beweglichem Kapitalvermögen treffen, werden, unbeschadet der Bestimmung im Artikel 2 Absatz 2, nur in dem Staat erhoben, in dem der Steuerpflichtige seinen Wohnsitz hat.

(2) Soweit in einem der beiden Staaten die Steuer von inländischen Kapitalerträgen im Abzugswege (an der Quelle) erhoben wird, wird das Recht zur Vornahme des Steuerabzugs durch die Bestimmung des Absatzes 1 nicht berührt.

1. Grundsätzlich unterliegen also die Einkünfte aus beweglichem Kapitalvermögen der Besteuerung des Wohnsitzstaates des Berechtigten oder bei der Körperschaftsbesteuerung der Besteuerung des Staates, in dem das Unternehmen geleitet wird. Was im einzelnen zum beweglichen Kapitalvermögen zu rechnen ist, bestimmt die lex fori, soweit das Abkommen selbst nichts anderes bestimmt. Auf deutscher Seite gehören daher hierhin beispielsweise Darlehensforderungen, Bank- und Kontokorrentguthaben usw. (§ 20 EStG.). Dagegen gehören Hypotheken und Grundschulden, die nach innerstaatlichem deutschen Steuerrecht zum Kapitalvermögen zu rechnen sind, für den Bereich dieses Abkommens zum unbeweglichen Vermögen (Art. 2 Abs. 2).

2. Eine Ausnahme von dem Grundsatze zu 1 gilt für die Kapitalerträge, deren Besteuerung im Wege des Steuerabzuges erfolgt. Die Besteuerung dieser Kapitalerträge im Wege des Abzuges an der Quelle ist jedem Vertragsteile überlassen worden, so daß dadurch tatsächlich eine Doppelbesteuerung eintreten kann. Vgl. hierzu II Nr. 9 des Abschnittes A: Grundsätzliche Fragen des Doppelbesteuerungsrechtes und C Nr. 13 des Abschnittes B.

Art. 8.

Steuern, die irgendeine andere in den vorhergehenden Artikeln nicht bezeichnete Art von Einkünften einschließlich der Leibrenten treffen, werden nur in dem Staat erhoben, in dem der Steuerpflichtige seinen Wohnsitz hat.

Alle übrigen in den vorhergehenden Bestimmungen nicht erfaßten Einkunftsarten unterliegen der Besteuerung des Wohnsitzstaates (Art. 10) oder bei Körperschaften des Staates, in dem sich der Ort der Leitung des Unternehmens befindet. Unter anderen gehören hierhin Reallasten, Leibrenten, Dienstbarkeiten, Patentrechte, Urheberrechte usw., soweit es sich dabei nicht um Einkünfte aus freiem Berufe handelt.

Art. 9.

Für laufende und einmalige Steuern vom Vermögen oder Vermögenszuwachs, die in den vertragschließenden Staaten bestehen oder eingeführt werden, gelten folgende Bestimmungen:

1. Soweit das Vermögen aus
   a) unbeweglichem Vermögen mit Einschluß des Zubehörs,
   b) hypothekarisch gesicherten Forderungen,
   c) Unternehmen von Handel, Industrie oder sonstigem Gewerbe jeder Art einschließlich der Unternehmen der Seeschiffahrt und der Luftfahrt

besteht, wird die Steuer in dem Staat erhoben, dem nach den Bestimmungen dieses Abkommens die Steuer von den Einkünften aus diesem Vermögen zusteht.

2. Für alle anderen Arten des Vermögens wird die Steuer in dem Staate erhoben, in dem der Steuerpflichtige seinen Wohnsitz hat.

Auch für die laufenden und einmaligen Steuern vom Vermögen und Vermögenszuwachs — der in Deutschland nicht erfaßt wird —, gilt der Grundsatz, daß der Wohnsitzstaat des Steuerpflichtigen zur Besteuerung berechtigt ist. Nur die unter a—c bezeichneten Vermögensgegenstände folgen dem Statut der wirtschaftlichen Zugehörigkeit ihrer Substrate. Über den Kreis der einzelnen Vermögensteuerarten s. II Nr. 4 des Abschnittes A: Grundsätzliche Fragen des Doppelbesteuerungsrechtes.

Wegen der Reichsfluchtsteuer, die ihrem Wesen nach eine indirekte Abgabe darstellt, vgl. Art. 1 Anm. 2 und die dortigen Verweisungen.

Art. 10.

(1) Als Wohnsitz im Sinne dieses Abkommens wird der Ort angesehen, wo der Steuerpflichtige eine Wohnung unter Umständen innehat, die auf die Absicht der Beibehaltung einer solchen schließen lassen.

(2) Hat der Steuerpflichtige in jedem der beiden Staaten einen Wohnsitz, so werden die Steuern in jedem der beiden Staaten zu dem Teil erhoben, der dem Verhältnis der Dauer seines Aufenthaltes in jedem der beiden Staaten während des Steuerjahres entspricht. Dabei ist der Aufenthalt außerhalb der beiden Staaten dem Staat zuzurechnen, dessen Staatsangehörigkeit der Steuerpflichtige besitzt.

(3) Hat der Steuerpflichtige in keinem der beiden Staaten einen Wohnsitz, so werden die Steuern in dem Staat erhoben, in dem der Steuerpflichtige seinen dauernden Aufenthalt hat. Als dauernder Aufenthalt gilt der Aufenthalt in einem Staat unter Umständen, die auf die Absicht schließen lassen, dort nicht nur vorübergehend zu verweilen. Besteht auch in keinem der beiden Staaten ein dauernder Aufenthalt, so werden die Steuern in dem Staat erhoben, dessen Staatsangehörigkeit der Steuerpflichtige besitzt.

(4) Im Sinne dieses Abkommens gilt als Wohnsitz der juristischen Personen der Ort ihrer Leitung. Als Wohnsitz der ruhenden Erbschaften im Sinne der finnischen Gesetze wird der Ort angesehen, wo der Erblasser bei seinem Tode seinen Wohnsitz hatte.

1. Da wo für die Zuteilung des Besteuerungsrechtes die körperliche Verbindung des Steuerpflichtigen mit einem der Vertragsstaaten maßgebend ist, entscheidet in erster Linie der Wohnsitz. Ist in keinem Staate ein Wohnsitz vorhanden, so entscheidet der dauernde Aufenthalt. Erst wenn auch ein solcher nicht vorhanden ist, gibt die Staatsangehörigkeit den Ausschlag. Bei Wohnsitz in beiden der vertragschließenden Staaten werden die Steuern in jedem Staate nur zu dem Teile erhoben, der dem Verhältnis der Dauer des Aufenthaltes in jedem der Staaten entspricht, wobei der Aufenthalt in einem dritten Staate dem Vertragsstaate zuzurechnen ist, dessen Staatsangehörigkeit der Pflichtige besitzt.

Beim Zusammentreffen von Wohnsitz in dem einen mit Aufenthalt in dem anderen Staate ist lediglich der Wohnsitz entscheidend. Bei Wohnsitz in einem dritten Staate und dauerndem Aufenthalt in jedem der Vertragsstaaten sind die Grundsätze des Art. 10 Abs. 2 entsprechend anzuwenden.

2. Wegen der Begriffe Wohnsitz und dauernder Aufenthalt vgl. B V Nr. 1 und 2 des Abschnittes B.

3. Als Wohnsitz der juristischen Personen gilt der Ort ihrer Leitung. Darüber vgl. B V Nr. 5 des Abschnittes B.

Für ruhende Erbschaften, die nach finnischem Steuerrecht der direkten Besteuerung unterliegen, gilt als Wohnsitz der Ort, in dem der Erblasser zur Zeit seines Todes seinen Wohnsitz hatte. Siehe hierzu Art. 11.

4. Für die bei der Beendigung des Wohnsitzes zu beachtenden Grundsätze s. Nr. 12 des Schlußprotokolls.

Art. 11.

Die Vorschriften der finnischen Gesetze über die Besteuerung ruhender Erbschaften finden insoweit keine Anwendung, als für das aus der Erbschaft herrührende Einkommen oder Vermögen der Erwerber in Deutschland nach den Bestimmungen dieses Abkommens unmittelbar zur Steuer herangezogen werden kann.

Soweit also ein Erbschaftserwerber nach den Bestimmungen dieses Abkommens in Deutschland unmittelbar zur Einkommen- oder Vermögensteuer herangezogen werden kann, finden die Vorschriften der finnischen Steuergesetze über die Besteuerung der ruhenden Erbschaften keine Anwendung. Die ruhende Erbschaft besteht als solche nur so lange, bis der Erbschaftsantritt des Erben erfolgt. Dem deutschen Recht ist das Institut der ruhenden Erbschaft fremd. Der in Deutschland wohnhafte Erbe einer finnländischen Hinterlassenschaft wird hier also vom Erbfalle an für das aus der Erbschaft herrührende Einkommen und Vermögen zur Steuer herangezogen. Eine nach finnischem Erbrecht etwa mögliche Ausschlagung der Erbschaft würde nach § 4 StAnpG. lediglich unter dem Gesichtspunkt einer auflösenden Bedingung behandelt werden können. Schlägt der Erbe nicht aus, so würden die Steuerfeststellungen und Steuerfestsetzungen rechtskräftig. Insoweit würde also das finnische Besteuerungsrecht zurückzutreten haben.

Art. 12.

(1) Für die diplomatischen, konsularischen und besonderen Vertreter jedes der vertragschließenden Staaten gelten die folgenden Sonderbestimmungen:

Die Vertreter, sofern sie Berufsbeamte sind, sowie die ihnen zugewiesenen Beamten und die in ihrem und ihrer Beamten Dienst stehenden Personen werden im Empfangsstaat zu direkten Steuern nur herangezogen, soweit es sich um die in den Artikeln 2, 3 und 4 bezeichneten Einkünfte und das im Artikel 9 Ziffer 1 aufgeführte Vermögen handelt oder soweit die Steuer im Abzugswege (an der Quelle) erhoben wird; im übrigen bleibt die Besteuerung dem Entsendestaat vorbehalten.

(2) Die Sonderbestimmungen des Absatz 1 gelten jedoch nur, soweit die genannten Personen Angehörige des Entsendestaates sind und außerhalb ihres Amtes oder Dienstes im Empfangsstaat keinen Beruf, kein Gewerbe und keine andere nicht nur gelegentliche gewinnbringende Tätigkeit ausüben.

(3) Auf Wahlkonsuln, die nur die Staatsangehörigkeit des Entsendestaates besitzen, finden die Bestimmungen dieses Abkommens, abgesehen von den Absätzen 1 und 2 dieses Artikels, mit der Maßgabe Anwendung, daß diese Konsuln mit ihren dienstlichen Bezügen, die sie als Entgelt für ihre Tätigkeit als Konsuln genießen, im Empfangsstaat zu direkten Steuern nicht herangezogen werden.

Vgl. hierzu Nr. 14 des Schlußprotokolls und Anm. zu Art. XVII des deutsch-tschechischen Abkommens. Siehe aber auch II 15 a des Abschnittes A: Grundsätzliche Fragen des Doppelbesteuerungsrechtes.

Art. 13.

Weist ein Steuerpflichtiger nach, daß die Maßnahmen der Finanzbehörden der vertragschließenden Staaten für ihn die Wirkung einer Doppelbesteuerung gehabt haben, so kann er hiergegen bei dem Staat, dem er angehört, Einspruch erheben. Wird der Einspruch für begründet erachtet, so kann die oberste Finanzbehörde dieses Staates sich mit der obersten Finanzbehörde des anderen Staates verständigen, um in billiger Weise eine Doppelbesteuerung zu vermeiden.

Vgl. hierzu Art. 15 Anm. 1 und 2 des deutsch-italienischen Vertrages sowie II Nr. 5 des Abschnittes A: Grundsätzliche Fragen des Doppelbesteuerungsrechtes.

Art. 14.

Zur Beseitigung von Doppelbesteuerungen in Fällen, die in diesem Abkommen nicht geregelt sind, sowie auch in Fällen von Schwierigkeiten oder Zweifeln bei der Auslegung und Anwendung dieses Abkommens können die obersten Finanzbehörden der beiden vertragschließenden Staaten besondere Vereinbarungen treffen.

Über das Verständigungsverfahren s. II Nr. 13 des Abschnittes A: Grundsätzliche Fragen des Doppelbesteuerungsrechtes.

Art. 15.

Die vertragschließenden Staaten verpflichten sich, ihre obersten Finanzbehörden mit der billigen Entscheidung jeder anderen Frage zu betrauen, die wegen der Verschiedenheit der für die Steuererhebung in beiden Staaten geltenden Grundsätze oder die überhaupt, ohne in diesem Abkommen ausdrücklich entschieden zu sein, auf dem Gebiete der direkten Steuern entstehen könnte.

Siehe hierzu Anm. zu Art. 14.

Art. 16.

Dieses Abkommen findet zum erstenmal Anwendung auf die Besteuerung für das Kalenderjahr 1936, hinsichtlich der Besteuerung von Einkünften, soweit die Einkünfte im Kalenderjahre 1935 oder in einem im Kalenderjahre 1935 endenden Wirtschaftsjahr bezogen sind, und auf die finnische Vermögensteuer nach dem Stande vom 31. Dezember 1935.

Art. 17.

Dieses Abkommen, ausgefertigt in doppelter Urschrift in deutscher und finnischer Sprache, soll ratifiziert und die Ratifikationsurkunden sollen baldmöglichst in Berlin ausgetauscht werden. Es tritt mit dem Beginn des auf den Austausch der Ratifikationsurkunden folgenden Kalenderjahres in Kraft und bleibt so lange in Geltung, als es nicht von einem der vertragschließenden Staaten spätestens drei Monate vor Ablauf eines Kalenderjahres gekündigt wird. Im Falle rechtzeitiger Kündigung verliert das Abkommen mit dem Ablauf dieses Kalenderjahres die Wirksamkeit.

Zu Urkund dessen haben die Bevollmächtigten beider Staaten dieses Abkommen unterfertigt und mit Siegeln versehen.

Das Abkommen mit Schlußprotokoll ist am 1. 1. 1936 in Kraft getreten (Bekanntm. vom 13. 1. 1936, RGBl. II S. 28).

Schlußprotokoll.

Bei der Unterzeichnung des heute zwischen dem Deutschen Reich und der Republik Finnland abgeschlossenen Abkommens zur Vermeidung der Doppelbesteuerung auf dem Gebiete der direkten Steuern haben die unterzeichneten Bevollmächtigten folgende übereinstimmende Erklärungen abgegeben, die einen integrierenden Teil des Abkommens selbst bilden:

1. Die im Artikel 1 des Abkommens enthaltene Aufzählung der in beiden vertragschließenden Staaten geltenden direkten Steuern gibt nur Beispiele und ist nicht abschließend.

Zweifel werden im Einvernehmen zwischen den obersten Finanzbehörden der beiden Staaten geklärt werden.

Die obersten Finanzbehörden der beiden Staaten werden, so oft Anlaß dazu vorliegt, ein auf den neuesten Stand gebrachtes Verzeichnis der in jedem Staat bestehenden direkten Steuern austauschen.

2. Das Abkommen bezieht sich nicht auf indirekte Steuern vom Verkehr und Verbrauch.

3. Die Bestimmungen des Abkommens finden auf solche Personen, welche die von ihnen geschuldete deutsche Reichsfluchtsteuer nicht entrichtet haben, keine Anwendung.

Ferner findet das Abkommen keine Anwendung auf solche Personen, bei denen nur deshalb die Voraussetzungen für die Erhebung der deutschen Reichsfluchtsteuer nicht vorliegen, weil sie einen Wohnsitz oder gewöhnlichen Aufenthalt im Sinne des deutschen Steuerrechts in Deutschland haben.

4. Die Bestimmung des Artikel 2 des Abkommens gilt sowohl für die durch unmittelbare Verwaltung und Nutzung als auch für die durch Vermietung, Verpachtung und jede andere Art der Nutzung des unbeweglichen Guts erzielten Einkünfte sowie für Einkünfte aus Veräußerungsgeschäften, die bei der Veräußerung von unbeweglichem Vermögen mit Einschluß des mitveräußerten Zubehörs erzielt werden.

5. Als Einkünfte aus unbeweglichem Vermögen werden auch Einkünfte angesehen, die aus der Abholzung des eigenen oder eines fremden Waldes und dem Transport des abgeholzten Holzes in den Exporthafen erzielt werden.

6. Die Bestimmung der Ziffer 4 dieses Schlußprotokolls, welche die Einkünfte aus unbeweglichem Vermögen betrifft, findet auf die Einkünfte aus dem Betriebe von Handel, Industrie oder sonstigem Gewerbe sowie auf Gewinne aus der Veräußerung eines Betriebes im ganzen oder eines Teils des Betriebes oder eines Gegenstandes, der beim Betriebe benutzt wird, entsprechende Anwendung.

7. Als Betriebstätten im Sinne des Artikel 3 des Abkommens gelten außer dem Sitz und dem Ort der Leitung des Unternehmens die Zweigniederlassungen und Filialen, die Fabrikations- und Werkstätten, die Einkaufs- und Verkaufsstellen, die Lager und anderen Handelsstätten, die den Charakter einer ständigen Geschäftseinrichtung haben, sowie ständige Vertretungen.

Als Betriebstätte im Sinne des Artikel 3 des Abkommens wird auch eine Bauausführung angesehen, deren Dauer zwölf Monate überschritten hat oder voraussichtlich überschreiten wird.

Es besteht Übereinstimmung darüber, daß unter den Begriff der Betriebstätte im Sinne des Artikel 3 nicht das Unterhalten von Geschäftsbeziehungen lediglich durch einen völlig unabhängigen Vertreter fällt. Das gleiche gilt für das Unterhalten eines Vertreters (Agenten), der zwar ständig für natürliche Personen oder Körperschaften des einen Staates in dem Gebiete des anderen Staates tätig ist, aber lediglich Geschäfte vermittelt, ohne zum Abschluß von Geschäften für die vertretene Firma bevollmächtigt zu sein.

8. Die obersten Finanzbehörden werden ein besonderes Abkommen treffen, um in billiger Weise eine Aufteilung der Einkünfte aus dem Betriebe von Handel, Industrie und sonstigem Gewerbe in den durch Artikel 3 Absatz 3 vorgesehenen Fällen vorzunehmen.

9. Als freie Berufe im Sinne des Artikel 5 des Abkommens gelten insbesondere wissenschaftliche, künstlerische, schriftstellerische, unterrichtende oder erziehende Tätigkeit der Ärzte, Rechtsanwälte, Architekten und Ingenieure.

10. Wenn eine in dem einen Staat angestellte Person sich wegen ihres Dienstes nur vorübergehend im Gebiete des anderen Staates aufhält und ihre Bezüge ausschließlich von ihrem in dem erstgenannten Staate steuerpflichtigen Arbeitgeber erhält, so findet Artikel 5 keine Anwendung.

11. Studenten, die sich in einem der vertragschließenden Staaten nur zu Studienzwecken aufhalten, werden in diesem Staate wegen der Bezüge, die sie von den in dem anderen Staate wohnhaften und dort bereits steuerpflichtigen Angehörigen empfangen, keiner Besteuerung unterworfen, sofern diese Bezüge den überwiegenden Teil des zu ihrem Unterhalt und ihrem Studium Notwendigen darstellen.

12. Bei Steuerpflichtigen, die dartun, daß sie ihren Wohnsitz oder den dauernden Aufenthalt endgültig von dem einen in den anderen vertragschließenden Staat verlegt haben, endet die Steuerpflicht, soweit sie an den Wohnsitz oder den dauernden Aufenthalt anknüpft, in dem ersten Staat mit Ablauf des Kalendermonats, in dem die Verlegung des Wohnsitzes oder des dauernden Aufenthalts erfolgt ist.

13. Hinsichtlich solcher Personen, die in keinem der beiden Staaten die Staatsangehörigkeit besitzen, können die obersten Finanzbehörden von Fall zu Fall besondere Vereinbarungen zur Vermeidung der Doppelbesteuerung treffen. Dabei sollen insbesondere die Angehörigen solcher Staaten berücksichtigt werden, die mit den beiden vertragschließenden Staaten Abkommen zur Vermeidung der Doppelbesteuerung abgeschlossen haben.

14. Zur Vermeidung etwaiger Zweifel wird klargestellt, daß

die Bestimmung des Artikel 12 das Recht auf den Genuß etwaiger weitergehender Befreiungen nicht berührt, die kraft der allgemeinen Regeln des Völkerrechts den diplomatischen und konsularischen Beamten zugestanden worden sind oder künftig zugestanden werden sollten.

Soweit auf Grund solcher weitergehenden Befreiungen eine Heranziehung zu direkten Steuern im Empfangsstaat nicht erfolgt, bleibt die Besteuerung dem Entsendestaat vorbehalten.

15. Wegen der Steuer auf Erbschaften und einmalige Schenkungen behalten die vertragschließenden Staaten sich vor, eine besondere Vereinbarung zu treffen.

12. Bestimmungen

zur Vermeidung der Doppelbesteuerung in der VO. über die vorläufige Anwendung eines Handels-, Niederlassungs- und Schiffahrtsvertrages zwischen Deutschland und Frankreich.

Vom 30. Juli 1934 (RGBl. II, 421).

Anmerkung: Der nachfolgende Artikel 2 mit Zusatzprotokoll A zu Art. 1 und 2 ist inzwischen durch die VO. über die vorläufige Anwendung des deutsch-französischen Abkommens zur Vermeidung der Doppelbesteuerung auf dem Gebiete der direkten Steuern (vgl. unter 12a des Abschnittes C) überholt. Im Interesse der Darstellung der Rechtsentwicklung sei er aber an dieser Stelle mitgeteilt.

Art. 2 Abs. 9.

Es besteht Einverständnis darüber, daß die Gesellschaften des einen vertragschließenden Teiles, die sich auf dem Gebiete des anderen niedergelassen haben, zu Steuern vom Vermögen oder von Einkünften nur mit ihrem dort befindlichen Vermögen und ihren dort bezogenen Einkünften herangezogen werden können.

Zusatzprotokoll A zu Art. 1 und 2.

Abs. 7: Es besteht Einverständnis darüber, daß die Bestimmungen des Art. 2 nicht nur auf die Gesellschaften, sondern auch auf ihre Filialen, Zweigniederlassungen und Agenturen Anwendung finden.

Abs. 8: Zur Vermeidung der Doppelbesteuerung wird jeder der hohen vertragschließenden Teile die Einkünfte aus dem Schiffahrtsbetriebe von solchen Unternehmungen der Schiffahrt, die den Ort der Leitung im Gebiete des anderen Staates haben, nicht zu Steuern heranziehen.

Abs. 9: Die Bestimmungen der Abs. 7 und 8 sollen von dem Zeitpunkte der Inkraftsetzung der Konvention zur Verhütung der Doppelbesteuerung auf dem Gebiete der direkten Steuern, die am 7. Mai 1934 paraphiert wurde, insoweit nicht mehr angewendet werden, als die Steuerbehandlung durch die Konvention geregelt ist.

Art. 3.

Kaufleute, Fabrikanten und andere Gewerbetreibende des einen der beiden Länder ebenso wie die in ihren Diensten stehenden Reisenden ...... sollen befugt sein, bei Kaufleuten, in deren Geschäftsräumen, oder bei solchen Personen, in derem Gewerbebetrieb Waren der angebotenen Art Verwendung finden, Bestellungen auch unter Mitführung von Proben und Mustern entgegenzunehmen.

Sie werden wegen der in diesem Absatz bezeichneten Tätigkeit keinerlei Steuern und Abgaben unterworfen.

1. Art. 3 hat auch heute noch Gültigkeit.

Es handelt sich hier um die in den Wirtschafts- und Handelsverträgen übliche gegenseitige Vereinbarung, Kaufleute und deren Reisende hinsichtlich ihrer Tätigkeit für Geschäftsabschlüsse steuerfrei zu stellen. Vgl. hierzu II Nr. 15 des Abschnittes A. Die Bestimmung wird unbedenklich auch auf Vertreter von Körperschaften auszudehnen sein.

2. Unterhalten diese Personen jedoch im fremden Staate eine Betriebstätte — Proben- und Musterkoffer gelten nicht als solche — so unterliegen sie den allgemeinen Steuernormen dieses Staates.

12a. Das deutsch-französische Doppelbesteuerungsabkommen.

Vorläufige Anwendung des deutsch-französischen Abkommens zur Vermeidung der Doppelbesteuerung auf dem Gebiet der direkten Steuern.

RdErl. des RdF. vom 12. März 1938 (S 1301 B Fr — 400 III d.

Am 9. November 1934 ist in Paris von Vertretern des Deutschen Reiches und der Französischen Republik ein Abkommen zur Vermeidung von Doppelbesteuerungen und über gegenseitige Amtshilfe auf dem Gebiet der direkten Steuern unterzeichnet worden. Nachstehend werden veröffentlicht:

a) das Abkommen, soweit es die Doppelbesteuerung betrifft,
b) das zugehörige Schlußprotokoll vom gleichen Tag,
c) ein am 9. Januar 1937 in Berlin unterzeichnetes Zusatzprotokoll.

Abkommen, Schlußprotokoll und Zusatzprotokoll sind bisher noch nicht ratifiziert. Soweit das Abkommen die Doppelbesteuerung betrifft, soll es aber — zusammen mit dem Schlußprotokoll und dem Zusatzprotokoll — gemäß Vereinbarung zwischen beiden Ländern nach folgender Maßgabe vorläufig angewendet werden:

Bereits am 9. November 1933 hatten die Vertreter der Länder vereinbart, daß bis zum 1. Mai 1934 jede endgültige Entscheidung ohne jede Weiterverfolgung von Doppelbesteuerungsfällen außer auf gütlichem Weg in der Schwebe zu bleiben habe und daß die Bestimmungen des Abkommens unter Bedingungen, die im Abkommen festzulegen sind, rückwirkende Kraft haben sollen. Die Finanzämter haben s. Zt. entsprechende Anweisung auf Grund meines an die Präsidenten der Landesfinanzämter gerichteten, nicht veröffentlichten Erlasses vom 27. November 1933 — S 1301 B Fr — 70 III d — erhalten.

Die Aufschubfrist ist dann später verlängert und schließlich durch Ziff. 15 Satz 1 des Schlußprotokolls bis zum Inkrafttreten des Abkommens oder bis zu einer die Ratifikation des Abkommens verwerfenden Entscheidung ausgedehnt worden.

Dieser Aufschub ist aber durch Ziffer 15 Satz 2 des Schlußprotokolls insofern eingeschränkt, als sich die Finanzverwaltungen beider Länder vorbehalten haben, schon jetzt die Steuern anzufordern und beizutreiben, deren Erhebung ihnen auf Grund der Bestimmungen des Abkommens zustehen wird.

Die Finanzämter werden hiermit unter der Voraussetzung der Gegenseitigkeit und unter Vorbehalt jederzeitigen Widerrufs angewiesen, in allen Fällen, in denen Aufschub gewährt ist, den Schwebezustand insoweit aufrechtzuerhalten, als die Besteuerung nach den Bestimmungen des Abkommens Frankreich zustehen wird, im übrigen aber das Veranlagungs- und Erhebungsverfahren durchzuführen. Es besteht Einverständnis zwischen beiden Ländern, daß entsprechend auch zu verfahren ist in Doppelbesteuerungsfällen, die erst neu entstehen.

Nach Inkrafttreten des Abkommens wird, soweit Aufschub

erfolgt ist, nach der Vorschrift des Artikels 25 Abs. 2 des Abkommens zu verfahren sein. Hier ist vereinbart, daß die Bestimmungen des Titels I des Abkommens, also die zur Beseitigung von Doppelbesteuerungen getroffenen Abmachungen, rückwirkend für alle Fälle geltend sollen, in denen eine unanfechtbare Verwaltungs- oder Gerichtsentscheidung beim Inkrafttreten des Abkommens noch nicht ergangen ist. Erstattungen auf Grund der Rückwirkung sollen jedoch nicht erfolgen.

In Zweifelsfällen ist meine Entscheidung einzuholen.

Auszug aus dem Abkommen zwischen dem Deutschen Reich und der Französischen Republik zur Vermeidung von Doppelbesteuerungen und über gegenseitige Amtshilfe auf dem Gebiete der direkten Steuern.

Der Deutsche Reichskanzler und der Präsident der Französischen Republik haben, von dem Wunsche geleitet, auf dem Gebiete der direkten Steuern Doppelbesteuerungen zu vermeiden und Grundsätze über gegenseitige Amtshilfe aufzustellen, beschlossen, ein Abkommen abzuschließen und zu diesem Zwecke zu Bevollmächtigten ernannt:

der Deutsche Reichskanzler

den Ministerialdirektor im Reichsfinanzministerium, Herrn Professor Dr. Otto Hedding,

der Präsident der Französischen Republik

den Staatsrat im außerordentlichen Dienst, Generaldirektor des Enregistrements, der Domänen und des Stempels, Herrn Georg Trochon,

die, nachdem sie ihre Vollmachten geprüft und in guter und gehöriger Form befunden haben, über folgende Bestimmungen übereingekommen sind:

Titel I

Doppelbesteuerung.

Art. 1.

(1) Das gegenwärtige Abkommen soll Bestimmungen treffen, die sich auf die Erhebung der direkten Steuern beschränken.

(2) Als direkte Steuern im Sinne des gegenwärtigen Abkommens gelten solche Steuern, die auf der Grundlage der Gesetz-

gebung jedes der beiden Staaten unmittelbar von den Einkünften (Reineinkünften oder Roheinkünften) oder von dem Vermögen erhoben werden, sei es für Rechnung der vertragschließenden Staaten oder der deutschen Länder, sei es für Rechnung der Provinzen oder Provinzialverbände, der Gemeinden oder Gemeindeverbände, auch soweit die Erhebung der Steuern in der Form von Zuschlägen erfolgt. Das gegenwärtige Abkommen bezieht sich daher nicht auf indirekte Steuern vom Verkehr und Verbrauch.

(3) Als direkte Steuern werden insbesondere angesehen:

1. für die deutsche Gesetzgebung:
   a) die Einkommensteuer,
   b) die Körperschaftsteuer,
   c) die Vermögensteuer,
   d) die Grundsteuern,
   e) die Gebäudesteuern,
   f) die Gewerbesteuern,
   g) der Geldentwertungsausgleich bei bebauten Grundstücken (die Hauszinssteuern);
2. für die französische Gesetzgebung:
   a) la contribution foncière (propriété bâtie et non bâtie);
   b) l'impôt sur les bénéfices industriels et commerciaux;
   c) la redevance proportionelle des mines;
   d) l'impôt sur les bénéfices de l'exploitation agricole;
   e) l'impôt sur les traitements, indemnités et émoluments, salaires, pensions et rentes viagères;
   f) l'impôt sur les bénéfices des professions non commerciales;
   g) l'impôt sur le revenu des valeurs et capitaux mobiliers;
   h) la contribution des patentes;
   i) l'impôt général sur le revenu.

1. Das Abkommen erstreckt sich, wie aus Ziff. 12 des Schlußprotokolls zu entnehmen ist, nur auf die Staatsangehörigen beider Vertragsstaaten sowie auf die entsprechenden juristischen Personen. Hinsichtlich solcher Personen, die in keinem der beiden Staaten die Staatsangehörigkeit besitzen, *können* die obersten Finanzbehörden von Fall zu Fall besondere Vereinbarungen zur Vermeidung einer unbilligen Doppelbesteuerung treffen mit der Maßgabe, daß Angehörige solcher Staaten, die mit den beiden Vertragsstaaten bereits Doppelbesteuerungsabkommen geschlossen haben, vorzugsweise zu berücksichtigen sind (Ziff. 12 des Schlußprotokolls). Eine solche Vereinbarung schafft materielles Steuerrecht.

Wegen der juristischen Personen vgl. im übrigen Anm. 2 zu Art. III des deutsch-tschechischen Abkommens.

2. Über den Begriff der direkten Steuern vgl. II Nr. 4 des Abschnittes A:

wegen der Reichsfluchtsteuer auch Ziff. 2 des Schlußprotokolls. Darüber, ob Doppelbesteuerung wesentliche Voraussetzung der Anwendung des Abkommens, s. II Nr. 3 des Abschnittes A und C Nr. 1 und 2 des Abschnittes B.

Art. 2.

Steuern, welche die Einkünfte aus unbeweglichem Vermögen einschließlich der Einkünfte aus landwirtschaftlichen Betrieben treffen, werden nur in dem Staat erhoben, in dem sich die Liegenschaft befindet.

1. Die Besteuerung des Einkommens aus unbeweglichem Vermögen steht ausschließlich dem Staate der Belegenheit zu. Die Vermögensbesteuerung folgt demselben Grundsatze (Art. 12 1 a). Wegen der Realbesteuerung s. II Nr. 11 a des Abschnittes A.

2. Was im einzelnen zum unbeweglichen Vermögen gehört, bestimmt das innerstaatliche Recht jedes Staates, soweit das Abkommen nichts anderes verordnet. Auf deutscher Seite gehören hierhin bebaute und unbebaute Grundstücke (Bestandteile und Zubehör) sowie die grundstücksgleichen Rechte wie Erbbaurecht, Erbpacht, Mineralabbaugerechtigkeiten usw. Auch der Nießbrauch an einem Grundstücke muß wohl hierher gerechnet werden, da er in seinen Auswirkungen dem Eigentum sehr nahe steht. Hypotheken teilen nach Art. 8 Abs. 3 und Art. 12 1 b das Schicksal der Unbeweglichkeit. Dasselbe muß auch von Grund- und Rentenschulden gelten. Vgl. darüber II Nr. 10 des Abschnittes A und C Nr. 6 des Abschnittes B. Im übrigen gilt die Besteuerung des Art. 2 sowohl für die Sach- wie Rechtsfrüchte sowie für die Einkünfte aus Veräußerungsgeschäften (Nr. 3 des Schlußprotokolls). Da die Doppelbesteuerungsabkommen aber keine neuen Steueransprüche begründen, gilt das Letztere natürlich nur dann, wenn diese Einkünfte aus Veräußerungsgeschäften auch nach innerstaatlichem Steuerrecht der Steuer unterworfen sind.

Art. 3.

(1) Steuern, welche die Einkünfte aus dem Betriebe von Handel, Industrie oder sonstigen Gewerben außer den in Artikel 6 bezeichneten treffen, werden nur in dem Staat erhoben, in dessen Gebiet das Unternehmen seine Betriebstätte hat; dies gilt auch, wenn das Unternehmen seine Tätigkeit auf das Gebiet des anderen vertragschließenden Staates erstreckt, ohne dort eine Betriebstätte zu haben.

(2) Betriebstätte im Sinne des gegenwärtigen Abkommens ist eine ständige Geschäftseinrichtung des Unternehmens, in welcher die Tätigkeit dieses Unternehmens ganz oder teilweise ausgeübt wird.

(3) Hat das Unternehmen die Hauptbetriebstätte in einem der beiden Staaten, so kann es im anderen Staat auf Grund einer

dort unterhaltenen Betriebstätte nur besteuert werden, wenn diese Betriebstätte eine dem Gegenstand des Unternehmens entsprechende Tätigkeit ausübt, und für den Teil der Einkünfte, der durch die Tätigkeit dieser Betriebstätte erzielt wird.

(4) Übt diese Betriebstätte eine dem Gegenstand des Unternehmens nicht entsprechende Tätigkeit aus, so wird sie durch den Staat ihrer Belegenheit und nur für die dort erzielten Gewinne besteuert.

(5) Wie Einkünfte aus Gewerbebetrieb werden auch Einkünfte aus Beteiligungen an einem gesellschaftlichen Unternehmen behandelt mit Ausnahme der Einkünfte aus Kuxen, Aktien, Anteilscheinen und sonstigen Wertpapieren.

1. Die Besteuerung der gewerblichen Einkünfte und des Gewerbevermögens steht grundsätzlich dem Staate zu, in dem sich eine Betriebstätte des Unternehmens befindet (Art. 3 Abs. 1; Art. 12 1 c).

Über den Begriff der Betriebstätte vgl. die Darlegungen unter B V Nr. 3 des Abschnittes B sowie Ziff. 5 des Schlußprotokolls.

2. Bei Vorhandensein mehrerer Betriebstätten desselben Unternehmens in beiden Staaten hat nach Doppelbesteuerungsrecht grundsätzlich eine Aufteilung des Besteuerungsrechtes stattzufinden. Vgl. hierüber die Ausführungen unter II Nr. 7 des Abschnittes A und B II Nr. 2 des Abschnittes B.

Das deutsch-französische Abkommen unterscheidet in Art. 3 Abs. 3 und 4 Haupt- und Nebenbetriebstätten. Die Hauptbetriebstätte wird in der Regel mit dem Orte der Leitung des Unternehmens zusammenfallen. Man wird mangels einer näheren Auslegung die Betriebstätte darunter zu verstehen haben, an der die für das Unternehmen entscheidenden Geschäftsvorgänge abgewickelt werden.

Hinsichtlich des Umfanges des Besteuerungsrechtes unterscheidet das Abkommen weiter, ob die Nebenbetriebstätte eine dem Gegenstande des Unternehmens entsprechende Tätigkeit ausübt oder nicht. Als entsprechend wird mangels einer näheren Bestimmung eine Tätigkeit dann gelten können, wenn sich die Tätigkeit des Nebenbetriebes überwiegend mit dem Geschäftszwecke des Hauptbetriebes deckt. Das wird beispielsweise nicht der Fall sein, wenn die Hauptbetriebstätte sich mit der Produktion und dem Vertriebe von technischen Artikeln, die Nebenbetriebstätte im anderen Staate aber mit Lebensmittelhandel befaßt. Sind die Tätigkeiten der Haupt- und Nebenbetriebstätte kongruent, so soll jeder Betriebsteil in jedem Staate nur mit dem Teile der Einkünfte herangezogen werden, der durch die Tätigkeit der einzelnen Betriebstätte erzielt wird. Das schließt nicht aus, daß die Nebenbetriebstätte mit Einkünften herangezogen wird, die tatsächlich nur der Hauptbetriebstätte zugute kommen, wie z. B. in dem Falle, in dem die Nebenbetriebstätte lediglich als Produktionsstätte in die Erscheinung tritt, die nur Ausgaben hat. Vgl. hierzu II Nr. 7 des Abschnittes A. Sind die Tätigkeiten der Haupt- und Nebenbetriebstätte nicht kongruent, so ist lediglich auf das Gewinnergebnis der Nebenbetriebstätte abzustellen, das ja in einem solchen Falle in der Regel ohne eine Prüfung der Verhältnisse der Hauptbetriebstätte zu ermitteln sein wird.

Im übrigen ist es bei dem Mangel zureichender Bestimmungen über die Methode der Abgrenzung der Betriebstätteneinkünfte und des Betriebstättenvermögens klar, daß sich gerade hier eine Fülle von Problemen ergeben, die weder durch die Praxis noch durch Wissenschaft und Rechtsprechung endgültig als gelöst angesehen werden können. Insbesondere sei hier auf folgende Punkte hingewiesen:

A. Bei Vorhandensein einer selbständigen Betriebsbuchführung wird in erster Linie von deren Ergebnis auszugehen sein. Meinungsverschiedenheiten können sich hier ergeben:

a) bei der Erfassung der Kapitalausstattung der Filiale sowie bei der Behandlung von Kreditzinsen der Filiale an die Zentrale;
b) bei der Zerlegung der Generalunkosten des Unternehmens (Gehälter, Verwaltungs- und Reklamekosten) auf die einzelne Betriebstätte;
c) bei der Aufteilung des Eigenvermögens des Unternehmens (Grund- und Stammkapital, Kapital- und Reservekonten);
d) bei der Bemessung des Anteils der Filiale an Schulden und Schuldzinsen, die das Gesamtunternehmen belasten;
e) bei der Behandlung der Gewinnspannen im gegenseitigen Warenverkehr;
f) bei der Beurteilung der Frage, ob verdeckte Gewinnausschüttungen vorliegen.

Daß bei den unter A genannten Fällen sogar § 30 EStG. eingreifen kann, ist unter C Nr. 6 des Abschnittes B dieses Buches näher dargelegt worden. Der einzige fruchtbare Ausweg bietet daher nur die Verständigung von Fall zu Fall.

B. Schwieriger liegt der Fall, wenn für die einzelnen Betriebstätten nur ein einziger Hauptabschluß gemacht ist. Hier kann die Aufteilung des Gewinnes und Vermögens nur schlüsselmäßig erfolgen. In der Praxis haben sich als solche geeignete Schlüssel bewährt:

a) bei Versicherungsunternehmen: die Prämienzahlungen;
b) bei Verkehrsunternehmen: die zurückgelegten Stundenkilometer oder die Schienenlänge;
c) bei Banken und Kreditanstalten: die Bruttoumsätze;
d) im übrigen: Löhne und Gehälter oder die Zahl der Arbeiter und Angestellten.

Vgl. hierzu auch die Darlegungen unter II Nr. 7 des Abschnittes A sowie B II Nr. 2 des Abschnittes B.

3. Über Organtheorie und Schachtelprivileg vgl. II Nr. 11 des Abschnittes A sowie B V Nr. 6, C Nr. 14 des Abschnittes B.

4. Wegen der Realbesteuerung s. II Nr. 11 a des Abschnittes A.

5. Beteiligungen an gesellschaftlichen Unternehmungen werden wie Gewerbebetriebe behandelt. Vgl. hierzu II Nr. 9 des Abschnittes A. Ausgenommen sind Kuxen, Aktien, Anteilscheine und sonstige Wertpapiere, d. h. Urkunden, deren Besitz notwendig ist, um die in ihnen verbrieften Rechte ausüben zu können. Diese Wertpapierbeteiligungen unterliegen der Wohnsitzbesteuerung. Vgl. hierzu aber die Ausnahme des Art. 4 Abs. 2.

6. Wegen der Begrenzung der gewerblichen Einkünfte s. noch Ziff. 4 des Schlußprotokolls.

Art. 4.

(1) Gesellschaften, die ihren Sitz oder Ort der Leitung in Deutschland haben, eine Betriebstätte in Frankreich besitzen und

auf Grund des Gesetzes vom 29. Juni 1872 und der Verordnung vom 6. Dezember desselben Jahres die Steuer auf das Einkommen aus beweglichem Kapitalvermögen (impôt sur le revenu des capitaux mobiliers) zu entrichten haben, zahlen diese Steuer in der Weise, wie die vorliegenden Bestimmungen es vorsehen; das besteuerte Einkommen darf jedoch nicht höher sein als der Betrag der in Frankreich erzielten Gewinne, gegebenenfalls einschließlich des Nutzens oder der Gewinne, die die Gesellschaft etwa mittelbar aus ihrer französischen Betriebstätte gezogen hat oder die Dritten zugewendet oder gewährt worden sind, einerlei ob durch Erhöhung oder Herabsetzung der Kauf- oder Verkaufspreise oder auf irgendeine andere Weise.

(2) Gesellschaften, die ihren Sitz oder Ort der Leitung in Deutschland haben, dürfen in Frankreich nicht wegen ihrer Beteiligung an einer Gesellschaft, deren Sitz in Frankreich liegt, zur Zahlung der Steuer auf das Einkommen aus beweglichem Kapitalvermögen herangezogen werden; zu den von der französischen Gesellschaft ausgeschütteten Gewinnen, die der Steuer auf das bewegliche Kapitalvermögen unterliegen, werden jedoch für die Erhebung dieser Steuer gegebenenfalls der Nutzen oder die Gewinne hinzugerechnet, die die deutsche Gesellschaft etwa mittelbar aus ihrer Beteiligung gezogen hat oder die Dritten zugewendet oder gewährt worden sind, einerlei ob durch Erhöhung oder Herabsetzung der Kauf- oder Verkaufspreise oder auf irgendeine andere Weise.

(3) Bei der Besteuerung von Gesellschaften, deren Sitz in Frankreich liegt und die in Deutschland eine Betriebstätte im Sinne von Artikel 3 Abs. 2, 3 und 4 besitzen, sowie bei der Besteuerung deutscher Gesellschaften, an deren Kapital eine französische Gesellschaft beteiligt ist, werden der unmittelbare Nutzen oder die mittelbaren Gewinne, die die französischen Gesellschaften aus ihrer Niederlassung oder Beteiligung gezogen haben sollten, in derselben Weise berücksichtigt, wie es in Abs. 1 und 2 des vorliegenden Artikels vorgesehen ist.

1. Bei einer in Frankreich tätigen Betriebstätte eines deutschen Unternehmens soll auch das Einkommen aus beweglichem Kapitalvermögen, soweit es durch das französische Gesetz vom 29. 6. 1872 und die VO. vom 6. 12. 1872 — abgeändert durch das Dekret vom 10. 8. 1896 — der Steuer unterworfen ist, grundsätzlich nach Art. 3 besteuert werden. Die Besteuerung hat sich auch hier auf den Betrag des in Frankreich erzielten Gewinnes zu beschränken jedoch mit der Maßgabe, daß etwaige mittelbare geldwerte Vorteile, die der deutschen Gesellschaft oder Dritten durch die Tätigkeit der französischen Betriebstätte erwachsen, dem Einkommen der französischen Betriebstätte hinzuzurechnen sind. Man denke z. B. an die unentgeltliche Überlassung von Produktionsgütern an das deutsche Unternehmen oder an die Überlassung solcher Güter an von dem deutschen Unternehmen beherrschte andere deutschen Gesellschaften.

Wegen der Begriffe Sitz und Ort der Leitung s. B V Nr. 5 des Abschnittes A.

2. Nach Art. 4 Abs. 2 unterliegt die Beteiligung einer deutschen Gesellschaft an einer Gesellschaft, deren Sitz in Frankreich liegt, nicht der Einkommensteuer aus beweglichem Kapitalvermögen. Bei der Besteuerung der französischen Gesellschaft werden den der Steuer unterliegenden Gewinnausschüttungen des Unternehmens auch die geldwerten Vorteile hinzugerechnet, die die deutsche Gesellschaft mittelbar aus ihrer Beteiligung gezogen hat, vgl. Anm. 1.

3. Die Grundsätze der Abs. 1 und 2 gelten entsprechend für die Besteuerung von Gesellschaften, deren Sitz in Frankreich liegt und in Deutschland eine Betriebstätte unterhalten sowie von Beteiligungen französischer Gesellschaften an deutschen Unternehmen.

4. Da sich bei der Vielgestaltigkeit der wirtschaftlichen Beziehungen hier leicht Meinungsverschiedenheiten ergeben können, sieht Nr. 6 des Schlußprotokolls für besonders schwierig gelagerte Fälle, wie bei Art. 3, das Verständigungsverfahren vor.

Art. 5.

Steuern, welche die Einkünfte aus dem Betriebe von Unternehmungen der Seeschiffahrt und der Luftfahrt treffen, werden nur in dem Staat erhoben, in dem sich der Ort der Leitung des Unternehmens befindet, vorausgesetzt, daß die Schiffe oder Luftfahrzeuge die Staatsangehörigkeit dieses Staates besitzen.

1. Durch Zusatzprotokoll vom 9. 1. 1937 (Art. 6 a Abs. 1) sind auch die Unternehmungen der Rheinschiffahrt der Besteuerung des Staates unterworfen, in dem sich der Ort der Leitung befindet. Wegen der Einzelheiten vgl. das Zusatzprotokoll.

Über den Begriff des Ortes der Leitung s. B V Nr. 5 des Abschnittes B.

2. Im übrigen vgl. hinsichtlich der Schiffahrtsunternehmungen die Darlegungen unter II Nr. 8 a des Abschnittes A.

Art. 6.

(1) Steuern, welche die Einkünfte aus Arbeit einschließlich der Einkünfte aus freien Berufen treffen, werden, soweit nicht im Artikel 7 Abweichendes bestimmt ist, nur in dem Staat erhoben, in dessen Gebiet die persönliche Tätigkeit ausgeübt wird, aus der die Einkünfte herrühren.

(2) Die Ausübung eines freien Berufes in einem der beiden Staaten liegt nur dann vor, wenn die Berufstätigkeit in diesem Staate einen festen Mittelpunkt hat.

Art. 6a

siehe Zusatzprotokoll vom 9. Januar Ziffer 1.

1. Grundsätzlich soll das Einkommen aus Arbeit nur in dem Staate der persönlichen Tätigkeitsentfaltung besteuert werden. Dasselbe gilt für die Einkünfte aus freien Berufen, soweit die Tätigkeit von einem festen Mittelpunkte (Betriebstätte) aus ausgeübt wird. Vgl. hierzu II Nr. 8 des Abschnittes A sowie B II Nr. 3 und 4 des Abschnittes B. Siehe auch Anm. Nr. 1 zu Art. 5 des deutsch-finnischen Abkommens.

2. Nach Art. 6a Abs. 2 des Zusatzprotokolls vom 9. 1. 1937 werden Löhne und Gehälter des Schiffspersonals von Rheinschiffahrtsunternehmen nur in dem Staate versteuert, in dem der Empfänger seinen Wohnsitz hat oder in dem beim Fehlen eines Wohnsitzes das Unternehmen als solches zu versteuern ist.

Abweichend von Art. 6 entscheidet nach Nr. 7 des Schlußprotokolls der Wohnsitz auch über das Recht der Besteuerung des Arbeitseinkommens der sog. Grenzarbeiter.

Über den Begriff des Wohnsitzes s. Art. 13.

3. Wegen der Studiengelder der Studenten s. Ziff. 10 des Schlußprotokolls.

Ziff. 7.

Steuern von Einkünften, die auf Grund einer gegenwärtigen oder früheren Dienst- oder Arbeitsleistung in Form von Besoldungen, Ruhegehältern, Löhnen oder anderen Bezügen von einem Land, einer Provinz, einem Departement, einer Gemeinde oder von einer anderen juristischen Person des öffentlichen Rechts gewährt werden, die nach der inneren Gesetzgebung der vertragschließenden Staaten ordnungsmäßig errichtet ist, werden nur in dem Schuldnerstaat erhoben.

Vgl. hierzu die Anmerkungen zu Art. VI des deutsch-tschechischen Abkommens.

Art. 8.

(1) Steuern von den Einkünften aus Darlehen, Depots, Depositenkonten und allen anderen Forderungen werden in allen Fällen, in denen sie nicht durch Gesellschaften oder juristische Personen an der Quelle einbehalten werden, nur in dem Wohnsitzstaat des Gläubigers erhoben.

(2) Hat der Gläubiger in beiden Staaten Betriebstätten im Sinne von Artikel 3 Abs. 2 und gibt eine dieser Betriebstätten ein Darlehen oder errichtet ein Depot, so wird die Steuer in demjenigen der beiden Staaten erhoben, in dessen Gebiet sich diese Niederlassung befindet.

(3) Bei Hypothekenforderungen wird die Steuer in dem Staat erhoben, in dessen Gebiet das Grundstück belegen ist.

Die Art. 8 und 9 regeln das Besteuerungsrecht gegenüber den Einkünften aus beweglichem Kapitalvermögen.

Grundsatz:

Dem Wohnsitzstaate des Berechtigten steht das Besteuerungsrecht zu.

Ausnahmen:

a) der Steuerabzug vom Kapitalertrag steht stets dem Staate zu, in dessen Gebiete er einbehalten wird (Art. 8 Abs. 1).
b) Unterhält der Forderungsberechtigte in beiden Staaten Betriebstätten, so steht das Besteuerungsrecht hinsichtlich solcher Darlehens- und Depotforderungen, die eine Betriebstätte gewährt oder eingerichtet hat, nur dem Staate dieser Betriebstätte zu (Art. 8 Abs. 2). Darlehen und Depots müssen also aus Betriebsmitteln der Betriebstätte stammen, andernfalls gilt Abs. 1.
c) Hypothekenforderungen sollen nur vom Staate der Belegenheit des belasteten Grundstücks besteuert werden (Art. 8 Abs. 3).
d) Soweit die Einkünfte aus beweglichem Kapitalvermögen nicht unter Art. 8 fallen (Dividenden aus Wertpapieren, Genußrechte, Ausbeuten usw.), soll zwar grundsätzlich auch der Wohnsitzstaat des Genußberechtigten steuerberechtigt sein. Jeder Staat behält aber das Recht, diese Einkünfte nach Maßgabe seiner Steuergesetzgebung dann heranzuziehen, sofern sie ihren Ursprung auf seinem Gebiet haben, d. h. dort anfallen. Da sich hieraus die Möglichkeit der Doppelbesteuerung ergibt, sieht Ziff. 9 des Schlußprotokolls Maßnahmen der Vertragsstaaten vor, die eine solche Doppelbesteuerung mildern sollen.

Beteiligungen an Gesellschaften (außer Kuxen, Aktien und sonstigen Wertpapieren) werden aber, wie bereits unter Art. 3 dargelegt ist, wie Gewerbebetriebe behandelt. Die Einkünfte aus der Beteiligung an einer GmbH. oder anderen Mitunternehmergesellschaften (oHG., KG., unechte stille Gesellschaft, bürgerliche Gesellschaft) unterliegen daher nur der Besteuerung des Betriebstättenstaates.

Art. 9.

Einkünfte aus beweglichem Kapitalvermögen sind in dem Staat zu versteuern, in dessen Gebiet der Genußberechtigte seinen Wohnsitz hat. Jeder vertragschließende Staat behält jedoch das Recht, gemäß seiner allgemeinen Gesetzgebung seine Steuer von den Einkünften aus beweglichem Kapitalvermögen, die ihren Ursprung auf seinem Gebiet haben, zu erheben.

Vgl. hierzu die Anmerkungen unter Art. 8.

Art. 10.

Tantiemen, Anwesenheitsgelder und sonstige Vergütungen an Aufsichtsratsmitglieder von Aktiengesellschaften sind in demjenigen der beiden Staaten zu versteuern, wo sich der Sitz der Gesellschaft befindet; soweit es sich um Vergütungen handelt, die die Betreffenden in anderer tatsächlich bestehender Eigenschaft beziehen, findet Artikel 6 Anwendung.

Vgl. hierzu Anm. Nr. 2 zu Art. 5 des deutsch-finnischen Abkommens. Unter Art. 10 fallen nur die Vergütungen usw., die für die Aufsichtsratstätigkeit als solche gewährt werden. Erhält der Berechtigte daneben noch Bezüge in anderer Eigenschaft (Dienstvertrag), so findet Art. 6 Anwendung. Im übrigen wird die Mindestbesteuerung der Tantiemen nach dem KStG. durch Art. 10 nicht berührt.

Art. 11.

Steuern, die irgendeine andere, in den vorstehenden Artikeln nicht bezeichnete Art von Einkünften einschließlich der Leibrenten treffen, werden nur in dem Staat erhoben, in dem der Steuerpflichtige seinen Wohnsitz hat.

Hierhin gehören außer Leibrenten und vererblichen Renten unter anderem Einkünfte aus Spekulationsgeschäften in beweglichen Gegenständen sowie Einnahmen aus der Vermietung beweglicher Sachen.

Art. 12.

Falls beide Staaten laufende oder einmalige Steuern vom Vermögen oder Vermögenszuwachs erheben, finden folgende Bestimmungen Anwendung:

1. Soweit das Vermögen aus
   a) unbeweglichem Vermögen mit Einschluß des Zubehörs,
   b) hypothekarisch gesicherten Forderungen,
   c) Unternehmungen von Handel, Industrie oder sonstigem Gewerbe jeder Art einschließlich der Unternehmen der Seeschiffahrt und der Luftfahrt,

   besteht, wird die Steuer in dem Staat erhoben, dem nach den vorhergehenden Artikeln die Steuer von den Einkünften aus diesem Vermögen zusteht.
2. Für alle anderen Arten des Vermögens wird die Steuer in dem Staat des Wohnsitzes erhoben.

1. Grundsätzlich steht das Recht der Besteuerung des Vermögens dem Wohnsitzstaate zu. Nur soweit das Vermögen aus den unter I a—c genannten Gegenständen besteht, erfolgt die Besteuerung im Staate der Belegenheit oder Betriebstätte. Art. 12 Ziff. 1 c ist neugefaßt durch Zusatzprotokoll vom 9. 1. 1937 Ziff. 2. — Über den Wohnsitzbegriff s. Art. 13.

2. Auch die Aufbringungsumlage ist eine Vermögensteuer, nicht aber die Reichsfluchtsteuer. Vgl. auch Nr. 2 des Schlußprotokolls.

Art. 13.

(1) Als Wohnsitz im Sinne dieses Abkommens wird der Ort angesehen, wo der Steuerpflichtige eine Wohnung unter Umständen innehat, die auf die Absicht der Beibehaltung einer solchen schließen lassen.

(2) Liegen die Voraussetzungen des Abs. 1 gleichzeitig in beiden Staaten vor, so werden die Steuern von jedem der beiden Staaten zu dem Teil erhoben, der dem Verhältnis der Aufenthaltsdauer in jedem der beiden Staaten während des Steuerjahres entspricht. Dabei ist ein Aufenthalt außerhalb der beiden vertragschließenden Staaten dem Staat zuzurechnen, dessen Staatsangehörigkeit der Steuerpflichtige besitzt.

(3) Liegen die Voraussetzungen des Abs. 1 in keinem der beiden Staaten vor, so gilt als Wohnsitz des Steuerpflichtigen der Ort, an dem er seinen dauernden Aufenthalt hat. Einen dauernden Aufenthalt im Sinne dieser Bestimmungen hat jemand da, wo er sich unter Umständen aufhält, die auf die Absicht schließen lassen, dort nicht nur vorübergehend zu verweilen. Besteht auch in keinem der beiden Staaten ein dauernder Aufenthalt, so wird ein Wohnsitz in dem Staat angenommen, dessen Staatsangehörigkeit der Steuerpflichtige besitzt.

(4) Im Sinne dieses Abkommens gilt als Wohnsitz der juristischen Personen der Ort, wo sich ihr wirklicher Sitz befindet.

1. Über den Begriff des Wohnsitzes s. B V Nr. 1 des Abschnittes B.
2. Über den Begriff des dauernden Aufenthalts s. B V Nr. 2 des Abschnittes B.
3. Über den Begriff des Sitzes vgl. B V Nr. 5 des Abschnittes B.

Art. 14.

Die persönliche Steuer auf das Gesamteinkommen, die in dem Staat eingeführt ist, wo der Steuerpflichtige seinen Wohnsitz hat, wird nur von den Einkünften erhoben, die nach den Bestimmungen des vorliegenden Abkommens in diesem Staat zu versteuern sind, aber nach dem Durchschnittssatz, der für das Gesamteinkommen des Steuerpflichtigen gilt.

Art. 15.

(1) Für die diplomatischen, konsularischen und sonstigen gleichgestellten Vertreter jedes der vertragschließenden Staaten gelten die folgenden Sonderbestimmungen:

Die Vertreter, sofern sie Berufsbeamte sind, sowie die ihnen zugewiesenen Beamten und die in ihrem und ihrer Beamten Dienst stehenden Personen werden im Empfangsstaat zu direkten Steuern nur herangezogen, soweit es sich um die in den Artikeln 2, 3, 5 und 6 bezeichneten Einkünfte und das im Artikel 12 Ziffer 1 aufgeführte Vermögen handelt oder soweit die Steuer im Abzugswege (an der Quelle) erhoben wird; im übrigen bleibt die Besteuerung dem Entsendestaat vorbehalten.

(2) Die Sonderbestimmungen des Abs. 1 gelten jedoch nur, soweit die genannten Personen Angehörige des Entsendestaates sind und außerhalb ihres Amtes oder Dienstes im Empfangsstaat keinen Beruf, kein Gewerbe und keine andere nicht nur gelegentliche gewinnbringende Tätigkeit ausüben.

(3) Auf Wahlkonsuln, die nur die Staatsangehörigkeit des Entsendestaates besitzen, finden die Bestimmungen dieses Abkommens mit der Maßgabe Anwendung, daß diese Konsuln mit ihren dienstlichen Bezügen, die sie als Entgelt für ihre Tätigkeit als Konsuln genießen, im Empfangsstaat zu direkten Steuern nicht herangezogen werden.

Vgl. hierzu die Anmerkungen zu Art. XVII des deutsch-tschechischen Abkommens sowie II Nr. 15 a des Abschnittes A.

Art. 16.

Weist ein Steuerpflichtiger nach, daß die Maßnahmen der Finanzbehörden der vertragschließenden Staaten für ihn die Wirkung einer Doppelbesteuerung gehabt haben, so kann er hiergegen bei dem Staat, dem er angehört, Einspruch erheben. Wird der Einspruch für begründet erachtet, so kann die oberste Finanzbehörde dieses Staates sich mit der obersten Finanzbehörde des anderen verständigen, um in billiger Weise eine Doppelbesteuerung zu vermeiden.

Vgl. hierzu II Nr. 5 des Abschnittes A.

Art. 17.

Zur Beseitigung von Doppelbesteuerungen in Fällen, die in diesem Abkommen nicht geregelt sind, sowie auch in Fällen von Schwierigkeiten oder Zweifeln bei der Auslegung und Anwendung dieses Abkommens können die obersten Finanzbehörden der beiden vertragschließenden Staaten besondere Vereinbarungen treffen.

Art. 18.

Die vertragschließenden Staaten verpflichten sich, ihre obersten Finanzbehörden mit der billigen Entscheidung jeder anderen Frage zu betrauen, die wegen der Verschiedenheit der für die Steuererhebung in beiden Staaten geltenden Grundsätze oder die überhaupt, ohne in diesem Abkommen ausdrücklich entschieden zu sein, auf dem Gebiete der direkten Steuern entstehen könnte.

Titel II
Rechtsschutz und Amtshilfe.
Art. 19—24.

Titel III
Schlußbestimmungen.

Art. 25.

(1) Das Abkommen tritt mit dem 1. Januar des auf die Ratifikation folgenden Jahres in Kraft.

(2) Die Bestimmungen des Titels I gelten rückwirkend für alle Fälle, in denen eine unanfechtbare Verwaltungs- oder Gerichtsentscheidung beim Inkrafttreten dieses Abkommens noch nicht ergangen ist; Erstattungen auf Grund der Rückwirkung erfolgen jedoch nicht.

(3) usw.

Art. 26.

Dieses Abkommen, ausgefertigt in doppelter Urschrift in deutscher und in französischer Sprache, soll ratifiziert und die Ratifikationsurkunden sollen baldmöglichst in Paris ausgetauscht werden. Es bleibt so lange in Geltung, als es nicht von einem der vertragschließenden Staaten gekündigt wird. Erfolgt die Kündigung drei Monate vor Ablauf eines Kalenderjahres, so verliert das Abkommen mit dem 1. Januar des nächstfolgenden, andernfalls mit dem 1. Januar des zweitfolgenden Jahres seine Wirksamkeit.

Zu Urkund dessen haben die Bevollmächtigten beider Staaten dieses Abkommen unterfertigt und mit Siegeln versehen.

Geschehen in Paris am 9. November 1934.

(gez.) Otto Hedding

(gez.) G. Trochon.

Schlußprotokoll.

Bei der Unterzeichnung des heute zwischen dem Deutschen Reich und der Französischen Republik abgeschlossenen Abkommens zur Vermeidung von Doppelbesteuerungen und über gegenseitige Amtshilfe auf dem Gebiete der direkten Steuern haben die unterzeichneten Bevollmächtigten folgende übereinstimmende Erklärung abgegeben, die einen integrierenden Teil des Abkommens selbst bildet:

1. Die in Artikel 1 des Abkommens enthaltene Aufzählung der in beiden vertragschließenden Staaten geltenden direkten Steuern ist nicht abschließend.

Ergeben sich hierbei Zweifel, so werden sie im Einvernehmen zwischen den obersten Finanzbehörden der beiden Staaten geklärt werden.

Die obersten Finanzbehörden der beiden Staaten werden gegebenenfalls am Ende jedes Jahres ein auf den neuesten Stand gebrachtes Verzeichnis der in jedem Staat bestehenden direkten Steuern austauschen.

2. Die Bestimmungen des Abkommens finden auf solche Personen, bei denen die Voraussetzungen für die Entrichtung der deutschen Reichsfluchtsteuer vorliegen, keine Anwendung. Ferner findet das Abkommen keine Anwendung auf solche Personen, bei denen nur deshalb die Voraussetzungen für die Erhebung der deutschen Reichsfluchtsteuer nicht vorliegen oder wieder weggefallen sind, weil sie einen Wohnsitz oder gewöhnlichen Aufenthalt im Sinne des deutschen Steuerrechts in Deutschland nachweisen können oder nach deutschem Steuerrecht wie Personen mit Wohnsitz oder gewöhnlichem Aufenthalt in Deutschland behandelt werden.

3. Die Bestimmung des Artikels 2 des Abkommens gilt sowohl für die durch unmittelbare Verwaltung und Nutzung als auch für die durch Vermietung, Verpachtung und jede andere Art der Nutzung des unbeweglichen Guts erzielten Einkünfte sowie für Einkünfte aus Veräußerungsgeschäften, die bei der Veräußerung von unbeweglichem Vermögen mit Einschluß des mitveräußerten Zubehörs erzielt werden.

4. Die Bestimmung der Nr. 3 dieses Schlußprotokolls, welche die Einkünfte aus unbeweglichem Vermögen betriffft, findet auf die Einkünfte aus dem Betriebe von Handel, Industrie oder sonstigem Gewerbe sowie auf Gewinne aus der Veräußerung eines Betriebes im ganzen oder eines Teiles des Betriebes oder eines Gegenstandes, der beim Betriebe benutzt wird, entsprechende Anwendung.

5. Als Betriebstätten im Sinne des Artikels 3 des Abkommens gelten außer dem Sitz und dem Ort der Leitung des Unternehmens die Zweigniederlassungen und anderen Niederlassungen, die Fabrikations- und Werkstätten, die Einkaufs- und Verkaufsstellen, die Lager und anderen Handelsstätten, die den Charakter einer ständigen Geschäftseinrichtung haben, sowie ständige Vertretungen.

Es besteht Übereinstimmung darüber, daß unter den Begriff der Betriebstätte im Sinne des Artikels 3 nicht das Unterhalten von Geschäftsbeziehungen lediglich durch einen völlig unabhängigen Vertreter fällt. Das gleiche gilt für das Unterhalten eines Vertreters (Agenten), der zwar ständig für natürliche Personen oder Körperschaften des einen Staates in dem Gebiete des anderen tätig ist, aber lediglich Geschäfte vermittelt, ohne zum Abschluß von Geschäften für die vertretene Firma bevollmächtigt zu sein.

Funktionen, die ein unabhängiger Vertreter oder Agent im Zusammenhang mit dem französisch-deutschen Zahlungsabkommen erfüllt, üben keine Wirkungen auf seine Rechtsstellung als völlig unabhängiger Vertreter oder Agent im Sinne des vorstehenden Absatzes aus.

6. In Fällen, in denen sich bei Anwendung der Bestimmungen der Artikel 3 und 4 dieses Abkommens Schwierigkeiten oder Streitigkeiten ergeben, werden sich die obersten Finanzbehörden ins Benehmen setzen zwecks billiger Aufteilung der Einkünfte aus Handel, Industrie und sonstigem Gewerbe.

7. Abweichend von Artikel 6 des Abkommens werden Personen, die in dem einen Staat im Grenzbezirk wohnen und in dem anderen Staat im Grenzbezirk arbeiten, zu Gehalts- und Lohnsteuern nur in dem Staat herangezogen, in dem sie ihren Wohnsitz haben.

8. Als freie Berufe im Sinne des Artikels 6 gelten insbesondere wissenschaftliche, künstlerische, schriftstellerische, unterrichtende oder erziehende Tätigkeit sowie die Tätigkeit der Ärzte, Rechtsanwälte, Architekten und Ingenieure.

9. Die vertragschließenden Staaten werden sich gegebenenfalls über Maßnahmen zur Milderung der sich aus der Bestimmung des Artikels 9 ergebenden Doppelbesteuerung ins Benehmen setzen.

10. Studenten, die sich in einem der vertragschließenden Staaten nur zu Studienzwecken aufhalten, werden von diesem Staat wegen der Bezüge, die sie von den in dem anderen Staat wohnhaften und dort bereits steuerpflichtigen Angehörigen empfangen, keiner Besteuerung unterworfen, sofern diese Bezüge den

überwiegenden Teil des zu ihrem Unterhalt und ihrem Studium Notwendigen darstellen.

11. Bei Steuerpflichtigen, die dartun, daß sie ihren Wohnsitz endgültig von dem einen in den anderen vertragschließenden Staat verlegt haben, endet die Steuerpflicht, soweit sie an den Wohnsitz anknüpft, in dem ersten Staat mit Ablauf des Kalendermonats, in dem die Wohnsitzverlegung erfolgt ist. Die vor dem Tage dieser Verlegung ordnungsmäßig festgesetzte Steuer muß in jedem Falle gezahlt werden.

12. Hinsichtlich solcher Personen, die in keinem der beiden Staaten die Staatsangehörigkeit besitzen, können die obersten Finanzbehörden von Fall zu Fall besondere Vereinbarungen zur Vermeidung der Doppelbesteuerung treffen. Dabei sollen insbesondere die Angehörigen solcher Staaten berücksichtigt werden, die mit den beiden vertragschließenden Staaten Abkommen zur Vermeidung der Doppelbesteuerung abgeschlossen haben.

13. Zur Vermeidung etwaiger Zweifel wird klargestellt, daß die Bestimmung des Artikels 15 das Recht auf den Genuß etwaiger weiter gehender Befreiungen nicht berührt, die kraft der allgemeinen Regeln des Völkerrechts den diplomatischen und konsularischen Beamten zugestanden worden sind oder künftig zugestanden werden sollten.

Soweit auf Grund solcher weiter gehenden Befreiungen eine Heranziehung zu direkten Steuern im Empfangsstaat nicht erfolgt, bleibt die Besteuerung dem Entsendestaate vorbehalten.

14. Es besteht Einverständnis darüber, daß Abschlagszahlungen, welche in den Fällen des Artikels 25 Abs. 2 geleistet worden sind, auf nach den Bestimmungen des vorliegenden Abkommens fällige oder fällig werdende Steuern derselben Art angerechnet werden.

15. Der von den Finanzverwaltungen der beiden Länder bis zur Unterzeichnung des gegenwärtigen Abkommens gewährte Aufschub wird bis zum Inkrafttreten des Abkommens oder bis zu einer die Ratifikation des Abkommens verwerfenden Entscheidung verlängert. Die Finanzverwaltungen der beiden Länder behalten sich jedoch die Anforderung und die Beitreibung der auf Grund der Bestimmungen des Abkommens festgesetzten Steuern vor.

Geschehen in Paris am 9. November 1934.

(gez.) Otto Hedding

(gez.) G. Trochon.

Zusatzprotokoll
zu dem Abkommen zwischen dem Deutschen Reich und der Französischen Republik zur Vermeidung von Doppelbesteuerungen und über gegenseitige Amtshilfe auf dem Gebiete der direkten Steuern vom 9. November 1934.

Der Deutsche Reichskanzler und der Präsident der Französischen Republik sind übereingekommen, die Vermeidung der Doppelbesteuerung der Rheinschiffahrtsunternehmen anderweit zu regeln und die Bestimmungen des Abkommens vom 9. November 1934 zu ändern.

Zu diesem Zwecke haben die Bevollmächtigten ernannt:

der Deutsche Reichskanzler
den Ministerialdirektor im Reichsfinanzministerium, Herrn Professor Dr. Otto Hedding,

der Präsident der Französischen Republik
den Französischen Botschafter in Berlin, Herrn André François-Poncet.

Die Bevollmächtigten haben nach gegenseitiger Mitteilung ihrer in guter und gehöriger Form befundenen Vollmachten sich über folgende Punkte geeinigt:

1. In das Abkommen wird hinter Artikel 6 als Artikel 6 a folgende Bestimmung aufgenommen:

Art. 6 a

(1) Steuern, welche die Einkünfte aus dem Betriebe von Unternehmungen der Rheinschiffahrt treffen, werden nur in dem Staat erhoben, in dem sich der Ort der Leitung des Unternehmens befindet. Bei Kapitänen oder Schiffern, die ein Schiffahrtsunternehmen an Bord ihres Schiffes leiten, steht das Besteuerungsrecht nur dem Staat zu, in dem der Kapitän oder Schiffer seinen Wohnsitz hat oder in dem sich beim Fehlen eines Wohnsitzes der Ort der Schiffseintragung befindet.

(2) Steuern, welche die Löhne und Gehälter des Schiffspersonals treffen, werden nur in dem Staat erhoben, in dem der Empfänger seinen Wohnsitz hat oder in dem beim Fehlen eines Wohnsitzes das Unternehmen gemäß Absatz 1 zu besteuern ist.

2. Im Artikel 12 des Abkommens wird die Bestimmung unter 1 c folgendermaßen gefaßt:

c) Unternehmungen von Handel, Industrie oder sonstigem

Gewerbe jeder Art einschließlich der Unternehmen der Seeschifffahrt, der Luftfahrt und der Rheinschiffahrt.

3. Die vorstehenden zu 1 und 2 aufgeführten Punkte bilden einen integrierenden Bestandteil des Abkommens vom 9. November 1934.

Dieses Zusatzprotokoll soll ratifiziert und die Ratifikationsurkunden sollen in Paris ausgetauscht werden.

Dieses Zusatzprotokoll tritt gleichzeitig mit dem Abkommen vom 9. November 1934 in Kraft.

Zu Urkund dessen haben die Bevollmächtigten dieses Zusatzprotokoll in doppelter Urschrift auf deutsch und auf französisch unterzeichnet.

Berlin, 9. Januar 1937

(gez.) Hebbing
(gez.) André François-Poncet.

13. Übereinkommen

zwischen Deutschland und Griechenland über die Besteuerung des beweglichen Nachlaßvermögens.

Vom $\frac{\text{1. Dezember}}{\text{18. November}}$ 1910 (RGBl. 1912 S. 173).

Anmerkung: Das Abkommen, das durch den Versailler Friedensvertrag aufgehoben war, ist auf Grund einer nach Maßgabe des Art. 289 des Versailler Vertrages ergangenen Mitteilung der Griechischen Regierung am 30. Juni 1920 wieder in Kraft getreten (Bekanntm. betr. die Wiedereinsetzung des Abkommens vom 6. 2. 1921; RGBl. S. 149). Durch VO. vom 12. 7. 1923 (RGBl. I, 634) ist das Abkommen unter der Voraussetzung der Gegenseitigkeit auch auf die Zeit vom 30. Juni 1917 bis 29. Juni 1920 erstreckt worden.

Art. 1.

Das in Deutschland befindliche bewegliche Vermögen eines Griechen, der zur Zeit seines Todes weder seinen Wohnsitz noch seinen gewöhnlichen Aufenthalt in einem deutschen Bundesstaate hatte, unterliegt der Reichserbschaftsteuer nur dann, wenn der Erbe zur Zeit des Erbfalls seinen Wohnsitz oder seinen gewöhnlichen Aufenthalt in einem deutschen Bundesstaate hatte, und ebenso unterliegt das in Griechenland befindliche bewegliche Vermögen eines Deutschen, der zur Zeit seines Todes weder seinen Wohnsitz noch seinen gewöhnlichen Aufenthalt in Griechenland hatte, der Erbschaftsteuer des Königreiches Griechenland nur dann, wenn der Erbe zur Zeit des Erbfalles seinen Wohnsitz oder seinen gewöhnlichen Aufenthalt in Griechenland hatte.

1. Nach Art. 8 Abs. 1 des deutschen Erbschaftsteuergesetzes 1934 tritt die Steuerpflicht für den gesamten Erbanfall ein, wenn der Erblasser zur Zeit seines Todes oder der Erwerber zur Zeit des Eintritts der Steuerpflicht ein Inländer ist. Wer als Inländer zu gelten hat, ist in § 8 I 1—3 gesagt. Als Inländer gelten darnach auch Ausländer, die im Inlande einen Wohnsitz oder in Ermangelung eines solchen ihren dauernden Aufenthalt haben.

2. Das Erbschaftsteuerübereinkommen zwischen Deutschland und Griechenland erstreckt sich nur auf das bewegliche Nachlaßvermögen deutscher oder griechischer Staatsangehöriger. Wie aus der Anm. 1 erhellt, folgt es im wesentlichen dem entsprechenden Inhalte des deutschen Erbschaftsteuerrechts. Statt des dauernden Aufenthalts ist im Übereinkommen der gewöhnliche Aufenthalt genannt (vgl. hierzu § 14 StAnpG. und B V Nr. 2 des Abschnittes B). Soweit im übrigen § 8 I Nr. 1—3 des deutschen Erb.-StG. zu Folgerungen berechtigen sollte, die über das Abkommen hinausgehen, bleibt es bei den Bestimmungen des Übereinkommens.

3. Das unbewegliche Nachlaßvermögen eines Deutschen oder Griechen folgt der normalen Erbschaftsbesteuerung jeden Vertragsteiles.

Art. 2.

In dem Falle, daß weder der Grieche, der in Deutschland bewegliches Vermögen hinterläßt, noch der Erbe selbst zur Zeit des Erbfalles ihren Wohnsitz oder ihren gewöhnlichen Aufenthalt in einem deutschen Bundesstaate haben, sichert die Kaiserliche deutsche Regierung namens der beteiligten Bundesstaaten zu, daß dieses Vermögen in gleicher Weise von den gegenwärtig oder künftig in den Bundesstaaten zur Erhebung gelangenden Erbschaftsteuern befreit bleiben wird.

Die Bestimmung ist, soweit Deutschland in Betracht kommt, bedeutungslos, da es in Deutschland nunmehr allein die Reichserbschaftsteuer gibt.

Art. 3.

Das gegenwärtige Abkommen soll ratifiziert und die Ratifikationsurkunden sollen sobald als möglich in Athen ausgewechselt werden.

Es soll zwei Monate nach Auswechselung der Ratifikationsurkunden in Kraft treten.

Jeder der beiden vertragschließenden Teile kann jederzeit das gegenwärtige Übereinkommen aufkündigen, indem er den anderen Teil von seiner Absicht sechs Monate vorher benachrichtigt.

Zur Urkund dessen haben die beiderseitigen Bevollmächtigten das gegenwärtige Übereinkommen unterzeichnet und mit ihren Siegeln versehen.

Die Ratifikationsurkunden sind laut Bekanntmachung vom 28. 2. 1912 (RGBl. S. 176) am 22. 1. 1912 ausgetauscht worden.

14. Verfügungen des Reichsfinanzministers

zur Vermeidung der Doppelbesteuerung von deutschen und nordamerikanischen Schiffahrtsgesellschaften, Reedereien und Reedern.

Der Reichsminister der Finanzen.
III C 7412.

Berlin, den 10. August 1923.

Betrifft:
Befreiung nordamerikanischer Reedereien von der Körperschaftsteuer.

Nach Sektion 213 Abs. 8 des Revenue Act von 1921 der Vereinigten Staaten von Amerika ist das ausschließlich aus dem Betriebe eines oder mehrerer Schiffe herrührende Einkommen einer ausländischen Gesellschaft von der Einkommensteuer befreit, wenn die Gesellschaft den Gesetzen eines fremden Staates unterworfen ist, der den Vereinigten Staaten die Gegenseitigkeit gewährt. Im Verfolg einer Anregung der Botschaft der Vereinigten Staaten von Amerika erkläre ich mich unter der Voraussetzung der vollen Gegenseitigkeit und unter Vorbehalt jederzeitigen Widerrufs auf Grund des § 108 Abs. 1 der Reichsabgabenordnung damit einverstanden, daß bei den Erwerbsgesellschaften, deren Sitz und Ort der Leitung sich in den Vereinigten Staaten von Amerika befindet, das Einkommen, das ausschließlich aus dem Betriebe von Schiffen herrührt, zur Körperschaftssteuer nicht herangezogen wird. Eine Körperschaftsteuererklärung über das vorbezeichnete Einkommen ist von nordamerikanischen Gesellschaften, die im Inlande eine Zweigniederlassung, eine sonstige Betriebsstätte oder einen ständigen Vertreter unterhalten, nicht anzufordern. Die für die Veranlagung in Betracht kommenden Finanzämter ersuche ich umgehend zu benachrichtigen.

Soweit sich in Einzelfällen Zweifel ergeben sollten, bitte ich hierüber zu berichten.

Der Reichsminister der Finanzen.
III C 14722.

Berlin, den 5. Januar 1924.

Betrifft:
Befreiung nordamerikanischer Schiffahrtsgesellschaften und Reeder von der Einkommen- und Körperschaftsteuer.

Durch Erlaß vom 10. August 1923 — III C 7412 — habe ich unter der Voraussetzung der vollen Gegenseitigkeit und unter Vorbehalt des jederzeitigen Widerrufs auf Grund des § 108 Abs. 1 der Reichsabgabenordnung angeordnet, daß bei den Erwerbsgesellschaften (juristische Personen), deren Sitz und Ort der Leitung sich in den Vereinigten Staaten von Amerika befindet, das Einkommen, das ausschließlich aus dem Betriebe von Schiffen herrührt, zur Körperschaftsteuer nicht herangezogen wird. Unter derselben Voraussetzung erkläre ich mich damit einverstanden, daß das ausschließlich aus dem Betriebe von Schiffen herrührende Einkommen von Bürgern der Vereinigten Staaten (natürliche Personen), die in Deutschland keinen Wohnsitz haben, von der Einkommensteuer befreit wird. Die für die Veranlagung in Betracht kommenden Finanzämter ersuche ich, hiervon zu benachrichtigen.

Soweit sich in Einzelfällen Zweifel ergeben sollten, bitte ich zu berichten.

Der Reichsminister der Finanzen.
III Dk 11366.

Berlin, den 9. Dezember 1924.

Betrifft:
Befreiung nordamerikanischer Schiffahrtsgesellschaften und Reeder von der Einkommen- und Körperschaftsteuer.

I. Durch Erlaß vom 10. August 1923 — III C 7412 — habe ich unter der Voraussetzung der vollen Gegenseitigkeit und unter Vorbehalt jederzeitigen Widerrufs auf Grund des § 108 Abs. 1 der Reichsabgabenordnung angeordnet, daß bei den Erwerbsgesellschaften, deren Sitz und Ort der Leitung sich in den Vereinigten Staaten von Amerika befindet, das Einkommen, das ausschließlich aus dem Betriebe von Schiffen herrührt, zur Körperschaftsteuer nicht herangezogen wird.

Darüber hinaus erkläre ich mich damit einverstanden, daß der Erlaß auf alle Gesellschaften Anwendung findet, die in den Vereinigten Staaten nur ihren Sitz haben, ohne Rücksicht darauf, wo sich der Ort der Leitung befindet. Sollte also im dortigen Bezirk bisher eine Gesellschaft zur Körperschaftsteuer herangezogen sein, die zwar ihren Sitz in den Vereinigten Staaten hat, deren Ort der Leitung sich aber nicht in den Vereinigten Staaten befindet, so ist nunmehr auch diese Gesellschaft mit ihrem ausschließlich aus dem Betriebe von Schiffen herrührenden Einkommen von der Körperschaftsteuer freizustellen.

II. Zur Klarstellumg weise ich ferner darauf hin, daß unter der Voraussetzung der vollen Gegenseitigkeit der Erlaß vom 10. August 1923 — III C 7412 — mit der aus dem vorhergehenden Absatz sich ergebenden Erweiterung sowie der Erlaß vom 5. Januar 1924 — III C 14722 — mit Wirkung vom 1. Januar 1921 ab zur Anwendung kommen.

Ich ersuche ergebenst, die für die Veranlagung in Betracht kommenden Finanzämter entsprechend zu verständigen.

1. Die Erlasse sind auf § 108 Abs. 1 der alten Abgabenordnung gestützt. Sie schaffen daher kein sachliches Steuerrecht, sondern haben als Verwaltungsanweisungen zu gelten. Verstöße der Finanzbehörden gegen den Inhalt der Erlasse können daher nicht im Rechtsmittelverfahren, sondern nur im Verwaltungswege berichtigt werden.

2. Nach Maßgabe der Bestimmungen der Erlasse sollen die in ihnen genannten Gesellschaften und Personen nicht zur Einkommen- und Körperschaftsteuer herangezogen werden, sofern das Einkommen ausschließlich aus dem Betriebe eines oder mehrerer Schiffe stammt. Die Erlasse gelten sowohl für die Schiffseigner wie für Charterer. Voraussetzung ist nur, daß die Einkünfte aus dem Schiffahrtsbetriebe stammen. Hierhin gehören demnach nicht nur die Einnahmen aus der Beförderung von Gütern und Personen, sondern auch sonstige Einkünfte, soweit sie nur mit dem Schiffahrtsbetriebe unmittelbar im wirtschaftlichen Zusammenhange stehen. (Einkünfte aus Seeversicherung, Bodmerei, Havarie, aus dem Zusammenstoß von Schiffen, Verfrachtung usw.) Nicht hierhin gehören aber Einkünfte, die mit dem Schiffahrtsbetriebe nur mittelbar im Zusammenhange stehen, z. B. der Verkauf von Fahrkarten für fremde Schiffe. Nebenbetriebe der Seeschiffahrt, wie Export- und Importunternehmen, Warenhandelsunter-

nehmungen, Lagerhäuser sowie Banken auf deutschem Boden, mögen sie nun selbständig oder unselbständig sein, unterliegen daher den allgemeinen deutschen Steuernormen über die unbeschränkte oder beschränkte Steuerpflicht. Nach der Fassung des Wortlautes der Erlasse muß angenommen werden, daß auch Einkünfte aus der Beteiligung (Mitunternehmerschaft) an Schiffahrtsunternehmungen, soweit diese Beteiligungen in Händen der durch die Erlasse begünstigten Personen sind, der Wohltaten der Erlasse teilhaftig sind.

3. Als weitere Voraussetzung für die Anwendung der Erlasse gilt:

a) bei juristischen Personen, daß sie ihren Sitz in den Vereinigten Staaten haben. Der Ort der Leitung ist unerheblich. Hieraus folgt aber, daß, wenn der Ort der Leitung eines Unternehmens in Amerika, der Sitz aber in einem anderen ausländischen Staate belegen ist, Steuerbefreiung im Inlande nicht eintritt. Wegen der Begriffe Sitz und Ort der Leitung vgl. B V Nr. 5 des Abschnittes B.

b) Bei natürlichen Personen, daß sie das Bürgerrecht der Vereinigten Staaten von Nordamerika besitzen und im Inlande keinen Wohnsitz haben. Der Umstand, daß ein Amerikaner keinen Wohnsitz in Nordamerika hat, ist unerheblich. Der Aufenthalt bietet gegenüber dem Wohnsitz keinen Ersatztatbestand. Wegen des Wohnsitzbegriffes s. B V Nr. 1 des Abschnittes B.

4. Die Erlasse beziehen sich ausdrücklich nur auf das Gebiet der Einkommen- und Körperschaftsteuer. Für alle übrigen direkten und indirekten Steuern eröffnet sich also die Möglichkeit einer Doppelbesteuerung.

15. Verordnung
zur Beseitigung der Doppelbesteuerung für Einkommen aus Schiffahrtsbetrieb im Verhältnis zu Großbritannien.

Vom 27. Juni 1929.

Auf Grund des § 7 der Reichsabgabenordnung wird hiermit nach Zustimmung des Reichsrats unter Vorbehalt jederzeitigen Widerrufs verordnet:

§ 1

Natürliche Personen, die in Großbritannien oder Nordirland ihren Wohnsitz haben, ohne im Deutschen Reiche einen Wohnsitz zu haben, sowie Körperschaften, die in Großbritannien oder Nordirland den Ort der Leitung haben, werden mit ihrem Einkommen aus Schiffahrtsbetrieb von der Einkommensteuer und Körperschaftsteuer im Deutschen Reiche freigestellt.

1. Die Verordnung, die sachliches Steuerrecht schafft, bezieht sich lediglich auf Einkünfte aus Schiffahrtsbetrieben. Welche Einkünfte im einzelnen hierhin zu rechnen sind, darüber vgl. Anm. Nr. 2 zur deutsch-amerikanischen Regelung der Besteuerung von Seeschiffahrtseinkünften.

2. a) Mit dem vorbezeichneten Einkommen sind von der deutschen Einkommensteuer persönlich befreit alle natürlichen Personen die in Großbritannien oder Nordirland ihren Wohnsitz haben, ohne gleichzeitig im Deutschen Reiche wohnhaft zu sein. — Aus der weiten Fassung der Bestimmung muß geschlossen werden, daß die Nationalität dieser Personen unerheblich ist. Der Befreiung sind also nicht nur Briten und Deutsche, sondern auch Angehörige dritter Staaten teilhaftig, soweit sie nur den Alleinwohnsitz in Großbritannien oder Nordirland haben. Ebenso belanglos ist, ob der Schiffahrtsbetrieb etwa in einem der beiden Länder Betriebstätten unterhält. Im übrigen vgl. über den Wohnsitzbegriff B V Nr. 1 des Abschnittes B. Maßgebend für die Auslegung des Wohnsitzbegriffes ist das innerstaatliche Steuerrecht, auf deutscher Seite also § 13 StAnpG.

b) Mit dem Einkommen aus Schiffahrtsbetrieb sind weiter auch von der deutschen Körperschaftsteuer befreit, Körperschaften, die in Großbritannien oder Nordirland d e n O r t i h r e r L e i t u n g haben. — Körperschaften sind organisierte Rechtsgebilde des bürgerlichen oder Handelsrechts mit eigener Rechtspersönlichkeit sowie alle diejenigen Gebilde, denen öffentliche Korporationsrechte verliehen oder die als öffentlich-rechtliche Körperschaften allgemein anerkannt sind. Wesentlich ist vor allem die eigene Rechtspersönlichkeit oder doch mindestens steuerrechtliche Selbständigkeit.

Entscheidend für die Befreiung ist der Umstand, daß die betreffende Körperschaft ihren Ort der Leitung in Großbritannien oder Nordirland hat. Über den Begriff des Ortes der Leitung vgl. B V Nr. 5 des Abschnittes B. Ein deutsches Schiffahrtsunternehmen, das also seinen Sitz in Deutschland, den Ort der Leitung aber in Großbritannien hat, ist von der deutschen Körperschaftsteuer befreit und zwar auch von der beschränkten Körperschaftsteuerpflicht. Auch das Vorhandensein oder Nichtvorhandensein einer Betriebstätte, das in den allgemeinen Abkommen zur Vermeidung der Doppelbesteuerung für die Zuweisung des Besteuerungsrechtes eine so große Bedeutung hat, ist hier ohne Belang.

3. Wohnsitz und Ort der Leitung müssen in Großbritannien oder Nordirland liegen. Der irische Freistaat ist also nicht mit einbegriffen. Unter Großbritannien ist im übrigen England, Schottland und die engere britische Inselwelt zu verstehen. Wegen der Beteiligungen an Schiffahrtsbetrieben vgl. II 8 a des Abschnittes A.

§ 2

(1) Als Schiffahrtsbetrieb im Sinne dieser Verordnung gilt das Geschäft, das von einem Schiffseigentümer als solchem betrieben wird.

(2) Als Schiffseigentümer im Sinne des Abs. 1 ist auch der Charterer anzusehen.

Privilegiert ist also lediglich der Schiffseigentümer. Der den Schiffahrtsbetrieb unterhaltenden natürlichen Person oder Körperschaft muß also das dingliche Oberrecht am Betriebsvermögen zustehen (Reeder, Reederei, Schiffahrtsgesellschaft).

Gleichgestellt ist dem Schiffseigner in Abs. 2 der Charterer. Unter Chartervertrag versteht man einen Seefrachtvertrag, bei dem der Verfrachter dem Befrachter (Charterer) das ganze Frachtschiff oder einen verhältnismäßigen Teil oder einen bestimmten Raum im Schiffe zur Verfügung stellt (§§ 556 ff. HGB.).

§ 3

Diese Verordnung gilt für die Einkommen- und Körperschaftsteuer, die für die Zeit nach dem 1. April 1923 zu erheben wäre.

Die VO. ist im DRAnz. vom 3. Juli 1929 Nr. 152 veröffentlicht worden.

15a. Verordnung

zur Beseitigung der Doppelbesteuerung aus Luftverkehrsbetrieb im Verhältnis zum Vereinigten Königreich von Großbritannien und Nordirland.

Vom 14. Dezember 1937.

Auf Grund des § 15 der AO. wird hiermit unter Vorbehalt jederzeitigen Widerrufs das Folgende verordnet:

§ 1

Natürliche Personen, die im Vereinigten Königreich von Großbritannien und Nordirland ihren Wohnsitz haben, ohne im Deutschen Reich einen Wohnsitz zu haben, und Körperschaften, die im Vereinigten Königreich ihren Ort der Leitung haben, werden mit allen Einkünften aus Luftverkehrsbetrieb von der Einkommensteuer und von der Körperschaftsteuer im Deutschen Reich freigestellt.

§ 2

(1) Als Luftverkehrsbetrieb im Sinne dieser Verordnung gilt das Geschäft, das von einem Luftfahrzeugeigentümer als solchem betrieben wird.

(2) Als Luftfahrzeugeigentümer im Sinne des Abs. 1 ist auch der Charterer anzusehen.

§ 3

Die Verordnung gilt für die Einkommensteuer und für die Körperschaftsteuer, die für die Zeit nach dem 1. 4. 1931 zu erheben wären.

Die VO. ist im Deutschen Reichsanzeiger 1937 Nr. 290 veröffentlicht worden. Sie schafft materielles Recht. Da sie inhaltlich mit der vorhergehenden VO. vom 27. 6. 1929 übereinstimmt, kann auf die Anmerkungen zu den entsprechenden Bestimmungen dieser VO. Bezug genommen werden.

Die vorstehende VO. bezieht sich auf die Einkommen- und Körperschaftsteuer, die nach dem 1. 4. 1931 zu erheben wäre. Rechtskräftig festgesetzte und gezahlte Steuern können daher nur im Verwaltungswege erstattet werden. Ein Anspruch darauf besteht nicht.

16. Bekanntmachung
über den Abschluß einer Vereinbarung zur Vermeidung der Doppelbesteuerung mit Kanada vom 27. April 1930.

Veröffentlicht im DRAnz. 1930 Nr. 119.

Die Reichsregierung hat mit der Regierung von Kanada am 17. April 1930 in Montreal durch Notenaustausch eine Vereinbarung zur Vermeidung der Doppelbesteuerung für Einkünfte aus dem Schiffahrtsbetriebe abgeschlossen.

Die inhaltlich übereinstimmenden Noten sind in deutscher und englischer Sprache abgefaßt. Der Wortlaut der deutschen Note wird nachstehend veröffentlicht:

Deutsches Generalkonsul für Kanada

z. Zt. Ottawa, den 17. 4. 1930.

Herr Staatssekretär!

Da unsere beiderseitigen Regierungen den Wunsch hegen, die Doppelbesteuerung für Einkünfte aus dem Schiffahrtsbetriebe zu vermeiden, habe ich die Ehre, Sie zu benachrichtigen, daß die Deutsche Regierung den folgenden Vereinbarungen zustimmt:

1. Hinsichtlich des Deutschen Reiches verpflichtet sich die Regierung gemäß § 7 der Reichsabgabenordnung das Einkommen aus dem Betriebe von Schiffen, die in Kanada ansässigen Personen oder Gesellschaften mit dem Orte der Leitung in Kanada gehören oder von ihnen betrieben werden, von der Einkommen- und Körperschaftsteuer zu befreien.
2. Hinsichtlich des Dominion Kanada verpflichtet sich die Kanadische Regierung gemäß den Bestimmungen des Income War Tax Act, das Einkommen aus dem Betriebe von Schiffen, die in Deutschland ansässigen Personen oder Gesellschaften mit dem Orte der Leitung in Deutschland ge-

hören oder von ihnen betrieben werden, nicht der Besteuerung zu unterwerfen.

3. Es besteht Übereinstimmung darüber, daß unter „Betrieb von Schiffen" das Geschäft zu verstehen ist, das von einem Schiffseigentümer als solchem betrieben wird und daß der Ausdruck Eigentümer auch den Charterer umfaßt.

4. Befreiung von der Steuer hinsichtlich des aus dem Seeschiffahrtsbetriebe herrührenden Einkommens soll erstmalig für Steuerabschnitte gelten, die im Jahre 1928 und den folgenden Jahren enden. Sie soll solange in Geltung bleiben, bis sie von einem Teile aufgehoben wird, sei es, daß sie ein Jahr vor Beginn des betreffenden Steuerabschnittes von dem anderen Teile gekündigt wird oder sei es, daß sie sonst durch Änderung der in Betracht kommenden Steuergesetze eines der beiden Länder aufgehoben wird.

5. Steuern, die vom heutigen Tage gerechnet, vor mehr als einem Jahre bezahlt worden sind, werden nicht erstattet.

Zu Ziff. 1 und 2. a) Die Vereinbarung, die sachliches auch von den Rechtsmittelbehörden zu beachtendes Steuerrecht schafft, bezieht sich lediglich auf Einkünfte aus Seeschiffahrtsbetrieben und gilt nur soweit die Einkommen- und Körperschaftsteuer in Betracht kommt. Hinsichtlich der Vermögen-, Verbrauch- und Verkehrsteuern sowie der Realsteuern gelten nach wie vor die innerstaatlichen Gesetze beider Vertragsteile. Wegen des Umfanges der privilegierten Einkünfte s. Anm. Nr. 2 zu der entsprechenden Regelung mit den Vereinigten Staaten von Nordamerika.

b) Mit den vorerwähnten Einkünften sind zunächst von der deutschen Einkommensteuer persönlich befreit alle natürlichen Personen, die in Kanada ihren Wohnsitz haben ohne Rücksicht auf ihre Staatszugehörigkeit. Der Wohnsitzbegriff wird durch die innerstaatliche Steuergesetzgebung beider Vertragsteile bestimmt. Auf deutscher Seite gilt § 13 StAnpG. Soweit der Wohnsitzbegriff dieser Bestimmung gegenüber dem entsprechenden Begriffe der früheren Reichsabgabenordnung keine Änderungen aufweist, hat die frühere Rechtsprechung des RFH. zu diesem Begriffe nach wie vor ihre Bedeutung beibehalten. Vgl. im einzelnen B V Nr. 1 des Abschnittes B. Der dauernde Aufenthalt (vgl. B V Nr. 2) begründet wohl ebenfalls die Ansässigkeit. Das Vorhandensein von Betriebstätten ist belanglos.

Bei Doppelwohnsitz in Kanada und Deutschland entsteht eine Lücke, die aber wohl analog den entsprechenden Vereinbarungen mit Großbritannien und Japan in der Weise zu füllen ist, daß anzunehmen ist, daß die Vereinbarung nur für den Fall des Einzelwohnsitzes gilt. Bei evtl. Meinungsverschiedenheiten könnte das Verständigungsverfahren aushelfen.

c) Mit Einkommen aus Seeschiffahrtsbetrieb sind weiter von der deutschen Körperschaftsteuer befreit Gesellschaften, die den Ort ihrer

Leitung in Kanada haben. Vgl. hierzu B V Nr. 5 des Abschnittes B und wegen der Beteiligungen an Seeschiffahrtsunternehmen II 8 a des Abschnittes A.

Die unter a—c entwickelten Grundsätze gelten entsprechend auch für Ziff. 2.

Zu Ziff. 3. Vgl. die Anm. zu § 2 der entsprechenden Vereinbarung zwischen Deutschland und Großbritannien.

Zu Ziff. 4. Vgl. die Anm. zu Ziff. 4 der entsprechenden deutsch-japanischen Vereinbarung.

Zu Ziff. 5. Der Bezahlung steht die Beitreibung gleich.

17. Bekanntmachung

über eine Vereinbarung mit Japan zur Vermeidung der Doppelbesteuerung von Einkünften aus dem Betriebe der Seeschiffahrt.

Vom 25. Juli 1934, veröffentlicht im DRAnz. 1934 Nr. 238.

Die Reichsregierung hat mit der Kaiserlich Japanischen Regierung am 25. Juli 1934 in Tokio durch Notenaustausch eine Vereinbarung zur Vermeidung der Doppelbesteuerung von Einkünften aus dem Betriebe der Seeschiffahrt abgeschlossen. Die Vereinbarung ist am 25. Juli 1934 in Kraft getreten.

Die Noten sind in deutscher und japanischer Sprache abgefaßt. Der Wortlaut der deutschen Note und die deutsche Übersetzung der japanischen Note werden nachstehend veröffentlicht:

Deutsche Botschaft. Tokio, den 25. Juli 1934.

Herr Minister!

Im Auftrage meiner Regierung beehre ich mich, zwecks Vermeidung der Doppelbesteuerung die Einkünfte aus dem Betriebe der Seeschiffahrt folgende Erklärung abzugeben:

1. Die Deutsche Regierung erklärt, daß sie die nach § 15 der Reichsabgabenordnung notwendigen Schritte tun wird, um alles Einkommen und alle Gewinne aus Seeschiffahrtsbetrieb mit Schiffen, deren Heimatshafen sich in Japan befinden, und zwar sowohl eines japanischen Staatsangehörigen, der in Japan seinen Wohnsitz hat, ohne im Deutschen Reiche einen Wohnsitz zu haben, als auch einer Gesellschaft, die in Japan den Ort der Leitung hat, von der Einkommensteuer und der Körperschaftsteuer unter der Voraus-

setzung der Gegenseitigkeit zu befreien. Die Befreiung bezieht sich auf die Steuerbeträge, die für die Zeit nach dem 1. Januar 1930 zu erheben wären.

2. Unter den Begriffen „Deutsches Reich" und „Japan" ist je der gesamte Umfang der Gebiete zu verstehen, die von einem der beiden Staaten verwaltet werden.

3. Unter „Seeschiffahrtsbetrieb" ist das Seeschiffahrtsgeschäft zu verstehen, das von einem Schiffahrtseigentümer als solchem betrieben wird; hierbei umfaßt der Ausdruck Eigentümer auch den Charterer.

4. Die nach Ziff. 1 gewährte Steuerbefreiung fällt fort, wenn und sobald sie infolge von Änderungen der Gesetze oder Verordnungen nicht mehr gewährt werden kann.

Zu Ziff. 1. a) Mit der vorstehenden Vereinbarung ist auch der Wortlaut der entsprechenden japanischen Note im Reichsanzeiger veröffentlicht. Wegen der Übereinstimmung des Inhaltes beider Noten kann auf die Wiedergabe der japanischen Note verzichtet werden.

Die Vereinbarung, die auch innerstaatliches Steuerrecht schafft, bezieht sich lediglich auf die Einkünfte aus Seeschiffahrtsbetrieben. Welche Einkünfte im einzelnen hierhin gehören, darüber vgl. Anm. Nr. 2 der deutsch-amerikanischen Regelung der Besteuerung von Seeschiffahrtseinkünften.

b) Mit den vorbezeichneten Einkünften sind zunächst von der deutschen Einkommensteuer persönlich befreit alle japanischen Staatsangehörigen, die, ohne im Deutschen Reiche ansässig zu sein, in Japan ihren Wohnsitz haben. Der Wohnsitzbegriff wird durch die innerstaatliche Steuergesetzgebung beider Vertragsstaaten bestimmt. Auf deutscher Seite gilt § 13 StAnpG. Soweit der Wohnsitzbegriff dieser Bestimmung gegenüber dem entsprechenden Begriffe der früheren Reichsabgabenordnung keine Änderungen aufweist, hat die frühere Rechtsprechung des RFH. ihre Bedeutung beibehalten. Vgl. im einzelnen B V Nr. 1 des Abschnittes B. Der Aufenthalt ist dem Wohnsitze nicht gleichgestellt. Auch das Vorhandensein von Betriebstätten ist belanglos.

c) Mit dem Einkommen aus Seeschiffahrtsbetrieb sind weiter von der deutschen Körperschaftsteuer befreit Gesellschaften, die in Japan den Ort ihrer Leitung haben. Hiernach wäre also z. B. eine deutsche Seeschiffahrtsgesellschaft, die im Inlande ihren Sitz, in Japan aber den Ort der Leitung hätte, mit ihrem Einkommen aus Seeschiffahrtsbetriebe in Deutschland körperschaftsteuerfrei. Über den Begriff des Ortes der Leitung vgl. B V Nr. 5 des Abschnittes B. Auch Betriebstätten sind für die Frage der Steuerpflicht belanglos. Unter Gesellschaften sind Personenvereinigungen mit eigener Rechtspersönlichkeit zu verstehen. Wegen der Beteiligungen an Seeschiffahrtsunternehmen siehe II 8 a des Abschnittes A.

Zu Ziff. 2. Da die Vereinbarung für das gesamte Gebiet gilt, das der

Verwaltung eines der beiden Vertragsteile untersteht, ist anzunehmen, daß auch der Kolonialbesitz inbegriffen ist.

Zu Ziff. 3. Vgl. hierzu die Anm. zu § 2 der VO. zur Beseitigung der Doppelbesteuerung für Einkommen aus Seeschiffahrtsbetrieb im Verhältnis zu Großbritannien.

Zu Ziff. 4. Die Vereinbarung steht unter der Voraussetzung der Gegenseitigkeit. Die Steuerbefreiungen entfallen, wenn sie von einem der Vertragsteile entweder ausdrücklich aufgehoben oder durch Änderung der Gesetze und Verordnungen unerfüllbar geworden sind.

Der Reichsminister der Finanzen.
S 1301 B. Rm — 126 III d

Berlin W 8, 4. Januar 1938
Wilhelmplatz 1/2

Betrifft:
Vorläufige Anwendung des deutsch-rumänischen Abkommens zur Vermeidung der Doppelbesteuerung auf dem Gebiete der direkten Steuern.

Am 8. Februar 1937 ist in Berlin von Vertretern des Deutschen Reichs und des Königreichs Rumänien ein Abkommen zur Vermeidung der Doppelbesteuerung auf dem Gebiet der direkten Steuern unterzeichnet worden. Das Abkommen und das zugehörige Schlußprotokoll vom gleichen Tage werden nachstehend veröffentlicht.

Abkommen und Schlußprotokoll sind bisher noch nicht ratifiziert. Auf Grund einer Vereinbarung zwischen den beiden Regierungen sollen Abkommen und Schlußprotokoll jedoch schon vorläufig angewendet werden.

Die Finanzämter werden hiermit unter der Voraussetzung der Gegenseitigkeit und unter Vorbehalt jederzeitigen Widerrufs angewiesen, die Bestimmungen des Abkommens und des Schlußprotokolls bis auf weiteres bei Veranlagungen für die Zeit vom 1. April 1935 ab zu berücksichtigen. Die deutsche Vermögensteuer fällt nicht unter das Abkommen (Artikel 1 Abs. 3 des Abkommens).

Soweit nach den Bestimmungen des Abkommens und des Schlußprotokolls Einkünfte im Deutschen Reich zu direkten Steuern nicht herangezogen werden sollen, sind etwaige Veranlagungen für die Zeit vom 1. April 1935 ab vorläufig und ohne Berücksichtigung dieser Einkünfte vorzunehmen.

Vorauszahlungen für hiernach im Deutschen Reich nicht zu versteuernde Einkünfte sind auf Antrag zu stunden. Sind Einkünfte entgegen den Bestimmungen des Abkommens und des Schlußprotokolls im Deutschen Reich zu Steuern veranlagt worden, so ist die Einziehung der auf diese Einkünfte entfallenden Steuern auszusetzen, auch wenn die Steuerfestsetzung bereits rechtskräftig geworden ist.

In Zweifelsfällen ist meine Entscheidung einzuholen.

I. A.: Hedding.

18. Abkommen
zwischen dem Deutschen Reich und dem Königreich Rumänien zur Vermeidung der Doppelbesteuerung auf dem Gebiet der direkten Steuern.

Siehe hierzu Skrodzki, Der deutsch-rumänische Doppelbesteuerungsvertrag in Industrie und Steuer, 1938 Heft 8.

Der Deutsche Reichskanzler und Seine Majestät der König von Rumänien haben, von dem Wunsche geleitet, Doppelbesteuerungen zu vermeiden, beschlossen, ein Abkommen abzuschließen, und zu diesem Zweck zu Bevollmächtigten ernannt:

der Deutsche Reichskanzler

den Ministerialdirektor im Reichsfinanzministerium Professor Dr. Otto Hedding

und

den Ministerialrat im Reichsfinanzministerium Werner Paasche,

Seine Majestät der König von Rumänien

den Beigeordneten Direktor im Königlichen Ministerium für Auswärtige Angelegenheiten George Caranfil, Korrespondierendes Mitglied des Steuerausschusses des Völkerbundes

und

den Unterdirektor im Königlichen Finanzministerium Vasile Vasiliu,

die, nachdem sie ihre Vollmachten geprüft und in guter und gehöriger Form befunden haben, über folgende Bestimmungen übereingekommen sind:

Art. 1.

(1) Das gegenwärtige Abkommen soll Bestimmungen treffen, die sich auf die direkten Steuern beschränken.

(2) Als direkte Steuern im Sinne des gegenwärtigen Abkommens gelten solche Steuern, die auf der Grundlage der Gesetzgebung jedes der beiden Staaten unmittelbar von den Einkünften (Reineinkünften oder Roheinkünften) oder von dem Vermögen erhoben werden, sei es für Rechnung der vertragschließenden Staaten oder der deutschen Länder, sei es für Rechnung der Provinzen oder Provinzialverbände, der Gemeinden oder Gemeindeverbände oder anderer öffentlich-rechtlicher Einrichtungen in Rumänien, auch soweit die Erhebung der Steuern in der Form von Zuschlägen erfolgt.

(3) Als direkte Steuern werden angesehen:

1. für die deutsche Gesetzgebung:
   a) die Einkommensteuer;
   b) die Körperschaftsteuer;
   c) die Grundsteuern;
   d) die Gebäudesteuern;
   e) die Gewerbesteuer;
   f) der Geldentwertungsausgleich bei bebauten Grundstücken (die Hauszinssteuern);
2. für die rumänische Gesetzgebung:
   a) impozitul pe veniturile proprietăţilor agricole;
   b) impozitul pe veniturile proprietăţilor clădite;
   c) impozitul pe veniturile valorilor mobiliare;
   d) impozitul pe veniturile comerciale şi industriale;
   e) impozitul pe salarii;
   f) impozitul pe veniturile din profesiuni;
   g) supra cota lovind veniturile cedulare.

1. Das Abkommen bezieht sich, wie aus Ziff. 9 des Schlußprotokolls zu entnehmen ist, nur auf die Staatsangehörigen eines der beiden Vertragsstaaten sowie auf die entsprechenden juristischen Personen. Bei Personen, die weder die deutsche noch die rumänische Staatsangehörigkeit besitzen, können die obersten Finanzbehörden beider Staaten von Fall zu Fall besondere Abmachungen treffen. Nur die direkten Steuern sind Gegenstand des Vertrages. Vgl. hierzu II Nr. 4 des Abschnittes A. Die deutsche Vermögensteuer fällt nicht unter das Abkommen. Dies wohl deshalb, weil es auf rumänischer Seite an einer Besteuerung des Vermögens wie in Deutschland fehlt. Ob auch die Bürgersteuer unter das Abkommen fällt, kann zweifelhaft sein, ausgeschlossen ist aber, daß man die Kirchensteuern zu den direkten Steuern rechnet. Wegen der Reichsfluchtsteuer s. Schlußprotokoll

Ziff. 2 sowie die Darlegungen zu Nr. 1 des Zusatzprotokolls zum deutsch-schweizerischen Abkommens.

2. Im übrigen regelt das Abkommen mit Ausnahme der Tantiemebesteuerung (Art. 6 Abs. 2) die Zuweisung des Besteuerungsrechtes generell, ohne daß im Einzelfalle eine effektive Doppelbesteuerung vorzuliegen braucht. Vgl. hierzu II Nr. 3 des Abschnittes A. Über die Auslegung der Rechtsbegriffe des Abkommens s. C Nr. 4 des Abschnittes B.

Art. 2.

(1) Steuern, welche die Einkünfte aus unbeweglichem Vermögen treffen, werden nur in dem Staat erhoben, in dem sich die Liegenschaft befindet.

(2) Als Einkünfte aus unbeweglichem Vermögen gelten auch Einkünfte aus hypothekarisch gesicherten Forderungen.

Zu Art. 2 kann auf die Anmerkungen 1—3b des deutsch-finnischen Vertrages Bezug genommen werden.

Art. 3.

(1) Steuern, welche die Einkünfte aus dem Betrieb von Handel, Industrie oder sonstigem Gewerbe jeder Art treffen, werden nur in dem Staat erhoben, in dessen Gebiet das Unternehmen seine Betriebstätte hat; dies gilt auch, wenn das Unternehmen seine Tätigkeit auf das Gebiet des anderen vertragschließenden Staates erstreckt, ohne dort eine Betriebstätte zu haben.

(2) Betriebstätte im Sinne des gegenwärtigen Abkommens ist eine ständige Geschäftseinrichtung des Unternehmens, in welcher die Tätigkeit dieses Unternehmens ganz oder teilweise ausgeübt wird.

(3) Hat das Unternehmen Betriebstätten in beiden vertragschließenden Staaten, so wird jeder der beiden Staaten die Steuern von dem Teil der Einkünfte erheben, der durch die Tätigkeit der in seinem Gebiet befindlichen Betriebstätten erzielt wird.

(4) Befindet sich jedoch die Betriebstätte hauptsächlich im Gebiet des einen Staates und in dem andern lediglich der Sitz, der tatsächlich nicht der Mittelpunkt der geschäftlichen Oberleitung ist, so erfolgt die Besteuerung ausschließlich in dem Staat, in dem sich die hauptsächliche produktive Betriebstätte befindet.

1. Vgl. hierzu die Anmerkungen zu Art. III des deutsch-tschechischen Abkommens sowie Ziff. 3 des Schlußprotokolls.

2. Als Betriebstätten gelten nach Ziff. 3 des Schlußprotokolls auch ständige Vertretungen unter den dort näher bezeichneten Bedingungen. Reine Vermittlungsagenten fallen nicht unter den Begriff der Betriebstätte. Hierzu ist zu bemerken, daß das rumänische Finanzministerium zum Zwecke der praktischen Durchführung der Ziff. 3 Abs. 2 des Schlußprotokolls unter dem 24. 2. 1937 eine Instruktion für die Anwendung der vertraglichen Grundsätze dieser Bestimmung erlassen hatte, die nach deutscher Auffassung nicht ganz dem Inhalte und Zwecke des Vertrages entsprach. Auf Grund von Vorstellungen hat die deutsche Regierung erreicht, daß diese rumänische Anweisung eine andere Fassung erhalten hat, die nunmehr folgenden Wortlaut hat:

„Der Vertreter oder die Vertretung einer ausländischen Firma kann nur als steuerpflichtig angesehen werden, wenn eine der folgenden Bedingungen erfüllt ist:

a) Der Vertreter oder die Vertretung ist durch contract de angajament an das ausländische Unternehmen gebunden oder
b) der Vertreter oder die Vertretung kann im Namen des Unternehmens Verträge abschließen oder
c) der Vertreter oder die Vertretung unterhält zum Zwecke des Verkaufs ein dem Unternehmen gehöriges Warenlager.

Da diese Aufzählung verschiedene Auslegungen zulassen könnte, wird bestimmt, daß die Finanzbehörden den unter a und b angeführten Bedingungen besondere Aufmerksamkeit zu widmen haben. In der Praxis ist die Feststellung der Befugnis, im Namen ausländischer Firmen Verträge abzuschließen sowie die Feststellung eines Angestelltenverhältnisses insofern erschwert, als die Vertreter nicht immer geneigt sind, den Finanzbehörden die Urkunden und Schriftstücke über eine Verpflichtung, die sie eingegangen sind, vorzulegen.

Um diesen Schwierigkeiten zu begegnen, ist bestimmt worden, daß die Bedingungen unter a und b auch auf Grund von Hauptkennzeichen festgestellt werden können. Als Hauptkennzeichen gilt die Tatsache, daß die ausländische Firma die Miete für die von dem Vertreter benutzten Räumlichkeiten zahlt, ferner daß sie die Verwaltungskosten trägt und daß der Vertreter nur für ein einziges Unternehmen auftritt.

Zur Bestimmung der mutmaßlichen Beschaffenheit der spezifizierten Betriebstätte sind wenigstens 2 Hauptkennzeichen notwendig. Diese mutmaßliche Beschaffenheit kann — bei Fehlen von 2 Hauptkennzeichen — auch durch 1 Hauptkennzeichen im Verein mit mehreren Nebenkennzeichen, die das Schlußprotokoll andere äußere Zeichen nennt, festgestellt werden. In diesem Sinne können als Nebenkennzeichen die Tatsachen betrachtet werden, daß der Vertreter im Namen des Hauses, das er vertritt, Einfuhrerlaubnisse nachsucht und erhält, daß er direkt für die Einkassierung und Abführung von Schuldforderungen der ausländischen Unternehmung Schritte unternimmt, daß er für dieses Unternehmen Reklame macht, daß er dessen Schriftköpfe gebraucht usw. Alles dies sind Anzeichen, die unter den obigen Bedingungen die Schlußfolgerung gestatten, daß wir es mit einem Agenten zu tun haben, der von dem ausländischen Hause, das er vertritt, abhängt, im Gegensatz zu einem absolut unabhängigen Vertreter." —

Ob sich diese Begriffsbestimmungen der Anweisung auch auf andere Doppelbesteuerungsverträge anwenden lassen, mag zweifelhaft sein. Jedenfalls ist aber dadurch erreicht worden, daß die Nebenkennzeichen wenigstens nicht für sich allein die Abhängigkeit begründen können. Im übrigen wird man die praktische Anwendung dieser Anweisung abwarten und gegebenenfalls auf dem Wege der Verständigung praktische Mißhelligkeiten beseitigen können.

3. Art. 3 Abs. 4 bringt eine den meisten anderen Doppelbesteuerungsverträgen fremde Bestimmung für den Fall, daß sich Sitz und Betriebstätte eines Unternehmens getrennt in jedem der beiden Staaten befinden, der Sitz aber nicht gleichzeitig Mittelpunkt der geschäftlichen Oberleitung des Unternehmens ist. In diesem Falle soll der Staat besteuerungsberechtigt sein, in dem sich die hauptsächlich produktive Betriebstätte befindet. Eine solche Feststellung kann in Einzelfällen recht schwierig sein. Auch hier kann aber das in den Art. 15 und 16 vorgesehene Verständigungsverfahren einen Ausgleich herbeiführen.

Art. 4.

Steuern, welche die Einkünfte aus dem Betrieb von Unternehmungen der Seeschiffahrt, der Flußschiffahrt und der Luftfahrt treffen, werden nur in dem Staat erhoben, in dem sich der Ort der Leitung des Unternehmens befindet.

Siehe hierzu Ziff. 4 des Schlußprotokolls sowie die Darlegungen unter II Nr. 8 a des Abschnittes A.

Art. 5.

Steuern, welche die Einkünfte aus Arbeit einschließlich der Einkünfte aus freien Berufen treffen, werden, soweit nicht im Artikel 7 Abweichendes bestimmt ist, nur in dem Staat erhoben, in dessen Gebiet die persönliche Tätigkeit ausgeübt wird, aus der die Einkünfte herrühren.

Alle Einkünfte aus Arbeit einschließlich der Einkünfte aus freiem Berufe sollen nur in dem Staate besteuert werden, in dem die persönliche Tätigkeit entfaltet wird. Es fehlt hier die in anderen Verträgen übliche Einschränkung, wonach Einkünfte aus freiem Berufe nur im Falle eines Betriebsmittelpunktes in einem Staate dessen Besteuerung unterworfen sein sollen. Es ist daher anzunehmen, daß auch für die Besteuerung der Einkünfte aus freiem Berufe lediglich der Ort der Tätigkeit maßgebend sein soll.

Art. 6.

(1) Steuern, welche die Einkünfte aus Tantiemen der Mitglieder des Aufsichtsrats treffen, werden nur in dem Staat erhoben, in dem sich der Betriebsmittelpunkt des die Tantiemen zahlenden Unternehmens befindet, sofern die Zahlung in diesem Land erfolgt.

(2) Durch diese Bestimmung werden die vertragschließenden Staaten nicht gehindert, diese Tantiemen insoweit zu besteuern, als sie in dem andern Staat nicht besteuert werden.

(3) Nicht unter die vorhergehenden Bestimmungen fallende Tantiemen werden gemäß Art. 5 besteuert.

Die Tantiemen der Aufsichtsratsmitglieder sollen nur in dem Staate des Betriebsmittelpunktes eines Gewerbebetriebes versteuert werden. Das hat auch für den Steuerabzug zu gelten. Nach Abs. 2 gilt Abs. 1 aber nur im Falle effektiver Doppelbesteuerung. Vgl. hierzu II Nr. 3 des Abschnittes A. Die Besteuerung der Angestelltentantiemen hat nach den Bestimmungen des Art. 5 zu erfolgen.

Art. 7.

Steuern von Einkünften, die auf Grund einer gegenwärtigen oder früheren Dienst- oder Arbeitsleistung in Form von Besoldungen, Ruhegehältern, Löhnen oder anderen Bezügen vom Staat, von einem Land, von einer Provinz, einer Gemeinde oder von einer anderen juristischen Person des öffentlichen Rechts gewährt werden, die nach der inneren Gesetzgebung der vertragschließenden Staaten ordnungsmäßig errichtet ist, werden nur in dem Schuldnerstaat erhoben.

Vgl. hierzu die Anm. zu Art. VI des deutsch-tschechischen Vertrages sowie die Darlegungen unter II Nr. 15 a des Abschnittes A.

Art. 8.

Private Leibrenten werden nur in dem Staat besteuert, in dem sich der Schuldner befindet.

Privatpensionen unterliegen nach Ziff. 7 des Schlußprotokolls nicht dem Abkommen.

Art. 9.

(1) Steuern, welche die Einkünfte aus beweglichem Kapitalvermögen treffen, werden, unbeschadet der Bestimmung im Artikel 2 Absatz 2, nur in dem Staat erhoben, in dem der Steuerpflichtige seinen Wohnsitz hat.

(2) Soweit in einem der beiden Staaten die Steuer von inländischen Kapitalerträgen im Abzugswege (an der Quelle) erhoben wird, wird das Recht zur Vornahme des Steuerabzugs durch die Bestimmung des Absatzes 1 nicht berührt.

Während die Einkünfte aus unbeweglichem Vermögen einschließlich der Bezüge aus Hypotheken und Grundschulden der Besteuerung des Belegenheitsstaates überlassen sind, sollen die Einkünfte aus beweglichem Vermögen im Wohnsitzstaate des Steuerpflichtigen besteuert werden. Da Beteiligungen in Art. 3 nicht ausdrücklich den gewerblichen Betrieben gleichgestellt sind, sind die Einkünfte daraus hinsichtlich der Frage, ob sie als gewerbliche oder als Kapitaleinkünfte zu behandeln sind, nach innerstaatlichem Recht zu beurteilen. Daraus folgt, daß beispielsweise die Einkünfte eines Rumänen aus einer deutschen GmbH.-Beteiligung nur der rumänischen Besteuerung unterliegen würden. Dasselbe gilt von Kuxen, Aktien und anderen Wertpapieren. Dagegen sind die Einkünfte aus Beteiligungen an einer oHG. oder KG. oder einer anderen Mitunternehmergesellschaft der Betriebstättenbesteuerung des Art. 3 unterworfen. Vgl. hierzu II Nr. 9 des Abschnittes A sowie C Nr. 4 und 5 des Abschnittes B.

Art. 10.

Steuern, die irgendeine andere, in den vorhergehenden Artikeln nicht bezeichnete Art von Einkünften treffen, werden nur in dem Staat erhoben, in dem der Steuerpflichtige seinen Wohnsitz hat.

S. hierzu die Anmerkung zu Art. 8 des deutsch-finnischen Abkommens.

Art. 11.

Nur die Einkünfte, die nach den vorhergehenden Artikeln 2 bis 9 einschließlich in Rumänien besteuert werden, unterliegen in Rumänien der supra cota.

Art. 12.

(1) Als Wohnsitz im Sinne dieses Abkommens wird der Ort angesehen, wo der Steuerpflichtige eine Wohnung unter Umständen innehat, die auf die Absicht der Beibehaltung einer solchen schließen lassen.

(2) Liegen die Voraussetzungen des Absatzes 1 gleichzeitig in beiden Staaten vor, so werden die obersten Finanzbehörden der beiden Staaten von Fall zu Fall besondere Vereinbarungen treffen.

(3) Liegen die Voraussetzungen des Absatzes 1 in keinem der beiden Staaten vor, so gilt als Wohnsitz des Steuerpflichtigen der Ort, an dem er seinen gewöhnlichen Aufenthalt hat. Einen gewöhnlichen Aufenthalt im Sinne dieser Bestimmungen hat jemand dort, wo er sich unter Umständen aufhält, die erkennen lassen, daß er an diesem Ort oder in diesem Land nicht nur vorübergehend verweilt. Besteht auch in keinem der beiden Staaten ein gewöhnlicher Aufenthalt, so wird ein Wohnsitz in dem Staat angenommen, dessen Staatsangehörigkeit der Steuerpflichtige besitzt.

(4) Im Sinne dieses Abkommens gilt als Wohnsitz der juristischen Personen der Ort ihrer Leitung.

S. hierzu die Anmerkungen 1—3 zu Art. 10 des deutsch-finnischen Abkommens.

Art. 13.

(1) Für die diplomatischen, konsularischen und besonderen Vertreter jedes der vertragschließenden Staaten gelten die folgenden Sonderbestimmungen:

Die Vertreter, sofern sie Berufsbeamte sind, sowie die ihnen zugewiesenen Beamten und die in ihrem und ihrer Beamten Dienst stehenden Personen werden im Empfangsstaat zu direkten Steuern nur herangezogen, soweit es sich um die in den Artikeln 2, 3 und 4 bezeichneten Einkünfte handelt oder soweit die Steuer im Abzugswege (an der Quelle) erhoben wird; im übrigen bleibt die Besteuerung dem Entsendestaat vorbehalten.

(2) Die Sonderbestimmungen des Absatzes 1 gelten jedoch nur, soweit die genannten Personen Angehörige des Entsendestaates sind und außerhalb ihres Amtes oder Dienstes im Empfangsstaat keinen Beruf, kein Gewerbe und keine andere nicht nur gelegentliche gewinnbringende Tätigkeit ausüben.

(3) Auf Wahlkonsuln, die nur die Staatsangehörigkeit des Entsendestaates besitzen, finden die Bestimmungen dieses Abkommens mit der Maßgabe Anwendung, daß die Konsuln mit ihren dienstlichen Bezügen, die sie als Entgelt für ihre Tätigkeit als Konsuln genießen, im Empfangsstaat zu direkten Steuern nicht herangezogen werden.

Vgl. hierzu II Nr. 15a des Abschnittes B.

Art. 14.

Weist ein Steuerpflichtiger nach, daß die Maßnahmen der Finanzbehörden der vertragschließenden Staaten für ihn die Wirkung einer Doppelbesteuerung gehabt haben, so kann er hiergegen bei dem Staate, dem er angehört, Einspruch erheben. Wird der Einspruch für begründet erachtet, so kann die oberste Finanzbehörde dieses Staates sich mit der obersten Finanzbehörde des anderen verständigen, um in billiger Weise eine Doppelbesteuerung zu vermeiden.

Vgl. hierzu II Nr. 5 des Abschnittes A.

Art. 15.

Zur Beseitigung von Doppelbesteuerungen in Fällen, die in diesem Abkommen nicht geregelt sind, sowie auch in Fällen von Schwierigkeiten oder Zweifeln bei der Auslegung und Anwendung dieses Abkommens können die obersten Finanzbehörden der beiden vertragschließenden Staaten besondere Vereinbarungen treffen.

Art. 16.

Die vertragschließenden Staaten verpflichten sich, ihre obersten Finanzbehörden mit der billigen Entscheidung jeder anderen Frage zu betrauen, die wegen der Verschiedenheit der für die Steuererhebung in beiden Staaten geltenden Grundsätze oder die überhaupt, ohne in diesem Abkommen ausdrücklich entschieden zu sein, auf dem Gebiete der direkten Steuern entstehen könnte.

Art. 17.

Dieses Abkommen findet auf die Steuern Anwendung, die für die Zeit vom 1. April 1935 ab festgesetzt sind oder festgesetzt werden.

Art. 18.

Dieses Abkommen, ausgefertigt in doppelter Urschrift in deutscher und in rumänischer Sprache, soll ratifiziert und die Ratifikationsurkunden sollen baldmöglichst in Bukarest ausgetauscht werden. Es tritt mit dem 1. Januar des auf den Austausch der Ratifikationsurkunden folgenden Jahres in Kraft und bleibt so lange in Geltung, als es nicht von einem der vertragschließenden Staaten gekündigt wird. Erfolgt die Kündigung mindestens drei Monate vor Ablauf eines Kalenderjahres, so verliert das Abkommen mit dem 1. Januar des nächstfolgenden, andernfalls mit dem 1. Januar des zweitfolgenden Jahres seine Wirksamkeit.

Zu Urkund dessen haben die Bevollmächtigten beider Staaten dieses Abkommen unterfertigt und mit Siegeln versehen.

Berlin, 8. Februar 1937.

Schlußprotokoll.

Bei der Unterzeichnung des heute zwischen dem Deutschen Reich und dem Königreich Rumänien abgeschlossenen Abkommens zur Vermeidung der Doppelbesteuerung auf dem Gebiete der direkten Steuern haben die unterzeichneten Bevollmächtigten folgende übereinstimmende Erklärungen abgegeben, die einen integrierenden Teil des Abkommens selbst bilden:

1. Die im Artikel 1 des Abkommens enthaltene Aufzählung der in beiden vertragschließenden Staaten geltenden direkten Steuern gibt nur Beispiele und ist nicht abschließend.

Die obersten Finanzbehörden der beiden Staaten werden gegebenenfalls am Ende jedes Jahres ein auf den neuesten Stand gebrachtes Verzeichnis der in jedem Staat bestehenden direkten Steuern austauschen.

2. Die Bestimmungen des Abkommens finden auf solche Personen, welche die von ihnen geschuldete deutsche Reichsfluchtsteuer nicht entrichtet haben, keine Anwendung.

Ferner findet das Abkommen keine Anwendung auf solche Personen, bei denen nur deshalb die Voraussetzungen für die Erhebung der deutschen Reichsfluchtsteuer nicht vorliegen, weil sie einen Wohnsitz oder gewöhnlichen Aufenthalt im Sinne des deutschen Steuerrechts in Deutschland haben.

3. Als Betriebstätte im Sinne des Artikels 3 des Abkommens gelten außer dem Sitz und dem Ort der Leitung des Unternehmens die Zweigniederlassungen, die Fabrikations- und Werkstätten, die Einkauf- und Verkaufstellen, die Lager- und anderen Handelsstätten, die den Charakter einer ständigen Geschäftseinrichtung haben, sowie ständige Vertretungen.

Es besteht Übereinstimmung darüber, daß unter den Begriff der Betriebstätte im Sinne des Artikels 3 nicht das Unterhalten von Geschäftsbeziehungen lediglich durch einen völlig unabhängigen Vertreter fällt. Als völlig unabhängiger Vertreter wird nicht angesehen, wer in einem vertraglichen Angestelltenverhältnis zu dem Unternehmen steht und gewöhnlich Handelsgeschäfte für Rechnung dieses Unternehmens tätigt. Als Anzeichen für das Bestehen eines Angestelltenverhältnisses kann der Umstand angesehen werden, daß die Geschäftsunkosten des Vertreters, insbesondere die Miete der Geschäftsräume, von dem Unternehmen bezahlt werden, daß der Vertreter nur ein einziges Unternehmen vertritt ebenso andere äußere Zeichen die zeigen, daß es sich um einen Angestellten handelt. Es besteht Einverständnis darüber, daß ein Anzeichen allein nicht entscheidend ist.

Als Betriebstätte im Sinne des gegenwärtigen Abkommens gilt ferner ein Vertreter (Agent), der gewöhnlich für natürliche Personen oder Körperschaften des einen Staates in dem Gebiet des andern Staates tätig ist und der Vollmacht hat, Geschäfte im Namen des vertretenen Unternehmens abzuschließen, oder der ein im Eigentum des Unternehmens stehendes Warenlager für den Verkauf unterhält.

4. Die obersten Finanzbehörden der beiden vertragschließenden Staaten behalten sich vor, die im Artikel 4 vorgesehene Besteuerung der Unternehmungen der Luftfahrt anderweitig im unmittelbaren Einvernehmen zu regeln.

5. Als freie Berufe im Sinne des Artikels 5 gelten insbesondere wissenschaftliche, künstlerische, schriftstellerische, unterrichtende oder erziehende Tätigkeit, sowie die Tätigkeit der Ärzte, Rechtsanwälte, Architekten und Ingenieure.

6. Studenten, die sich in einem der vertragschließenden Staaten nur zu Studienzwecken aufhalten, werden in diesem Staat wegen der Bezüge, die sie von dem andern Staat oder einer sonstigen Einrichtung des andern Staates oder von den in dem andern Staat wohnhaften und dort bereits steuerpflichtigen Angehörigen empfangen, keiner Besteuerung unterworfen, sofern diese Bezüge den überwiegenden Teil des zu ihrem Unterhalt und ihrem Studium Notwendigen darstellen.

7. Das gegenwärtige Abkommen bezieht sich nicht auf Privatpensionen.

8. Bei Steuerpflichtigen, die dartun, daß sie ihren Wohnsitz endgültig von dem einen in den anderen vertragschließenden Staat verlegt haben, endet die Steuerpflicht, soweit sie an den Wohnsitz anknüpft, in dem ersten Staat mit Ablauf des Kalendermonats, in dem die Wohnsitzverlegung erfolgt ist.

9. Hinsichtlich solcher Personen, die in keinem der beiden Staaten die Staatsangehörigkeit besitzen, können die obersten Finanzbehörden von Fall zu Fall besondere Vereinbarungen zur Vermeidung der Doppelbesteuerung treffen. Dabei sollen insbesondere die Angehörigen solcher Staaten berücksichtigt werden, die mit den beiden vertragschließenden Staaten Abkommen zur Vermeidung der Doppelbesteuerung abgeschlossen haben.

10. Die Bestimmungen des Artikels 13 berühren nicht das Recht auf den Genuß etwaiger weitergehender Befreiungen, die kraft der allgemeinen Regeln des Völkerrechts den diplomatischen und konsularischen Beamten zugestanden worden sind oder künftig zugestanden werden sollten.

Soweit auf Grund solcher weitergehenden Befreiungen eine Heranziehung zu direkten Steuern im Empfangsstaat nicht erfolgt, bleibt die Besteuerung dem Entsendestaat vorbehalten.

Berlin, 8. Februar 1937.

Stichwortverzeichnis.

(Die Zahlen bedeuten die Seitenzahlen.)

FSC
www.fsc.org
MIX
Papier | Fördert
gute Waldnutzung
FSC® C083411

Kolibri 360 GmbH
Ferdinand-Jühlke-Straße 7
99095 Erfurt, Deutschland
produktsicherheit@kolibri360.de